8X

Obwohl das Thema Kolonialismus in letzter Zeit viel diskutiert wird, gibt es viele Wissenslücken über die koloniale Vergangenheit und postkoloniale Gegenwart. Das zeigt sich besonders auf der lokalen Ebene der Stadt: Wie hat sich der Imperialismus des Deutschen Reiches mit seinem Ausgreifen nach Übersee, aber auch nach Ost- oder Südosteuropa im städtischen Leben niedergeschlagen? Was ist davon geblieben? »Die postkoloniale Stadt lesen« befasst sich exemplarisch mit dem Berliner Bezirk Friedrichshain-Kreuzberg – anhand von Bauten, Verkehrsknotenpunkten, Organisationen, Firmen, Kultureinrichtungen und konkreten Personen, die mit dem imperialen Projekt in Verbindung standen, aber auch widerständig waren. Im einleitenden Essay erläutern Natalie Bayer und Mark Terkessidis die theoretischen Ausgangspunkte und die Herangehensweise für eine Stadtforschung, die den Kolonialismus nicht als historischen Sonderfall behandelt, sondern als dynamisches Moment in der Entwicklung von Städten verortet.

DIE POSTKOLONIALE STADT LESEN

Historische Erkundungen in
Friedrichshain-Kreuzberg

Herausgegeben von
Natalie Bayer und
Mark Terkessidis

VERBRECHER VERLAG

Ein Projekt des Friedrichshain-Kreuzberg Museums.
Gefördert durch Mittel des Bezirkskulturfonds.

Senatsverwaltung für Kultur und Europa	BERLIN

Erste Auflage
Verbrecher Verlag Berlin 2022
www.verbrecherei.de

© Verbrecher Verlag 2022

Umschlagabbildung: Pepe Knorr, Linolschnitt,
im Rahmen des Projektes »Die Stadt sind wir!«
© KINDERhandPRESSE, 2022
Satz: Christian Walter
Druck und Bindung: CPI Clausen & Bosse, Leck

ISBN 978-3-95732-526-6

Printed in Germany

Der Verlag dankt Lena Beyer, Alexandra Hummel,
Lore-Marie Junghans und Marlene Münßinger.

INHALT

9 Mark Terkessidis und Natalie Bayer
Einführung

21 Mirja Memmen
1824 – In Friedrichshain wird die »Gesellschaft zur Beförderung der evangelischen Missionen unter den Heiden« gegründet

33 Anna von Rath
1838 – Auf dem Friedhof vor dem Halleschen Tor wird Adelbert von Chamisso bestattet

43 Michael G. Esch
1842 – Der heutige Ostbahnhof nimmt den Betrieb auf

53 Paula Lange und Stefan Zollhauser
1854 – Der Sklave Marcellino fordert vor einem Gericht in Kreuzberg seine Freiheit

61 Katharina König und Miriam Friz Trzeciak
1874 – Eine Straße ehrt Hermann von Pückler-Muskau

71 Lisa Hackmann
1881 – Das Königliche Museum für Kunstgewerbe wird eröffnet (heute Martin-Gropius-Bau)

83 Lisa Hackmann
1881 – Die Firma Sarotti zieht in die Belle-Alliance-Straße

93 Mirja Memmen
1885 – Das Kolonialpanorama erinnert an eine »Strafexpedition« in Kamerun

101 Anna von Rath
1885 – August Sabac el Cher wird auf dem Friedhof I der Dreifaltigkeitsgemeinde zu Grabe getragen

109 Flavia Cahn
1886 – Die Oranien-Apotheke stattet die deutschen »Schutztruppen« aus

INHALT

117 Clemens Wildt
1886 – Das Königliche Museum für Völkerkunde lässt Publikum ein

127 Mirja Memmen
1890 – Im neuen Büro der SPD wird über Kolonialismus debattiert

137 Flavia Cahn
1892 – W. E. B. Du Bois findet eine Wohnung in der Oranienstraße

145 Ludger Wimmelbücker
1900 – Mtoro Bakari kommt in der Markgrafenstraße an

155 Michael G. Esch
Um 1900 – Elfenbeinimport, Usambara-Magazin und Kolonialwarengroßhandel im Bezirk

165 Flavia Cahn
1902 – Quane a (»Martin«) Dibobe wird Zugführer der U1

173 Lisa Hackmann
1906 – Die Firma Muratti siedelt sich in der Köpenicker Straße an

187 Flavia Cahn
1907 – Der »Afrikastein« erinnert an den »Heldentod« deutscher Soldaten in »Südwest«

195 Flavia Cahn
1908 – Die Planungen für das Kolonialdenkmal auf dem Baltenplatz beginnen

203 Yann LeGall
1914 – In der Hedemannstraße nimmt die Kriegsrohstoffabteilung (KRA) unter Walther Rathenau ihre Arbeit auf

213 Michael G. Esch
1916 – Der erste Balkan-Zug startet am Anhalter Bahnhof

221 Sina Knopf
1916 – In der Zimmerstraße übergibt der Kreuzberger August Scherl seinen Verlag an Alfred Hugenberg

227 Wolfgang Fuhrmann
1917 – Die Deutsche Kolonial Filmgesellschaft (Deuko) bezieht ihre Räume in der Friedrichstraße

INHALT

237 Mark Terkessidis
1921 – August zu Eulenburg, Teilnehmer der preußischen »Ostasien-Expedition«, wird auf dem Friedhof I der Dreifaltigkeitsgemeinde begraben

251 Dagmar Yu-Dembski
1927 – Der Genosse Xie aus Friedrichshain besiegelt ein Bündnis mit der deutschen Arbeiterklasse

263 Mark Terkessidis
1929 – Die Liga gegen den Imperialismus bekommt ein neues Büro in der Friedrichstraße

277 Michael G. Esch
1930 – Eine Straße wird nach Gustav Stresemann benannt

285 Sina Knopf
1932 – Das »Rasse- und Siedlungshauptamt« der SS entsteht in der Hedemannstraße

293 Flavia Cahn
1934 – Theophilus Wonja Michael stirbt in Friedrichshain

299 Sina Knopf
1939 – In der Prinz-Albrecht-Straße wird das Reichssicherheitshauptamt (RSHA) gegründet

307 Lukas Fuchsgruber
1986 – In der Elefanten Press Galerie eröffnet die Ausstellung »Weiss auf Schwarz. Kolonialismus, Apartheid und afrikanischer Widerstand«

317 Clemens Wildt
2008 – Rudi Dutschke bekommt eine Straße in Kreuzberg

325 Clara Ervedosa
2009 – Die Kreuzberger Bezirksverordnetenversammlung beschließt die Umbennennung des Gröbenufers in May-Ayim-Ufer

341 **Über die Autor:innen**

Mark Terkessidis und Natalie Bayer

Einführung

Die Geschichte des deutschen Kolonialismus hat in den letzten Jahren große Aufmerksamkeit erfahren. Nachdem Initiativen Schwarzer Menschen und die »postkolonial«-Gruppen in vielen Städten der Bundesrepublik das Thema auf die Agenda gesetzt hatten, ging es in der offiziellen Politik für deutsche Verhältnisse geradezu atemberaubend schnell. Im Koalitionsvertrag der Bundesregierung von 2018 wurde der »demokratische Grundkonsens« neu festgelegt: Dazu gehörten nunmehr nicht nur die »Aufarbeitung der NS-Terrorherrschaft und der SED-Diktatur«, sondern auch die der deutschen Kolonialgeschichte. Im gleichen Jahr hielt der französische Präsident bei einem Besuch in Burkina Faso eine vielbeachtete Rede, bei der er die Rückgabe des »afrikanischen Erbes« versprach, das in europäischen Museen lagerte und oft genug durch Gewalt akquiriert worden war. Diese Rede hatte in Deutschland Konsequenzen. Anfang 2019 legte die Kultusministerkonferenz »Eckpunkte zum Umgang mit Sammlungsgut aus kolonialen Kontexten« fest und machte prinzipiell den Weg frei für die Restitution von geraubten Objekten.

Im Zentrum der Rückgabeforderungen standen häufig die sogenannten Benin-Bronzen, die bei einer sogenannten Strafexpedition der britischen Armee im heutigen Nigeria erbeutet und an Sammlungen in ganz Europa verkauft wurden. Auch hier konnten bald Fortschritte vermeldet werden: Bei einem Spitzengespräch mit der nigerianischen Seite im April 2021 wurde bereits ein Fahrplan für die Rückgabe vereinbart. Wie lange sich die Rückgaben von diesen und anderen Objekten tatsächlich hinziehen werden und welche Widerstände und Hürden dabei noch auftauchen werden, ist allerdings kaum einschätzbar.

Auch der Völkermord an den Herero und Nama wurde nach langjährigen Verhandlungen im Mai 2021 anerkannt. Allerdings hatte die Bundesrepublik mit Namibia verhandelt und nicht mit Vertreter:innen der damals betroffenen ethnischen Gruppen. Durch die Zahlung von Entwicklungshilfe, wäre hier kritisch zu vermerken, konnte sich die deutsche Regierung den direkten Entschädigungsforderungen entziehen. Dennoch scheint es, als hätte die neue Bundesrepublik tatsächlich etwas aus der »Vergangenheitsbewältigung« der Nazi-Verbrechen gelernt und sei schneller bereit, vergangenes Unrecht aufzuarbeiten.

Tatsächlich war das Thema Kolonialismus nie gänzlich abwesend. In der DDR gab es eine bedeutende Forschung zum Thema, und da die Verbrechen nach offizieller Lesart von »der Bourgeoisie« begangen wurden, schreckte die DDR-Geschichtsschreibung (ebenso wenig wie die politische Führung) nicht vor eindeutigen Verurteilungen des deutschen Kolonialregimes in Übersee zurück. Dagegen schenkte die bundesrepublikanische Wissenschaft und Politik dem Thema weitaus weniger Aufmerksamkeit, was im Zuge der Studierendenrevolte in den 1960er Jahren zu dem Vorwurf führte, die Bundesrepublik verhalte sich »neokolonial« gegenüber der »Dritten Welt« und sei Teil des von den USA angeführten imperialistischen Westens. Die alten Ansprüche auf Weltherrschaft seien trotz der formalen Unabhängigkeit der ehemaligen Kolonien latent weiter vorhanden, lautete die gängige Analyse, nur habe sich die direkte Landnahme in die Ausnutzung von ökonomischer Dependenz verwandelt.

In den 1990er Jahren begann schließlich die Diskussion um den sogenannten Postkolonialismus. Die emphatisch gefeierte Befreiung vom kolonialen Regime war zu diesem Zeitpunkt bereits einer erheblichen Ernüchterung gewichen: Die Eliten der »Dritten Welt« hatten sich oftmals als autoritär und korrupt erwiesen. Diese Denkrichtung kam maßgeblich von den Universitäten und wandte das Präfix »post« auf die gleiche Weise an wie zuvor die Theorien der Postmoderne. Tatsächlich blieben nach dem offiziellen Ende des Kolonialismus dessen Folgen überall spürbar. Alle Beteiligten lebten mit den Konsequenzen der imperialen Ordnung: Das zeigte sich nicht nur in den wirtschaftlichen Beziehungen, sondern in Superioritätsansprüchen ebenso wie in Minderwertigkeitsgefühlen, in den Identifikationen und kulturellen Schöpfungen der Metropolen ebenso wie in jenen der ehedem Kolonisierten. Zudem hatte es eine massenhafte postkoloniale Migration gegeben, und die Migrant:innen aus früheren Kolonialgebieten trugen die »sich-überschneidenden Territorien«, so Edward Said, mitten in die Metropolen hinein. Zuletzt entwickelte sich wiederum eine neue Debatte um »Dekolonisierung« – tatsächlich waren die westlichen Länder mit der »Bewältigung« des Kolonialismus nicht so weit gekommen wie gedacht. Im Wissen, in privilegierten Lebensumständen, in globalen Ungleichgewichten, in der materiellen Kultur sowie im kulturellen Erbe und in den Erinnerungen blieben die Reste der europäischen Herrschaft präsent und spürbar.

Es war dennoch nicht vorhersehbar, dass die Diskussion um »Postkolonialismus« und »Dekolonisierung« auch in Deutschland eine solche Kraft entwickeln würde. Die neue Erinnerungspolitik wie auch die zunehmende Thematisierung von Rassismus fordern die herkömmlichen Definitionsmonopole der Gesellschaft auf vielfältige Weise heraus. Das Selbstverständnis beider deutscher Staaten basierte im Vergleich zu anderen europäischen Staaten auf der Vorstellung, mit dem Thema Kolonialismus im engeren Sinne abgeschlossen zu haben – die überseeischen Kolonien gingen 1919 ins Mandat der Westmächte über und danach schien das Deutsche Reich bereits ins nachkoloniale Zeitalter eingetreten zu sein. Doch die mehr als 30-jährige Herrschaft war nicht plötzlich einfach beendet, die Kolonien hatten sich als andere Schauplätze von eigenen Kriegen und Völkermorden, als Abgrenzungsfolien und Phantasien, als Überlegenheitsgefühle und Konsumgüter regelrecht in die Lebensweise eingetragen – durch sprachliche Wendungen, politische Vorstellungen oder populärkulturelle Produkte. Die überall auffindbaren Reste des Kolonialen benennt der Begriff »postkolonial« – die kolonialen Bezüge sind 1919 nicht verschwunden.

Der deutsche Imperialismus ist kompliziert. Der kanadische Historiker Robert L. Nelson betont, die deutschen Expansionsbestrebungen ließen sich nicht mit der »Salzwasser-Theorie« des Kolonialismus begreifen. Damit ist die Vorstellung gemeint, hier gäbe es eine expansionistische Metropole und dort die Kolonien in Übersee – und dazwischen unendlich viel Salzwasser. Das mag für den britischen und französischen Kolonialismus überwiegend zutreffen (wobei auch Irland, Malta und Zypern Teil des »Empire« waren), aber die deutschen Staaten suchten ihre Erweiterungsmöglichkeiten auch auf dem Kontinent. Preußen war ein aggressiver Player auf der europäischen Bühne und nach der Auflösung des polnischen Staates im späten 18. Jahrhundert gehörten mehrheitlich polnischsprachige Gebiete für über 150 Jahre entweder zu Preußen oder zum Deutschen Reich. Zweifellos unterschieden sich die europäischen Landnahmen von jenen in Übersee, doch die Legitimationsdiskurse ähnelten sich durchaus:

»Die Polen« galten in den deutschen Staaten als eine Gruppe, die aufgrund von geschichtlicher Notwendigkeit von stärkeren Völkern überwältigt worden war. Dazu beigetragen hatte angeblich deren Mentalität: Das Verbleiben auf einer früheren Entwicklungsebene (Adelsgesellschaft, Landleben), die Unfähigkeit zur Disziplin, die schlampige und unproduktive »polnische Wirtschaft« sowie die Beschäftigung mit Äußerlichkeiten wie dem Aussehen oder dem Tanzen der Mazurka. Kurz gesagt: Diese Personengruppe schien nicht in der Lage, sich selbst zu regieren und musste von den Deutschen »entwickelt« werden – die Parallele zu Übersee liegt auf der Hand.

Der Expansionsdrang nach Osten ging aber weit über Polen hinaus – es gab die imperialistische Konzeption eines deutsch geführten »Mitteleuropas«, das bis Afghanistan reichen sollte. Dabei ging es um ein gestaffeltes Gebiet, das aus direkten Annexionen ebenso wie aus »informell«, durch ökonomische Penetration und kulturelle Aneignung, (mit)regierten Arealen bestehen sollte. Im Ersten Weltkrieg verfolgte das Reich sein kontinentales Expansionsstreben durch die im sogenannten November-Programm formulierten Kriegsziele sowie durch die Gründung einer Kolonie namens »Ober-Ost«, die Teile von Polen, das Baltikum sowie Teile von Belarus umfasste. Das nationalsozialistische Regime verfocht die Erweiterungspolitik unter dem Banner des »Lebensraums«. Adolf Hitler akzentuierte dieses Prinzip schon auf den ersten Seiten von »Mein Kampf« gegen das überseeische Kolonialstreben, doch letztlich: Was unterschied die Landnahme im »Lebensraum«-Konzept von einer kolonialen Landnahme? Hitler bezeichnete den Osten von Polen bis Russland wiederholt als deutsches »Indien«, womit er sowohl das Ziel der Reise als auch das »Kronjuwel« des zukünftigen Imperiums markierte.

Im »Dritten Reich« wurde die Vision der eigenen Überlegenheit schließlich in die extremste Variante von »Rassen«-Theorie gegossen und diente als Legitimation für brutale Neuordnungspläne und den »Vernichtungskrieg« im Osten. Das sogenannte Generalgouvernement auf dem Gebiet des eroberten Polens galt, wie Hans Frank, der Leiter der Verwaltung betonte, nach dem Willen Hitlers als »erstes Kolonialgebiet der deutschen Nation«. Und es kann kein Zweifel daran bestehen, dass das »Dritte Reich« dieses und weitere eroberte Gebiete im Osten als Kolonialgebiete behalten hätte, wäre der Krieg zu dessen Gunsten ausgefallen.

Einführung

Das Zusammendenken von überseeischen und kontinentalen imperialen Ambitionen erweitert die Idee des Postkolonialen. Diese Erweiterung, die von vielen Historiker:innen auch im deutschsprachigen Bereich vertreten wird (wie von Dirk van Laak, Birthe Kundrus, Jürgen Zimmerer oder Sebastian Conrad), haben wir unserem Forschungsanliegen zugrunde gelegt. Dieses bestand darin, die kolonialen Bezugspunkte anhand von konkreten Beispielen im Bezirk Friedrichshain-Kreuzberg auszuloten. Die Untersuchung folgte dabei den Pfaden, die »Postkolonial«-Gruppen in vielen Städten der Bundesrepublik bereits beschritten hatten. Allerdings basierten deren Recherchen zumeist auf dem unermüdlichen Einsatz einzelner Aktivist:innen und wurden finanziell bislang unzureichend unterstützt. Zum anderen fokussierten sich die bisherigen Erkundungen stark auf die Beziehung zu den Kolonien in Afrika in der Phase zwischen 1884 und 1919. Diese Perspektive wollten wir nicht nur wie beschrieben im Raum erweitern, sondern auch in der Zeit: Intellektuelle hatten bereits vor 1884 durch ihre Reisen und Schriften den imperialen Anspruch vorweggenommen; religiöse Gesellschaften bereiteten die koloniale Expansion vor; für quasikoloniale Infrastrukturen wurde der Grundstein gelegt.

Sich auf den Bezirk zu konzentrieren, klingt zunächst selbstverständlich, ist es aber bei genauem Hinsehen nicht. Was ist ein Bezirk? Die Berliner Bezirke entstanden in ihrer heutigen Form erst nach dem formalen Kolonialismus, mit dem Großberlin-Gesetz von 1920, das die Stadt damals der Fläche nach zur zweitgrößten Stadt der Welt nach Los Angeles machte und im Hinblick auf die Bevölkerungszahl zur Drittgrößten nach London und New York. Das Gesetz regulierte den Zusammenschluss von vielen Städten, Dörfern, Landgemeinden und Gutsbezirken zur Metropole Berlin, wobei die Namen der Bezirke nach 1921 festgelegt wurden. Die Verwaltungsbezirke Friedrichshain und Kreuzberg entstanden aus verschiedenen Stadtteilen und wurden nach deren Parkanlagen benannt. Beide Bezirke, deren Zusammenlegung 2001 erfolgte, waren stark von der Migration in die neue Metropole geprägt und schon seit Mitte des 19. Jahrhunderts größtenteils urbanisiert. Der Raum war dicht besiedelt und geprägt von Mietskasernen mit schlecht ausgestatteten Wohnungen: In Friedrichshain lebten um 1919 etwa 326.000 und in Kreuzberg 366.000 Menschen. Dazwischen lagen Industrieanlagen, beispielsweise eine Fabrik für Palmkernöl und eine für Gummi, aber auch Kattundruckereien sowie Zuckersiedereien und Brauereien. Allerdings sorgte die zentrale Lage des

Bezirks und damit die Nähe zu den Verwaltungs- und Regierungsgebäuden der kaiserlichen Hauptstadt auch für die Ansiedlung repräsentativer Orte (s. u.). Darüber hinaus lag der Bezirk günstig für den internationalen Verkehr, was zum Bau großer Bahnhöfe führte, die für globale Wirtschaft, Migration und imperiale Ansprüche standen.

In der Stadtforschung ist Kolonialismus bislang eine Leerstelle – es gibt keine erprobten Konzepte oder Methoden. Wie erwähnt verwenden wir ganz bewusst den Begriff »postkolonial«, um zu verdeutlichen, dass die Spuren der Vergangenheit mit den Problemen der Gegenwart verwoben sind. In den letzten Jahren hat sich allerdings mehr und mehr der Begriff der »Dekolonisierung« durchgesetzt, der historisch verwendet wurde, um den Weg der ehemaligen Kolonien in die Unabhängigkeit zu beschreiben. Zuletzt wurde der Begriff zurück in die westlichen Metropolen getragen, um zu verdeutlichen, dass es gerade dort weiterhin gilt, die immer noch herrschende »Kolonialität« (Walter Mignolo) im Denken und Wissen sowie in den kulturellen Artikulationen zu bekämpfen. Auch wir hoffen mit unseren Arbeiten zu einer Veränderung von impliziten und expliziten imperialen Haltungen und kolonialen Verstrickungen beizutragen, die der Idee der demokratischen Gesellschaft diametral entgegenstehen. Die postkoloniale Theorie in den 1990er Jahren bezog sich jedoch auch bereits auf das Scheitern einer emphatischen Vorstellung von der kompletten Befreiung von Kolonialismus. In diesem Sinne glauben wir ebenso nicht, dass eine vollständige Dekolonisierung möglich sein wird – der Begriff »postkolonial« betont gerade die Paradoxie der Aufgabe, unablässig kritisch an einem Problem zu arbeiten, in das wir selbst auf vielfältige Weise – auch als Kompliz:innen – verwickelt sind.

Für die Stadtgeschichte ergibt sich aus der postkolonialen bzw. postimperialen Rahmung eine neue Perspektive, die es auszuloten gilt. Mittlerweile ist unumstritten, dass die historische Forschung nicht objektiv erzählen kann, was einmal war, sondern die Fragestellungen der »Historik« (Jörn Rüsen) immer von aktuellen politischen Subjekten, gesellschaftlichen Konflikten und sozialen Orientierungsbedürfnissen angetrieben wird. Am Anfang steht daher niemals einfach die »Quelle«. Als Forscher:innen rekonstruieren wir jeweils einen Teil der Geschichte, den wir nur sehen, weil er zum Bestandteil einer Auseinandersetzung geworden ist. Das bedeutet, es existiert immer zunächst eine Deutungsperspektive, die bestimmte Themen der Vergangenheit überhaupt erst hervortreten lässt, bestimmte

Erfahrungen erneut aufgreifbar macht oder bestimmten Orten und Personen eine neue Bedeutung verleiht. Da wir in unseren jeweiligen Feldern und Tätigkeiten in die Entstehung der Fragestellung des »Postkolonialen« verwickelt waren, vertreten wir auch als historisch arbeitende Sozial- und Kulturwissenschaftler:innen und Nicht-Historiker:innen den Anspruch, die historische Forschung voranbringen zu können.

Für solche Forschung gibt es auf bezirksgeschichtlicher Ebene kein Patentrezept. Wie lässt sich der Raum des Kolonialen innerhalb der Bezirksgrenzen rekonstruieren? Zunächst waren unsere Erwartungen niedrig und wir gingen davon aus, dass sich im Bezirk Friedrichshain-Kreuzberg nur wenig zum Thema finden lassen würde. Sichtbar ist im Bezirk so gut wie gar nichts – im Gegensatz zu anderen Orten in Berlin. Für den Bezirk Mitte etwa konnten Oumar Diallo und Joachim Zeller 2021 ein Buch mit einem historisch-kritischen Stadtrundgang vorlegen (»Berlin – Eine postkoloniale Metropole«). Die Fragestellung musste also möglichst breit an unterschiedliche Aspekte herangetragen werden.

Folgende Recherchen gingen der Themenfindung voraus:

1. Eine Recherche der Straßenverzeichnisse von Friedrichshain und Kreuzberg. Straßennamen sind in Berlin zumeist Ehrungen. In diesem Sinne stellten bestimmte Straßennamen einen Bezug zum Raum des Imperialen/Kolonialen her.
2. Ein Blick auf Verzeichnisse von Friedhöfen im Bezirk gab darüber Auskunft, wer im Bezirk begraben wurde. Die Frage war: Hatten diese Personen einen Bezug zum Thema?
3. Ein weiterer Gesichtspunkt lautete: Welche Personen mit Bezug zu Imperialismus und Kolonialismus haben im Bezirk gelebt oder waren im Bezirk tätig? Dies führte uns zu so unterschiedlichen Personen wie Walther Rathenau, Martin Dibobe oder W. E. B. Du Bois.
4. Welche Bauwerke gab es im Bezirk, die mit dem Raum des Imperialen/Kolonialen in Verbindung standen? Das umfasste Museen ebenso wie Bürogebäude, aber auch geplante Bauwerke wie das Kolonialdenkmal.
5. Welche Einrichtungen der Infrastruktur waren in imperiale/koloniale Strukturen eingebettet? Hier bot sich zudem ein Blick auf die großen Bahnhöfe an.

6. Welche Firmen im Bezirk hatten koloniale Bezüge? Das konnte die Ausstattung von Truppen ebenso betreffen wie die Einfuhr und Verarbeitung von Gütern oder auch das Marketing mit der Hilfe von kolonialen Bildassoziationen.
7. Welche Parteien und Initiativen waren im Bezirk angesiedelt, die einen Bezug zum Thema aufwiesen?
8. Auf welche Weise war das Thema später präsent in der Zeit nach dem Zweiten Weltkrieg (über Straßennamen etwa oder Ausstellungen etc.)?

Solche Recherchen benötigten ein Konzept und ein Vorwissen über die sozialen, materiellen, kulturellen sowie politischen Entwicklungen, da ansonsten etwa die erwähnten Spuren und kolonialen Bezugspunkte kaum auffallen würden. Die Recherche umfasste nicht nur einen prüfenden Blick auf alle Arten von Verzeichnissen, sondern auch das Durchforsten von Geschichtswerken in die eine und die andere Richtung: D. h. einen Blick auf bezirksgeschichtliche Arbeiten, ob sich darin Verweise auf Kolonialismus und Imperialismus finden ließen, und umgekehrt einen Blick auf Geschichtswerke zum Thema Kolonialismus, ob darin der Bezirk eine Erwähnung fand.

Diese Recherche machte die Ausgangshypothese völlig zunichte. Der Bezirk deckte über Orte, Bauten und unterschiedliche Personen mit Bezug zu Friedrichshain-Kreuzberg eine geradezu atemberaubende Palette kolonialer und imperialer Geschichte ab – von der preußischen Zeit über das Deutsche Reich hin zum Nationalsozialismus und zur Nachkriegszeit; von Museen über Denkmäler und »Panoramen« hin zu Filmfirmen; von Apotheken über Kolonialwarenhandel zu Bahnhöfen; von Institutionen der Herrschaft zu Initiativen, die den Imperialismus bekämpften. Dazu kam eine Vielzahl von Personen mit den unterschiedlichsten Hintergründen. Aus diesem Konglomerat wurde eine Liste, aus der eine Reihe von zumeist jüngeren Forscher:innen je nach Interesse und Kompetenz bestimmte Themen auswählte, um dann vertiefend weiter zu recherchieren.

Oftmals boten die Themen der Liste »Zirkulationspunkte« an, die es erlaubten, Kolonialgeschichte zu erzählen. Diese spielte sich häufig nicht im Bezirk ab, hatte jedoch einen Bezug zu diesem, sodass es möglich wurde, ein »sich überschneidendes Territorium« vom Bezirk ausgehend zu rekonstruieren. Auf diese Weise ließ sich ebenfalls zeigen, dass der Bezirk keinen Container darstellt, dessen Urbanität sich nur im Innern seiner Grenzen abgespielt hat, sondern als Knoten in einem Netzwerk von transnationalen Beziehungen gedacht werden muss, das sich über Orte, Bauten, Akteur:innen als Erfahrungstatbestände historisch erzählen lässt. Diese Erzählung ist nicht linear oder folgt irgendeiner Art von Systematik, sondern ist ebenso disparat und kompliziert wie die Geschichte des deutschen Kolonialismus und Imperialismus. Es kann dabei nicht davon ausgegangen werden, dass Kolonialismus ein kohärentes und stets erfolgreiches Unternehmen war. Gerade die deutschen Bemühungen waren häufig durch unklare Zielsetzungen, Fehlschläge und chaotisches Handeln charakterisiert, was die Aktionen in ihren Konsequenzen nicht weniger brutal erscheinen lässt. Zudem haben die Recherchen auch gezeigt, dass viele Personen und Initiativen dem Imperialismus und Kolonialismus etwas entgegensetzten – durch Gerichtsprozesse, persönliche Emanzipation, demokratische Verfahren oder revolutionäre Agitation.

Da das Material wie erwähnt keine Kohärenz aufwies, zumal im Hinblick auf die Geschichte des Bezirks, haben wir uns zu einer chronologischen Reihung der vorliegenden Texte entschieden. Die so entstandene Zeitschiene zeigt Geschichte als eine Gemengelage aus vielen gleichzeitigen und oft widersprüchlichen Ereignissen und Entwicklungen. Dennoch existiert eine klare Rahmung, die auch die Rückwirkungen der imperialen Ansprüche und kolonialen Tätigkeiten auf den Bezirk zeigt – in Büros, Konsumgewohnheiten oder Infrastrukturen. Dass dabei ein Zusammenhang bestand zwischen dem Kolonialismus in Übersee, dem sogenannten Drang nach Osten sowie der »rassisch« begründeten, nationalsozialistischen Landnahme, zeigt sich beispielsweise an biographischen Wegen. Alfred Hugenberg etwa, der Besitzer des in Kreuzberg ansässigen Scherl-Verlages, wurde in der Zeit nach dem Zweiten Weltkrieg primär als bourgeoiser Steigbügelhalter Adolf Hitlers betrachtet. Ein postkolonialer Blick auf Hugenbergs Leben zeigt jedoch, dass er praktisch alle Aspekte des deutschen Expansionsstrebens in sich vereinigte: Er trieb als Funktionär die »Germanisierung« der »Ostprovinzen« voran; er initiierte u. a. mit Carl Peters, dem »Gründer« der Kolonie »Deutsch-Ostafrika«, den koloniallobbyistischen »Alldeutschen Verband«; er leitete die reaktionäre Deutschnationale Volkspartei (DNVP) und unterstützte schließlich Adolf Hitler. Solche Karrieren sind – das fällt in jüngster Zeit mehr auf – keine Seltenheit in der Zeit vom Kaiserreich bis hin zum Zweiten Weltkrieg.

Der stadtforscherische Zugang verdeutlicht: Kolonialismus war nicht nur eine historisch begrenzte Phase, sondern muss als Bestandteil der Stadtgeschichte verstanden werden. Kolonialismus hat die Urbanisierung durch transnationale Verbindungen dynamisiert. Der Bezirk Friedrichshain-Kreuzberg erscheint dabei als Knotenpunkt für den Handel und die Ansiedlung von Unternehmen, die in den Aufbau einer kolonialen Wirtschaft verstrickt waren. Die Lage im Zentrum Berlins und die Nähe zu den Regierungseinrichtungen der Reichshauptstadt beförderte die Schaffung von repräsentativen Orten wie etwa dem Komplex des Völkerkunde- und Kunstgewerbemuseums. Die postkoloniale Stadtforscherin Noa Ha hat darauf hingewiesen, dass solche Orte einer postkolonialen Analyse im Hinblick auf Architektur und Inszenierung bedürfen. An solchen Orten entstanden nicht nur prächtige Bauten, diese Orte waren »Zirkulationspunkte« von kolonialen Objekten, beruflichen Werdegängen und kolonialem Wissen an der Schnittstelle von Museum, Kunsthandel und Universität. Das Kolonialpanorama und auch das geplante Kolonialdenkmal wiederum sollten auf populärer Ebene ein koloniales Blickregime etablieren, das ein eroberndes »Wir« den unterworfenen Anderen gegenüberstellt und damit eine vermeintliche Zweiteilung der Welt zementierte. Zugleich aber sorgte die zentrale Lage des Bezirks auch für einen Diskussions- und Aktionsraum, der sich in koloniallobbyistischen Verlagshäusern ebenso niederschlug wie in den kritischen Aktivitäten u. a. der »Liga gegen den Imperialismus«.

Die Verstrickungen von Nationalismus, Kolonialismus und Kapitalismus äußerten sich auch in der Stadtplanung selbst, etwa in dem baulichen Ensemble von Oberbaumbrücke, Doppelkai-Anlage und Gröbenufer. Die Kais wurden im wilhelminischen Stil als repräsentative Bootsanlegestelle errichtet, um das Publikum 1896 zur ungemein beliebten Gewerbe- und Kolonialausstellung im Treptower Park zu fahren. Nicht umsonst wurde der Uferabschnitt daher nach Otto Friedrich von der Groeben benannt, der im späten 17. Jahrhundert eine brandenburgische Kolonial-»Expedition« an die afrikanische Guineaküste leitete. Die Reise diente der Einrichtung eines Handelsstützpunktes für Waren und Sklaven. Nach seiner Rückkehr wurde Groeben von seinem Auftraggeber, dem »großen« Kurfürsten Friedrich Wilhelm, als Gründer der ersten brandenburgischen Kolonie geehrt. Diese Bootsfahrt auf der Spree führte unter der Oberbaumbrücke hindurch, die mit ihrer neogotischen Architektur auf altberlinerische Dörfer verwies. Die Durchfahrt unter der wuchtigen Brücke, die das nationale »Wir« repräsentierte, führte nach dem Passieren einer Grenze über das offene Wasser zu einer Ausstellung der »Naturvölker« in ihrem nachgebauten angeblichen Habitat. So wurde die Differenz zwischen dem nationalen, modernen »Wir« und den kolonialen oder halbkolonialen Anderen in eine urbane Erfahrung choreographiert.

Die betreffende Uferstraße wurde durch zivilgesellschaftliche Initiativen von der Bezirksverordnetenversammlung Friedrichshain-Kreuzberg umbenannt und ehrt seit 2010 May Ayim. Es handelte sich um die erste Umbenennung einer Berliner Straße mit kolonialem Bezug. Diese Veränderung regte auch den bundesweiten Perspektivenwechsel in der erinnerungspolitischen Auseinandersetzung an: Mit May Ayim wurde explizit eine Stimme der postkolonialen und feministischen Kritik gewählt. Der Umbenennungsprozess rief allerdings auch heftige Abwehrreaktionen hervor, Reaktionen, die auch weitere Umbenennungen begleiten. Die Ablehnung des Kolonialismus ist immer noch keine Selbstverständlichkeit.

Kolonialismus bildete auch einen Rahmen für spätere Entwicklungen im Bezirk. Mit dem Bau der Berliner Mauer wurde Kreuzberg zum stark vernachlässigten Randgebiet Westberlins. Ab den 1960er Jahren zogen Migrant:innen aus Südosteuropa und aus der Türkei in den Bezirk, deren Heimatländer durchaus im Fokus des deutschen Imperialismus gelegen hatten. Der provisorische Aufenthalt dieser Personen und deren rechtliche Benachteiligung fanden auf der Grundlage des Reichs- und Staatsangehörigkeitsgesetzes von 1913 statt, das mit seiner Fixierung auf Abstammung maßgeblich beeinflusst war von einem imperialen Umfeld, welches sich sowohl aus Expansionsplänen (mit Hilfe der Auslandsdeutschen) als auch aus Bedrohungsgefühlen gegenüber »Rassen«-Mischung in den Kolonien oder Invasionen aus »dem Osten« speiste.

Im Bezirk hielten sich zudem politische Dissident:innen auf u. a. aus dem Iran, Chile oder der Türkei, die mit anti-imperialen Diskursen die linken Bewegungen beeinflussten, die sich mit Unabhängigkeitsbewegungen ehemals kolonialisierter Länder, mit den blockfreien Staaten sowie dem antikolonialen Widerstand solidarisieren und vernetzen wollten. In den frühen 1980er Jahren wurde der Widerstand gegen die Apartheid in Südafrika zu einem relevanten Thema linker und anti-imperialistischer Akteure in Kreuzberg. Bei Diskussionsveranstaltungen, in Publikationen und Ausstellungen wurde dabei der Zusammenhang zum deutschen Kolonialismus und aktuellen Rassismus hergestellt sowie zur Bedeutung der sogenannten Kongo-Konferenz von 1884. Zweifellos ist Rassismuskritik heute weiterhin im Bezirk sehr präsent – durch Initiativen, Aktionen, Besetzungen oder Demonstrationen.

Seit 2019 setzt das Land Berlin eine eigene Koalitionsvereinbarung zur Aufarbeitung der deutschen Kolonialgeschichte um. Aufgrund der unermüdlichen Forderungen zivilgesellschaftlicher Initiativen richtete der Senat eine Koordinierungsstelle für ein gesamtstädtisches Aufarbeitungs- und Erinnerungskonzept ein und finanzierte das Projekt »Dekoloniale Erinnerungskultur in der Stadt«. Das Friedrichshain-Kreuzberg Museum hat sich an der Konzeption dieser »Erinnerungskultur« beteiligt und sich auch für die Senatsförderung aller Berliner Bezirks- und Regionalmuseen zur Aufarbeitung des Kolonialismus eingesetzt. Dadurch war das Museum in der Lage, die bezirksgeschichtliche Forschung finanziell zu unterfüttern, und konnte damit eine systematische und grundlegende Forschung ermöglichen. In solchen Konstellationen und im Rahmen solcher Forschungen entsteht immer ein Netzwerk, das für die Realisierung entscheidend ist. Sehr geholfen hat auch der Kontakt zu Prof. Bénédicte Savoy und zu Wissenschaftler:innen im Umfeld des von ihr initiierten Forschungsprojekts »Translocations. Historical Enquiries into the Displacement of Cultural Assets« an der Technischen Universität Berlin.

Die Aufsätze in diesem Band sollen einen Auftakt bilden für weitere stadtgeschichtliche Forschungen, in denen Kolonialismus nicht mehr als historischer Sonderfall, sondern als eine Querschnittsperspektive behandelt wird. Solche Forschungen sind für eine demokratische und von vielen Herkünften geprägte Gesellschaft kein »nice to have«. Es ist nicht mehr möglich, die einfache Geschichte eines »Wir« zu erzählen, das scheinbar schon immer da war, sondern dieses »Wir« muss eingebettet werden in einen globalen Zusammenhang. Diesen Zusammenhang – mit seinen ungleichen Machtstrukturen, seinen Ausbeutungsverhältnissen, aber auch seinen Widerstandsbewegungen – gilt es zu rekonstruieren, um der vielheitlichen demokratischen Gesellschaft eine notwendige historische Neuorientierung zu verschaffen.

Mirja Memmen

1824 – In Friedrichshain wird die »Gesellschaft zur Beförderung der evangelischen Missionen unter den Heiden« gegründet

Im 19. Jahrhundert gründeten sich auch in Berlin zahlreiche Missionsgesellschaften und -vereine. Diese Gesellschaften bestehen teilweise bis heute und ihre Spuren sind im Stadtbild deutlich sichtbar. Ein Beispiel ist das ehemalige Missionshaus der Berliner Missionsgesellschaft, einer der ältesten und größten Missionsgesellschaften Deutschlands, das bis heute in der Georgenkirchstraße 70 im Bezirk Friedrichshain steht. Gegründet wurde sie 1824 unter dem Namen »Gesellschaft zur Beförderung der evangelischen Missionen unter den Heiden« vor allem von preußischen Beamten, Adeligen und Professoren.[1] Die Missionstätigkeiten in Berlin gehen dabei auch auf den Pastor der Bethlehemskirche Johannes Jänicke zurück, der dort seit dem Jahr 1800 Missionare für ausländische Missionsgesellschaften ausbildete. Heute erinnert auf dem Bethlehemskirchplatz die Platz-Pflasterung und die Skulptur Memoria Urbana an den Grundriss und die Form des ehemaligen Kirchengebäudes. Der »lebendige Wunsch, sich dem Missionswerk anzuschließen«, wird in den Statuten der Berliner Missionsgesellschaft wie folgt begründet: »Durchdrungen von Mitleid mit dem jammervollen geistlichen Zustand und der daraus folgenden äußerlichen Entartung und Verwilderung der Millionen Heiden, welche mit uns auf der Erde leben, und mit denen wir uns trotz der Entstellung des göttlichen Ehrenbildes stammverwandt fühlen; gegründet auf der Überzeugung, daß das Evangelium eine Kraft Gottes ist, selig zu machen alle, die daran glauben [...].«[2]

Sehr deutlich wird das Selbstverständnis der Missionsgesellschaft, das sich zwischen der Abwertung der Heiden als vermeintlich wild und »unzivilisiert« und der Idee der »Bekehrung« dieser »entarteten Brüder« bewegt.[3] Nach der anfänglichen Unterstützung bereits bestehender

Missionsinstitutionen beschloss die Berliner Gesellschaft, bald auch selbst praktische Missionsarbeit zu leisten und eigene Missionare auszusenden. Ein wichtiger Schritt war die Gründung einer eigenen Missionsschule, in der die Missionsanwärter, die meist handwerklichen Berufen nachgingen, ihre theologische, praktische und sprachliche Ausbildung erhalten sollten.[4] Bevor die Gesellschaft 1873 ihr Missionshaus in Friedrichshain baute, fand die Ausbildung in unterschiedlichen Mietwohnungen und dem ersten Missionshaus in Berlin Mitte statt.[5] Dass das zweite Missionshaus im Bezirk Friedrichshain gebaut wurde, ist vor allem durch eine hohe Spende eines anonymen Spenders zu erklären, der diese an die Bedingung knüpfte, das Haus an jener Stelle zu bauen.[6] Nach anfänglichen Zweifeln[7] äußerte sich die Gesellschaft jedoch durchweg positiv über das große Gelände, das »wie auserlesen für unsere Missionszwecke« sei: »In größter Nähe an den Kirchhof der Bartholomäuskirche grenzend, bietet er [der Bauplatz, M. M.] auf der einen Seite einen Blick auf diesen Kirchhof, auf der anderen auf den Friedrichshain. Er liegt in dem gesundesten und hochlegensten Theil der Stadt (...) Dem lärmenden Geschäftsverkehr der Stadt entrückt, liegt er dennoch noch innerhalb der früheren Umschaffungsmauern der Stadt und gewährt dadurch die Gelegenheit, allen geistigen Verkehr mit der Residenz und allen geistigen Hülfsquellen derselben zu vernetzen.«[8]

Fortan fand ein großer Teil des Lebens rund um die Missionsgesellschaft auf diesem Gelände statt. Missionsanwärter wurden unterrichtet, das Komitee traf sich zu den Sitzungen und es wurden Versammlungen und Hausandachten gehalten. Außerdem wurden ein Museum sowie eine Bibliothek eingerichtet und Hausgäste – oft Missionare auf Heimaturlaub oder solche, die bald ausgesandt wurden – beherbergt.[9] Das Missionshaus sollte, wie es in den Berliner Missionsberichten steht, »sein das Mutterhaus und bindende Glied zwischen den einzelnen Hülfsvereinen und Missionsfreunden, die der Herr zu unserem gemeinsamen Missionswerke zusammengerufen hat, das Vaterhaus für die große Familie aller unserer Missionsgeschwister, in welchem sie auch, wenn sie dereinst[7] in der Ferne wohnen, Heimathsrecht behalten.«[10]

Das Missionshaus war dadurch ein wichtiger Ort der Vernetzung der Missionsgesellschaft und ihrer Hilfsvereine, die vor allem Spenden für die Gesellschaft sammelten, um ihre Arbeit zu finanzieren.

Auch wenn die Gesellschaft nicht erst im Zuge des Kolonialismus damit begann, Missionare auszusenden – die ersten Missionsstationen wurden schon in den 1830er Jahren in Südafrika gegründet[11] – so veränderte sich doch das gesellschaftliche Interesse an der Mission im Zuge des deutschen Kolonialismus. Ganz konkret bedeutete es vor allem ein Ansteigen der Spendenbereitschaft für die Mission in der Bevölkerung.[12] Zentral dafür war die Idee des vermeintlich »zivilisatorischen Wertes« des Christentums und damit auch der Missionstätigkeit, die aus der Gesellschaft selbst propagiert wurde. Beide stünden – wie es der Theologe Gustav Warneck im 19. Jahrhundert formulierte – zueinander wie »Ursache und Wirkung«[13].

Noch deutlicher wird der Zusammenhang zwischen vermeintlicher »Zivilisation«, der Mission, und dem Kolonialismus in der Argumentation des Missionars Gröschels: »Drückt die Kulturmacht allein auf die zumeist noch kulturlosen Völker durch ihre Maßnahmen, z. B. Besteuerung und damit Zwang zur Arbeit, so werden sie entweder erdrückt oder sie suchen die auf sie einwirkende Macht abzuschütteln. Da muss ihnen die Mission durch Einpflanzung des Christentums die helfende und versöhnende Hand entgegenstrecken und neben der äußeren Umwandlung die innere bei ihnen bewirken«[14].

Dass diese Vorstellungen nicht selten direkt aus der Missionsgesellschaft propagiert wurden, zeigt sich auch in der Person Alexander Merenskys. Nachdem der Missionar Mitte der 1880er Jahre aus Südafrika zurückkehrte, begann er sich in der Kolonialbewegung zu engagieren. Der in der einschlägigen kolonialen Presse als »Vorkämpfer des kolonialen Gedankens« bezeichnete Missionar war Mitbegründer eines kolonialen Vereins, der sich aktiv für die Kolonisation einsetzte. Später wurde Merensky Ehrenmitglied in der bekannten Deutschen Kolonialgesellschaft.[15] Regelmäßig hielt er Vorträge, oft im Rahmen der Kolonialbewegung, und veröffentlichte Publikationen – nicht selten im Eigenverlag der Berliner Missionsgesellschaft – in denen sehr deutlich wird, dass er die Mission in den kolonialen Zusammenhang stellte. In einer Publikation von 1886 beschäftigte er sich beispielsweise mit der Frage, wie man die kolonisierten Menschen am besten zur »Arbeit erziehe«[16]. Abgesehen davon, dass er u. a. zu dem Schluss kam, dass eine Verknappung von Land der Schlüssel für eine Aufnahme von »Lohnarbeit« sei, argumentierte er an dieser Stelle auch für die Bedeutung der Mission im Prozess der Kolonialisierung. Da nur das Christentum in der Lage sei, die Menschen von ihrem »heidnischen Aberglauben und dem heidnischen Leben (zu) erlösen«, sei die »wahre Civilisation nur auf dem Grund des Christenthums« möglich. Von diesem

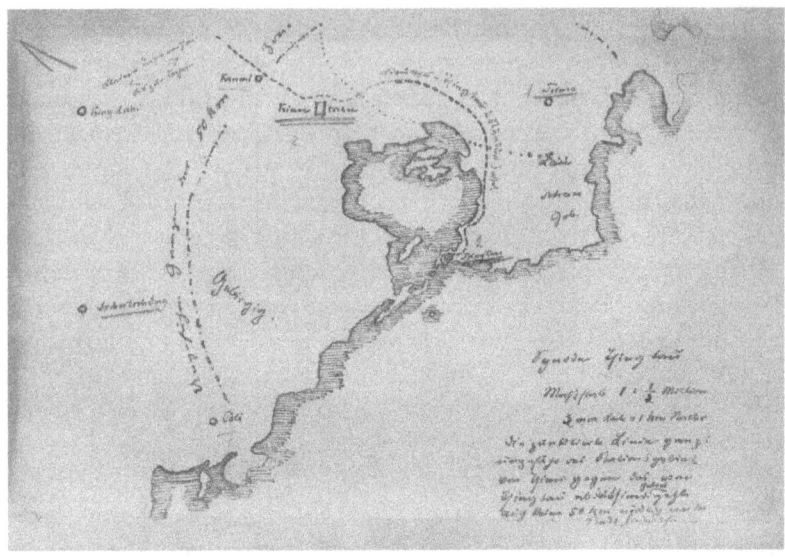

Abb. 1: Handschriftliche Einzeichnung einiger Stationen in Kiautschou, BMW 1/6294, Evangelisches Landeskirchliches Archiv in Berlin.

hinge letztendlich auch ab, »ob die Berührung mit den Europäern sie wirklich heben oder nur tiefer verkommen lassen«. Merensky kam zu dem Schluss, dass die »Ausbreitung des Christenthums, die christliche Mission« der Kolonisation deshalb »die wesentlichsten Dienste leiste«[17]. Deutlich wird die klare Hierarchisierung von Menschen und die Idee der vermeintlichen »kulturellen Hebung« im Denken Merenskys. Die Christianisierung, die Zivilisierung und die Kolonialisierung gehen dabei Hand in Hand.[18] Dass es, organisiert von Merensky, so auch zu direkter Zusammenarbeit zwischen Kolonialbewegung und den Missionsgesellschaften kam, ist nicht verwunderlich. Auf der Ersten Deutschen Kolonialausstellung 1896 in Berlin stellten die Missionsgesellschaften ihre Arbeit vor.

Mit Landkarten und Bibelübersetzungen sollten ihre »Thätigkeiten und deren Erfolge« illustriert werden. Die Ritualobjekte aus den Kolonien wurden hingegen als »heidnisch« verunglimpft. Die Wirkung der Ausstellung war aus der Perspektive Merenskys positiv. Die »hohe Bedeutung, die die evangelische Missionsarbeit für unsere Kolonien hat« sei »in weiteren Kreisen in eindrücklicher Weise vorgeführt worden«[19].

Abb. 2: Die Missionsgesellschaften auf der Ersten Deutschen Kolonialausstellung 1896, aus: Deutschland und seine Kolonien im Jahre 1896: amtlicher Bericht über die Erste Deutsche Kolonial-Ausstellung / hrsg. von dem Arbeitsausschuss der Deutschen Kolonial-Ausstellung, Berlin 1897, S. 124.

Doch es blieb nicht bei den Kooperationen in Berlin. Alexander Merensky wurde in der Mission in der deutschen Kolonie auch tätig. Als das Deutsche Reich das heutige Tansania, Burundi und Ruanda als »Deutsch-Ostafrika« offiziell unter deutsche Herrschaft stellte, begann auch die Berliner Missionsgesellschaft – auf Anraten Merenskys – mit ihrer Tätigkeit im heutigen Tansania. Der kolonialen Besetzung war die gewaltsame Niederschlagung antikolonialer Bewegungen von 1888–1890 vorausgegangen. Unmittelbar danach wurde Alexander Merensky einer der ersten Missionare, der im Auftrag der Gesellschaft die sogenannte Njassa-Expedition organisierte. Des Weiteren war er aufgrund seiner Sprachkenntnisse in die vermeintlichen »Vertragsabschlüsse« involviert. So bereitete er die »koloniale Besitzergreifung Deutsch-Ostafrikas durch das Deutsche Reich entscheidend mit vor«[20]. In den darauffolgenden Jahren gründete die Berliner Missionsgesellschaft verschiedene Stationen auf dem Gebiet »Deutsch-Ostafrikas«. Ende des Jahres 1901 waren auf 13 Stationen ca. 16 Missionare tätig.[21] Die Mission in Afrika ist dabei nicht die einzige der Berliner Missionsgesellschaft, die unmittelbar im Zusammenhang mit der gewaltsamen kolonialen Expansion des Deutschen Reiches steht. Auch in der Kolonie Kiautschou im Norden Chinas begann die Gesellschaft 1898 mit ihrer Mission. Vorher wurde die Kiautschoubucht durch das deutsche Militär besetzt und – unter Androhung weiterer Gewalt – der fragwürdige Pachtvertrag, der Kiautschou zu einer deutschen Kolonie machte, unterzeichnet.[22] Auch hier wurden unmittelbar nach der kolonialen Unterwerfung Missionare ausgesandt und Missionsstationen gegründet.[23] Doch die Mission in Kiautschou war nicht die erste Tätigkeit der Gesellschaft in China. Schon 1882 übernahm sie die Arbeit anderer Missionsgesellschaften in Südchina, deren Tätigkeit vor allem auf Karl Gützlaff zurückgeht. Gützlaff besuchte schon zu Beginn des 19. Jahrhunderts das Jänickesche Missionsseminar in Berlin und wurde als Missionar einer Niederländischen Missionsgesellschaft ausgesandt. Wie eng die Ausbreitung der Mission bereits im 19. Jahrhundert mit dem europäischen Kolonialismus verbunden war, wird an weiteren Tätigkeiten deutlich: So arbeitete Gützlaff zunächst für englische Handelsgesellschaften, die sich in China ausbreiteten, war als Übersetzer im Abschluss kolonialer Verträge tätig und arbeitete später direkt für die koloniale Regierung Hongkongs.[24] Diese Handlungen schienen für ihn in keinem Widerspruch zur Mission zu stehen: 1844 gründete er den Chinesischen Verein. Als er 1850 nach Deutschland reiste, um vor allem finanzielle und organisatorische Unterstützung für »seine Chinamission« zu suchen, fand er diese auch im Umfeld der Berliner Missionsgesellschaft und den Hilfsvereinen. Es gründeten sich Vereine, die später auch Missionare nach China aussenden würden. Finanzielle Schwierigkeiten und wechselnde Verantwortungen begleiteten dieses Projekt, bis die Gesellschaft 1882 die Mission in China übernahm:[25] »Vielen Missionsfreunden schien es eine verächtliche Aufgabe, nur mit Kaffern und Hottentotten sich zu befassen, ein Staat von der Größe und Wichtigkeit Preußens, und dessen Hauptstadt Berlin, der Vorort der evangelischen Christenheit, müßte sich eine würdigere Aufgabe ersehen, und eine solche schien in der Eroberung des großen China nun vom Herrn selbst gewiesen zu sein«[26].

Die Mission in Kiautschou entwickelte in der Folge einen ausgesprochen »nationalen Charakter«. Neben der Ausbreitung des christlichen Glaubens ging es schnell auch um die Verbreitung der deutschen Kultur und Lebensweise.[27] Streckenweise kam es zu einer direkten »Symbiose zwischen Mission und Kolonialismus« in Kiautschou, die sich an einem Beispiel aus den Missionsberichten illustrieren lässt.[28] Es wird ein Fall beschrieben, in dem ein chinesischer Stadtpräfekt der Niederlassung der Missionare »Schwierigkeiten« bereitet habe. Insgesamt sei er ein »Feind der Fremden« und ein Unterstützer der »widerständischen Boxerbewegung« gewesen. Deshalb sei eine deutsche militärische Expedition geschickt worden, der Stadtpräfekt öffentlich zurechtgewiesen und vermutlich gewaltsam abgesetzt worden.[29] Auch wenn die Absetzung wohl nicht nur durch die Haltung gegenüber den Missionaren, sondern vielmehr durch allgemeine deutsche Machtinteressen zu erklären ist, werden zwei Sachverhalte deutlich. Erstens, wie die Missionsgesellschaft für die Durchsetzung ihrer Ziele auf die »Machtstrukturen des Kolonialstaats« zurückgriff[30] und zweitens, wie sehr die Interessen des Kolonialstaates und der Mission deckungsgleich waren.

Ähnliches zeigt sich auch in »Deutsch-Ostafrika«: Hier kam es zu Beginn des 20. Jahrhunderts erneut zum Widerstand der Bevölkerung – die sogenannte Maji-Maji-Bewegung richtete sich gegen die repressive und ausbeuterische Kolonialherrschaft. Die Berichte der Missionsgesellschaft beziehen sich vor allem auf die religiösen Elemente, die der konkrete Auslöser der Widerstandsbewegung waren. So ist die Rede von einem »islamischen Fanatismus« und dem Versuch der Bevölkerung mit Hilfe ihres »wüsten Zauberei-Aberglaubens die Herrschaft der Weißen abzuschütteln.«[31] In der Folge wurde auch hier die vermeintliche Wichtigkeit der Mission betont. Der Aufstand habe dabei erneut gezeigt, wie »verhängnisvoll es werden kann«, wenn die »Gefährlichkeit des heidnischen Aberglaubens und des Treibens der Zauberer wie überhaupt der religiöse Faktor in der Kolonialpolitik, unterschätzt wird.«[32] »So zeigt gerade dieser Aufstand, wie nötig zur Herstellung gesunder, friedlicher Zustände in unseren Schutzgebieten neben der Aufrichtung eines starken, festen Regiments die stille, innerliche Arbeit der Völkererziehung durch die christliche Mission .«[33]

Kaum berichtet wurde über die brutalen Reaktionen deutscher Truppen auf diese Bewegung.[34] Als die Missionsgesellschaft nach der Niederschlagung des antikolonialen Widerstandes ihre Arbeit wieder aufnahm und dabei scheinbar erfolgreicher war als zuvor, verwies der Missionsinspektor Axenfeld darauf, dass zwar keine »tiefen, religiösen Motive« für die neue Kooperation verantwortlich seien: »Aber wir haben nun dadurch Gelegenheit, Gottes Wort zu predigen, das beste, was wir Weiße besitzen, dem Volk zu zeigen und anzubieten. Diese Gelegenheit, die Gott uns gegeben hat, wollen wir ausnutzen, so gut wir vermögen«[35].

Sehr deutlich wird, wie die Missionsgesellschaft auch in »Deutsch-Ostafrika« nicht nur die kolonialen Infrastrukturen nutzte, sondern ebenso die nach dem brutal niedergeschlagenen Aufstand sehr deutlichen Machtverhältnisse in den Kolonien.

Insgesamt waren im ausgehenden 19. und im 20. Jahrhundert viele Missionsgesellschaften – auch aus Berlin – in den deutschen Kolonialgebieten tätig. Es gründeten sich Organe der Kooperation wie z. B. der Deutsche Evangelische Missionsausschuß, der, 1885 gegründet, als eine Vertretung der Missionsgesellschaften sowohl gegenüber der Regierung als auch den Kolonialgesellschaften funktionieren sollte.[36] In Berlin gab es zwischen den einzelnen Missionsgesellschaften Kooperationen, jedoch auch Konflikte. So missionierten sowohl die Berliner Missionsgesellschaft als auch die Herrnhuter Brüdergemeinde, die u. a. in Rixdorf ansässig war, in »Deutsch-Ostafrika«. Bevor die Mission begann, »teilten« sie die Gebiete untereinander auf.[37] Auch die »Evangelische Missionsgesellschaft für Deutsch-Ostafrika« des Kolonisten Carl Peters, der die Kolonialisierung »Deutsch-Ostafrikas« entscheidend vorbereitete, war hier tätig. Das Verhältnis zwischen diesen beiden Missionsgesellschaften war gezeichnet von Konflikten. So gab es aus dem Umfeld der Berliner Missionsgesellschaft Kritik an der »Überbetonung des Nationalen«, was der Idee der weltlichen Mission entgegenstehe.[38] Die Pläne einer Vereinigung beider Gesellschaften scheiterten.

Auch wenn es durchaus unterschiedliche konkrete Ausrichtungen gab, bewegten sich die Missionsgesellschaften klar in einem kolonialen Unrechtssystem, das sie aktiv für sich zu nutzen wussten. Die Themen Kolonialisierung, vermeintliche »Zivilisierung« und die Missionierung waren dabei konkret miteinander verbunden. So propagierten auch Berliner Missionare die Idee der Wichtigkeit der Mission. Dabei leisteten sie teilweise – z. B. durch Übersetzungen oder Expeditionen – der formalen Kolonialisierung Vorschub, waren als »Steuereintreiber« oder in der Verwaltung direkt in das koloniale System eingebunden oder lehrten in der Missionsschule, aus der die koloniale Verwaltung neue »Angestellte« rekrutierte.[39] Gerade durch die Kooperation konnten die Missionsgesellschaften über ihre eigentliche »machtpolitische Schwäche« hinwegtäuschen und ihre Vorstellungen gegenüber den kolonialisierten Menschen durchsetzen.[40] Neben dieser direkten Zusammenarbeit gab es auch in den kolonialen und den missionarischen Vorstellungen Überschneidungen. Die eurozentristischen Ideen der »Zivilisierung« waren beiden gemeinsam. Letztendlich sahen sich die Missionare selbst als Vermittler, nicht selten auch als »Anwälte der Eingeborenen«. Auch wenn es tatsächlich Konflikte gab, in denen Missionare »ihren Schützlingen« beistanden, so bewegten sie sich zu jeder Zeit in einem kolonialen System, das sie meist nicht hinterfragten. Diese Vermittlung bedeutete so auch die Vermittlung des gewaltvollen deutschen Kolonialismus.

In den 1970er Jahren ging die Berliner Missionsgesellschaft im Berliner Missionswerk in West-Berlin auf. In der ehemaligen DDR setzte die Berliner Mission ihre ökumenisch-missionarische Arbeit im Auftrag des DDR-Kirchenbundes im alten Missionshaus fort. Heute ist das ehemalige Missionshaus in der Georgenkirchstraße ein Teil des Evangelischen Zentrums Berlin-Brandenburg. Das heutige Berliner Missionswerk wiederum ging aus dem Zusammenschluss von West und Ost 1991 hervor. Auch wenn sich das Missionsverständnis des Missionswerks stark verändert hat, ist an dem Gebäude in der Georgenkirchstraße noch immer die biblische Aufforderung angebracht: »Gehet hin in alle Welt und lehret alle Heiden und taufet sie im Namen des Vaters, des Sohnes und des Heiligen Geistes.«[41]

Anmerkungen

1 Vgl. van der Heyden, Ulrich, »Die Berliner Missionsgesellschaft«, in: van der Heyden, Ulrich / Zeller, Joachim (Hg.), *Kolonialmetropole Berlin. Eine Spurensuche*, Berlin 2002, S. 63–67, hier S. 63.
2 Richter, Julius, *Geschichte der Berliner Missionsgesellschaft 1824–1924*, Berlin 1924, S. 9.
3 Vgl. Chun-Shik, Kim, *Deutscher Kulturimperialismus in China. Deutsches Kolonialschulwesen in Kiautschou (China) 1898–1914*, Stuttgart 2004, S. 113.
4 Es gab zunächst Pläne der Vereinigung mit der Jänickeschen Missionsschule. Diese scheiterten aber auch aufgrund von Konflikten mit Jänickes Nachfolger Rückert (vgl. Richter, *Geschichte der Berliner Missionsgesellschaft 1824–1924*, S. 31). Vgl. Lehmann, Hellmut, *150 Jahre Berliner Mission*, Erlangen 1974, S. 10; van der Heyden, *Die Berliner Missionsgesellschaft*, S. 64.
5 Richter spricht hier von einer Wohnung in der Rosenthaler Straße, dann in der Französischen Straße 33 und schließlich in der Lindenstraße 90 (vgl. Richter, *Geschichte der Berliner Missionsgesellschaft*, S. 32). Das erste Missionshaus baute die Gesellschaft in der Sebastiangasse in Berlin Mitte. Durch die Vergrößerung der Gesellschaft, den dadurch entstehenden Platzmangel und die anhaltende Feuchtigkeit des Geländes, beschloss sie umzuziehen. In den Missionsberichten ist die Rede davon, dass der Gesellschaft das »Scheiden aus dem alten Haus« nicht leichtgefallen sei. Begründet wird der Auszug damit, dass die Gesundheit der im Haus lebenden Personen durch die andauernde Feuchtigkeit gefährdet gewesen sei (vgl. Gesellschaft zur Beförderung der Evangelischen Missionen unter den Heiden, *Missionsberichte der Gesellschaft zur Beförderung der Evangelischen Missionen unter den Heiden*, Berlin 1872, S. 81).
6 Vgl. *Missionsberichte* 1882, S. 82.
7 In den Missionsberichten ist die Rede davon, dass »die Nähe des Friedrichshains, die Entfernung von Mittelpunkt der Stadt und andere Bedenken« (*Missionsberichte* 1872, S. 330) die Gesellschaft zunächst von diesem Bauplatz Abstand nehmen ließen. Die Entscheidung für den Platz sei, zumindest laut Missionsberichten, auch durch den günstigen Preis gefallen.
8 *Missionsberichte* 1872, S. 83.
9 Vgl. *Missionsberichte* 1873, S. 328.
10 *Missionsberichte* 1874, S. 14.
11 Vgl. van der Heyden, »Die Berliner Missionsgesellschaft«, S. 64.
12 Vgl. Chun-Shik, *Deutscher Kulturimperialismus in China*, S. 113; Lehmann, *150 Jahre Berliner Mission*, S. 92, 320.
13 Gründer, Horst, *Christliche Mission und deutscher Imperialismus. Eine politische Geschichte ihrer Beziehungen während der deutschen Kolonialzeit (1884–1914) unter besonderer Berücksichtigung Afrikas und Chinas*, Paderborn 1982, S. 336.
14 Luig, Ulrich, »Religion und Politik. Die Anfänge der Evangelischen Mission in Deutsch-Ostafrika«, in: van der Heyden, Ulrich / Brose, Winfried (Hg.), *Mit Kreuz und deutscher Flagge. 100 Jahre Evangelium im Süden Tanzanias – Zum Wirken der Berliner Mission in Ostafrika*, 3. Auflage, Münster 1993, S. 96–106, hier S. 97.

1824 – »Gesellschaft zur Beförderung der evangelischen Missionen unter den Heiden«

15 Vgl. Schreiber, A.W. »D. Alexander Merensky«, in: *Deutsche Kolonialzeitung. Organ der Deutschen Kolonialgesellschaft* 35 (1918), S. 109.
16 Merensky, Alexander, *Wie erzieht man am Besten den N**** zur Plantagenarbeit?*, Berlin 1886.
17 Ebd., S. 34–36.
18 Ulrich van der Heyden verweist darauf, dass Merensky sich zu Beginn des 20. Jahrhunderts kritischer mit der Kolonialpolitik auseinandersetzte. Die Rechtmäßigkeit des Kolonialismus habe er dabei nie in Frage gestellt (vgl. van der Heyden, Ulrich, »Der Missionar Alexander Merensky als Wissenschaftler«, in: Habermas, Rebekka (Hg.), *Von Käfern, Märkten und Menschen. Kolonialismus und Wissen in der Moderne*, Göttingen 2013, S. 49–60, hier S. 55).
19 Arbeitsausschuss der deutschen Kolonial-Ausstellung (Hg.), *Deutschland und seine Kolonien im Jahre 1896. Amtlicher Bericht über die erste deutsche Kolonial-Ausstellung*, Berlin 1897, S. 121, 127.
20 Van der Heyden, »Der Missionar Alexander Merensky als Wissenschaftler«, S. 54; Klein, Thoralf, *Mission und Kolonialismus – Mission als Kolonialismus. Anmerkungen zu einer Wahlverwandtschaft*, Frankfurt a. M. / New York 2019, S. 8.
21 Vgl. Ausschuß der deutschen evangelischen Missionen (Hg.), *Die evangelischen Missionen in den deutschen Kolonien und Schutzgebieten*, Berlin 1902, S. 55.
22 Interessant ist, dass der Angriff auf zwei katholische Missionare in der Provinz Shandong als Vorwand für die Besetzung der Nordküste genutzt wurde; vgl. Klein, *Mission und Kolonialismus*, S. 7. Die offizielle Bezeichnung als »Pachtgebiet« sollte nicht darüber hinwegtäuschen, dass es sich faktisch um eine Kolonie handelte (Leutner, Mechtild, »Nicht nur Kiautschou. Eine (fast) vergessene Geschichte«, in: *Zeitgeister. Internationale Perspektiven aus Kultur und Gesellschaft*. Online abrufbar unter: www.goethe.de/prj/zei/de/pos/21750527.html [letzter Zugriff: 04.04. 2022]).
23 Hier wurden 1901 drei Missionare im Dienst und ca. 104 Menschen getauft (vgl. Ausschuß der deutschen evangelischen Missionen, *Die evangelischen Missionen in den deutschen Kolonien und Schutzgebieten*, S. 101).
24 Vgl. Freytag, Mirjam, *Frauenmission in China. Die interkulturelle und pädagogische Bedeutung der Missionarinnen untersucht anhand ihrer Berichte von 1900 bis 1930*, Münster 1994, S. 40; Beyer, Georg, *Unsere Chinamission im Rahmen der ev. Missionsarbeit in China*, Berlin ca. 1925, S. 5; Gründer, *Christliche Mission und deutscher Imperialismus*, S. 259.
25 In Berlin gründeten sich der Berliner Hauptverein für die Mission in China und der Frauenmissionsverein für China. Ab 1850 entsandte der Hauptverein Missionar:innen. Aufgrund finanzieller Schwierigkeiten übernahmen die Barmer und die Baseler Missionsgesellschaft zeitweise die Arbeit in China, bis 1882 die Berliner Missionsgesellschaft diese übernahm.
26 *Missionsberichte* 1882, S. 256.
27 Vgl. Chun-Shik, *Deutscher Kulturimperialismus in China*, S. 114.
28 Vgl. Klein, Thoralf, »Aktion und Reaktion? Mission und chinesische Gesellschaft«, in: Leutner, Mechtild / Mühlhahn, Klaus (Hg.), *Kolonialkrieg in China. Die Niederschlagung der Boxerbewegung 1900–1901*, Berlin 2007, S. 32–43, hier S. 32.

29 Die genaue Situation wird wie folgt beschrieben: »Einen bedeutenden Fortschritt machte die nordchinesische Berliner Mission mit der Errichtung einer Hauptstation in der zur deutschen Interessensphäre gehörigen Kreisstadt Tsimo, 45 Kilometer nördlich von Tsingtau gelegen, mit 40–50 000 Einwohnern. Von dort war die Bitte an die Missionare gekommen, auch Tsimo zu besetzen. Dies konnte wegen des fremdenfeindlichen Stadtpräfekten nicht sofort geschehen. Nachdem aber die deutsche Regierung die Entfernung desselben durchgesetzt hatte, standen im Dezember 1900 Kunze und Lutschewitz bei dem Nachfolger eine sehr freundliche Aufnahme.« (Ausschuß der evangelischen Missionen, *Die evangelischen Missionen in den deutschen Kolonien und Schutzgebieten*, S. 100).
30 Vgl. Klein, »Aktion und Reaktion?«, S. 32.
31 Richter, *Geschichte der Berliner Missionsgesellschaft*, S. 650.
32 *Missionsberichte* 1905, S. 462.
33 Ebd., S. 413.
34 So wird ohne großes Aufheben über das Niederbrennen von Dörfern als Vergeltungsmaßnahme berichtet (vgl. *Missionsberichte* 1905, S. 468). Außerdem wird die Befürchtung, dass der »Aufstand« noch nicht dauerhaft »niedergeschlagen« sei, wie folgt kommentiert: »Der noch aufrührerische Rest des verblendeten Volkes will lieber sterben, als sich der deutschen Regierung ergeben. So wird wohl das beklagenswerte Ergebnis der militärischen Maßnahme eine Entvölkerung weiter Strecken sein.« (*Missionsberichte* 1906, S. 464).
35 *Missionsberichte* 1906, S. 466.
36 Vgl. Hamilton, Majida, *Mission im kolonialen Umfeld. Deutsche protestantische Missionsgesellschaften in Deutsch-Ostafrika*, Göttingen 2009, S. 63.
37 Vgl. ebd., S. 77.
38 Vgl. ebd., S. 78–79.
39 Vgl. Klein, *Mission und Kolonialismus*, S. 9. Interessant ist, dass oft Menschen diese Schulen besuchten, die später in antikolonialen Bewegungen aktiv waren (vgl. Klein, *Mission und Kolonialismus*, S. 10).
40 Vgl. Niesel, Hans Joachim, *Kolonialverwaltung und Missionen in Deutsch Ostafrika 1890–1914*. Dissertation Freie Universität, Berlin 1971, S. 332.
41 Van der Heyden, *Die Berliner Missionsgesellschaft*, S. 63.

Anna von Rath

1838 – Auf dem Friedhof vor dem Halleschen Tor wird Adelbert von Chamisso bestattet

Adelbert von Chamisso verstarb am 21. August 1838 und wurde wenig später auf dem Friedhof III der Jerusalems- und Neuen Kirche vor dem Halleschen Tor in Berlin Kreuzberg begraben.

Nahe der Bergmannstraße in Kreuzberg befindet sich der Chamissoplatz. Der Platz, der 1890 seinen Namen erhielt, und die umliegenden Gebäude entstanden als Teil des Hobrecht-Plans – eines Bebauungsplans für die rasch wachsende Stadt Berlin. An der Stelle, an der sein früheres Wohnhaus in der Friedrichstraße 235 stand, hängt eine Gedenktafel für ihn. Chamisso wird bis heute öffentlich geehrt, da er im 19. Jahrhundert ein hochgeschätzter deutschsprachiger Dichter und ein erfolgreicher Botaniker war.

Besonders relevant für sein Lebenswerk war die sogenannte »Rurik«-Expedition unter Leitung von Otto von Kotzebue, an der Chamisso zwischen 1815 und 1818 teilnahm. Sie führte zunächst über Teneriffa nach Brasilien und Chile und nach einem Abstecher ins Beringmeer nach Polynesien, Mikronesien und Hawaii. Chamisso schrieb darüber in seinem 1836 erschienenen Buch »Reise um die Welt«, derartige Forschungsreisen standen damals in direktem Zusammenhang mit kolonialen Bestrebungen. Chamisso selbst wird in der Wissenschaft, in Biografien und in Medienberichten jedoch häufig als offener, neugieriger Kosmopolit und kolonialkritisch dargestellt.[1] Allerdings war er ein Kind seiner Zeit und als Wissenschaftler und Schriftsteller in koloniale Praktiken involviert.

Adelbert von Chamisso wurde 1781 als Louis Charles Adélaïde de Chamissot de Boncourt in Frankreich geboren, doch seine adeligen Eltern verloren während der französischen Revolution ihren Besitz. Sie sahen ihr Leben in Gefahr und flohen. Über Umwege gelangte die Familie 1796 nach Berlin. Dort besuchte Chamisso das französische Gymnasium. Als junger Erwachsener war er zwar zunächst beim Militär, fühlte sich aber stark zur

Literatur und Poesie hingezogen. Er begann zu dichten[2] und sich in literarischen Kreisen zu bewegen. Zu seinen Freunden zählte beispielsweise der Romantiker E. T. A. Hoffmann.

Mit Anfang 30, im Jahr 1812, begann Chamisso mit dem Studium der Medizin und Naturwissenschaften an der neugegründeten Berliner Universität und legte damit den Grundstein für seine Karriere als Naturforscher.[3] Nach drei Jahren Studium ließ sich Chamisso als Botaniker für die Rurik-Expedition unter Leitung von Otto von Kotzebue anheuern. Kotzebue plante im Auftrag des russischen Schatzkanzlers Graf Nikolaj Rumjancev, mit einer Brigg um die Welt zu segeln. Die offizielle Mission lautete, die nordöstliche Passage durch die Beringstraße zu erforschen, die den Europäer:innen bis dahin noch unbekannt war. Wäre sie gefunden worden und für russische Flotten passierbar gewesen, hätte sie für die damalige Zeit eine drastische Verkürzung der Seewege und damit einen enormen wirtschaftlichen Vorteil bedeutet.[4]

Zusätzlich gab es den inoffiziellen Auftrag für Kotzebue, für die Versorgung mit Lebensmitteln der Russisch-Amerikanischen-Handelskompanie (RAK) zu sorgen: Die RAK handelte erfolgreich mit sibirischen Seeotterfellen, wofür sie einheimische Männer der Aleuten versklavte, und war für die Fortführung des Handelsstützpunktes im hohen Norden auf Verpflegung aus südlicher gelegenen Regionen angewiesen. Dafür wäre ein russischer Stützpunkt auf Hawaii nützlich gewesen. Mit anderen Mitgliedern der Zarenfamilie war der Finanzier der Expedition, Rumjancev, Hauptaktionär der RAK und privat ein leidenschaftlicher Sammler in den Bereichen Kulturgüter und Wissenschaft.[5]

Während des größten Teils der Reise war Chamisso nicht bewusst, dass neben der Suche nach der Passage durch die Beringstraße auch noch die Verpflegung der RAK zur Aufrechterhaltung ihrer ausbeuterischen Geschäfte sichergestellt werden sollte.[6] Ihn trieben vor allem seine eigenen Interessen an, die klar auf Forschung und Erkenntnisgewinn lagen. Chamisso wollte seiner Sammelleidenschaft folgen und Lebensweisen, Kulturen und Sprachen ihm unbekannter Bevölkerungsgruppen und Regionen kennenlernen.[7]

Während der Reise hatte er den Befehlen auf dem russischen Kriegsschiff Folge zu leisten.[8] Die Biographin Beatrix Langner beschreibt besonders das Verhältnis zu Kotzebue als von Konflikten geprägt. Als die Rurik vor der Küste Alaskas in einen breiten Sund einfuhr, der nicht auf Kotzebues

Karte verzeichnet war, benannte er diesen nach sich selbst und ein Felsenriff trotz aller Konflikte nach Chamisso.[9] Ihnen begegneten Inuit, die selbstredend bereits andere Namen für all die Orte hatten, die die Europäer zum ersten Mal bereisten.[10] Bis heute hat sich dennoch der Name Chamisso-Insel durchgesetzt, sogar Wikipedia listet jedoch inzwischen zusätzlich den Inselnamen der lokalen Iñupiat – Iguagvik – auf. Auch wenn Langner schreibt, dass Chamisso sich nicht als Entdecker fühlte, widersetzte er sich den entdeckerischen und kolonialen Praxen des Benennens und Raubens nicht.[11] Diese Handlungsweisen gehörten damals schlichtweg zum europäischen Rechtsverständnis: »Nach damals geltendem Völkerrecht fiel jedem, der zuerst den Fuß auf unbekanntes Land setzte, das Besitzrecht an diesem Land, seinen Menschen, Bodenschätzen und Naturerzeugnissen zu«[12]. Die eurozentrische Perspektive dieses Verständnisses drückt sich darin aus, dass das Völkerrecht nur Europäer:innen einbezog und es ausschließlich um Land ging, das den Europäer:innen unbekannt war. Die Politikwissenschaftler:innen Chandra-Milena Danielzik und Daniel Bendix kritisieren das europäische Entdeckungsnarrativ, das hinter Reisen in Gebiete stand, die Europäer:innen bis dato nicht kannten, da diese im kolonialen Kontext nie frei von Interessen waren. »Vielmehr ging es um die Ausbeutung von Menschen und Rohstoffen, die Erschließung von Handelswegen und die Produktion von Wissen«[13]. All das trifft auch auf die Rurik-Expedition zu.

Als Botaniker war es Chamissos Aufgabe, während der Reise Pflanzen zu sammeln und zu klassifizieren. Londa Schiebinger und Claudia Swan, deren Forschungsgebiet in der Wissenschaftsgeschichte liegt, würden Chamissos Tätigkeit sicherlich in ihre Definition der kolonialen Pflanzenkunde einordnen: Bei »colonial botany« handelt es sich um das Studieren, Benennen, Kultivieren und Vermarkten von Pflanzen aus kolonialen Kontexten. Dieser Wissenschaftszweig entstand mit den europäischen Seereisen, Eroberungen und dem globalen Handel.[14] Insgesamt sammelte Chamisso 20 Kisten mit Pflanzen, Steinen und Knochen, die er luftdicht verschlossen mit nach Europa nahm.[15] Daher ist nicht nur die Insel Iguagvik nördlich der Beringstraße noch immer nach Chamisso benannt, sondern auch zahlreiche Pflanzen. Er schickte beispielsweise dem Direktor des Botanischen Gartens in Berlin, Heinrich Friedrich Link, nach seiner Rückkehr südamerikanische Pflanzen zur Bestimmung. Die Gattung war den europäischen Wissenschaftlern unbekannt, also gab Link ihr den Namen Chamissonia.[16]

Mit der Neubenennung durch Europäer:innen wird früheres Wissen von indigenen Ortsansässigen überschrieben – und ist bis heute nicht immer rekonstruierbar.

Nach Aufenthalten in Südamerika und in der Beringstraße gelangte die Rurik über Hawaii zu den Marshall-Inseln. Dort zeigte sich am deutlichsten, dass Chamisso eher ein Verständnis von »Edlen Wilden« hatte, als dass er die lokale Bevölkerung bewusst als rückständig und primitiv herabwürdigte. Er verbrachte einige Tage mit einer lokalen Familie unter einem Dach und machte sich ausführliche ethnographische Notizen voller Bewunderung. In seinen Aufzeichnungen nennt er die Polynesier:innen gütig, zutraulich und unverdorben. Langner deutet an, dass viele positive Schlussfolgerungen über die Inselbewohner:innen »wohl mehr der Sehnsucht nach friedlichem Zusammenleben aller Menschen geschuldet waren«[17]. Bei Chamissos Beobachtungen über die Polynesier:innen handelt es sich zumindest teilweise um Projektionen. Sein Blick auf die Menschen, die ihm während der gesamten Reise begegneten, kann nie vollständig von der eurozentristischen Perspektive getrennt werden, die in Europa damals geläufig war, dennoch steht er durchaus für ein wohlwollenderes Interesse an den »Anderen« (the Other) als viele seiner Zeitgenoss:innen.

Bevor sich die Reise ihrem Ende näherte, begab sich die Rurik noch einmal nach Norden. Dieser zweite Besuch im Beringmeer zeigte, dass die kleine Brigg nicht geeignet für das Reisen im Eis war und nach Jahren auf dem Schiff auch die gesamte Besatzung unter Erschöpfung litt. Es sollte nach Hause gehen, obwohl Kotzebue seine Aufträge nicht erfolgreich ausgeführt hatte. Immerhin brachte die Rurik einiges an Kulturgütern und sogar Menschen mit zurück nach Russland. In einem leicht zu überlesenden Satz notiert Langner, dass kurz vor Abreise mehrere junge Inuit, die nach Sankt Petersburg mitgenommen werden sollten, die Pockenimpfung bekamen.[18] Schon seit Beginn der frühesten Kolonialexpeditionen wurden zahlreiche Einheimische aus Regionen fern von Europa als »lebende Trophäen« mitgebracht.[19] In der Regel kann wenig über ihre Schicksale – ihre Zwangsumsiedlungen – gesagt werden. Vor allem aus ihrer eigenen Perspektive gibt es nur in den aller seltensten Fällen Aufzeichnungen darüber, wie es ihnen erging.[20]

Nach Berlin zurückgekehrt, heiratete Chamisso, bekam Kinder und zog schlussendlich in die Friedrichstrasse 235, mittig zwischen den heutigen U-Bahnstationen Hallesches Tor und Kochstraße, wo er bis zu seinem

Lebensende wohnte. Er trieb nun seine wissenschaftliche Karriere voran. 1821 erschien Kotzebues Bericht über die Rurik-Expedition, für den Chamisso den naturwissenschaftlichen Teil unter dem Titel »Bemerkungen und Ansichten« verfasste. Der Kulturwissenschaftler Ottmar Ette erwähnt Chamissos Unmut über dieses Arrangement und benennt es als eine Fortsetzung der schwierigen Beziehung zu Kotzebue. Es wurde Chamisso untersagt, seinen Reisebericht vorab unter eigenem Namen zu veröffentlichen. Er musste auf Kotzebues Bericht warten, in dem sich seine wissenschaftlichen Ergebnisse erst an einer wenig prominenten Stelle im dritten Band fanden.[21] 1836, erst 18 Jahre nach seiner Rückkehr von der Reise, erschien Chamissos eigenes Buch »Reise um die Welt«. Chamisso zeigt sich darin eher bescheiden: »Das Beobachten, Sammeln und Speichern für die Wissenschaft wird hier als langer Lernprozess beschrieben, innerhalb dessen sich der Forscher nicht seiner vorübergehenden Unkenntnis zu schämen brauche«[22]. Chamissos Reisebericht fand reichlich Anklang und wurde wohl von seinem Zeitgenossen und Vorbild Alexander von Humboldt höchstpersönlich am königlichen Hofe vorgelesen. Humboldt nannte Chamissos Werk Darstellung eines »Weltdramas« und seine Prosa »unbefangen, einfach und frei«[23].

Chamisso, der selbst zeitlebens mit der Frage der Zugehörigkeit kämpfte und einige europäische Konflikte miterlebt hatte, interessierte sich besonders für Konvivenz. Ette erklärt, dass Chamisso sich immer wieder mit Fragen und Herausforderungen des Zusammenlebens von Menschen verschiedener Nationen, Sprachen oder Kulturen beschäftigte, auch zwischen Europäer:innen und indigenen Völkern.[24] Während des 19. Jahrhunderts wurde die biologistische Rassenforschung – aus heutiger Sicht eine Pseudowissenschaft – populär, von der sich Chamisso klar distanzierte.[25] Chamissos »Reise um die Welt« erwies vielmehr seine Faszination für andere Lebensweisen. Seine Reflexionen über die indigene Bevölkerung der Marshall-Inseln ist beschützend und bewundernd, aber auch exotisierend: »Ich ergreife diese Gelegenheit auch hier, gegen die Benennung ›Wilde‹ in ihrer Anwendung auf die Südsee-Insulaner feierlichen Protest einzulegen. Ich verbinde gern, so wie ich kann, bestimmte Begriffe mit den Wörtern, die ich gebrauche. Ein Wilder ist für mich der Mensch, der ohne festen Wohnsitz, Feldbau und gezähmte Tiere, keinen anderen Besitz kennt, als seine Waffen, mit denen er sich von der Jagd ernährt. Wo den Südsee-Insulanern Verderbtheit der Sitten Schuld gegeben werden kann, scheint mir solche nicht von der Wildheit, sondern vielmehr von der Übergesittung zu zeugen. Die verschiedenen Erfindungen, die Münze, die Schrift u.s.w., welche die verschiedenen Stufen der Gesittung abzumessen geeignet sind, auf denen Völker unseres Kontinentes sich befinden, hören unter so veränderten Bedingungen auf, einen Maßstab abzugeben für diese insularisch abgesonderten Menschenfamilien, die unter diesem wonnigen Himmel ohne Gestern und Morgen dem Momente leben und dem Genusse.«[26] Laut Chamisso verfügten die Polynesier:innen über einen Lebensstandard, der auch aus europäischer Perspektive des 19. Jahrhunderts als zivilisiert gelten kann. Gleichzeitig sieht er sie als Menschen, die in einer Art abgelegenem Paradies leben, in dem Schrift und Geld nicht gebraucht werden. Chamisso romantisiert das Leben auf den Inseln, das einfach nur schön und sorglos sein kann, als gäbe es keine Vergangenheit oder Zukunft. Dieser Exotismus klingt erst einmal positiv. Tatsächlich ist Exotismus nach heutigem Verständnis aber ein inhärenter Teil von Rassismus. Die Polynesier:innen werden durch den romantisierenden Blick klar als »Anders« konstruiert. Exotisch sind immer nur nicht-*weiße* Menschen und Regionen. Zudem widerlegt Chamisso seine eigenen Beobachtungen später, indem er auf kriegerische Konflikte zwischen den verschiedenen Inseln verweist.[27] Unter dem besagten wonnigen Himmel gibt es also doch nicht nur Genuss.

Gegen Ende seines Lebens wandte sich Chamisso noch intensiver den Umgangsformen in anderen Ländern zu. Seine letzte wissenschaftliche Veröffentlichung behandelte die Struktur und den Aufbau der Hawaiianischen Sprache. Ette erklärt Chamissos Interessen mit dessen eigener multilingualen Biographie: »Denn auch für ihn war die Welt nicht allein aus der Perspektive einer einzigen Sprache zu erfassen und zu begreifen«[28]. Chamisso lebte zwar den größten Teil seines Lebens in Berlin, doch durch seine französische Herkunft fühlte er sich nicht immer zugehörig. Seine Wissenschaft wendet sich der Überbrückung von kulturellen Lücken zu, die ihn persönlich beschäftigten.

Chamissos literarisches und wissenschaftliches Werk ist durchaus erinnerungswürdig. Die Erinnerung an ihn, die sichtbar ins Stadtbild des Bezirks Berlin-Kreuzberg, in dem er bis zuletzt lebte, integriert ist, ist wohlverdient. Doch heißt das nicht, dass wir dieser historischen Person und der Erinnerungspraxis heutzutage nicht kritisch begegnen können. Oft sind die einzigen schriftlichen Quellen über die Botanik in fernen Ländern koloniale Reiseberichte wie die von Chamisso oder Kotzebue.

In der offiziellen Taxonomie, die heute verwendet wird, tauchen in der Regel nur die kolonialen Bezeichnungen auf. Aus postkolonialer Perspektive ist es relevant zu fragen, welches Wissen in der Gegenwart zugänglich ist und welches Wissen unsichtbar gemacht worden oder sogar verloren gegangen ist. Die Schriftstellerin und Umwelthistorikerin Jessica J. Lee erklärt in einem Interview einen oft vergessenen Fakt: Ausländische Botanik war oftmals nur dank lokalem Wissen und lokaler Arbeitskraft möglich.[29]

Auch Chamissos wissenschaftliche Arbeit zehrt von den Begegnungen mit der lokalen Bevölkerung an verschiedenen Orten dieser Welt. Immerhin erwähnt er einige dieser Momente des Austauschs in seinem Werk voller Achtung. Dennoch ist er es, der in die Geschichte und ins Berliner Stadtbild eingegangen ist. Er ist es, nach dem Pflanzen und Orte benannt wurden.

Anmerkungen

1 Vgl. Ette, Ottmar, »Von Georg Forster zu Adelbert von Chamisso. Reisen um die Welt«, in: ders., *Mobile Preußen. Ansichten jenseits des Nationalen*, Stuttgart 2019, S. 197–220; Langner, Beatrix, *Der wilde Europäer*, Berlin 2008; Duhm-Heitzmann, Jutta, »Geburtstag Adelbert von Chamisso«, in: *NDR ZeitZeichen*, 30.01.2011. Online abrufbar unter: www.ndr.de/nachrichten/info/audio61453.html [letzter Zugriff: 04.04.2022].
2 Er veröffentlichte Gedichte im Musenalmanach und schrieb später die Novelle »Peter Schlemihls wundersame Reise« (1908), die ihm zu einer gewissen Bekanntheit verhalf.
3 Vgl. Ette, »Von Georg Forster zu Adelbert von Chamisso«, S. 210.
4 Vgl. Maaß, Yvonne, *Leuchtkäfer und Orgelkoralle. Chamissos Reise um die Welt mit der Romanzoffischen Entdeckungs-Expedition (1815–1818) im Wechselspiel von Naturkunde und Literatur*, Würzburg 2016, S. 23.
5 Vgl. Ebd.
6 Vgl. Langner, *Der wilde Europäer*, S. 153.
7 Vgl. Maaß, *Leuchtkäfer und Orgelkoralle*, S. 23.
8 Vgl. Ette, »Von Georg Forster zu Adelbert von Chamisso«, S. 215.
9 Vgl. Langner, *Der wilde Europäer*, S. 195.
10 Auch wenn unklar ist, seit wann genau Menschen in der Region des heutigen nordwestlichen Alaskas lebten, gibt es Forschungsergebnisse, die andeuten, dass schon vor 10.000–12.000 Jahren Menschen dieses Land bewohnten (Burch 2005: 10). Dennoch beanspruchen Europäer:innen fälschlicherweise, diese Gebiete »entdeckt« zu haben.
11 Vgl. Langner, *Der wilde Europäer*, S. 192.
12 Ebd., S. 195.
13 Danielzik, Chandra-Milena / Bendix, Daniel, »Entdecken«, in: Arndt, Susan / Ofuatey-Alazard, Nadja (Hg.), *Wie Rassismus aus Wörtern spricht. (K)Erben des Kolonialismus im Wissensarchiv Deutsche Sprache*, Münster 2011, S. 264–269, hier S. 266.
14 Schiebinger, Londa / Swan, Claudia, »Introduction«, in: dies. (Hg.), *Colonial Botany: Science, Commerce, and Politics in the Early Modern World*, Philadelphia 2007, S. 1–18, hier S. 2.
15 Vgl. Langner, *Der wilde Europäer*, S. 229.
16 Vgl. ebd., S. 246.
17 Ebd., S. 219.
18 Vgl. ebd., S. 227.
19 Vgl. ebd., S. 209.
20 Lesen Sie für weitere Einblicke in die Thematik der kolonialen Verschleppung den Beitrag über Sabac el Cher.
21 Vgl. Ette, »Von Georg Forster zu Adelbert von Chamisso«.
22 Ebd.
23 Von Humboldt, Alexander, *Brief an Adelbert von Chamisso vom 16.05.1836*, Nachlass Adelbert von Chamisso, Staatsbibliothek zu Berlin, acc. ms. 1937, S. 183.

24 Vgl. Ette, »Von Georg Forster zu Adelbert von Chamisso«.
25 Vgl. Langner, *Der wilde Europäer*, S. 297.
26 Von Chamisso, Adelbert, *Peter Schlemihls wundersame Reise. Mit Illustrationen von Emil Preetorius*, Leipzig 1908, S. 75.
27 Vgl. Langner, *Der wilde Europäer*, S. 224.
28 Ette, »Von Georg Forster zu Adelbert von Chamisso«.
29 Vgl. Lee, Jessica, »Zwei Bäume machen einen Wald: Ein Interview mit Jessica J. Lee«, in: *Poco.lit. – Plattform für postkoloniale Literatur*, 15.06.2020. Online abrufbar unter: pocolit.com/2020/06/15/zwei-baeume-machen-einen-wald-ein-interview-mit-jessica-j-lee/ [letzter Zugriff: 18.01.2021].

Michael G. Esch

1842 – Der heutige Ostbahnhof nimmt den Betrieb auf

Am Rande des Bezirks Friedrichshain am Stralauer Platz unweit der Spree liegt der Ostbahnhof. Seine heutige architektonische und bahntechnische Gestalt erhielt er Mitte der 1980er Jahre nach einem umfassenden Umbau; 1997 erfolgte eine modernisierende Neugestaltung der Fassade. Bis zum Neubau des heutigen Hauptbahnhofs unweit des neuen Regierungsviertels war er der einzige Durchgangsbahnhof Berlins für den Fernverkehr. Seine Benennung wechselte weitaus häufiger als bei anderen Berliner Bahnhöfen: Frankfurter Bahnhof (1842–1881), Schlesischer Bahnhof (1881–1950), Ostbahnhof (1950–1987 sowie 1998 bis heute), Hauptbahnhof (1987–1998). Im Folgenden wird der Bahnhof der Korrektheit halber jeweils so benannt, wie er in der jeweils beschriebenen Zeit hieß. Der Schlesische Bahnhof/Ostbahnhof verbindet den Stadtteil Friedrichshain auf mehrerlei Weise mit der deutschen Kolonialgeschichte: Enger als an anderen Berliner Orten verknüpfte sich hier die imperiale Expansion nach Osten mit innerer Kolonisierung im damaligen sozialen »Problembezirk« Friedrichshain, aber auch mit kolonialen Phantasien in Bezug auf den globalen Süden.

Die Vorgeschichte des Bahnhofs begann 1836 mit der Gründung einer Gesellschaft zum Bau einer Eisenbahnlinie von Berlin nach Frankfurt/Oder, deren Pläne 1840 genehmigt wurden, nachdem Einwände des Militärs hinsichtlich der Streckenführung eingearbeitet worden waren. Die Linie sollte vor allem Lebensmittel und Vieh sowie Passagiere und im Bedarfsfalle Truppen aus Schlesien von und nach Berlin transportieren. Hinzu kam die Ostbahn als erste von Anfang an staatliche Bahnlinie, die Berlin mit den östlichsten Landesteilen und dem verbündeten Russischen Reich verband. Beide Linien dienten der wirtschaftlichen Nutzung natürlicher und humaner Ressourcen des Ostens innerhalb und außerhalb der Landesgrenzen. Der Frankfurter Bahnhof entstand als einziger Bahnhof in Berlin auf einem bereits parzellierten, aber unbebauten Gelände innerhalb der Stadtmauer; ab den 1860er Jahren wurde er der einzige Durchgangsbahnhof Berlins für den Fernverkehr. In seiner Ausrichtung nach den preußischen Ostprovinzen und weiter ins Russische Reich diente er vor allem der Erschließung des eigenen Territoriums sowie möglicher imperialer Erweiterungsräume auf dem europäischen Kontinent.

Die östlichen Bahnlinien spielten eine besondere Rolle, denn Preußen verfügte im Osten über wirtschaftlich und administrativ nur wenig erschlossene Territorien und suchte vor allem in dieser Richtung nach imperialen Erweiterungsräumen. Zwar wurden die ersten nach Osten führenden Eisenbahnlinien, die Strecke Berlin–Frankfurt und die anschließende Strecke nach Breslau/Wrocław Mitte der 1840er Jahre wie alle frühen preußischen Eisenbahnen als privatkapitalistische Unternehmungen gegründet. Staat und Militär meldeten aber gerade hier in den Genehmigungsverhandlungen sehr früh Ansprüche an. Nach anfänglichen Zweifeln an der ursprünglichen, unmittelbaren Gewinninteressen folgenden Streckenführung stimmte auch das Militär zu, da die Streckenführung auch strategischen Erwägungen folgte. Das Ergebnis war, dass die Frankfurter und vor allem die Niederschlesisch-Märkische Eisenbahn mit massiver staatlicher Finanzierung und staatlich garantierter Rendite gebaut wurden – allerdings auch mit der Vorgabe, dass der Staat die Verwaltung der Bahnen übernehmen konnte, wenn die Gewinne zu weit hinter den Erwartungen zurückblieben und damit die Kosten für den Staat zu hoch wurden. Bereits in der Phase der Restauration nach der gescheiterten Revolution von 1848 war es so weit: Zwar versuchte die private Direktion, die Bilanzen verdeckt zu halten. Gleichwohl wurde die Niederschlesisch-Märkische Eisenbahn (NME) am 1.1.1852 als erste Eisenbahnlinie in Preußen trotz grundsätzlicher Vorbehalte des Eisenbahngegners Friedrich Wilhelms III. komplett verstaatlicht. Schon 1853 kursierte ein Schnellzug zwischen Berlin und Breslau; der dortige, 1855–1857 im englischen Stil erbaute Bahnhof ist erhalten geblieben.

Zudem wünschte die preußische Regierung bereits in den frühen 1840er Jahren eine Bahnlinie von Berlin bis Königsberg und weiter nach Eydtkuhnen (heute Černyševskoe) an der Grenze zum Russischen Reich: Die Ostbahn sollte die östlichsten Landesteile an die Hauptstadt anbinden und so wirtschaftlich und gesellschaftlich gewinnbringend verfügbar gemacht werden. Private Geldgeber winkten ab, da ihnen dieses Unternehmen allenfalls langfristige Erträge versprach. Die Ostbahn wurde daher als erste Strecke vollständig auf staatliche Kosten und in staatlicher Regie gebaut und war damit verkehrs- und wirtschaftspolitisch wegweisend. Dabei spielte es auch eine Rolle, dass die russische Regierung Ende der 1840er Jahre den Bau einer von Moskau nach Westen führenden Linie beschloss – allerdings mit einer größeren Spurweite. Da Preußen und später das Deutsche Reich seit den Teilungen Polens Ende des 18. Jahrhunderts und bis in die 1880er Jahre mit dem zaristischen Russland verbündet war, gewährleistete die Ostbahn die Erschließung des riesigen eurasischen Reichs für den Rohstoff- und Warenverkehr. Ein früher Plan, die Linie über Frankfurt/Oder zum Bahnhof der Niederschlesisch-Märkischen Bahn zu führen, wurde verworfen, um die Verbindung von Berlin nach Ostpreußen direkter und damit schneller zu machen. Außerdem sollte eine Überlastung der NME vermieden und so die Möglichkeit gesichert werden, dass das Gebiet zwischen Berlin und Küstrin wirtschaftlich »aufgeschlossen« werde. Diese Linie erhielt einen eigenen Küstriner Bahnhof unweit des Schlesischen, der jedoch mit der Erweiterung des Letzteren obsolet wurde: Ab 1882 verkehrte die Ostbahn von hier aus, das alte Bahnhofsgebäude wurde zunächst als Lagerhalle genutzt und Ende der 1920er Jahre zu einem Varieté umgebaut.[1]

Ab den 1870er Jahren spielten beide Bahnen eine wachsende Rolle für eine innere Kolonisierung des Deutschen Reichs: Ostbahn und schlesische Bahnen transportierten nicht nur Rohstoffe sowie Transitmigrant:innen nach Frankreich und Übersee, sondern auch junge Männer und Frauen, die für die Arbeit zunächst im Bergbaugebiet Oberschlesien, dann im aufstrebenden Ruhrgebiet angeworben wurden oder sich auf eigene Faust um Arbeit und Einkommen in Berlin bemühten. Im letzten Viertel des 19. Jahrhunderts wurden junge Landlose nicht selten mit Freifahrten mit der Ostbahn in den Westen angeworben. Auch Arbeiter:innen aus der schlesischen Bergbauregion wurden auf diese Weise – allerdings als Fachleute – rekrutiert.[2] Die NME diente zudem zur Belieferung Berlins mit modernem Brennstoff, nämlich Braunkohle aus der Lausitz und Steinkohle aus Schlesien. Im Bedarfsfalle sollte sie Truppen und deren Geräte schnell nach Osten und Südosten transportieren. Im preußisch-österreichischen Krieg 1866 wurde der Schlesische neben dem Anhalter Bahnhof für den Truppentransport genutzt. Beide Linien zählten zu einem Netz von »strategischen Bahnen«, die – wie sich nun zeigte – die erhofften raschen

Truppenverschiebungen tatsächlich gewährleisten konnten. Die auf diese Weise nach Süden verschobenen preußischen Verbände trafen zur Schlacht bei Königgrätz am 3.7.1866 zusammen, mit der Preußen den Krieg und damit letztlich die militärische und politische Hegemonie über den deutschen Einigungsprozess gewann.[3] Parallel dazu wurde der Frankfurter Bahnhof weiter ausgebaut und um einen gemeinsam mit der Ostbahn genutzten Rangier- und Güterbahnhof erweitert.

Durch die 1878–1882 wiederum in staatlicher Regie gebaute Stadtbahn über Charlottenburg nach Potsdam entstand ein neuer Durchgangsbahnhof auch für den wachsenden Fernverkehr. Hier machte der internationale, 1998 eingestellte Nachtzug Paris-Moskau Station. Der Güterverkehr auf dieser Strecke wurde allerdings über den Lehrter Bahnhof, heute Hauptbahnhof, abgewickelt; ein seit 1987 nach der Strecke benanntes Restaurant befindet sich ganz in der Nähe. Die grenzüberwindende Bezeichnung des Zugs und Berlins Rolle als wichtige Durchgangsstation sollten aber nicht darüber hinwegtäuschen, dass die Beziehungen zu Frankreich nicht immer freundlich waren: Auch beim Frankfurter Bahnhof waren es die Reparationen, die das Deutsche Reich nach dem Krieg von 1870/71 von Frankreich erhielt, die größere Umbauten bei den Gleisanlagen ermöglichten. 1878 erfolgte die Grundsteinlegung für das neue Gebäude, das nun den Namen Schlesischer Bahnhof trug. Der Bahnhof spielte kurzzeitig auch eine Rolle als Startbahnhof von Kurswagen zur Bagdadbahn, deren wichtigster Bahnhof in Berlin allerdings der Anhalter Bahnhof war. Außerdem gingen von hier Kurswagen nach Prag und Wien ab.

Besondere Bedeutung erhielt der Bahnhof als Katalysator für die Entwicklung eines sozialen »Problemviertels«, dessen Entdeckung in der Hochphase des deutschen Kolonialismus auch dazu führte, dass koloniale und sozialpolitische Konzepte in eigentümlicher Weise verquickt wurden: Der Schlesische Bahnhof und seine Umgebung wurden zu Ansatzpunkten einer inneren Kolonisierung, einer umfassenden Disziplinierung und einer Zurichtung der von Bürgertum und sozialen Aktivist:innen als fremd und feindlich empfundenen städtischen Unterklassen, ihrer Milieus und Verhaltensformen. Da die Selbstkonstituierung eines neuen Berufszweiges von Sozialarbeiter:innen in einer Ära intensiver Begeisterung für Kolonialismus und exotische Wildheit stattfand, erfolgten Erforschung und Intervention in diesen Milieus nicht selten in kolonialen Begriffen: Proletarier:innen und Subproletarier:innen erschienen als »Wilde der Zivilisation«, nicht wenigen Sozialpolitikern erschienen Arbeiter und Arbeiterinnen als eigene, vom Bürgertum biologisch unterschiedene Rasse.[4]

Bereits in den Verhandlungen um den Frankfurter Bahnhof in den 1840er Jahren war eingewendet worden, eine solche Einrichtung ziehe »Diebe und Gesindel« an. Eine Polizeiwache, die auf staatliche Intervention hin im Neubau von 1869 eingeplant wurde, antwortete auf solche Befürchtungen. Sie sollten sich im Ostteil der Stralauer Vorstadt (heute Friedrichshain) durchaus bestätigen: Nördlich und nordöstlich des Bahnhofs – oder der Bahnhöfe – entwickelte sich seit den 1850er Jahren und bis zum Ende des Zweiten Weltkriegs ein veritabler »sozialer Brennpunkt«, ein Unterklassenviertel mit äußerst schlechtem Ruf und eigenen Regeln. Bereits mit dem Bau der Fern- und innerstädtischen Bahnlinien in der zweiten Hälfte des 19. Jahrhunderts begann eine räumliche soziale Segregation, die sich in der Ost-West-Spaltung der Stadt nach 1945 fortsetzte: Während mittelständische und wohlhabende Familien das Stadtzentrum in Richtung neue westliche Stadtteile (zunächst nach Schöneberg, Charlottenburg, Wilmersdorf, später in die Villenviertel in Dahlem und Grunewald) verließen, entstand in den östlichen Vierteln, namentlich in der Umgebung des Schlesischen Bahnhofs, eine enge Bebauung mit Mietskasernen mit mehreren Hinterhöfen. Dazu trug auch bei, dass unweit des Bahnhofs um 1880 der zentrale Berliner Schlachthof gebaut wurde, was das Viertel für Wohlhabendere trotz deren erhöhtem Fleischkonsum weiter disqualifizierte. Natürlich drückte sich die soziale Segregation auch im Bahnhof selbst aus: Im 1869 fertiggestellten Neubau gab es separate Eingänge für die Wartesäle I. und II. Klasse; die Fahrkarten für die Herrschaften besorgte das Dienstpersonal.

Außerdem war der Schlesische Bahnhof Ankunfts- und Durchgangsstation für eine seit den 1880er Jahren zunehmende Migration von Ost nach West: Nicht umsonst wurde das Gebäude ab dem späten 19. Jahrhundert mitunter auch »Polnischer Bahnhof« genannt.[5] 1905 erfolgte eine Erweiterung auf 11 Gleise für die zahlreicher werdenden Transitmigrant:innen nach Übersee: Schätzungen zufolge reisten 80 % der 1,3 Mio. jüdischen Russ:innen, die vor 1914 nach Frankreich oder in die USA wollten, über den Schlesischen Bahnhof. Hinzu kamen zahlreiche polnischsprachige Migrant:innen: Da 1772–1795 die damalige Adelsrepublik Polen zwischen Preußen, dem Habsburgerreich und Russland aufgeteilt worden war, handelte es sich um deutsche, österreichische und russische Staatsangehörige. Der Bahnhof fungierte dabei auch insofern als Schleuse, als die preußischen Behörden bei der Ankunft Identitätspapiere und Gesundheitszustand überprüften, selbst wenn es sich um deutsche Staatsbürger:innen handelte.

Zum Viertel nördlich des Bahnhofs hatten bürgerliche Berliner:innen und sogar die Behörden allenfalls eingeschränkten Zugang. Allerdings erinnern ehemalige Bewohner:innen neben Armut und Elend vor allem Lebendigkeit, Autonomie und Solidarität.[6] Mehrere Wohnungsenquêtes der Ortskrankenkasse der Gewerbetreibenden fanden zum Teil katastrophale Wohnverhältnisse mit mehreren Menschen in einem Keller- oder Speicherraum im alten Bezirk O[st]. Da der Schlesische Bahnhof Ankunftsbahnhof für zahlreiche Migrant:innen aus den östlichen Provinzen sowie dem Russischen Reich und Galizien war, gab es bis in die 1930er Jahre zahlreiche illegale Absteigen, in denen laut Zeitzeugenberichten mitunter nur Strohsäcke als Bettstatt zur Verfügung standen. Einige dieser Unterkünfte wurden hierbei auch als Stundenhotels für den Straßenstrich genutzt.

Es kann daher kaum verwundern, dass bürgerliche Sozialaktivist:innen ihre ersten Berliner Stützpunkte in Friedrichshain einrichteten. Um die Jahrhundertwende, vom 19. zum 20. Jahrhundert, entdeckten britische und nach ihnen deutsche Mediziner, Juristen und Geistliche großstädtische »Armenviertel« als eine Art Wildnis im eigenen Land: Erste Berichte über die dortigen Verhältnisse glichen in Stil und Wortwahl Reiseberichten aus exotischen Kolonien.[7] 1911 gründete der evangelische Theologe und Sozialpädagoge Friedrich Siegmund-Schultze auf der Friedenstraße 66 die Soziale Arbeitsgemeinschaft Berlin-Ost als »erste Niederlassung Gebildeter inmitten ärmster Bevölkerungskreise«.[8] Die in der SAG tätigen Studenten sollten die sozialen und kulturellen Verhältnisse im Viertel erforschen und über soziokulturelle Interventionen – Kontaktaufnahmen, Kurs- und Veranstaltungsangebote – vor allem männliche Arbeiterkinder ansprechen und einem bürgerlichen Habitus zuführen. Parallel kümmerten sich die Frauen des im gleichen Gebäude ansässigen Kapellenvereins um die weibliche Arbeiterjugend. Der Erfolg blieb in beiden Fällen mäßig, da die jungen Sozialpädagogen in erster Linie Kinder aus »anständigen Familien« erreichten und das Misstrauen gegen die »feinen Pinkel« bei der einheimischen Bevölkerung sehr wach blieb. Auch der Versuch, über die Kinder Einfluss auf sozialdemokratisch gesinnte Väter zu nehmen, scheiterte.[9]

Besondere Aufmerksamkeit erhielten die Verhältnisse im Viertel während des Prozesses gegen die »Bestie vom Schlesischen Bahnhof«, den Serienmörder Carl Großmann, der zwischen 1918 und 1921 nachweislich drei, vermutlich jedoch mehr als 23 Frauen getötet haben soll und 1922 hingerichtet wurde.[10] Zudem zeigte der Fall, dass die Arbeit der christlichen Sozialpädagogen nichts Wesentliches an den Verhältnissen in Friedrichshain geändert hatte. Wie bei ähnlich gelagerten Fällen sexuell konnotierter Serienmorde etwa in Düsseldorf oder Hannover gab es auch hier einen Anschluss an koloniale Diskurse: In der Bezeichnung und Darstellung Großmanns als »Kannibale« belegte er die anhaltende Fremdheit und Gefährlichkeit des Berliner Ostens ebenso wie die Abgründigkeit trikontinentaler Völkerstämme, denen Kannibalismus als Ernährungsform angedichtet wurde.[11]

Der Prozess gegen Großmann war lediglich grausig-krönender Höhepunkt in einer ganzen Reihe von Bemühungen, den proletarischen weiblichen Körper als besonders gefährdetes Gut zu konstruieren – vor allem dann, wenn sich Frauen ohne entsprechende Bildung oder Konditionierung und ohne schützende männliche Begleitung im öffentlichen Raum bewegten.[12] In besonderem Maße betraf dies die migrantische Frau: Während der jungen Proletarierin lediglich ein zu zähmender Hang zu kultureller und sexueller Primitivität und Wildheit unterstellt wurde, galt sie als Gegenstück zur normalisierten weiblichen Sesshaftigkeit und Häuslichkeit in besonderem Maße als Gefährdete und als Gefährderin.[13] Da die meisten Migrantinnen aus dem wilden, unzivilisierten Osten kamen, brachten sie dieser Konstruktion folgend gleichsam einen Aspekt der Wildnis in die Hauptstadt.

Bis in die 1930er Jahre hinein genoss der Schlesische Bahnhof daher die besondere Aufmerksamkeit auch der 1897 gegründeten Berliner Bahnhofsmission: Während sich die Missionarinnen an der Friedrichstraße vor allem um die Prostitution mit mittelständischer Klientel kümmerten sowie am Anhalter Bahnhof eine Kampagne gegen internationalen »Frauenhandel« betrieben, ging es der Mission am Schlesischen Bahnhof in erster Linie um die Lenkung bäuerlicher und proletarischer Frauen im bzw. in das Viertel selbst. Die Missionarinnen stellten sich bei ankommenden Zügen auf die Bahnsteige und fingen unbegleitete junge Frauen ab. Sie boten ihnen Unterstützung, in manchen Fällen Unterkunft oder Begleitung bis zur vorher verabredeten Arbeitsstelle sowie in geringerem Umfang die Vermittlung einer solchen an. Die Mission arbeitete zudem mit den Pfarrern der Herkunftsgemeinden zusammen: Diese meldeten Frauen, die in die

Stadt zogen, bei der Bahnhofsmission an. Damit bewegten sich die Missionarinnen durchaus bewusst auf einer Grenzlinie zwischen Schutz bzw. Hilfeleistung und Disziplinierung und Zurichtung des weiblichen Verhaltens. Gerade am Frankfurter/Schlesischen Bahnhof zeigte sich daher die Ambivalenz des angebotenen Schutzes junger Frauen vor moralischem Verfall besonders deutlich: Tatsächlich waren die weitaus meisten Frauen, die der Bahnhofmission auffällig erschienen und von ihr angesprochen wurden, bereits freiwillig als Prostituierte tätig oder flohen vor elterlicher oder herrschaftlicher »Fürsorge«. Die Missionarinnen patrouillierten in der Umgebung des Bahnhofs und überstellten mitunter von ihnen aufgegriffene Frauen an die Sittenpolizei. In einem Falle zeigte die Mission junge Ostpreußinnen, die für ein Varieté in Amsterdam angeworben worden waren, beim dortigen Konsulat und deutschen Geistlichen an.

Mit dem Dritten Reich kam die Tätigkeit der Bahnhofsmission an ihr Ende: Ab 1927 übernahmen und radikalisierten staatliche Stellen die Disziplinierung der »Asozialen«, 1939 wurden alle Missionen geschlossen. Selbstverständlich diente der Bahnhof dann ab 1939 auch der Verschiebung von Truppen und Kriegsgerät an die östliche Front. Vermutlich trafen hier und am Bahnhof der Ostbahn während des Krieges Zwangsarbeiterkontingente aus den besetzten polnischen und sowjetischen Gebieten ein, die dann über die Vorortlinien auf Durchgangs- und Arbeitslager verteilt wurden. In umgekehrter Richtung dürfte ein großer Teil der deutschen Siedler, die zur Germanisierung der besetzten Gebiete nach Osten gebracht wurden, über die Schlesische und Ostbahnlinie transportiert worden sein.[14] Die Zerstörung Berlins 1944/45 bereitete schließlich auch dem Schlesischen Bahnhof und dem umgebenden »sozialen Brennpunkt« ein Ende: Große Bereiche um den Bahnhof herum wurden eingeebnet und in den späten 1970ern mit der damals favorisierten vielstöckigen Wohnbebauung versehen. Die Gleise wurden teilweise auf Breitspur umgenagelt, was bereits im Juni 1945 den ersten Schnellzug nach Moskau möglich machte; genutzt wurde er von der sowjetischen Militärverwaltung sowie anfangs für Truppenverlegungen an die japanische Front. Am 17. Juli 1945 traf Stalin für die Potsdamer Konferenz hier ein und wurde vor seiner Weiterfahrt von hohen Militärs empfangen. Mit der Spaltung von West- und Ostberlin wurde der Schlesische Bahnhof 1950 als Ostbahnhof zum wichtigsten Fernreise- und Nahverkehrsbahnhof der DDR – nun wieder als Kopfbahnhof. Im Rahmen der Bemühungen der DDR um internationale Anerkennung diente er zum festlichen Empfang von Botschaftern. 1985 wurde er komplett neu gebaut und zum Hauptbahnhof der Hauptstadt der DDR aufgewertet. Nach dem Ende der DDR erfolgte die Rückstufung zum Ostbahnhof.

Der Frankfurter/Schlesische Bahnhof war als »Polnischer Bahnhof« oder »Bahnhof der Namenlosen« das Tor zum Osten, so wie der Anhalter Bahnhof das Tor zum Süden war.[15] Bis zum Ende des Zweiten Weltkriegs spielte er daher eine zentrale Rolle für die Erschließung von Arbeitskräftereservoirs im Osten Europas – mit allen seitens Staat und Zivilgesellschaft unerwünschten Begleiterscheinungen. Er findet seinen Platz weniger in einer Geschichte des überseeischen Kolonialismus, sondern in der Kolonisierungsgeschichte der »eigenen«, wenig erschlossenen Gebiete und ihrer imperialen Erweiterung sowie einer Zurichtung migrantischer und weiblicher Verhaltensformen und soziokultureller Orientierungen. Als ehemaliger Hauptbahnhof Ost-Berlins erinnert er baulich allenfalls noch an einen letztlich gescheiterten Versuch der Neuorientierung nach dem Zweiten Weltkrieg.

Anmerkungen

1 Vgl. Uebel, Lothar, *Eisenbahner, Artisten und Zeitungsmacher. Zur Geschichte des ehemaligen Küstriner Bahnhofs*, Berlin 2011.
2 Vgl. hierzu ausführlich Brepohl, Willi, *Der Aufbau des Ruhrvolkes im Zuge der Ost-West-Wanderung. Beiträge zur deutschen Sozialgeschichte des 19. und 20. Jahrhunderts*, Recklinghausen 1948; Bade, Klaus J., *Land oder Arbeit? Transnationale und interne Migration im deutschen Nordosten vor dem Ersten Weltkrieg*, Habilitationsschrift, Erlangen/Nürnberg 1979. Online abrufbar unter: www.imis.uni-osnabrueck.de/fileadmin/4_Publikationen/PDFs/BadeHabil.pdf [letzter Zugriff: 10.01.2021]; Schofer, Lawrence, *Die Formierung einer modernen Arbeiterschaft. Oberschlesien 1865–1914*, Dortmund 1983.
3 Vgl. Bremm, Klaus-Jürgen, *1866: Bismarcks Krieg gegen die Habsburger*, Darmstadt 2016, S. 79–95; 186–206; 262–271.
4 Vgl. Geisthövel, Alexa / Siebert, Ute / Finkbeiner, Sonja, »›Menschenfischer‹. Über die Parallelen von innerer und äußerer Mission um 1900«, in: Lindner, Rolf (Hg.), *Wer in den Osten geht, geht in ein anderes Land: Die Settlementbewegung in Berlin zwischen Kaiserreich und Weimarer Republik*, Berlin 1996, S. 27–47, hier S. 45.
5 Vgl. Steinert, Oliver, »*Berlin – Polnischer Bahnhof!« Die Berliner Polen. Eine Untersuchung zum Verhältnis von nationaler Selbstbehauptung und sozialem Integrationsbedürfnis einer fremdsprachigen Minderheit in der Hauptstadt des Deutschen Kaiserreichs (1871–1918)*, Hamburg 2003, S. 9ff. und passim.
6 Vgl. Stave, John, *Stube und Küche. Erlebtes und Erlesenes*, Berlin 2006; Holtz-Baumert, Gerhard, *Die pucklige Verwandtschaft*, Augsburg 2009.
7 Vgl. Lindner, *Wer in den Osten geht*; Lindner, Rolf, *Walks on the Wild Side. Eine Geschichte der Stadtforschung*, Frankfurt a. M. 2004.
8 Vgl. Lindner, *Wer in den Osten geht*, S. 81.
9 Vgl. ebd., S. 81–94.
10 Vgl. Bosetzky, Horst, *Die Bestie vom Schlesischen Bahnhof. Dokumentarischer Roman aus den 20er Jahren*, Berlin 2004.
11 Vgl. Bischoff, Eva, *Kannibale-Werden. Eine postkoloniale Geschichte deutscher Männlichkeit um 1900*, Bielefeld 2011, S. 242 ff.
12 Vgl. Tatar, Maria, *Lustmord. Sexual Murder in Weimar Germany*, Princeton 1998, bes. S. 20–40.
13 Vgl. Kirchhof, Astrid Mignon, *Das Dienstfräulein auf dem Bahnhof. Frauen im öffentlichen Raum im Blick der Berliner Bahnhofsmission 1894–1939*, Stuttgart 2011, S. 123 und passim.
14 Vgl. Esch, Michael G., »*Gesunde Verhältnisse*«. *Deutsche und polnische Bevölkerungspolitik in Ostmitteleuropa 1939–1950*, Marburg 1998, S. 229–251.
15 Vgl. Schlögel, Karl, *Berlin, Ostbahnhof Europas. Russen und Deutsche in ihrem Jahrhundert*, München 1998, S. 15 ff.

Paula Lange und Stefan Zollhauser

1854 – Der Sklave Marcellino fordert vor einem Gericht in Kreuzberg seine Freiheit

Im Kollegienhaus, heute ein Teil des Jüdischen Museum Berlins, befand sich von 1735–1913 das oberste preußische Gericht, das Kammergericht. Dort fand 1854 ein im In- und Ausland Schlagzeilen machender Prozess statt: Der in Brasilien geborene Marcellino klagte gegen seinen Sklavenstatus. Der Prozess Marcellinos gilt als ein Wendepunkt der Preußischen Rechtsprechung in Bezug auf den Status von Sklaven und war der »letzte Sklavenprozeß auf deutschem Boden«[1]. Seine Geschichte zeugt von Selbstermächtigung und Solidarität im Kampf gegen rassistisch strukturierte Statusrechte und verdeutlicht, dass die Präsenz und Widerständigkeit kolonialisierter Menschen Geschichtsverläufe verändern können.

Die Lebensrealitäten Schwarzer Menschen in der preußischen Hauptstadt Berlin in der Mitte des 19. Jahrhunderts sind bisher wenig erforscht und im kollektiven Gedächtnis kaum bekannt. Da Berichte betroffener Personen selten überliefert sind, können ihre Lebenswege allzu oft fast ausschließlich mit Quellen aus staatlicher *weißer* hegemonialer Perspektive rekonstruiert werden und unterliegen Wissenslücken und Interpretationen aus der Gegenwart.

Mitte des 19. Jahrhunderts war die Sklaverei in Europa sowie der transatlantische Sklavenhandel (Versklavungshandel) weitgehend unterbunden, die Praxis und Rechtslage für nach Preußen mitgebrachte Sklav:innen jedoch nicht eindeutig. Preußen duldete als eines der letzten Länder in Europa bis 1857 die Sklaverei.[2] In Brasilien bestand sie bis 1888; in den USA gab es in der Zeit vor dem Bürgerkrieg (1861) intensive Diskussionen um den Fortbestand der dortigen Sklaverei.

Der in den 1830er Jahren in der Nähe von Rio de Janeiro geborene Marcellino war Sklave des in Brasilien lebenden Dr. Ritter. Dieser ist, trotz manch anderslautender Berichte, nicht identisch mit dem seinerzeit bekannten

Geografen Carl Ritter. Im Frühjahr 1854 reiste Dr. Ritter mit Marcellino nach Berlin, zuvor hatten sie seine Heimatstadt Dresden aufgesucht. Während der Reise kam es zu Auseinandersetzungen zwischen den beiden. Marcellino gelang es, in Berlin Bekanntschaften zu knüpfen und einige Berliner:innen auf seine Situation aufmerksam zu machen. Der kaum bekannte Publizist Hermann Stolp griff schließlich zu einem »Akt der Selbsthilfe« und meldete Marcellino als seinen eigenen Diener an. Zudem ermutigte er Marcellino, vor dem Berliner Stadtgericht seine Freiheit zu erstreiten. Das damalige höchste Berliner Gericht befand sich in einem Gebäudekomplex an der König- (heute Rathausstraße) Ecke Jüdenstraße und ist nicht mehr existent. Im folgenden Prozess vor dem Stadtgericht versuchte Ritter sein »Besitzrecht« an Marcellino zu belegen, während die Gegenseite argumentierte, dass dies beim Durchqueren der deutschen Staaten ohne Sklaverei erloschen sei. Im April 1854 forderte das Stadtgericht von Ritter weitere Belege. Sieben Monate später allerdings urteilte das Kammergericht als oberstes preußisches Gericht im November 1854 gegen die Befreiung Marcellinos.

Trotz des Misserfolgs vor Gericht blieb Marcellino in Freiheit, die Gründe dafür sind nicht eindeutig nachvollziehbar. Vermutlich fühlte sich keine Behörde bemüßigt, ihn wieder in die Sklaverei rückzuführen.

Das Gerichtsverfahren wurde auch international wahrgenommen. Preußen erschien in einigen Presseberichten als der letzte Staat Europas, auf dessen Gebiet noch Sklaven lebten, wenngleich die Sklaverei an sich nicht mehr existierte.[3] Der Fall fand zudem Eingang in die Diskussion zwischen Vertreter:innen der Nord- und Südstaaten der USA über den Rechtsstatus entlaufener Sklav:innen und die Frage der Abschaffung von Sklaverei. Peter Dumont Vroom, von 1853 bis 1857 außerordentlicher Gesandter und bevollmächtigter Minister am preußischen Ministerium der auswärtigen Angelegenheiten, verfasste einen wiederholt referenzierten Bericht für den U.S.-Kongress über den Fall und die bisherige Rechtsprechung.[4] Südstaatler:innen verglichen in einer Debatte im Repräsentantenhaus die Rechtslage der Nordstaaten mit der Preußens und äußerten die Befürchtung, dass ihre Sklav:innen bei einer Reise durch die Nordstaaten auf Grund des dortigen Sklaverei-Verbots »gezwungen« werden könnten, sie zu verlassen. Der Fall Marcellinos bewegte sie dazu, Rechtssicherheit für ihren Aufenthalt mit Sklav:innen in den Nordstaaten einzufordern.[5]

Die Duldung der Sklaverei durch den Preußischen Staat erregte in Berlin breiteren Unmut. Unter anderem bemühte sich Alexander von Humboldt um eine eindeutige Gesetzeslage – gegen jegliche Duldung der Sklaverei. Schließlich wurde 1856 eine Kommission einberufen und im konservativ dominierten Landtag, der aus dem Haus der Abgeordneten und dem Herrenhaus bestand, wurde leidenschaftlich diskutiert. Dabei befand der Rechtsphilosoph und Abgeordnete Dr. Friedrich Julius Stahl: »Mögen solche Fälle auch nur in langen Zeiträumen vorkommen, so tritt doch mit Ihnen ganz plötzlich das ganze Institut der Sklaverei mitten in unseren Zustand der bürgerlichen und persönlichen Freiheit ein«[6]. Er begründete seine klare Haltung gegen die Sklaverei und seine Motivation, das Gesetz zu reformieren mit seinem christlichen Glauben, nach dem es das »göttliche Gebot sei, den Mensch nicht als Sache oder als Thier zu behandeln«[7]. Er stilisierte das von ihm geforderte Antisklaverei-Gesetz sogar als »allgemeines Zeugnis des christlichen Europas gegen die Sklaverei«[8].

Weitere Abgeordnete instrumentalisierten den Fall Marcellinos für eigene innenpolitische Ziele. Der Abgeordnete Berger verglich die Lage des »schwarzen Sklaven« mit der »weißen Sklaverei« in Preußen: »Aber, meine Herren, die Freiheit ist nichts Formelles, sondern etwas Materielles, und daher halte ich es für meine Pflicht, gerade dieser Frage gegenüber darauf hinzuweisen, was schon die Amerikaner jener sentimentalen Onkeltomerie gegenüber anführten, daß wir viel schlimmere Sklaven haben, als den N**** Marcellino. Ich weise hin auf die öffentlichen Bordelle, als auf die schlimmste Form der Sklaverei; ich weise hin auf den Zustand der Arbeiter in vielen Ländern; ich weise hin auf das das Prinzip der National-Oekonomie, welches dahin drängt, diese weiße Sklaverei auch bei uns zu erzeugen. (Bravo rechts)«[9]. Weiterhin bezog sich Berger in seinen Redebeiträgen auf die Situation russischer Leibeigener, die häufig mit Adligen nach Preußen reisen würden, und stellte die Sklaverei mit der Leibeigenschaft gleich. Hierdurch entspann sich eine Debatte darüber, ob neben der Sklaverei auch die Leibeigenschaft auf preußischem Boden gesetzlich untersagt werden sollte. Berger argumentierte hierbei rassistisch, indem er behauptete, der »russische Leibeigene gehöre einer höheren Menschenrasse als der N****-Sklave« an und forderte, die »Gerechtigkeit, die dem Afrikaner durch das Gesetz angedeihen werde, dem Europäischen Christenbruder nicht zu verzagen«[10].

Als Vorbild eines kompletten Sklaverei-Verbots wurden sowohl im Haus der Abgeordneten als auch im Herrenhaus Gesetze in Frankreich und England angeführt, durch die das Eigentumsrecht an Sklav:innen aus den

Kolonien mit Betreten der genannten Länder unmittelbar erlosch. Baron von Maltzahn deutete in der 10. Sitzung am 21.2.1857 jedoch auf die Doppelmoral der englischen Gesetzgebung hin: »Vor mehr als einem halben Jahrhundert erließ England ein ganz ähnliches Gesetz, indem es erklärte, daß jeder Sklave, der den Englischen Boden betritt, dadurch frei werde. Es ist aber bekannt, meine Herren, dass in den weiten Gebieten, wo die englische Macht vorherrschend ist, seit der Zeit die Sklaverei und der Sklavenhandel auf das allergrausamste zugenommen hat«[11]. Letztendlich gewannen dennoch die Fürsprecher eines Antisklaverei-Paragrafen und das Resultat wurde am 21. Februar 1857 als Gesetz verabschiedet: »Sklaven werden von dem Augenblicke an, wo sie Preußisches Gebiet betreten, frei. Das Eigenthumsrecht des Herrn ist von diesem Zeitpunkte ab erloschen«[12].

Damit war auch Marcellino endgültig frei. Humboldt schrieb ein wenig selbstgerecht an seinen Freund Alexander Mendelssohn: »Ich habe bei Mr Simons [Anm. d. Aut.: dem preußischen Justizminister Ludwig Simons] ein ganz deutliches Antisclaverei Gesetz durchgesetzt. [...] Man hat mit Unrecht geglaubt seit Friedr(ich) II. wäre jeder Sklave frei der Preussischen Boden berührte«[13]. Auch daher, aber mehr noch aufgrund seiner grundsätzlichen Ablehnung der Sklaverei, trat Humboldt für Rechtsverbindlichkeit in der Antisklavereifrage in Preußen ein.

Marcellino blieb in Berlin und bekam als vermutlich Minderjähriger für einige Zeit einen Vormund, erhielt durch finanzielle Unterstützung des Preußischen Königs Unterricht und begann eine Ausbildung als Tischler. In den Jahren 1860–62 arbeitete er als Kellner im Kroll'schen Etablissement, einem zur damaligen Zeit wichtigen Veranstaltungsort der Unterhaltung im Tiergarten (zur heutigen Zeit steht am Ort des auch Kroll-Oper genannten Etablissements das Tipi Zelt).

Vier Jahre nach seiner Befreiung heiratete er im Berliner Dom eine Wäscherin aus Berlin, die er bei ihrer Arbeit unterstützte. Für die Vermählung benötigte Marcellino jedoch einen vollständigen Namen. Auf seinen Antrag hin erlaubte ihm der preußische König, seinen eigenen Vornamen als Familiennamen zu führen und die Vornamen Friedrich Wilhelm, vermutlich als ein Zeichen der Dankbarkeit gegenüber dem König, voranzusetzen. Die Vermählung im Berliner Dom sorgte für Aufmerksamkeit und ein großes Publikum erschien.[14] Marcellino gab seine Anstellung als Kellner auf und arbeitete fortan als Dolmetscher für verschiedene Kaufleute; von der Presse wurden seine fließenden deutschen Sprachkenntnisse und der moderne Kleidungsstil als Zeichen gedeutet, »seine tropische Heimat schon seit langer Zeit mit dem rauhen Deutschland und die Götter seiner Väter mit dem Christengotte vertauscht«[15] zu haben. Sein damaliger Berliner Wohnort ist leider nicht überliefert.

Im Jahre 1862 setzte sich Marcellino vermutlich für zwei Schwarze Bedienstete eines osmanischen Pferdehändlers ein. Dieser hatte in der Hollmannstraße 9–10 – eine Straße in Kreuzberg, die am Neubau des heutigen Jüdischen Museums verlief, jedoch heute nicht mehr existiert – Station bezogen und verschiedenen Berichten zufolge seine Angestellten wie Sklaven gehalten, misshandelt und um ihren Lohn geprellt. Während die Presse ausführlich darüber berichtete und den Pferdehändler skandalisierte, sogar antisemitisch diffamierte, sammelte sich vor dem Haus mehrere Wochen lang eine Gruppe in Berlin lebender »Schwarzer, die sich aus den verschiedenen Weltgegenden nach der Metropole deutscher Wissenschaft und Intelligenz zusammengewürfelt haben«[16], um ihre Solidarität zu zeigen und die Auszahlung des Lohnes an die beiden Bediensteten einzufordern. Marcellino sei dabei als Sprecher der Gruppe aufgetreten, vermutlich nicht zuletzt aufgrund seiner guten Sprach- und Rechtskenntnisse. Die Quellenlage ist hier allerdings sehr dünn, nur in einem Artikel der »Wiener Kirchenzeitung für Glauben, Wissen, Freiheit und Gesetz« wird Marcellino als Sprecher der Gruppe genannt. Vermutlich nahm auch August Sabac el Cher, der Kammerdiener des preußischen Prinzen Albrecht und Vater von Gustav Sabac el Cher, an diesen Protesten teil.

Obwohl sich die Sache im selben Jahr noch verlief, bleibt es ein beeindruckendes Beispiel für die oft nicht erinnerte Selbstorganisation, Handlungs- und Eigenmächtigkeit sowie Solidarität von Berliner Schwarzen, die damit bereits zwei Jahrzehnte vor der staatlichen deutschen Kolonialherrschaft und ein Jahrzehnt vor der Nationalstaatsgründung des deutschen Kaiserreichs ein mobilisierbares Netzwerk gegen Sklaverei geschaffen hatten. Der Fall verdeutlicht zudem auch die Präsenz Schwarzer Menschen in Berlin Mitte des 19. Jahrhunderts, die häufig in Privathaushalten als Bedienstete tätig oder zur Ausbildung nach Berlin gekommen waren.[17]

Marcellinos weiterer Lebensweg ist nur bruchstückhaft überliefert. Er verließ Berlin für einige Zeit und kam nach unterschiedlichen Tätigkeiten schließlich in die Stadt zurück. Laut Berliner Adressbuch lebte er ab Mitte der 1860er Jahre in der Ziegelstraße 4 sowie in der Brüderstraße 3 im

Zentrum Berlins. 1872 erhielt er eine Anstellung als Portier des Zoologischen Gartens. Dieser plante eine Erweiterung seines ursprünglichen Programms und wollte auf dem Gelände auch Völkerschauen veranstalten. Ob Marcellinos wiederholte Beschäftigung als Portier und Kellner mit der Exotisierung seiner Hautfarbe zum Zweck der Attraktion in Verbindung stand, ist wahrscheinlich, jedoch nicht belegbar. Zusammen mit seiner Ehefrau, die weiterhin als Wäscherin arbeitete, wohnte Marcellino im neuen, im orientalischen Stil fertiggestellten Antilopenhaus. 1875 wurde Marcellino aus unbekannten Gründen entlassen und arbeitete danach erneut als Kellner. Er starb kurze Zeit später im Stadtviertel Friedrichsberg, das zu diesem Zeitpunkt eine Grenze zwischen dem heutigen Bezirksteil Friedrichshain und Lichtenberg darstellte, an übermäßigem Alkoholkonsum infolge einer Wette.

Trotz der vielen Lücken und Unklarheiten in seiner Biografie verdeutlicht der wechselvolle Lebensweg Marcellinos eine Geschichte von Handlungsmacht und Selbstbewusstsein, die eigene Freiheit zu erkämpfen, einen Platz in der Gesellschaft zu finden und für die Rechte anderer einzutreten. Darüber hinaus zeigt Marcellinos juristischer Prozess auf, dass in Berlin bereits drei Jahrzehnte vor der staatlich regulierten Kolonialexpansion transnationale Kolonialdiskurse und -politiken sowie Diskurse über Menschenrechte und Territorialordnungen öffentlich diskutiert worden sind. Der letzte Sklavenprozess in Berlin ist auch in der Gegenwart ein Referenzpunkt für die Betrachtung der Gleichbehandlungsentwicklung.[18]

Anmerkungen

1 Stammler, Rudolf, »Der letzte Sklavenprozeß auf deutschem Boden (1854)«, in: ders., *Praktikum des bürgerlichen Rechtes. Für Vorgerücktere zum akademischen Gebrauch und zum Selbststudium*, Leipzig 1898, S. 144.
2 Vgl. Lentz, Sarah, »*Wer helfen kann, der helfe!« Deutsche SklavereigegnerInnen und die atlantische Abolitionsbewegung, 1780–1860*, Göttingen 2020, S. 281.
3 Vgl. von Mallinckrodt, Rebekka, »There are no slaves in Prussia«, in: Brahm, Felix / Rosenhaft, Eve (Hg.), *Slavery Hinterland. Transatlantic Slavery and Continental Europe, 1680–1850*, Woodbridge 2016, S. 109–131.
4 Vgl. »Our Trust is in the People – Speech of Hon. J.M. Sandidge of Louisiana, in the House of Representatives, 07.01.1857«, in: Rives, John C., *Appendix to the Congressional Globe. Speeches, Important State Papers, Laws, etc. Third Session, Thirty-Fourth Congress*, City of Washington 1857, S. 128–131, hier S. 130.
5 Vgl. Lentz, »*Wer helfen kann, der helfe!*«, S. 281.
6 Preußen, Herrenhaus, *Stenographische Berichte über die Verhandlungen der durch die Allerhöchste Verordnung vom 11. November 1856 einberufenen beiden Häuser des Landtages Herrenhaus*, Berlin 1857, Bd. 1, S. 102.
7 Ebd., S. 103.
8 Ebd., S. 102.
9 Ebd., S. 97.
10 Ebd., S. 96.
11 Ebd., S. 104.
12 Ebd.
13 Panwitz, Sebastian / Schwarz, Ingo (Hg.), *Alexander von Humboldt – Familie Mendelssohn, Briefwechsel*, Berlin 2011, S. 304.
14 Vgl. Lentz, »*Wer helfen kann, der helfe!*«, S. 285.
15 *Berliner Gerichts-Zeitung. Tageszeitung für Politik, Rechtspflege, Handel, Industrie, Kunst, Literatur*, 23.07.1864, Nr. 85, S. 1.
16 N.N., »Wie N**** in Deutschland dem jüdischen Druck gegenüber zusammenhalten«, in: *Wiener Kirchenzeitung für Glauben, Wissen, Freiheit und Gesetz*, 16.07.1862, Nr. 29, S. 453.
17 Vgl. Lentz, »*Wer helfen kann, der helfe!*«, S. 290.
18 Vgl. Grünberger, Michael, *Personale Gleichheit. Der Grundsatz der Gleichbehandlung im Zivilrecht*, Baden-Baden 2013, S. 141–149.

Katharina König und Miriam Friz Trzeciak[1]

1874 – Eine Straße ehrt Hermann von Pückler-Muskau

Laut der im Berliner Landesarchiv verwahrten Akte des Polizeipräsidiums Berlin vom 8. Januar 1874 wurde die Verbindungsstraße zwischen Eisenbahnstraße und Waldemarstraße im heutigen Bezirk Friedrichshain-Kreuzberg auf Veranlassung Kaiser Wilhelms I. nach dem Fürsten Hermann von Pückler-Muskau benannt.[2] Die Straße entstand bei der Aufteilung und Bebauung des Köpenicker Feldes (1841–1846).[3] Die umliegenden Straßen sind nach preußischen Politikern und Militärs betitelt, zu denen auch Pückler gehörte. Er kämpfte 1813 bis 1815 in den Befreiungskriegen gegen Napoleon und nahm am Ende des Krieges als Begleiter der Verbündeten Zar Alexander I. und König Friedrich Wilhelm III. von Preußen an den Siegesfeiern in England teil. Möglich ist auch, dass die Namensgebung der Straße posthum nach Pücklers Tod als zeitgenössische Ehrung durch Kaiser Wilhelm I. erfolgte, denn Pückler pflegte eine enge Verbindung zum preußischen Königshaus. Er wurde 1822 durch König Friedrich Wilhelm III. von Preußen in den Fürstenstand erhoben. Außerdem war er bereits zu Lebzeiten für seine landschaftsplanerischen und reiseliterarischen Schriften bekannt. Die Nähe zum 1862 angelegten Lausitzer Platz lässt ferner vermuten, dass die Namensgebung im Zusammenhang mit dem Geburtsort Pücklers, dem Schloss Muskau in der Oberlausitz, steht. Auf die Stadt Bad-Muskau, in der sich bis zu seinem Umzug nach Branitz bei Cottbus das Gut sowie die Gartenanlagen des Adligen befanden, verweist auch die quer zur Pücklerstraße liegende Muskauerstraße (benannt 1871). In Bad Muskau liegen die sterblichen Überreste von »Machbuba«[4] begraben, einer jungen Frau aus Äthiopien, die Pückler 1837 auf einem Sklavenmarkt während seiner Ägyptenreise »kaufte«[5].

In medialen und wissenschaftlichen Darstellungen werden neben Verweisen auf seine landschaftsgärtnerischen und schriftstellerischen Tätigkeiten häufig Aspekte von Pücklers vermeintlich schillernder Persönlichkeit präsentiert. Er wird anekdotisch und mitunter verharmlosend als Frauenheld[6] und/oder abenteuerlustiger Reisender[7] dargestellt. Auch wenn viele Texte seine Reisen und schriftstellerischen Unterfangen sowie seinen Umgang mit versklavten Menschen erwähnen, ist bisher kaum systematisch herausgearbeitet worden, wie er in imperiale Formationen und koloniale Herrschaftsverhältnisse verstrickt war.[8]

Am 30. Oktober 1785 auf dem Schloss Muskau im heutigen Landkreis Görlitz/Sachsen wurde Hermann von Pückler-Muskau als erstes von fünf Kindern geboren.[9] Nach mehreren Schulwechseln und dem Abbruch seines Jurastudiums in Leipzig, entschied er sich 1802 für den Militärdienst in Dresden, dem er sich zunächst hochverschuldet 1804 wieder entzog, um 1813 doch als Freiwilliger, allerdings an der Seite Preußens, in den »Befreiungskriegen« gegen Napoleon zu kämpfen. Vor und nach seiner militärischen Laufbahn unternahm Pückler zahlreiche Reisen in verschiedene europäische Länder, die als Inspiration für die von ihm und seiner (später geschiedenen) Frau (nachdem die Ehe geschieden wurde, lebten sie weiterhin als Paar zusammen) Lucie von Hardenberg gestalteten Landschaftsparks dienten. Die Parkanlage in Bad Muskau steht seit 2004 auf der Liste des UNESCO-Weltkulturerbes.

1835 brach der Fürst in Frankreich zu einer fünfjährigen Reise auf, die ihn u. a. nach Algerien, Tunesien, Ägypten, Palästina, Libanon, Syrien, Griechenland und in die Türkei führte. In Ägypten lernte er 1837 den Vizekönig und Statthalter Mehmed Ali Pascha kennen und führte als dessen Protegé eine Nilexpedition durch. Pücklers Reisebeschreibungen zu Vorderasien und Nordafrika, die unter den Titeln »Semilasso in Afrika«[10], »Aus Mehemed Ali's Reich«[11] sowie »Die Rückkehr«[12] erschienen, bildeten damals eine der wenigen deutschsprachigen Quellen über diese Regionen. Auch die deutschsprachigen Medien rezipierten breit die Streifzüge Pücklers durch das damalige Osmanische Reich und die jungen französischen Kolonien im nördlichen Afrika. 1834–1840 schrieben über 40 Zeitungen in mehr als 300 Meldungen über Pücklers Auslandsaufenthalte.[13]

Die Bücher über seine Reisen waren bei einer vorwiegend bürgerlichen Leser:innenschaft beliebt – er gehörte zu den populärsten deutschsprachigen Autor:innen des 19. Jahrhunderts. Auch wenn seine Schriften vor der Zeit der imperialistischen Politik des Deutschen Kaiserreiches (1871–1918) erschienen waren, so sind seine subjektiven Schilderungen eingebunden in »imperiale Formationen«[14], die das Überlegenheitsdenken Europas gegenüber den nicht-europäischen »Anderen« hervorbringen und untermauern. In Algerien zeigte sich Pückler 1835 angetan von der französischen Kolonialmacht, die seit 1830 das Land beherrschte.[15] Tunesien sah er als geeignet für eine deutsche Kolonisierung[16], die er als eine »dringende Aufgabe«[17] formulierte und für die er während seiner Nilexpedition Pläne entwarf.[18]

Wie Edward Said 1978 argumentierte, trugen europäische Schriftsteller mit ihren Reiseberichten, Romanen oder Dokumentationen zu Bildern eines unterlegenen und unzivilisierten Anderen bei.[19] Das trifft auch für Pücklers Reisebeschreibungen zu. So zeigt Zouheir Soukah, dass »der Orient« bei Pückler synonym für »ein zivilisatorisches Scheitern«[20] steht – nur eine Kolonisierung frei nach dem französischen Vorbild könne eine »Modernisierung« in Gang setzen. Bei Bröhan[21] ist zu lesen, dass Pückler zwar die Leistungen Mehmed Alis bewunderte, den er als Gründervater des modernen Ägypten betrachtete, dessen Erfolg jedoch maßgeblich auf die Unterstützung europäischer Technikfachleute zurückführte. Mit dieser Abwertung geht einher, dass sich Pückler für die soziale Realität und den Alltag der Menschen vor Ort kaum interessierte, sondern vornehmlich für die Landschaft oder antike Stätten.[22]

Seine Geländebeschreibungen dienten als Gerüst, um das Bild von »phantasieanregenden« und »romantischen«[23] Landschaften sowie eindrucksvollen Ruinenstädten (»Werke von Halbgöttern«[24]) zu zeichnen. Ist die Rede von den Bewohner:innen, stellt Pückler hingegen die vermeintlich anachronistischen und minderwertigen Aspekte der dortigen Gesellschaften heraus (z. B. bezogen auf urbane Infrastruktur, Landwirtschaft, Politik oder Geschlechterverhältnisse).[25] Pückler resümiert: »Der Orient ändert seine Sitten nicht, gar viele Stellen der Bibel zeigen übrigens deutlich, daß zu Christus' wie in früheren Zeiten die Häuser der Orientalen vollkommen den heutigen gleich waren.«[26] Gleichzeitig präsentiert er den »Orient« aber als Ort der Sinnlichkeit, der »alles anbietet, was der gesunde wie der verkehrteste Geschmack nur verlangen kann«[27].

Anders als die »klassische« und wissenschaftliche deutschsprachige Rezeption des »Orients«, wie sie Said[28] beschreibt, sind die Reiseberichte Pücklers stärker auf Unterhaltung ausgerichtet.[29] So reproduziert er an vielen Stellen die bereits vertrauten orientalistischen Bilder aus der Erzählung »TausendundeineNacht«[30]. Der rote Faden, der die verschiedenen

Reiseerzählungen zusammenhält, liegt in der Darstellung der eigenen Person. Nicht nur in den Schriften präsentiert sich Pückler als erfolgreicher Weltreisender und *Flâneur*.[31] Um sich als »charismatischer Weltmann« und »Weltweiser«[32] zu inszenieren, integrierte Pückler später orientalistische Symboliken in die Gestaltung der Landschaftsgärten und Schlösser. Beispielsweise ließ er die Grabstätten für sich und Lucie von Hardenberg im Park von Branitz in Form einer Pyramide gestalten, richtete im dortigen Schloss ein »Türkisches Zimmer« ein und zeigte sich in der Öffentlichkeit mit Fez, Pantoffeln und seidenen Pumphosen.[33]

Allerdings zeigen sich die Verstrickungen in imperiale Formationen auch an der Selbstverständlichkeit, mit der er sich am Erwerb von versklavten Menschen beteiligte – in diesem Kontext ist daran zu erinnern, dass England 1807 den Sklavenhandel und 1833 auch die Sklaverei abgeschafft hatte. 1837 »kauft« Pückler im Rahmen seiner Nilexpedition mehrere Minderjährige auf Sklavenmärkten in Kairo (Ägypten) und Karthum (Sudan).[34] In seinen Briefen an Lucie von Hardenberg schreibt er von vier jungen Menschen, die ihn auf seiner Reise über den Nil begleiten, namentlich erwähnt sind der »kleine N. Hamam«, »Machbuba, das älteste Mädchen« sowie »die kleine Ajamé«[35]. Die meiste Aufmerksamkeit in seinen Schriften und Briefen schenkt er »Machbuba« (arab. Mahbuba, Geliebte), einer vermutlich aus Äthiopien stammenden Oromo.[36] Laut Assing-Grimelli[37] soll sie bei ihrer ersten Begegnung mit Pückler zwischen zehn und dreizehn Jahre alt gewesen sein. Das Sterberegister der Stadt Muskau von 1840 gibt an, dass »Machbuba« »Tochter eines Beamten aus einem königlichen Hofe«[38] aus dem »hohen Gebirge Abyssiniens«[39] gewesen sei. Gemäß derselben Quelle sei sie im Zuge von kriegerischen Konflikten zwischen verschiedenen arabischen Machthabern versklavt und als Elfjährige von Pückler in Khartum »gekauft« worden.[40] Das Alter »der Abbyssinierin Ajamé« gibt Pückler mit zehn Jahren an.[41]

Die Forschungsliteratur schätzt das Beziehungsverhältnis zwischen Pückler und den weiblichen Minderjährigen unterschiedlich ein, wobei viele Quellen auf ein sexuelles Interesse Pücklers an den Mädchen verweisen.[42] Dabei behauptet etwa Volker-Saad, dass Pückler gemäß seiner aufgeklärten preußischen Werte »Machbuba« in seinem Haus den Status einer »Freien« gewährt habe.[43] Diese verharmlosende Lesart wird von Pückler selbst konterkariert. In einem Brief an von Hardenberg vom 2. Februar 1838 spricht er beispielhaft von »meinem kleinen Harem«[44], dessen Mitglieder sich wie »kleine Hunde«[45] verhielten, ihm keine Umstände machten und mit ihm in einem Raum nächtigten. Über das Verhältnis zwischen ihm und den Mädchen, die sich formal in seinem Besitz befanden, schreibt er weiter: »Ich bin ein Türke, leider aber ein Alter, der Maitressen dieser Art braucht, welche die blindeste Folgsamkeit mit dem Attachement der Hunde verbinden, denn daß sie in mich verliebt sein sollen, kann ich nicht mehr prätendieren [sic].«[46] Über die Selbstidentifikation als »Türke« verweist Pückler auf die damaligen Herrschaftsbeziehungen im Osmanischen Reich, das zu jener Zeit die Provinz Ägypten formal verwaltete.[47] Mit dieser Selbstbezeichnung und der Abwendung von liberalen Erwartungsnormen »Europas« zeigt er seinen Exotismus auf.[48]

Pücklers Beschreibungen liegt zudem ein rassifiziertes und sexualisiertes Blickregime zugrunde, das die Körper der jungen Mädchen objektiviert und ihre Persönlichkeiten exotisiert.[49] So bezeichnet er in einem anderen Brief an Lucie von Hardenberg »Machbuba« als »treueste Kopie einer Venus des Tizian [...] nur in schwarzer Manier«[50], an deren Charakter »die Zivilisation noch nichts hatte verderben noch verbessern können«[51]. Aus feministischer und antirassistischer Perspektive erscheinen die Beschreibungen von »Machbuba« sowie »Ajamé« als »Freie«[52] und die Charakterisierung des Verhältnisses als Vater-Tochter-Beziehung[53] erstaunlich relativierend. Eine Beziehung, die auf kolonialrassistischen Hierarchien beruht und bei der ein *weißer* adliger erwachsener Mann Minderjährige auf einem Sklavenmarkt im Osmanischen Reich käuflich erwerben kann, über ihr Leben entscheidet und sie als seine exotisierte Begleiter:innen auf Reisen nimmt, kann keine Beziehung auf Augenhöhe sein. Beschreibungen, die Pückler als »Frauenheld« oder gar »Befreier« inszenieren, wirken verharmlosend. Allerdings ist es schwierig, einen Zugang zu den Persönlichkeiten »Machbuba« und »Ajamé« jenseits viktimisierender oder heroisierender Erzählungen zu erhalten, da lediglich Fremdbeschreibungen *über* sie existieren.

1840 kehrt Pückler mit »Machbuba« sowie einem weiteren versklavten, aus dem Südsudan stammenden Jungen namens »Aman Te-in« (umbenannt in »Joladour«) nach Bad Muskau zurück. »Aman Te-in« wurde von dort aus in die Dienste von Prinz Carl von Preußen, einem Freund Pücklers, nach Potsdam geschickt.[54] Wie er in einem Brief an von Hardenberg andeutet, hat er die junge »Ajamé« im Anschluss an die Nilreise »verschenkt«, da diese aufgrund ihrer »zu delikaten Kondition« das Klima in Europa nicht vertragen hätte.[55]

»Machbuba« verstirbt nach nur sechs Wochen in Bad Muskau an den Folgen einer Tuberkulose.[56] Ihre sterblichen Überreste liegen fernab von ihrem Herkunftsort auf dem evangelischen Kirchfriedhof in Bad Muskau begraben.

Mit der Pückler- und Muskauerstraße wird Fürst von Pückler-Muskau geehrt. Tatsächlich wurde er über verschiedene historische Perioden hinweg (vom deutschen Imperialismus, dem NS-Regime bis in die Gegenwart) als bedeutsam für die deutsche Geschichte eingestuft.[57] Wie wir herausgearbeitet haben, war Pückler mit seinem Denken und Handeln in imperiale Formationen eingebunden. Dass Pückler auch liberale und aufklärerische Ideen vertrat, mag auf den ersten Blick widersprüchlich erscheinen. Aus einer postkolonialen und feministischen Perspektive erscheinen seine Beschreibungen und Taten im Rahmen der Konstruktion eines europäischen, männlichen, adligen und überlegenen Selbst, welches sich über die Beziehung zu einem sexualisierten und rassifizierten Anderen herstellen konnte. Zudem ist sein Bild über den »Orient« eingebunden in koloniale Wissensarchive, die letztlich Praktiken der Unterdrückung und Entmenschlichung legitimieren. Die im kollektiven Gedächtnis der BRD wenig präsenten Lebensgeschichten von »Machbuba« und »Joladour« illustrieren dabei nicht nur die lange Geschichte und Präsenz Schwarzer Menschen auf dem Gebiet des heutigen Deutschlands. Sie verweisen ferner auf globalgeschichtliche Zusammenhänge der Mobilität von Subjekten, die der Sklaverei und dem Kolonialismus unterworfen waren, auf Prozesse der Hierarchisierung, Klassifizierung und (Un-)Sichtbarmachung.

Anmerkungen

1 Wir danken Mark Terkessidis, Natalie Bayer und Christian Obermüller für hilfreiche Anmerkungen. Ebenso bedanken wir uns bei Bianca Welzing-Bräutigam vom Berliner Landesarchiv für die freundliche Auskunft.
2 Zum Benennungsdatum der Pücklerstraße finden sich widersprüchliche Angaben. Luise-Berlin / Kauperts (2021) sowie das Stadtmuseum Berlin geben an, dass die Straße am 24.03.1849 benannt wurde.
3 Vgl. Kauperts, »Straßenführer durch Berlin«, »Pücklerstrasse«. Online abrufbar unter: berlin.kauperts.de/Strassen/Puecklerstrasse-14195-Berlin [letzter Zugriff: 07.04.2021].
4 Zu Alter, Herkunft und Name von »Machbuba« (mahbuba, arab., die Geliebte) finden sich unterschiedliche Angaben sowie Schreibweisen. Wir folgen hier den Angaben, die Pückler in seinen Briefen an Lucie von Hardenberg während seiner Ägyptenreise (1837/38) macht. Es ist davon auszugehen, dass er in seinen Schilderungen nachträglich Erfahrungen mit verschiedenen versklavten Mädchen einbezieht, daher setzen wir den Namen der Person, die nur durch Fremdbeschreibungen existiert, in Anführungszeichen.
5 Vgl. Bröhan, Nicole, *Fürst Pückler. Eine Biografie*, Berlin 2018, S. 127 ff.; Volker-Saad, Kerstin, »Die Abessinierin im Gefolge Fürst Pücklers. Das Rätsel der Machbuba«, in: *Tagesspiegel*, 27.12.2017. Online abrufbar unter: www.tagesspiegel.de/wissen/die-abessinierin-im-gefolge-fuerst-puecklers-das-raetsel-der-machbuba/20793600.html [letzter Zugriff: 09.04.2021].
6 Vgl. Bröhan, *Fürst Pückler*, S. 61f.; Klatt, Thomas, »›Geliebter Pascha‹ – Fürst Pückler und die Frauen«, in: *moz*, 24.09.2013. Online abrufbar unter: www.moz.de/nachrichten/kultur/_geliebter-pascha_-fuerst-pueckler-und-die-frauen-49714118.html [letzter Zugriff: 09.04.2021].
7 Vgl. Müller, Bettina, »Die Parks des Fürsten Pückler Muskau: Dandy und Gärtner«, in: *taz*, 31.01.2021. Online abrufbar unter: taz.de/Die-Parks-des-Fuersten-Pueckler-Muskau/!5743983/ [letzter Zugriff: 09.04.2021]; Baumert, Bodo, »150. Pückler-Todestag. Taugt Fürst Pückler als Symbolfigur für die Lausitz?«, in: *LR Online*, 31.01.2021. Online abrufbar unter: www.lr-online.de/lausitz/cottbus/150.-pueckler-todestag-taugt-fuerst-pueckler-als-symbolfigur-fuer-die-lausitz_-54703632.html [letzter Zugriff: 09.04.2021].
8 Vgl. Schwachenwald, Freya, »Art, Nature, Ghosts, and Ice Cream. Transcultural Assemblages of Prince Hermann von Pückler-Muskau (1785–1871) and Machbuba/Ajiamé/Bililllee«, in: *The Journal of Transcultural Studies* 10(2) (2019), S. 78–120; Richter, Daniela, »Inside the Oriental Spectacle. Hermann von Pückler-Muskau's Egyptian Travelogue«, in: *Colloquia Germanica* 46(3) (2013), S. 237; Fuhrmann, Malte, »Anatolia as a site of German colonial desire and national re-awakenings«, in: *New Perspectives on Turkey* 41 (2009), S. 117–150.
9 Vgl. Bröhan, *Fürst Pückler*, S. 9.
10 Von Pückler-Muskau, Hermann, *Semilasso in Afrika*, Böelschuby 1836.
11 Von Pückler-Muskau, Hermann, *Aus Mehemed Ali's Reich*, Berlin 2018 [1844].
12 Von Pückler-Muskau, Hermann, *Die Rückkehr*, Böelschuby 1848.

13 Vgl. Volker-Saad, »Die Abessinierin im Gefolge Fürst Pücklers. Das Rätsel der Machbuba«, o. A.
14 Stoler, Ann Laura / McGranahan, Carole, »Refiguring Imperial Terrains«, in: Stoler, Ann Laura / McGranahan, Carole / Perdue, Peter C., *Imperial Formations*, Santa Fe 2007; Schwachenwald, »Art, Nature, Ghosts, and Ice Cream«, S. 84.
15 Vgl. Jelaffke, Cordula, *Fürst Pückler*, Berlin 1993, S. 137.
16 Vgl. Bröhan, *Fürst Pückler*, S. 108; Jelaffke, *Fürst Pückler*, S. 137.
17 Soukah, Zouheir, *Der »Orient« als kulturelle Selbsterfindung der Deutschen*. Dissertationsschrift, 2016. Online abrufbar unter: docserv.uni-duesseldorf.de/servlets/DerivateServlet/Derivate-43645/zouheir_soukah_dissertation.pdf [letzter Zugriff: 06.04.2021].
18 Vgl. Soukah, *Der »Orient« als kulturelle Selbsterfindung der Deutschen*, S. 66.
19 Vgl. Said, Edward, *Orientalism*, New York 1978.
20 Soukah, *Der »Orient« als kulturelle Selbsterfindung der Deutschen*, S. 87.
21 Vgl. Bröhan, *Fürst Pückler*, S. 131.
22 Vgl. Soukah, *Der »Orient« als kulturelle Selbsterfindung der Deutschen*, S. 67ff.
23 Von Pückler-Muskau, Hermann / Wiemken, Helmut (Hg.), *Fürst Pücklers orientalische Reisen. Aus den abenteuerlichen Berichten des weltkundigen Fürsten Hermann von Pückler-Muskau*, Hamburg 1963, S. 68.
24 Pückler, *Fürst Pücklers orientalische Reisen*.
25 Vgl. Soukah, *Der »Orient« als kulturelle Selbsterfindung der Deutschen*, S. 79–85.
26 Pückler, *Fürst Pücklers orientalische Reisen*, S. 11.
27 Soukah, *Der »Orient« als kulturelle Selbsterfindung der Deutschen*, S. 76.
28 Vgl. Said, *Orientalism*, S. 27.
29 Vgl. Richter, *Inside the Oriental Spectacle*, S. 174.
30 Vgl. Pückler, *Fürst Pücklers orientalische Reisen*, S. 200; siehe auch Richter, *Inside the Oriental Spectacle*, S. 174; Soukah, *Der »Orient« als kulturelle Selbsterfindung der Deutschen*, S. 76; Schwachenwald, »Art, Nature, Ghosts, and Ice Cream«, S. 96.
31 Vgl. Richter, *Inside the Oriental Spectacle*, S. 176.
32 Polaschegg, Andrea, »Pücklers Orient«, in: Jacob, Ulf / Neuhäuser, Simone / Streidt, Gert, *Fürst Pückler. Ein Leben in Bildern*, Berlin-Brandenburg 2020, S. 180–237, hier S. 188.
33 Vgl. Polaschegg, *Pücklers Orient*, S. 188.
34 Zu den Orten der Sklavenmärkte finden sich widersprüchliche Angaben. Anders als Volker-Saad (»Die Abessinierin im Gefolge Fürst Pücklers. Das Rätsel der Machbuba«, o. A.), schreiben Bröhan (*Fürst Pückler. Eine Biografie*, S. 127 ff.) sowie Jelaffke (*Fürst Pückler*, S. 154 f.; 175), dass Pückler die versklavten Menschen ausschließlich in Kairo »erwirbt«. Das Osmanische Reich war in den Handel mit versklavten Menschen im Mittelmeerraum involviert. In Ägypten war insbesondere der Handel mit sogenannten Mamelucken, Militärsklaven zentralasiatischer oder osteuropäischer Herkunft, weit verbreitet. In der Militärhierarchie bekleideten diese nicht selten hohe militärische Positionen. Darauf bezugnehmend ließ Pückler auch »Machbuba« die Kleidung eines Mameluken tragen (vgl. Schmitt, Kathrin, »Machbuba – an Oromo Slave-Girl who won the heart of a German Prince«, in: *The Oromo Commentary* 4(2) (1994), S. 32–34, hier S. 32). Die Praktiken der Ver-

sklavung in verschiedenen Regionen des Osmanischen Reichs wurden im Zuge der Kolonisierung durch europäische Staaten im 19. Jahrhundert abgeschafft.
35 Assing-Grimelli, Ludmilla, *Fürst Hermann von Pückler-Muskau. Eine Biographie*, Hildesheim 2004, S. 120.
36 Vgl. Schmitt, »Machbuba«, S. 33.
37 Vgl. Assing-Grimelli, *Fürst Hermann von Pückler-Muskau*, S. 111.
38 Volker-Saad, »Die Abessinierin im Gefolge Fürst Pücklers. Das Rätsel der Machbuba«, o. A.
39 Ebd.
40 Vgl. ebd.
41 Vgl. Assing-Grimelli, *Fürst Hermann von Pückler-Muskau*, S. 36.
42 Vgl. Bröhan, *Fürst Pückler*, S. 147; Beder, René / Kohlschmidt, Arielle, *Ich, Machbuba. Die Geliebte Pücklers erzählt*, Cottbus 2006; Kleßmann, Eckart, *Fürst Pückler und Machbuba*, Berlin 1998; Probst, Ernst, *Machbuba. Die Sklavin und der Fürst*, München 2010.
43 Vgl. Volker-Saad, »Die Abessinierin im Gefolge Fürst Pücklers. Das Rätsel der Machbuba«, o. A.
44 Assing-Grimelli, *Fürst Hermann von Pückler-Muskau*, S. 118.
45 Ebd.
46 Ebd., S. 118f.
47 Insgesamt distanziert sich Pückler kritisch vom Osmanischen Reich, das er beispielhaft für Formen »orientalischer« Tyrannei anführt (Pückler, *Fürst Pücklers orientalische Reisen*, S. 273; siehe auch Soukah, *Der »Orient« als kulturelle Selbsterfindung der Deutschen*, S. 85). Wie Soukah (S. 81) feststellt, gebraucht Pückler in seiner Beschreibung der »Orientalen« die Bezeichnungen »Türke« und »Araber« weitestgehend synonym und undifferenziert.
48 Vgl. Assing-Grimelli, *Fürst Hermann von Pückler-Muskau*, S. 118 f.
49 Vgl. Richter, *Inside the Oriental Spectacle*, S. 182.
50 Assing-Grimelli, *Fürst Hermann von Pückler-Muskau*, S. 122.
51 Ebd.
52 Volker-Saad, »Die Abessinierin im Gefolge Fürst Pücklers. Das Rätsel der Machbuba«, o. A.
53 Vgl. Assing-Grimelli, *Fürst Hermann von Pückler-Muskau*, S. 122.
54 Vgl. Text »Machbuba«, in: *Ausstellung »Fürst Pückler. Ein Europäer in Branitz«*, Cottbus 2021 (Stiftung Fürst – Pückler – Museum Schloss und Park Branitz).
55 Vgl. Assing-Grimelli, *Fürst Hermann von Pückler-Muskau*, S. 121.
56 Vgl. Volker-Saad, »Die Abessinierin im Gefolge Fürst Pücklers. Das Rätsel der Machbuba«, o. A.
57 Vgl. Schwachenwald, »Art, Nature, Ghosts, and Ice Cream«, S. 84.

Lisa Hackmann

1881 – Das Königliche Museum für Kunstgewerbe wird eröffnet (heute Martin-Gropius-Bau)

Der in Kreuzberg gelegene Martin-Gropius-Bau öffnete 1881 als Kunstgewerbe-Museum in der Prinz-Albrecht-Straße 7 (heute Niederkirchnerstraße 7) seine Pforten.[1] [Abb. 1] Das Gebäude erlebte bis zu seiner kriegsbedingten starken Beschädigung 1943 eine wechselvolle Geschichte. Sie war geprägt durch schnell wachsende Sammlungen und eine sich stetig verändernde Berliner Museumslandschaft.

Abb. 1: Deutsches Gewerbemuseum zu Berlin nach seiner Vollendung, Außenansicht, Holzstich nach Gottlob Theuerkauf, abgebildet in: Illustrirte Zeitung, Nr. 1820, 18.05.1878, Bd. 70, S. 397, © SLUB / Deutsche Fotothek / Richter, Regine, lizenziert unter CC BY-SA-4.0 (https://creativecommons.org/licenses/by-sa/4.0).

Stehen bislang verstärkt ethnologische Museen und ihre Sammlungspraktiken im Fokus der Debatte um Objekte aus kolonialen Kontexten, zeigt das Beispiel des Kunstgewerbe-Museums, dass auch in kunstgewerblichen Sammlungen außereuropäische Objekte einen bedeutenden Bestandteil des Sammlungskonzepts ausmachten, bei deren Handel und Erwerbung vermutlich auf die eigenen oder die kolonialen Infrastrukturen anderer Mächte zurückgegriffen wurde. Die Herausforderung der Museen und der Provenienzforschung besteht heute zum einen darin, die komplexen Umstände – die politischen und gesellschaftlichen Verhältnisse – sichtbar zu machen, unter denen die Objekte ihren Ursprungsort verlassen haben und in die musealen Sammlungen eingegangen sind.[2] Zum anderen gilt es, der Frage nach der jeweiligen Rolle dieser Objekte in den Sammlungs- und Präsentationskontexten damals und heute vor dem Hintergrund (post)kolonialer Ordnungen nachzugehen.

Der überwiegend mit staatlichen Mitteln errichtete kubische Backsteinbau nach den Entwürfen des Architekturbüros von Martin Gropius und Heino Schmieden beherbergte neben der Sammlung des Kunstgewerbe-Museums zunächst auch die angegliederte Unterrichtsanstalt und die Bibliothek (beide waren ab 1905 in einem Erweiterungsbau auf dem östlichen Nachbargrundstück untergebracht). Mit dem 1885 in unmittelbarer Nachbarschaft in der Königgrätzer Straße 120 (heute Stresemannstraße) vollendeten Museum für Völkerkunde bildete das Kunstgewerbe-Museum am Ende des 19. Jahrhunderts ein neues Museumsquartier in der südlichen Friedrichstadt. Nicht nur auf der Museumsinsel, sondern zunehmend über die Stadt verteilt sollten die Kunstschätze in der noch jungen Reichshauptstadt zu sehen sein.[3] [Abb. 2] Ihre repräsentative Lage im städtischen Raum – in einem belebten Geschäftsviertel, unweit weiterer kultureller (Friedrich-Wilhelm-Universität) und politischer Einrichtungen (Preußischer Landtag, Reichstag) sowie des Anhalter Bahnhofs als Verkehrsknotenpunkt und wichtigster Fernbahnhof der Stadt – unterstreicht die zeitgenössische Bedeutung der beiden Institutionen als Orte der Wissensvermittlung für das aufstrebende Bürgertum, im Fall des Kunstgewerbe-Museums auch der Geschmacksbildung und Gewerbeförderung. Nicht zuletzt waren sie Ausdruck des weltpolitischen Geltungsdrangs des Kaiserreichs.[4]

Seinen Ursprung fand das Museum 1867 in der Gründung des Deutschen Gewerbe-Museums – es war damit weltweit das dritte seiner Art.

1881 – Das Königliche Museum für Kunstgewerbe wird eröffnet

Abb. 2: Das Kunstgewerbemuseum und das Museum für Völkerkunde lagen in unmittelbarer Nähe an der südlichen Ecke Königgrätzer Straße (heute Stresemannstraße) / Prinz-Albrecht-Straße (heute Niederkirchnerstraße), Postkarte, um 1900, Verlag J. Miesler, Berlin, Quelle: http://www.zeno.org – Contumax GmbH & Co. KG.

Anstoß für die Gründung solcher Museen, deren Ziel in der Förderung und Steigerung der nationalen Wettbewerbsfähigkeit des Handels und der Industrie durch eine Vorbildersammlung und fachspezifischen Unterricht bestand, hatte die erste Weltausstellung 1851 in London gegeben. Hier waren technische Nachlässigkeit und ästhetische Mangelhaftigkeit der industriell hergestellten Produkte im Gegensatz zu traditioneller Handwerkskunst aufgefallen. Das britische Königshaus reagierte 1852 zügig mit der Gründung des South Kensington Museums (heute: Victoria & Albert Museum) mit Mustersammlung und Schule. Andere Industrieländer zogen nach. Auch Preußen reihte sich 1867 »in diese europaweite Reformbewegung zur Neubelebung des Kunsthandwerks«[5] ein. Eine private Initiative von Künstlern, Handwerkern, Industriellen und Gelehrten hatte sich zusammengefunden, um in Berlin eine zentrale Bildungsinstitution für Handwerk und Industrie zu schaffen, die eine Museumssammlung, eine Unterrichtsanstalt und eine Spezialbibliothek umfasste, welche zunächst provisorisch an verschiedenen Standorten untergebracht waren.[6]

Abb. 3: Mosaikbild »China« an der Nord-Fassade des Martin-Gropius-Baus, nach einem Entwurf von Ernst Ewald, Foto: Lisa Hackmann.

Zwar stand europäisches Kunsthandwerk im Vordergrund, doch umfasste die Sammlung des Kunstgewerbe-Museums von Beginn an – in kleinerem Maße als die des benachbarten Museums für Völkerkunde – auch eine Fülle außereuropäischer Objekte. Sie sollten der deutschen Kunstindustrie in ihrer Vielfalt neue Impulse liefern.[7] Hierzu galt es, so Julius Lessing, »das Vorzüglichste herbeizuschaffen, was zu irgendwelchen Zeiten, in irgendwelchen Ländern auf diesem Gebiete hervorgebracht worden ist«[8].

Dieser globale Anspruch manifestierte sich programmatisch in der Außenfassade des Museumsbaus, die mit Ornamenten, Porträts und allegorischen Motiven gestaltet war: Den prächtigsten und auffälligsten Schmuck bildeten die venezianischen Glasmosaike auf Goldgrund in den großen Wandfeldern. In großen Einzelfiguren sollten sie, wie es im »Führer durch die Sammlung des Kunstgewerbe-Museums« von 1885 heißt, »die wichtigsten Kulturepochen« – »China und Japan, Ägypten, Indien, Arabien

Abb. 3: Mosaikbild »Ägypten« an der Nord-Fassade des Martin-Gropius-Baus, nach einem Entwurf von Ernst Ewald, Foto: Lisa Hackmann.

[...] Rom, Byzanz, die Gotik, die Renaissance [...] das Griechentum«[9] – versinnbildlichen. Die weibliche Personifikation Chinas etwa ist in reicher Tracht mit Kopfschmuck aus Spange und Diadem dargestellt, der ein Kind mit traditionell kahl geschorenem Kopf eine Vase überreicht.[10] [Abb. 3, 4]

Bereits zur Gründungszeit bildete der Hauptbestand des Museums eine Sammlung »neuerer und orientalischer Arbeiten«[11], die der preußische Staat anlässlich der Pariser Weltausstellung 1867 angekauft und dem Museum zur Verfügung gestellt hatte.[12] In den nächsten Jahren, besonders nach der Reichsgründung, wuchs die Sammlung unter der Leitung ihres ersten Direktors, des jungen Kunsthistorikers Julius Lessing, durch Sammlungsankäufe, Schenkungen und die Verschmelzung alter Bestände explosionsartig an. 1880 zählte sie 29.000 »kunstgewerbliche [...] Arbeiten aller Zeiten und Völker«[13].

In den folgenden Jahren ergänzte Lessing die Bestände weiterhin kontinuierlich mit Erwerbungen außereuropäischer Objekte aus den Weltausstellungen.¹⁴ Diese überdimensionierten Veranstaltungen, die Millionen von Besuchern anzogen, waren zum einen Bühne für das Kräftemessen der verschiedenen Industrienationen, zum anderen Orte, an denen fremde Zivilisationen und Völker anhand von Objekten zur Schau gestellt wurden. Aufgrund ihres hohen handwerklichen Könnens, ihrer Ästhetiken und Formen waren sie oft ausgesprochen geschätzt, wurden jedoch »als Exotica oder als Überbleibsel früherer Stufen menschlicher Entwicklung«¹⁵ angesehen und präsentiert. Ein stattlicher Ankaufsetat erlaubte Lessing z. B. auf der Wiener Ausstellung 1873 die Erwerbung von »hervorragende[n] und erlesene[n] Stücke[n]«, zu denen »orientalische [...] Arbeiten in Metall und Holz, Teppiche, Thongefässe und Fliesen, welche in Folge der Hungersnoth in Persien in nie geahnter Fülle zu sehr gemässigten Preisen auf den Markt gebracht wurden« zählten sowie »Ankäufe in der indischen und japanischen Abtheilung«¹⁶. Neben künstlerischem Handwerk kamen verstärkt in den Anfangsjahren auch Ethnologika in die Sammlung des Museums, darunter Schnitzereien aus Holz, Arbeiten aus Ton oder Glasperlen, Webereien und Stickereien. Dies traf auch auf viele andere kunstgewerbliche Einrichtungen zu.¹⁷ Als »Signifikanten der Vormoderne«¹⁸ (im Gegensatz zur hochentwickelten westlichen Welt) sollten sie durch ihre Form, ihre Farbe oder ihr Material Anregungen bieten, wie eine Aussage Lessings verdeutlicht: Es sollte »die Kunstindustrie wieder die einfachsten Erzeugnisse der Völker [...] belauschen, deren Zusammenhang mit den natürlichen Bedingungen des Lebens noch nicht gestört«¹⁹ seien.

Infolge der zunehmenden Spezialisierung des Museums und auch, um mit der Überfülle an Exponaten umzugehen, wurden viele dieser Objekte, denen man eher ethnologische als ästhetisch-künstlerische Relevanz beimaß, an das Museum für Völkerkunde abgegeben. So grenzte Lessing 1880 das Sammlungsprofil des Kunstgewerbe-Museums klar von der Nachbarinstitution ab: »Das ethnographische Museum tritt für Arbeiten der barbarischen und aussereuropäischen Völker ein, so dass Arbeiten aus diesem Gebiete [...] nicht mit Rücksicht auf Darstellung und Sitten und Gewohnheiten, sondern lediglich in einer Auswahl kunstgewerblich interessanter Stücke gesammelt zu werden brauchen.«²⁰

Eine besondere Faszination übten Ostasiatika und ostasiatische Handwerkstechniken auf Kunstgewerbemuseen aus.²¹ Entsprechend ihrer großen Wertschätzung war ihnen in Berlin ein eigener Museumsraum gewidmet.²² Die Begeisterungswelle Ende des 19. Jahrhunderts, deren Breitenwirkung

»weit über das hinaus [ging], was man von den exklusiven Chinoiserien der Barock- und Rokokoepoche her kannte«[23], stand in unmittelbarem Zusammenhang mit der erzwungenen Verlagerung von Teilen der kaiserlich-chinesischen Sammlung in den Westen. Die Plünderung des Alten Sommerpalastes (Yuanmingyuan) am Ende des Zweiten Opiumkrieges 1860 durch die britische und französische Armee sowie die Plünderung der Verbotenen Stadt (und anderer kaiserlicher Stätten) nach der Niederschlagung des Boxeraufstandes durch alliierte Streitkräfte im August 1900 hatten zu einer Flut ostasiatischer Objekte auf dem europäischen Kunstmarkt geführt. Sie fanden Eingang in eine Vielzahl europäischer Sammlungen und führten zu einer verstärkten öffentlichen Wahrnehmung.[24]

Neben Erwerbungen auf Weltausstellungen kamen auch über zweitausend Objekte aus China und Japan (u. a. Textilien, Porzellan, Keramik, Glas, Emailarbeiten) aus der umfangreichen Sammlung Max von Brandts (1835–1920) ins Kunstgewerbe-Museum. Brandt hatte diese während seiner Amtszeit als preußischer Gesandter in Beijing in China und Japan ausgewählt und erworben.[25]

Der Ort für die Präsentation von Sonderausstellungen und damit auch außereuropäischer Kunst war der Lichthof im Erdgeschoss des Museums. Anlässlich der Eröffnung 1881 wurde eine Ausstellung aus Großbritannien gezeigt. Das Londoner South Kensington Museum hatte seine indische Kunstsammlung, die über tausend Objekte »aus Besitzstücken Ihrer Majestät der Königin von England und Kaiserin von Indien, des Herzogs von Edinburgh und hoher englischer Kunstfreunde«[26] umfasste, leihweise zur Verfügung gestellt.[27]

Darüber hinaus blieben bis zur Eröffnung des Völkerkunde-Museums 1885 zwei Räume Heinrich Schliemanns sogenanntem *Schatz des Priamos* – bestehend aus wertvollem Goldschmuck, Gefäßen, Waffen und Werkzeugen sowie silbernen und bronzenen Gegenständen – vorbehalten, den dieser fälschlicherweise dem sagenumwobenen trojanischen König Priamos zuordnete.[28] Schliemann hatte besagten »Schatz« 1873 bei Grabungen am Hisarlık Tepe (Palasthügel) im nordwestlichen Kleinasien entdeckt, anschließend illegal aus dem Osmanischen Reich ausgeführt und dadurch internationale Aufmerksamkeit erfahren. Nach einer ersten öffentlichen Präsentation im South Kensington Museum übergab Schliemann seinen Fund 1878 »dem deutschen Volk als Geschenk zu ewigem Besitz und ungetrennter Aufbewahrung in der Reichshauptstadt«[29]. Die von Schliemann und

Abb. 5: Heinrich und Sophia Schliemann bei der Aufstellung der Troja-Sammlung im Berliner Kunstgewerbemuseum 1881, Archiv des Museums für Vor- und Frühgeschichte / akg images.

seiner Frau eigens eingerichteten Räume wurden in Anwesenheit Wilhelm II., der ein großes Faible für Ausgrabungen und die Antike besaß und die deutsche Archäologie mit viel Geld unterstützte, eröffnet. Allein vier Millionen Mark gab der Kaiser für Grabungskampagnen in Kleinasien aus. Damit verfolgte er gleichermaßen ein politisch-propagandistisches Ziel: »Deutschland sollte nicht nur im Wettlauf um Kolonien und im Flottenbau, sondern auch in der Archäologie einen Spitzenplatz einnehmen [...].«[30] Wie von vornherein geplant, zog der *Schatz des Priamos* 1885 in das Völkerkunde-Museum um. [Abb. 5]

Drei Jahrzehnte nach der Eröffnung des Kunstgewerbe-Museums verließ seine Sammlung Kreuzberg und zog auf Vorschlag des Kultusministeriums der Weimarer Republik 1921 in das verwaiste Berliner Schloss der Hohenzollern.[31] Die leerstehenden Räumlichkeiten in der Prinz-Albrecht-Straße 7 dienten nun der Ausstellung von Teilen des unter notorischer Raumnot leidenden Völkerkunde-Museums, dem Museum für Vor- und Frühgeschichte mit seiner Sammlung von Altertümern sowie der 1906 von Wilhelm von Bode (1845–1929), Generaldirektor der Königlichen Museen zu Berlin, begründeten Ostasiatischen Kunstsammlung.[32]

Nunmehr Schlossmuseum genannt, verlor das Kunstgewerbe-Museum mit seinem neuen Standort endgültig seine Funktion als Vorbilder- und Mustersammlung für Handwerker und Gewerbetreibende. In einem der bedeutendsten historischen Gebäude Berlins untergebracht, war es nun in erster Linie ein Kunstmuseum, das ein breites Publikum anzog.[33]

In der NS-Zeit besetzte die SS das Schulgebäude des früheren Kunstgewerbe-Museums an der Prinz-Albrecht-Straße und richtete dort die Befehlszentrale der Geheimen Staatspolizei ein – heute ist an der Stelle die Topographie des Terrors.[34]

Im Februar 1945 beim Bombardement des Stadtzentrums stark zerstört, drohte dem Museumsbau der Abriss. Eine Initiative von Walter Gropius, dem Neffen von Martin Gropius, verhinderte dies und bewirkte, dass das Gebäude 1966 unter Denkmalschutz gestellt wurde. In den Jahren 1976 bis 1981 erfolgte der Wiederaufbau.[35]

Heute dient der Martin-Gropius-Bau, unter der Leitung der Berliner Festspiele, als Haus für große temporäre Ausstellungen aus den Bereichen der modernen und zeitgenössischen Kunst, aber auch der Archäologie und Kulturgeschichte.[36]

Anmerkungen

1 Vgl. *Das Kunstgewerbe-Museum zu Berlin. Festschrift zur Eröffnung des Museumsgebäudes. Mit einem Nachwort von Manfred Klinkott.* Reprint der Ausgabe von 1881, Berlin 1981.
2 Vgl. Förster, Larissa, »Problematische Provenienzen. Museale und universitäre Sammlungen aus postkolonialer Perspektive«, in: Deutsches Historisches Museum (Hg.), *Deutscher Kolonialismus. Fragmente seiner Geschichte und Gegenwart*, Berlin 2016, S. 154–161, hier S. 158; Bodenstein, Felicity / Howald, Christine, »Weltkunst unter Verdacht. Raubkunst, ihre Geschichte und Erinnerungskultur in deutschen Sammlungen«, in: Bechhaus-Gerst, Marianne / Zeller, Joachim (Hg.), *Deutschland postkolonial? Die Gegenwart der imperialen Vergangenheit*, Berlin 2018, S. 532–546, hier S. 534.
3 Vgl. Bekiers, Andreas / Schütze, Karl-Robert, *Zwischen Leipziger Platz und Wilhelmstrasse. Das ehemalige Kunstgewerbemuseum zu Berlin und die bauliche Entwicklung seiner Umgebung von den Anfängen bis heute*, Berlin 1981, S. 4.
4 Vgl. Beier, Rosmarie / Koschnik, Leonore, *Der Martin-Gropius-Bau. Geschichte und Gegenwart des ehemaligen Kunstgewerbemuseums*, Berlin 1986, S. 57–65; Spode, Hasso, »Das Kunstgewerbemuseum und die Unterrichtsanstalt des Kunstgewerbemuseums. Prinz-Albrecht-Straße (heute Niederkirchnerstraße)«, in: Engel, Helmut / Jersch-Wenzel, Steffi / Treue, Wilhelm (Hg.), *Geschichtslandschaft Berlin. Orte und Ereignisse.* Bd. 5, Berlin 1994, S. 21–51, hier S. 32; Laukötter, Anja, »Das Völkerkundemuseum«, in: Zimmerer, Jürgen (Hg.), *Kein Platz an der Sonne. Erinnerungsorte der deutschen Kolonialgeschichte*, Frankfurt am Main / New York 2013, S. 231–243, hier S. 233 f.
5 Körte, Arnold, *Martin Gropius. Leben und Werk eines Berliner Architekten. 1824–1880*, Berlin 2013, S. 462.
6 Vgl. Beier/Koschnick, *Martin-Gropius-Bau*, S. 13; Mundt, Barbara, »125 Jahre Kunstgewerbemuseum. Konzepte, Bauten und Menschen für eine Sammlung (1867–1939)«, in: *Jahrbuch der Berliner Museen.* Bd. 34, Berlin 1992, S. 173–184, hier S. 173–175; Mundt, Barbara, *Museumsalltag vom Kaiserreich bis zur Demokratie. Chronik des Berliner Kunstgewerbemuseums.* Köln / Weimar / Wien 2018, S. 25–30.
7 Vgl. ebd., S. 74; Kanowsi, Claudia, »Das Kunstgewerbe sucht begehrlich nach frischen Motiven. Die Ostasiatika-Sammler von Max von Brandt und Ernst Ohlmer im Kontext der Gründung des Berliner Kunstgewerbemuseums vor einhundertfünfzig Jahren«, in: Weiß, Matthias / Troelenberg, Eva-Maria / Brand, Joachim (Hg.), *Wechselblicke. Zwischen China und Europa 1669–1907*, Petersberg 2017, S. 78–97.
8 Lessing, Julius, *Amtliche Berichte aus den Königlichen Kunstsammlungen. 1. Jg. Nr. 2/3* (1880), S. XXXIII.
9 Generalverwaltung der Königlichen Museen (Hg.), *Führer durch die Sammlung des Kunstgewerbe-Museums*, Berlin 1885, S. 5.
10 Vgl. *Das Kunstgewerbe-Museum zu Berlin 1881/1981*, S. 64; Kampmann, Winnetou / Weström, Ute (Hg.), *Martin-Gropius-Bau. Die Geschichte seiner Wiederherstellung*, München 1999, S. 72–75; Körte, *Martin Gropius*, S. 473.

11 Lessing, *Amtliche Berichte aus den Königlichen Kunstsammlungen*, S. XXXVI.
12 Vgl. Beier/Koschnick, *125 Jahre Kunstgewerbemuseum. Konzepte, Bauten und Menschen für eine Sammlung (1867–1939)*, S. 13.
13 Lessing, *Amtliche Berichte aus den Königlichen Kunstsammlungen*, S. XXXV.
14 Vgl. Mundt, *125 Jahre Kunstgewerbemuseum. Konzepte, Bauten und Menschen für eine Sammlung (1867–1939)*, S. 174.
15 Osterhammel, Jürgen, *Die Verwandlung der Welt. Eine Geschichte des 19. Jahrhunderts*, Bonn 2010, S. 42; vgl. auch Demeulenaere-Douyère, Christiane (Hg.), *Exotiques expositions... Les expositions universelles et les cultures extra-européennes. France, 1855–1937*, Paris 2010.
16 *Das Kunstgewerbe-Museum zu Berlin 1881 / 1981*, S. 24.
17 Vgl. Förster, *Problematische Provenienzen. Museale und universitäre Sammlungen aus postkolonialer Perspektive*, S. 158.
18 Wolter, Stefanie, *Die Vermarktung des Fremden. Exotismus und die Anfänge des Massenkonsums*, Frankfurt am Main 2005, S. 35.
19 Zit. nach Mundt, Barbara, *Die deutschen Kunstgewerbemuseen im 19. Jahrhundert*, München 1974, S. 88.
20 Lessing, *Amtliche Berichte aus den Königlichen Kunstsammlungen*, S. XXXV.
21 Vgl. Kanowski, *Das Kunstgewerbe sucht begehrlich nach frischen Motiven. Die Ostasiatika-Sammler von Max von Brandt und Ernst Ohlmer im Kontext der Gründung des Berliner Kunstgewerbemuseums vor einhundertfünfzig Jahren*, S. 78 f.
22 Vgl. Beier/Koschnick, *125 Jahre Kunstgewerbemuseum. Konzepte, Bauten und Menschen für eine Sammlung (1867–1939)*, S. 30.
23 Kanowski, »Das Kunstgewerbe sucht begehrlich nach frischen Motiven«, S. 79.
24 Vgl. ebd.; Howald, Christine / Hofmann, Alexander, »Introduction.«, in: *Journal for Art Market Studies. Asian Art: Markets, Provenance, History* 3 (2018). Online abrufbar unter: www.fokum-jams.org/index.php/jams/article/view/77/103 [letzter Zugriff: 24.01.2021]; Bodenstein/Howald, »Weltkunst unter Verdacht«, S. 536–539.
25 Vgl. Kanowski, »Das Kunstgewerbe sucht begehrlich nach frischen Motiven«, S. 86 f.; Mundt, *Museumsalltag vom Kaiserreich bis zur Demokratie*, S. 89 f.
26 *Das Kunstgewerbe-Museum zu Berlin 1881 / 1981*, S. 38.
27 Vgl. Beier/Koschnick, *125 Jahre Kunstgewerbemuseum. Konzepte, Bauten und Menschen für eine Sammlung (1867–1939)*, S. 28 f.
28 Vgl. Schliemann, Heinrich, »Bericht über den Schatz (1873)«, kommentiert von Sebastian Willert, in: *Translocations. Anthologie: Eine Sammlung kommentierter Quellentexte zu Kulturgutverlagerungen seit der Antike*, 25.07.2019. Online abrufbar unter: translanth.hypotheses.org/ueber/schliemann [letzter Zugriff: 24.01.2021].
29 Samida, Stefanie, *Die archäologische Entdeckung als Medienereignis. Heinrich Schliemann und seine Ausgrabungen im öffentlichen Diskurs 1870–1890*, Münster / New York 2018, S. 55–60, 97; Willert 2019.
30 Riebsamen, Hans, »Ausstellung: Kaiser Wilhelm II. und die Archäologie. Herrscher mit Schaufel«, in: *Frankfurter Allgemeine Zeitung*, 06.09.2009. Online abrufbar unter: www.faz.net/-gzh-12v1a [letzter Zugriff: 15.03.2021]; vgl. auch Beigel, Thorsten / Mangold-Will, Sabine (Hg.), *Wilhelm II. Archäologie und Politik um 1900*, Stuttgart 2017.

31 Vgl. Mundt, *125 Jahre Kunstgewerbemuseum. Konzepte, Bauten und Menschen für eine Sammlung (1867–1939)*, S. 181–184.
32 Vgl. Schweinberger, Jürgen, »Die Geschichte des Martin-Gropius-Baus«, in: Kampmann/Weström (Hg.), *Martin-Gropius-Bau*, S. 13–17, hier S. 17.
33 Vgl. Mundt, *125 Jahre Kunstgewerbemuseum. Konzepte, Bauten und Menschen für eine Sammlung (1867–1939)*, S. 181–184.
34 Vgl. Körte 2013, S. 483.
35 Vgl. Kampmann/Weström (Hg.), *Martin-Gropius-Bau*.
36 Vgl. Website Gropius Bau. Online abrufbar unter: www.berlinerfestspiele.de/de/gropiusbau/haus/ueber-uns/start.html [letzter Zugriff: 24.01.2021].

Lisa Hackmann

1881 – Die Firma Sarotti zieht in die Belle-Alliance-Straße

Ein Kapitel der Geschichte der Schokoladenfabrik Sarotti spielte sich von 1881 bis 1913 in der Belle-Alliance-Str. 81–83 (heute Mehringdamm 53–57) in Kreuzberg ab. Heute erinnern an diese Berliner Institution die teilweise erhaltene Gewerbearchitektur und das bekannte wie vor dem Hintergrund der kolonialen Vergangenheit Deutschlands kontrovers diskutierte Firmenlogo an einer Fassade der Sarotti-Höfe, der Sarotti-Mohr (im Folgenden: M***).[1]

Lange war Schokolade ein Luxusgut, das sich nur wenige leisten konnten. Erst ab dem 19. Jahrhundert änderten sich mit der kolonialen Expansion auch die Konsumgewohnheiten in Europa. Der direkte Zugang zu Rohstoffen – im Fall von Schokolade: Kakaobohnen, Rohrzucker und Gewürze –, kürzere Transportwege, aber auch neue chemische Verfahren und die zunehmende Mechanisierung der Herstellungsprozesse führten dazu, dass Kakao, genauso wie Kaffee, Tee und Tabak nun für breitere gesellschaftliche Gruppen erschwinglich wurde. Schokolade wurde als Getränk, Tafel oder Praline zum Konsumgut für die Masse.[2]

Ursprünglich aus Mexiko und Mittelamerika stammend, wurde die Kakaopflanze in Mittel- und Südamerika kultiviert. Von den spanischen Kolonisatoren im 16. Jahrhundert nach Europa gebracht, verbreitete sich dort die Kakaobohne vermehrt im 18. Jahrhundert. Die Produktion der Kakaobohnen war mit Enteignungen fruchtbaren Landes und tiefen Eingriffen in die lokalen Eigentumsverhältnisse sowie mit Arbeitsbedingungen, die vielfach durch Gewalt und Zwang geprägt waren, verbunden.[3]

Mit der zunehmenden Verbreitung von Schokolade als Nahrungsmittel gingen große geografische Verschiebungen des Kakaoanbaus einher: Spanische Kolonisatoren hatten den Kakaoanbau von seinen mesoamerikanischen Ursprüngen in das nördliche Südamerika gebracht und Venezuela zum Hauptproduzenten der Welt gemacht. Vor 1900 kam Kakao hauptsächlich aus Venezuela, Ecuador und dem brasilianischen Amazonasgebiet. Die wachsende Nachfrage nach Kakao in Europa sorgte dafür, dass die Kolonialmächte verstärkt auch in Afrika Kakaoplantagen anlegten. Im Laufe des 19. Jahrhunderts dominierten der brasilianische Staat Bahia, Trinidad und die Dominikanische Republik den Kakaoanbau. Zu Beginn des 20. Jahrhunderts wurde die portugiesische Inselkolonie São Tomé und Príncipe kurzzeitig zum weltgrößten Produzenten. 1911 übernahm die britische Kolonie Goldküste (Ghana) schließlich eine dauerhafte Führung.[4] Ähnlich verhielt es sich mit dem zweiten wesentlichen Bestandteil der Schokolade, dem Zucker. Auch er musste bis um die Mitte des 19. Jahrhunderts aus tropischen Gebieten bezogen werden.[5]

Woher genau Sarotti in seinen Anfängen den Kakao bezog, ist nicht belegt. Von der Kölner Fabrik Stollwerck hingegen ist bekannt, dass sie in der zweiten Hälfte des 19. Jahrhunderts direkte Beziehungen zu westafrikanischen Kakaobauern aufgenommen und an der wirtschaftlichen Ausbeutung Kameruns partizipiert hatte. Ab 1885 war das Land bis zur britischen und französischen Übernahme 1915/16 deutsche Kolonie.[6] 1896 kam es zur Gründung der Kamerun-Kakao-Gesellschaft. Deren Aufgabe, die Vermarktung einer »Kolonialschokolade«, scheiterte jedoch an der Notwendigkeit, Kakaobohnen unterschiedlicher Herkunft mischen zu müssen. Stollwerck brachte, sehr zur Freude von Wilhelm II., eine *Deutsche Kolonial-Schokolade* heraus, die vorgeblich ausschließlich aus Kakaobohnen aus deutschen Kolonien bestand. Insgesamt hatte Kakao aus deutschen Kolonien jedoch nur einen verschwindend geringen Anteil am Kakaoimport.[7]

Die Schokoladenfabrik Sarotti zählte neben Stollwerk in Köln und Hartwig & Vogel in Dresden zu den führenden Unternehmen der Schokoladenindustrie. Wie die meisten Produzenten war auch Sarotti im 19. Jahrhundert aus einem Handwerksbetrieb hervorgegangen, expandierte stetig und entwickelte sich bis zum Ersten Weltkrieg zu einer »Aktiengesellschaft [...] der Großindustrie«[8]. Ein Phänomen, das sich europaweit beobachten lässt: So gründeten sich etwa 1815 C. J. van Houten in Zoon, 1819 F. C. Cailler in Vevey, 1826 Ph. Suchard in Neuenburg und 1831 Cadbury in Birmingham.[9] Ende des 19. Jahrhunderts existierten bereits in allen großen deutschen Städten Schokoladenfabriken, die jährlich rund 1.700 Tonnen (1880) Schokolade produzierten. Das Deutsche Reich zählte zu den größten Kakaoimporteuren in Europa.[10]

Ihren Anfang nahm die Schokoladenfabrik Sarotti 1868, als der junge Stuttgarter Konditor Hugo Hoffmann (1843–1911), der die Pralinenherstellung in Paris studiert hatte, in der Berliner M*****-Straße 10 einen »Handwerkbetrieb zur Herstellung feiner Pralinen, Fondants und Fruchtpasteten« eröffnete. Möglicherweise inspirierte diese Adresse fünfzig Jahre später Julius Gipkens (1883–1968) zur Erfindung des Sarotti-M***. Bald waren die Räumlichkeiten zu klein und das Unternehmen zog 1870 in einen Schuppen in der Dorotheenstraße 60.[11] Der Betrieb profitierte von dem wirtschaftlichen Aufschwung der Metropole nach dem Deutsch-Französischen Krieg 1870/71 und dem wachsenden bürgerlichen Käuferkreis. Vermehrt kamen in der Herstellung Maschinen zum Einsatz, die die Arbeitsprozesse beschleunigten. Hoffmann konnte sein Sortiment erweitern, das ab diesem Zeitpunkt auch Schokoladen und Kakaopulver umfasste.[12]

1872 bot sich Hoffmann die Gelegenheit, das vornehme und stadtbekannte Verkaufsgeschäft, die Confiseur-Warenhandlung Felix & Sarotti, in der Friedrichstraße 191 zu übernehmen. Ab 1881 produzierte Hoffmann seine Waren unter dem Namen Sarotti, dessen Herkunft bis heute nicht abschließend geklärt ist.[13] Womöglich gab der »exotische« Klang, der ausgezeichnete Möglichkeiten der Vermarktung versprach, den Ausschlag für diese Entscheidung.

Zu Beginn der 1880er Jahre war durch Raumnot und zunehmende industrielle Fertigung ein erneuter Umzug der florierenden Fabrikation notwendig. Ein Grundstück, das Platz für die Neuerrichtung weiterer Produktionsflächen bot, fand Hoffmann schließlich in der Belle-Alliance-Straße 81 (heute Mehringdamm 57).[14] 1903 öffnete sich das Unternehmen mit der Gründung der Sarotti Chocoladen- & Cacao-Industrie Aktiengesellschaft für fremdes Kapital.[15]

Das Ladengeschäft Felix & Sarotti zog 1884 von der Friedrichstraße in das firmeneigene Haus in der Leipziger Straße 88, das von nun an die Firmenzentrale beherbergte. Nicht nur in Berlin, sondern in ganz Deutschland eröffneten nach und nach immer mehr Verkaufsläden Sarottis.[16]

Ungeachtet der großen Ausdehnung des Kreuzberger Fabrikstandorts – 1904/06 kamen die zwei Nachbargrundstücke Belle-Alliance-Straße 82 und 83 und entsprechende Produktionsflächen hinzu – erwies dieser sich um 1910 endgültig als zu klein. Inzwischen war die Zahl der Angestellten und Arbeiter:innen auf 1.800 angewachsen, ein Großteil davon Frauen, die v. a. in der Pralinenherstellung tätig waren. Ein riesiger Fabrikneubau auf einem Areal von fast 50.000 Quadratmetern in der Teilestraße 12/13 in Tempelhof, verkehrsgünstig am Teltowkanal und an der Eisenbahn gelegen, sollte nun Abhilfe schaffen. Mit der Inbetriebnahme des Tempelhofer Werks ging 1913 die Kreuzberger Ära der Schokoladenfabrik Sarotti zu Ende. In der Folge entwickelte sich Sarotti zu einem der größten Schokoladenhersteller des Deutschen Reiches.[17] Die technischen Einrichtungen der modernen Fabrik ermöglichten die Verarbeitung von täglich 10.000 kg Kakao.[18] 1928 ging die Aktienmehrheit der Sarotti AG an den Schweizer Nestlé-Konzern, der den Markennamen 1998 an Stollwerck verkaufte, woraufhin die Sarotti-Produktion vollständig in das Stollwerck-Werk in Berlin-Marienfelde verlagert wurde.

Um sich von der Masse von Schokoladen und anderen Süßwaren abzuheben, entstanden im 19. Jahrhundert mehr und mehr Markenprodukte und mit ihnen eine Werbeindustrie. Diese bediente sich seit den 1880er Jahren an Bildformeln des Fremden und Exotischen, insbesondere dann, wenn es um die Vermarktung von Kolonialwaren (Tabak, Tee, Kakao, Kaffee, Alkoholika etc.) ging, die »bis heute eine quasi ›natürliche‹ Affinität zum Fremden«[19] haben. So griffen Werbung und Warengestaltung zeitgenössische »Stereotype von rassischer Minderwertigkeit auf«, wie den »primitive[n] schwarze[n] als Diener (zuvor Sklave) oder Kraftnatur«[20]. »Exotik und Kolonialprodukte zu konsumieren, hieß für den weißen Verbraucher, die Unterwerfung der Kolonialvölker zu internalisieren.«[21]

Auch die Sarotti AG bemühte sich, wie viele andere Unternehmen, um eine zeitgemäße Vermarktungs- und Werbestrategie. 1896 war das Unternehmen auf der Berliner Gewerbeausstellung in Treptow vertreten, die ein Millionenpublikum anzog und in deren Rahmen auch die erste Deutsche Kolonialausstellung stattfand, die über die deutschen »Schutzgebiete« informieren sollte. Sarotti präsentierte sich neben Lebensmittelproduzenten und Kaffee-, Alkohol- und Tabakwarenfabrikanten in einem aufwendig gestalteten, »orientalisch« anmutenden Pavillon am Karpfenteich, in dem die Besucher:innen die Herstellung von Schokolade erleben konnten. Waren, deren Rohstoffe größtenteils aus Kolonien stammten, wurden damit in unmittelbarer Nähe des ebenfalls am Karpfenteich gelegenen »Dorfs« dargeboten, in dem Männer, Frauen und Kinder aus Afrika und Ozeanien in für die deutschen Kolonien vermeintlich typischen Bauten

1881 – Die Firma Sarotti zieht in die Belle-Alliance-Straße   87

Abb. 1: Der Sarotti-Pavillon auf der Berliner Gewerbeausstellung 1896, bpk / Deutsches Historisches Museum / F. Albert Schwartz.

lebten und den Besucher:innen vor ethnographischer Kulisse als lebende Exponate ihr Alltagsleben und ihre Handwerkskünste »vorführten«[22] [Abb. 1].

1908 engagierte Sarottis Unternehmensleitung den Grafiker Julius Gipkens für die Gestaltung von Verpackungen. Der junge Autodidakt war Mitglied des Deutschen Werkbundes, der sich die Etablierung einer neuen sachlichen Warenästhetik zur Aufgabe gemacht hatte, und entwarf u. a. auch für Stollwerck und die Zigarettenfirma Garbáty Werbemotive.[23] Er war es auch, der 1918 mit dem Sarotti-M*** eine der populärsten Figuren in der Geschichte der deutschen Werbung schuf.

Anlässlich des fünfzigjährigen Firmenjubiläums, das in die letzten Monate des Ersten Weltkriegs fiel, entwarf er ein neues Markenzeichen, das drei M***** mit Tablett zeigte und unter denen der Firmenname in blauer Schreibschrift prangte. 1922 wurden die drei M***** auf nur noch einen reduziert und als Markenzeichen eingetragen. Der Verlust der Kolonien nach dem Ersten Weltkrieg durch den Versailler Vertrag war noch frisch und Stimmen in der Gesellschaft wurden laut, die ihre Rückgewinnung forderten.[24] In diesen Nachkriegsjahren kam dem Sarotti-M**** nun die Aufgabe zu, den Absatz des Unternehmens wiederzubeleben.[25]

In der schwarzen Figur mit großem Kopf, kurzen Gliedmaßen und kindlichen Proportionen, bekleidet mit Schnabelschuhen, Pluderhose, bestickter Jacke und Turban, die den Betrachter aus großen runden Augen anblickt und ein Tablett in der Hand haltend voranschreitet, hatte Gipkens mehrere Stereotype miteinander verflochten: Schon in der frühen Reklame war die Figur »des Schwarzen« äußerst populär und auch vor der Erfindung des Sarotti-M**** in der Werbung des Unternehmens präsent.[26] Als »stabiles Ikon des Fremden« wurde sie aufgrund ihrer Farbe und Herkunft Produkten wie etwa Kaffee und Schokolade direkt zugeordnet. Ethnische Merkmale wurden dabei oft karikiert und explizit herausgestellt und damit rassistisch codiert.[27] Als Diener, wie im Fall des Sarotti-M****, Page, Koch, Kellner oder Schuhputzer schrieb man der Figur eine eindeutige subalterne Rolle zu. Auch das Plakatmotiv, das Julius Gipkens für einen Kakao mit Bananen-Geschmack von Sarotti und damit für ein durch seine Zutaten zweifach »exotisches« Produkt 1911 entworfen hatte, – zwei nur mit Lendenschurz bekleidete schwarze Männer, die zwischen sich mithilfe eines Stabes eine riesige Bananenstaude auf ihren Schultern tragen – spielt mit rassistischen Klischees von halbnackten »primitiven Eingeborenen«.

Hinzu kam oft, wie im Fall des Sarotti-M****, die Kombination von Fremdheit und Kindlichkeit, wodurch »Simplizität und Naivität – das in der modernen Zivilisationswelt biologisch und historisch Unerwachsene« auf »den beliebten Kinderbonus des Niedlichen und Süßen«[28] trafen. Darüber hinaus knüpfte die Werbefigur Sarottis mit ihrer »exotisch«-märchenhaften Kleidung an in der Werbung ebenfalls äußerst beliebte Orientklischees an. Das Bild des dienenden kindlichen Schwarzen reicht weit zurück. Im 17. Jahrhundert findet er sich, häufig kostbare Getränke wie Kakao oder Kaffee servierend, in Gemälden, die das aristokratische Fest- oder Alltagsleben darstellen sollen. Gekleidet waren einige dieser Diener auch damals schon in »türkisierender« Kleidung, die wiederum der zeitgenössisch herrschenden »Türkenmode« in Architektur, Kunst und Musik Rechnung trug.[29]

In unzähligen Varianten war der Sarotti-M*** in den folgenden Jahrzehnten auf Verpackungen, Plakaten, Postkarten, in Anzeigen, später auf Tassen und in Filmen und sogar verlebendigt zu sehen, häufig in Form

1881 – Die Firma Sarotti zieht in die Belle-Alliance-Straße

Abb. 2: Bild aus Fotoalbum mit Pressenotizen und Fotos zur Präsentation der Firma Sarotti im Rahmen der Berliner Festspiele 1952, © Deutsches Historisches Museum / I. Desnica.

kostümierter schwarzer Kinder.³⁰ [Abb. 2] Ab den 1990er Jahren sah sich die Sarotti AG verstärkt mit Rassismusvorwürfen konfrontiert. Doch erst 2004 änderte Stollwerck das Firmenlogo in einen Magier, der, wie es auf der Seite des Unternehmens heißt, »die traditionellen Produkte in einem neuen und modernen Design auf den Markt bringt«³¹. Der M*** verwandelte sich in einen mit Sternen jonglierenden Magier mit goldener Haut, der auf einer Mondsichel balanciert und bleibt dabei dem Sarotti-M*** doch zum Verwechseln ähnlich. Wenn auch weniger explizit knüpft das neue Firmenlogo mit der Verbindung aus »Exotik« und Kindlichkeit bzw. Primitivität weiterhin an eine koloniale Bildsprache an.³²

Anmerkungen

1 Vgl. Landesdenkmalamt Berlin, »Sarotti-Schokoladenfabrik« (Obj.-Dok.-Nr.: 09031070). Online abrufbar unter: www.berlin.de/landesdenkmalamt/denkmale/liste-karte-datenbank/denkmaldatenbank/daobj.php?obj_dok_nr=09031070 [letzter Zugriff: 24.01.2021].
2 Vgl. Ganz, Cornelia, »Süße Versuchung. Die Schokoladenfabrik Sarotti«, in: Kunstamt Kreuzberg (Hg.), *Made in Kreuzberg. Produkte aus Handwerk und Industrie*, Berlin 1996, S. 83–88, hier S. 88; Deutsches Historisches Museum (Hg.), *Deutscher Kolonialismus. Fragmente seiner Geschichte und Gegenwart*, Berlin 2016, S. 131.
3 Vgl. Conrad, Sebastian, *Deutsche Kolonialgeschichte*, München 2019, S. 55.
4 Vgl. Clarence-Smith, William Gervase, *Cocoa and Chocolate, 1765–1914*, London / New York 2005, S. 5; Higgs, Catherine, *Chocolate Islands. Cocoa, Slavery, and Colonial Africa*, Athen 2012; Hund, Wulf D., *Wie die Deutschen weiß wurden. Kleine (Heimat)Geschichte des Rassismus*, Stuttgart 2017, S. 107.
5 Vgl. Gudermann, Rita, *Der Sarotti-M***. Die bewegte Geschichte einer Werbefigur*, Berlin 2004, S. 22.
6 Vgl. Langbehn, Volker, »Der Sarotti-M***«, in: Zimmerer, Jürgen (Hg.), *Kein Platz an der Sonne. Erinnerungsorte der deutsche Kolonialgeschichte*, Bonn 2013, S. 119–133, hier S. 120.
7 Vgl. Badenberg, Nana, »Usambara-Kaffee und Kamerun-Kakao im Kolonialwarenhandel«, in: Hold, Alexander / Scherpe, Klaus R. (Hg.), *Mit Deutschland um die Welt. Eine Kulturgeschichte des Fremden in der Kolonialzeit*, Stuttgart / Weimar 2004, S. 94–105, hier S. 97; Clarence-Smith, *Cocoa and Chocolate, 1765–1914*, S. 41.
8 Badenberg, »Usambara-Kaffee und Kamerun-Kakao im Kolonialwarenhandel«, S. 102.
9 Vgl. Ganz, »Süße Versuchung«, S. 87.
10 Vgl. Gudermann, *Der Sarotti-M***. Die bewegte Geschichte einer Werbefigur*, S. 31; Clarence-Smith, *Cocoa and Chocolate, 1765–1914*, S. 40.
11 Vgl. Lanwer, Agnes, »Die Firma Sarotti. Belle-Alliance-Straße 81 (heute Mehringdamm 53–57)«, in: Engel, Helmut / Jersch-Wenzel, Steffi / Treue, Wilhelm (Hg.), *Geschichtslandschaft Berlin. Orte und Ereignisse. Bd. 5, Kreuzberg*, Berlin 1994, S. 457–472, hier S. 460; Gudermann, *Der Sarotti-M***. Die bewegte Geschichte einer Werbefigur*, S. 26.
12 Vgl. Lanwer, *Die Firma Sarotti. Belle-Alliance-Straße 81 (heute Mehringdamm 53–57)*, S. 460 f.
13 Vgl. Gudermann, *Der Sarotti-M***. Die bewegte Geschichte einer Werbefigur*, S. 11–13, 24–26, 36.
14 Vgl. von Westhafen, Werner, »Die Sarottihöfe«, in: *Kreuzberger Chronik, Ausgabe 66*, 05.2009. Online abrufbar unter: www.kreuzberger-chronik.de/chroniken/2009/mai/strasse.html [letzter Zugriff: 24.01.2021].
15 Vgl. Gudermann, *Der Sarotti-M***. Die bewegte Geschichte einer Werbefigur*, S. 37 f.
16 Vgl. Lanwer, *Die Firma Sarotti. Belle-Alliance-Straße 81 (heute Mehringdamm 53–57)*, S. 465.

17 Vgl. ebd., S. 468; Gudermann, *Der Sarotti-M****. *Die bewegte Geschichte einer Werbefigur*, S. 48.
18 Vgl. Landesdenkmalamt Berlin, »Sarotti AG (Obj.-Dok.-Nr.:09055130)«. Online abrufbar unter: www.berlin.de/landesdenkmalamt/denkmale/liste-karte-datenbank/denkmaldatenbank/daobj.php?obj_dok_nr=09055130 [letzter Zugriff: 24.01.2021].
19 Scherpe, Klaus R., »Szenarien des Kolonialismus in den Medien des deutschen Kaiserreichs«, in: Leonard, Jörn / Renner, Rolf G. (Hg.), *Koloniale Vergangenheiten – (post-)imperiale Gegenwart*, Berlin 2010, S. 165–184, hier S. 174; vgl. auch Zeller, Joachim, *Bilderschule der Herrenmenschen*, Berlin 2008, S. 221–229.
20 Scherpe, *Szenarien des Kolonialismus in den Medien des deutschen Kaiserreichs*, S. 174.
21 Zeller, *Bilderschule der Herrenmenschen*, S. 221.
22 Vgl. Bezirksamt Treptow von Berlin (Hg.), *Die Berliner Gewerbeausstellung 1896 in Bildern*, Berlin 1997, S. 46; Badenberg, Nana, »Zwischen Kairo und Alt-Berlin. Sommer 1896. Die deutschen Kolonien als Ware und Werbung auf der Gewerbe-Ausstellung in Treptow«, in: Hold, Alexander / Scherpe, Klaus R. (Hg.), *Mit Deutschland um die Welt. Eine Kulturgeschichte des Fremden in der Kolonialzeit*, Stuttgart / Weimar 2004, S. 190–199, hier S. 193; Gudermann, *Der Sarotti-M****. *Die bewegte Geschichte einer Werbefigur*, S. 37.
23 Vgl. Gudermann, *Der Sarotti-M****. *Die bewegte Geschichte einer Werbefigur*, S. 67.
24 Vgl. van der Heyden, Ulrich, »Der Sarotti-M***«, in: ders./Zeller, Joachim (Hg.), *Kolonialmetropole Berlin. Eine Spurensuche*, Berlin 2002, S. 93–95, hier S. 95.
25 Vgl. Lanwer, *Die Firma Sarotti. Belle-Alliance-Straße 81 (heute Mehringdamm 53–57)*, S. 469; Gudermann, *Der Sarotti-M****. *Die bewegte Geschichte einer Werbefigur*, S. 7, 57f.
26 Vgl. Zeller, *Bilderschule der Herrenmenschen*, S. 222–229; Hund, *Wie die Deutschen weiß wurden. Kleine (Heimat)Geschichte des Rassismus*, S. 106–108.
27 Vgl. Scherpe, Klaus R., »Reklame für Salem Aleikum. 11. Januar 1909: Die Dresdner Cigarettenfabrik Yenidze erhält eine Moscheekuppel«, in: Hold/Scherpe (Hg.), *Mit Deutschland um die Welt*, S. 381–388, hier S. 384f.
28 Ebd., S. 385.
29 Vgl. Wolter, Stefanie, *Die Vermarktung des Fremden. Exotismus und die Anfänge des Massenkonsums*, Frankfurt am Main 2005, S. 68f.
30 Vgl. Gudermann, *Der Sarotti-M****. *Die bewegte Geschichte einer Werbefigur*; Langbehn, *Der Sarotti-M****.
31 Website Sarotti. Online abrufbar unter: www.sarotti.de/historie/ [letzter Zugriff: 24.01.2021].
32 Vgl. Langbehn, *Der Sarotti-M****, S. 130f.

Mirja Memmen

1885 – Das Kolonialpanorama erinnert an eine »Strafexpedition« in Kamerun

Das Kolonialpanorama (auch: Colonial Panorama, Panorama der Colonien oder Kamerun Panorama) wurde am 16.12.1885 auf einem Gelände zwischen der Wilhelmstraße 10 und der Friedrichsstraße 236 im heutigen Bezirk Kreuzberg eröffnet und galt fortan als eine Attraktion in Berlin.[1] Die Eröffnung stand dabei im unmittelbaren Zusammenhang mit dem – auch formal – beginnenden, deutschen Kolonialismus. Nur wenige Monate zuvor hatten die Kolonialmächte das Schicksal des afrikanischen Kontinents auf der sogenannten »Afrika-Konferenz« in Berlin verhandelt. Auch wenn sich die Kolonialisierung nicht allein auf die Konferenz zurückführen lässt, so gilt diese bis heute als »Menetekel für die Fremdbestimmung und Ausbeutung« des afrikanischen Kontinents.[2] Infolge der Konferenz, auf der auch das Deutsche Reich seine »Schutzgebiete« reklamierte, wurde der Kolonialismus in der Gesamtgesellschaft immer wichtiger: Neben den schon früher gegründeten Kolonialvereinen erschien der deutsche Kolonialismus verstärkt in Büchern und Bildern – kurz: in der Massenkultur. Insbesondere im Bürgertum kam es zu einer »Kolonialbegeisterung«[3].

Allgemein waren sogenannte Panoramen im 19. Jahrhundert eine sehr beliebte Form der Massenunterhaltung. Ihre Rotundenbauten ermöglichten dem Publikum einen 360°-Blick auf dort präsentierte, sehr große Rundgemälde, die meist Kriege (wie den Deutsch-Französischen Krieg 1870/71), oder auch Landschaften zeigten.[4] Das Kolonialpanorama in Kreuzberg war ein monumentaler Zentralbau mit Kuppeldach, mit einer Höhe von 23 Metern und einem Durchmesser von 30 Metern. Das zweistöckige Gebäude verfügte über Eingänge sowohl in der Friedrich- als auch der Wilhelmstraße. Da es etwas zurückgesetzt in der Häuserreihe stand, bewarben zahlreiche bunte Bemalungen das Gebäude, auch auf den Brandmauern der umliegenden Häuser.[5] Im Obergeschoss wurde ein 115 Meter langes

Abb. 1: Außenansicht des Kolonialpanoramas, Lithografie, veröffentlicht in: Illustrirte Zeitung Leipzig, 02. Januar 1886, S. 11-14.

Rundgemälde präsentiert, das die »Strafexpedition der deutschen Marine mit den Kriegsbooten der ›Olga‹ und der ›Bismarck‹ im Dezember 1884 auf den Ruinen der Bell Stadt, mit der die Erhebung (...) gegen das Bündnis des Häuptlings Bell mit den Deutschen niedergeworfen wurde« zeigen sollte.[6] Zu sehen war der Augenblick, in dem die deutschen Matrosen eine Anhöhe stürmten. Offenbar sollte ein Moment der kolonialen Unterwerfung und der vermeintlichen deutschen Überlegenheit dargestellt werden. Das bemerkte auch eine zeitgenössische Rezension in der Illustrirten Zeitung: »Beim Beschauen dieser Scene kommt so recht das Gefühl zur Geltung, wie sehr Intelligenz und moralische Überlegenheit den uncivilisirten Völkern gegenüber wirken (...)«[7]. Ganz konkret ging es darum, den Besucher:innen zu ermöglichen, sich eines Gefühls der vermeintlichen Superiorität zu versichern.

Das riesige Gemälde konnten die Besucher:innen von einer drehbaren Plattform aus betrachten.[8] Im Sockelgeschoss des Gebäudes wurden zu-

Abb. 2: Ausschnitt aus »Strafexpedition in Kamerun«, Louis Braun und Hans Petersen, Berlin, 1885, veröffentlicht in: Illustrirte Zeitung Leipzig, 02. Januar 1886, S. 11-14.

sätzlich zum Gemälde drei Dioramen und Gegenstände aus Kamerun inszeniert. Während die Dioramen eine »deutsche Factorei«, den Empfang des Königs Bells durch einen Admiral und den Beschuss einer Stadt inszenierten[9], sollten die Objekte laut eines Artikels in der Kolonialpresse auch die »Lebensbedingungen in unseren westafrikanischen Kolonien«, das Klima, die Gebräuche – schlichtweg »alles Wissenswerthe« zum Ausdruck bringen.[10] Gezeigt wurden Waffen, Landes- und Handelsprodukte, Webstoffe, Schmiedearbeiten und auch Holzschnitzereien. Um eine vermeintlich »authentische Atmosphäre« zu erzeugen, wurden diese Installationen durch die Ausstellung tropischer Pflanzen, durch Nebeldämpfe und durch künstliche Beleuchtung gerahmt.[11]

Als kommerzielle Unternehmer wussten die Besitzer des Kolonialpanoramas die koloniale Stimmung zu nutzen.[12] Der Initiator und zugleich der Eigentümer des Geländes, Architekt des Gebäudes und der Betreiber des Kolonialpanoramas war der Leipziger Architekt Carl Planer. Warum er das Panorama genau an dieser Stelle in Kreuzberg bauen ließ, ist heute nicht mehr eindeutig zu klären. Der Miteigentümer war der Münchener Historienmaler und Panoramist Louis Braun, der gemeinsam mit dem Maler Hans Petersen das Rundgemälde anfertigte.[13] Während Louis Braun die Figuren malte, gestaltete Hans Petersen die Landschaft. Als Zeichner und Berichterstatter für die Illustrirte Zeitung hielt er sich in Westafrika auf und war bei den Angriffen in Kamerun vor Ort. Er reiste gemeinsam mit Max Buchner, dem Vertreter von Gustav Nachtigal. Nachtigal wiederum kam als »Reichkommissar« für Westafrika eine Schlüsselfunktion bei der Errichtung der deutschen Kolonialherrschaft in den westafrikanischen Kolonien Kamerun und Togo sowie dem sogenannten »Deutsch-Südwestafrika« (heute Namibia) zu. Während der deutschen Angriffe stahl Max Buchner auch verschiedene Kulturschätze. Die Tangué, eine hölzerne Schiffsverzierung, übergab er dem Münchener Ethnographischen Museum, wo sie sich bis heute befindet.[14]

Ob die Eigentümer des Kolonialpanoramas wirklich autonom handelten oder ob sie im Dienst der »Colonialvereine« standen, lässt sich heute nicht mehr eindeutig sagen.[15] Das Kolonialpanorama wurde in der einschlägigen kolonialen Presse durchweg positiv besprochen. Die Deutsche Kolonialzeitung, das Organ des 1882 gegründeten nationalen Deutschen Kolonialvereins[16], schrieb, dass durch die Darstellungen »ein noch weit größeres Interesse für die, dem kolonialen Vorgehen Deutschlands zu dankenden tropischen Besitzungen erweckt werden dürfte.«[17] Deutlich wird auch in anderen Artikeln, dass insbesondere die »Belebung des kolonialen Interesses« durch das Kolonialpanorama positiv bewertet wurde/erschien.[18] In einer Ausgabe aus dem Jahr 1886 wurde zudem ein Aufruf bzw. eine »ergebene Bitte« zur Einsendung von Objekten aus Westafrika abgedruckt – Fernziel war eine »Art Kolonien-Museum in den hierzu bei Einrichtung des Gebäudes vorgesehenen Räumen.« Auch wird ein Schreiben der Betreiber abgedruckt, in dem diese – insbesondere Hamburger Fährfirmen – für die bisherigen Einsendungen von Gegenständen danken. Übergeordnet ging es weiterhin darum, »an der Erweckung und Hegung des sicherlich zukunftsreichen kolonial-politischen Gedankens im deutschen Volk mitzuwirken.«[19] Ein Artikel verweist auf eine »Sammelbüchse im Panorama« – die Spenden kamen der Kolonialmission zugute.[20]

Insgesamt stand das Kolonialpanorama also ganz im Zeichen der Kolonialbegeisterung im 19. Jahrhundert in Deutschland. Es entsprach dem Bild der offiziellen Kolonialpolitik und diente der »Inszenierung und der Rechtfertigung deutscher Kolonialinteressen«[21]. Ziele waren die Popularisierung und Steigerung des kolonialen Gedankens und die Möglichkeit für die Besucher:innen, sich mit der »Inbesitznahme der Welt« zu identifizieren.[22] Am konkreten Beispiel des historischen Kreuzberger Ortes werden so Verbindungen zwischen Massenkultur, Kunstraub, Kolonialbewegung und konkreter Kolonialpolitik deutlich.

Laut der Deutschen Kolonialzeitung war das Kolonialpanorama sehr erfolgreich und wurde in den ersten fünf Monaten von 83.000 Menschen besucht.[23] Es war von neun Uhr morgens bis elf Uhr abends geöffnet. Der Eintrittspreis betrug eine Mark.[24] Als das Interesse in Berlin nachließ, wurde das Rundgemälde 1887 entfernt und danach erst in Dresden und dann in München ausgestellt. Das Panorama in Kreuzberg zeigte fortan ein Gemälde aus Norwegen. Schon im Jahr 1891, kurz vor dem Ende des »Panoramenbooms«, wurde das Gebäude verkauft und nur ein Jahr später abgerissen. Heute finden sich auf dem Kreuzberger Gelände keinerlei Spuren dieser Vergangenheit.[25]

Anmerkungen

1. Vgl. Zeller, Joachim, »Das Berliner Kolonialpanorama«, in: van der Heyden, Ulrich / Zeller, Joachim (Hg.), *Kolonialmetropole Berlin. Eine Spurensuche*, Berlin 2002, S. 154–159, hier S. 154.
2. Vgl. Gouaffo, Albert / Tsogang Fossi, Richard, »Spuren und Erinnerung hundert Jahre nach der deutschen Kolonialzeit in Kamerun«, in: *Bundeszentrale für politische Bildung*, 2019. Online abrufbar unter: www.bpb.de/apuz/297601/spuren-und-erinnerungen-hundert-jahre-nach-der-deutschen-kolonialzeit-in-kamerun [letzter Zugriff: 10.01.2021].
3. Weidauer, Astrid, *Berliner Panoramen der Kaiserzeit*, Berlin 1996, S. 27; Bowersox, Jeff, *Raising Germans in the Age of Empire. Youth and Colonial Culture 1871–1914*, Oxford 2013, S. 6.
4. Vgl. Zeller, »Das Berliner Kolonialpanorama«, S. 154.
5. Vgl. Weidauer, *Berliner Panoramen der Kaiserzeit*, S. 26 f.
6. Ebd., S. 27.
7. Ebd.
8. Vgl. Zeller, »Das Berliner Kolonialpanorama«, S. 155.
9. Vgl. Rühlemann, Martin W., *Der Raub der Königsinsignie. Koloniale Begeisterung und Rassismus in München*, München 2009. Online abrufbar unter: muc.postkolonial.net/files/2015/08/Raub-der-Ko%CC%88nigsinsignie_Ru%CC%88hlemann.pdf [letzter Zugriff: 10.01.2021].
10. *Kolonial-Politische Korrespondenz. Organ der Gesellschaft für Deutsche Kolonisation und der Deutschen Ostafrikanischen Gesellschaft*, Jg. 2. Nr. 45, Berlin 1886, S. 236.
11. Vgl. Weidauer, *Berliner Panoramen der Kaiserzeit*, S. 27.
12. Vgl. Zeller, »Das Berliner Kolonialpanorama«, S. 159.
13. Vgl. Weidauer, *Berliner Panoramen der Kaiserzeit*, S. 27.
14. Max Buchner verweist in einem Buch über Kamerun auf das Kolonialpanorama und bezeichnet dies als »landschaftlich überraschend gelungen«. Siehe: Buchner, Max, *Kamerun. Skizzen und Betrachtungen*, Leipzig 1887, S. 13; vgl. Rühmann, *Der Raum der Königssignie*.
15. Vgl. Oettermann, Stephan, *Das Panorama. Die Geschichte eines Massenmediums*, Frankfurt am Main 1980, S. 211.
16. Der Deutsche Kolonialverein fusioniert gemeinsam mit der Gesellschaft für die deutsche Kolonisation 1887 zur Deutschen Kolonialgesellschaft. 1886 wird die Adresse des Vereins in einer Kopfzeile mit Markgrafenstraße 25 in Kreuzberg angegeben. Es kann sich hier aber auch lediglich um eine Adresse für die Korrespondenz halten. (Vgl. »Schreiben des Deutschen Kolonialvereins an den Verein für die deutsche Kolonisation«, 03.03.1886. Bundesarchiv Berlin, Sig. Barch 8023/281).
17. *Deutsche Kolonialzeitung. Organ der deutschen Kolonialgesellschaft* 3(4) (1886), S. 126.
18. *Deutsche Kolonialzeitung. Organ der deutschen Kolonialgesellschaft* 3(8) (1886), S. 254.
19. Ebd., S. 254–255.
20. *Kolonial-Politische Korrespondenz. Organ der Gesellschaft für Deutsche Kolonisation und der Deutschen Ostafrikanischen Gesellschaft* 3(18) (1887), S. 143.

21 Rühlemann, *Der Raub der Königsinsignie. Koloniale Begeisterung und Rassismus in München*.
22 Vgl. Weidauer, *Berliner Panoramen der Kaiserzeit*, S. 26–27.
23 Vgl. *Deutsche Kolonialzeitung. Organ der deutschen Kolonialgesellschaft* 3(8) (1886), S. 254.
24 Auch wenn die Rede davon ist, dass das Kolonialpanorama von Menschen »aller Schichten« besucht wurde, so spricht Stephan Oettermann zu Recht davon, dass eine Mark zu dieser Zeit für eine:n Arbeiter:in sehr wenig Geld war. Er geht deshalb davon aus, dass das Kolonialpanorama eher eine Institution für das Kleinbürgertum war (vgl. Oettermann, *Das Panorama. Die Geschichte eines Massenmediums*, S. 188).
25 Vgl. ebd., S. 192.

Anna von Rath

1885 – August Sabac el Cher wird auf dem Friedhof I der Dreifaltigkeitsgemeinde zu Grabe getragen

Der Afrodeutsche August Sabac el Cher (1836–1885) wurde am 24. September 1885 auf dem Friedhof I der Dreifaltigkeitsgemeinde in Kreuzberg begraben.[1] Obwohl sein Grab heute nicht mehr existiert, bleibt er eine erinnerungswürdige Person.

August Sabac el Cher war für damalige Verhältnisse beruflich recht erfolgreich und ist einer der wenigen ehemaligen Schwarzen Kammerdiener, die es heute zu einem gewissen Bekanntheitsgrad gebracht haben. Es gibt über ihn und sein Leben sowohl einen Wikipedia-Eintrag als auch einige Bücher.[2] Geschichten wie jene von Sabac el Cher sind häufig der Vergessenheit überlassen, wenn auch weitere, oft namenlose Schwarze Diener bei Hofe im Hintergrund von Gemälden noch heute in preußischen Schlössern sichtbar sind.[3]

Sabac el Cher lebte einige Zeit gleich neben dem Friedhof I der Dreifaltigkeitsgemeinde in der Baruther Straße in Kreuzberg, ziemlich genau in der Mitte zwischen den heutigen U-Bahnstationen Hallesches Tor und Mehringdamm. Kurz vor seinem Lebensende, er war zu dieser Zeit schon in die Bergmannstraße gezogen, wurde Sabac el Cher – zumindest dem Papier nach – ein gleichberechtigter Preuße. Verantwortlich dafür, dass er den größten Teil seines Lebens in Berlin verbrachte, war Prinz Albrecht von Preußen (1809–1872), der mit Karl Richard Lepsius Mitte des 19. Jahrhunderts eine Expedition nach Ägypten unternahm.

In der Recherche über August Sabac el Chers Lebensgeschichte wird deutlich, dass diese erst mit dem Zusammentreffen mit Prinz Albrecht von Preußen zu beginnen scheint. Historische Quellen erlauben nur Vermutungen über die ersten Jahre seines Lebens und seinen Geburtsort. Erst mit Prinz Albrecht beginnt eine bildliche oder schriftliche, wenn auch lückenhafte, Dokumentation von Sabac el Chers Leben, hauptsächlich aus *weißen* Perspektiven – beispielsweise aus Sicht von Prinz Albrechts Begleitpersonen auf der Reise nach Ägypten. Aus Sabac el Chers eigener Perspektive gibt es keine Berichte.

Zu Prinz Albrechts Reise kam es, weil er sich mit seiner Ehefrau Marianne zerstritt, sodass bei Hof in Berlin entschieden wurde, es sei besser, den jüngsten Bruder des Königs für einige Zeit dem Großstadtklatsch zu entziehen.[4] Daher brach Albrecht 1843 mit Karl Richard Lepsius nach Ägypten auf. Lepsius war vom preußischen König Friedrich Wilhelm IV. zu Forschungszwecken ausgesandt worden. Albrecht spielte auf der Reise eine Nebenrolle und über den Aufenthalt des Prinzen in Ägypten gibt es dementsprechend nur spärliche Informationen – in seiner Biografie »Der vergessene Prinz« findet die Reise keine Erwähnung. Allerdings steht außer Zweifel, dass die Reise zu einer Zeit stattfand, in der großes Interesse an Ägypten bestand. Das Land übte als ein Ort früher Zivilisation große Faszination auf Europa aus.[5] Der Expeditionsleiter Lepsius hatte schon in jungen Jahren eine gewisse Berühmtheit als Ägyptologe erlangt, da er aufbauend auf Jean-Francois Champollions Werk Aufschriften auf ägyptischen Figuren und Sarkophagen entschlüsselte.[6] Nun sollte er vor Ort weitere Forschungen anstellen.

Reisen wie die von Lepsius, Prinz Albrecht und den begleitenden Wissenschaftlern und Künstlern (i. d. R. nur Männer) können in einer gewissen Tradition des Orientalismus gelesen werden. Einer der Vordenker der Postcolonial Studies, Edward Said, führt den Grundton für die Beziehung zwischen Europa und Nordafrika – das als Teil des vom Mittelmeer bis China reichenden Orients verstanden wurde – auf Napoleons Invasion in Ägypten im Jahr 1798 zurück. Über 100 Wissenschaftler, Künstler und Ingenieure begleiteten Napoleon, um Ägypten zu erforschen. Das Ergebnis in Form der Sammlung »Description de l'Égypte« legte den Grundstein der Ägyptologie und machte den »Orient« zu einem Objekt westlichen Wissens.[7]

Kurz nach ihrer Ankunft in Ägypten trafen Lepsius, Prinz Albrecht und die Mitreisenden sich mit Mehmed Ali, dem damaligen Herrscher von Ägypten. Im Familienstammbuch der Sabac el Chers heißt es, dass Mehmed Ali dem Prinzen Albrecht einen Schwarzen Jungen aus dem südlichen Ägypten (dem heutigen Sudan) zum »Geschenk« machte.[8] Zu der Zeit wurde in Ägypten noch Versklavungshandel betrieben und in Europa galt die exotisierende Praxis, afrikanische Bedienstete am Hofe anzustellen, als modisch. Dementsprechend war es nicht ungewöhnlich, ein menschliches »Geschenk« zu erhalten und es anzunehmen, ohne sich über Menschlichkeit oder die Wünsche des neuen Dieners Gedanken zu machen. Darüber hinaus gaben die Mächtigen ihren neuen Bediensteten oder Leibeigenen häufig neue Namen. So erhielt Sabac el Cher seinen Namen von Prinz Albrecht. Sein eigentlicher Name ist unbekannt.

Zunächst begleitete Sabac el Cher die Reisegruppe von Lepsius und Prinz Albrecht nach Gizeh und dann weiter nach Palästina zu Orten aus Bibelgeschichten, nach Beirut und Damaskus. Während Albrecht allem Anschein nach keiner konkreten Aufgabe nachging, war das generelle Ziel der Expedition, Kunstgegenstände und Papyri zu sammeln. Aus preußischer Sicht waren Lepsius und die Zeichner, Architekten und Maler, die mit ihm reisten, sehr erfolgreich: »1500 altägyptische Originale wurden nach Berlin gebracht, mehr als 2000 Zeichnungen und Papierabdrücke von Denkmälern angefertigt und rund 15.000 Gipsabformungen von Architekturteilen und Skulpturen erstellt«[9]. Heute sind viele dieser Gegenstände im Neuen Museum in Berlin zu sehen. Ein aus postkolonialer Perspektive angemessener Umgang mit ihnen steht noch zur Debatte.

August Sabac el Cher reiste mit Prinz Albrecht und dessen Reisegruppe über Konstantinopel, Athen und Wien im Jahr 1843 nach Berlin, in die Stadt, die für den Rest seines Lebens Sabac el Chers Heimat sein würde. Freiwillig war seine Migrationsgeschichte sicher nicht, denn Sabac el Cher war ein Junge von ungefähr 7 Jahren und wurde dem Prinzen als Leibeigener gegeben.[10]

In Berlin zog Sabac el Cher zunächst im Albrecht-Palais, »dem prachtvollen Domizil des Prinzen in der Wilhelmstraße 102 bis 104«, in die Dachkammer zu anderen Hausangestellten.[11] Er erhielt Deutsch- und christlichen Religionsunterricht und war offensichtlich ein guter Schüler. Es gibt im Familienbesitz der Sabac el Chers heute noch eine Bibel, die der Junge von seinem Lehrer bekam, mit einer Widmung an den »aufmerksamen Schüler Sabac el chel [sic.]«[12].

Mit 15 Jahren wurde Sabac el Cher Lakai, seine Aufgaben waren etwa das Putzen und Tische eindecken.

Bei dieser Tätigkeit musste er häufig orientalische Fantasie-Trachten tragen. Die adeligen Herren, so Gorch Pieken und Cornelia Kruse, bestimmten über die Unterbringung der Schwarzen Kammerdiener, ihre Kleidung, ihre Ausbildung und ihren Beruf. Es war diesen Kammerdienern nicht erlaubt, zu kündigen oder gar selbst zu entscheiden, wo und wie sie leben wollten.[13]

Schwarze Bedienstete am preußischen Hof, die *weiße* Expeditionsmitglieder aus Afrika verschleppt hatten, gab es bereits unter dem sogenannten Großen Kurfürsten Friedrich Wilhelm (1620–1688). Dieser war Gründer der Brandenburgisch-Afrikanischen-Kompanie und involviert in den transatlantischen Versklavungshandel.[14] In Preußen erhielten diese Bediensteten die rassistische Bezeichnung »Hofm***«. Der zweite Teil des Wortes, nicht vollständig ausgeschrieben, um seine rassistischen Inhalte nicht zu wiederholen, »ist die älteste deutsche Bezeichnung mit der Weiße Schwarze Menschen als anders konstruiert haben«[15].

Es ist unklar, wie es Sabac el Cher im Detail erging. Gesetzlich galt er nicht als Sklave, die Versklavung war in Deutschland zu seiner Zeit bereits verboten, wirklich frei war er jedoch auch nicht. Joachim Zellers Kommentar über einen weiteren Kammerdiener, Achmed, Diener von Prinz Carl, der auf einem Gemälde sowohl im Schloss Glienicke als auch im Neuen Palais in Potsdam zu sehen ist, bietet Einblicke in die nicht wirklich freie Lebenssituation der kleinen Gruppe der Schwarzen Bevölkerung in und um Berlin im 19. Jahrhundert. Zeller schreibt in dem Buch »Black Berlin«, dass ihre Situation meist prekär war und dass diese Menschen geringe Möglichkeiten zur Wahl ihrer Lebensumstände hatten. Ihr Status wurde von den europäischen Adeligen bestimmt. Zusätzlich erlebten sie exotisierende Ausgrenzung und rassistisch motivierte Diskriminierung. Zeller zitiert unter anderem aus der Deutschen Kolonialzeitung von 1884, in der es heißt, dass »der M*** des Prinzen Karl angestarrt wurde, wie ein Tier aus dem Fabelland«. Sicherlich hatte sich 1884 die Situation bereits zugespitzt, denn das Interesse an Kolonialismus war bis zu diesem Jahr stark gewachsen, sodass Otto von Bismarck andere europäische Großmächte zur sogenannten Afrika Konferenz nach Berlin einlud. Sabac el Chers unfreiwillige Leibeigenschaft bestätigt, dass er als Schwarze Person von der *weißen* Berliner Gesellschaft nicht gänzlich als Mensch wahrgenommen wurde.

Neben seiner Tätigkeit als Kammerdiener, die er mit 16 Jahren aufnahm, wurde Sabac el Cher im gleichen Jahr auf die Namen August Albrecht getauft, nach Prinz Albrecht selbst und seinem Taufpaten August Ferdinand Ströhmer. Der Historiker Stephan Theilig identifiziert Kirchenbücher und Taufurkunden als wichtige Spuren, um Schwarze Deutsche Geschichte zurückzuverfolgen.[16] Es war demnach gängige Praxis die Angestellten taufen zu lassen und ihnen deutsche Namen zu geben.

Am 25. November 1867 heiratete August Sabac el Cher die *weiße* Berlinerin Anna Maria Jung. Wie die beiden sich kennenlernten, ist ungewiss, doch galt der Lakai im Albrecht-Palais dank seiner Anstellung durchaus als gute Partie.[17] Zudem war Anna bereits im sechsten Monat schwanger und die Heirat den Anstandsregeln der Zeit entsprechend notwendig. Am 10. März 1868 wurde beider Sohn Gustav Albrecht geboren, am 20. Juli 1869 folgte die Tochter Elise Bertha Charlotte.

Nach dem Tod von Prinz Albrecht im Jahr 1872 ernannte dessen ältester Sohn, der ebenfalls Albrecht hieß, Sabac el Cher im Folgejahr zum Silberverwalter des Prinz-Albrecht-Palais, da dieser als sehr zuverlässig galt.[18] Er war nun verantwortlich für Wertgegenstände wie Silber, Porzellan, Tafelaufsätze und Glas.[19] Für seine neuen Aufgaben erhielt Sabac el Cher ein für diese Zeit beachtliches Jahreseinkommen von 600 Mark. Seine Familie hatte folglich keine finanziellen Sorgen. Pieken und Kruse notieren, dass die Familie im selben Jahr endlich in eine eigene Wohnung ziehen konnte, in der heutigen Baruther Straße 11 in Kreuzberg, die zu Fuß nicht weit vom Albrecht-Palais in der Wilhelmstraße[20] entfernt lag. Wenige Jahre später, im Jahr 1876, musste Sabac el Cher seine Tätigkeit niederlegen. Es wird gemutmaßt, dass er bereits damals an Magenkrebs erkrankte. Während der Krankheitsphase, gegen Ende seines Lebens, im Jahr 1882, erhielt Sabac el Cher eine Naturalisierungsurkunde des Berliner Polizeipräsidenten. Damit galten er und seine Kinder rechtlich als preußische Bürger:innen und waren zumindest auf dem Papier allen anderen Preuß:innen gleichgestellt.[21] 1885 verstarb Sabac el Cher schließlich laut dem Kirchenbuch der Dreifaltigkeitsgemeinde an Magenkrebs.

Dieser Beitrag soll in erster Linie an das nur lückenhafte, schwer rekonstruierbare Leben von August Sabac el Cher erinnern. Es beweist, wie stark ein Leben von *weißen*, einflussreichen Männern geprägt werden konnte, die nicht zuletzt für die Migration eines Kindes aus Ägypten nach Berlin-Kreuzberg verantwortlich waren. Diese Männer werden nach wie vor im Berliner Stadtbild gewürdigt – es gibt eine Lepsiusstraße in Berlin-Steglitz und ein Prinz-Albrecht-Denkmal in der Charlottenburger Schloßstraße, wohingegen nicht mal mehr August Sabac el Chers Grab auf dem Friedhof der Dreifaltigkeitsgemeinde in Kreuzberg existiert.

Allerdings erreichte Sabac el Cher viel in seinem Leben: Seine vergleichsweise hohe Position und die einhergehende finanzielle Sicherheit erlaubten ihm im Verlauf seines Lebens immer mehr Entscheidungsfreiheiten, was der Umzug in die eigene Wohnung in der Baruthestraße bestätigt. Auch dass er es erreichte, die preußische Staatsbürgerschaft zu erlangen, kann als Erfolg betrachtet werden. Sein Sohn, Gustav Sabac el Cher, führte die Erfolge fort und wurde Kapellmeister. Heute ist Gustav zusammen mit seiner *weißen* Ehefrau auf einem Gemälde mit dem Titel »Preußisches Liebesglück« im Deutschen Historischen Museum zu sehen. Zu späteren Zeitpunkten – mit der Berlin Konferenz, dem »Scramble for Africa«, dem Ersten Weltkrieg und spätestens mit dem NS-Regime – wurden Schwarzen Menschen systematisch immer mehr Steine in den Weg gelegt.

Anmerkungen

1 Vgl. Pieken, Gorch / Kruse, Cornelia, *Preußisches Liebesglück. Eine deutsche Familie aus Afrika*, 2. Auflage. Berlin 2012, S. 88.
2 Vgl. ebd.; Martin, Peter, *Schwarze Teufel, edle M*****. Afrikaner in Geschichte und Bewußtsein der Deutschen*, Hamburg 2001.
3 Obwohl es schon fast 200 Jahre vor Sabac el Chers Lebzeit Schwarze Bedienstete in Preußen gab, lässt ein Blick auf Schwarze deutsche Geschichte generell feststellen, dass Recherchen und Rekonstruktionen Schwarzer Lebensrealitäten häufig nach Sabac el Chers Lebensende ab den 1880er Jahren beginnen. Zu nennen wäre beispielsweise Katharina Oguntoyes Buch *Schwarze Wurzeln: Afro-deutsche Familiengeschichten von 1884–1950*, welches ein Jahr vor Sabac el Chers Tod einsetzt, sowie Robbie Aitkens Essay »Germany's Black Diaspora. The Emergence and Struggles of a community, 1880s–1945«. Viele historische Lücken in Bezug auf Schwarze deutsche Geschichte lassen sich heute nur noch künstlerisch-imaginativ füllen. SchwarzRund fiktionalisiert in dem Roman *Biskaya* (2016) beispielsweise den Schwarzen Bediensteten Achmed, der bei Prinz Carl angestellt war und der heute noch auf einem Gemälde im Schloss Glienicke zu sehen ist.
4 Vgl. Pieken/Kruse, *Preußisches Liebesglück*, S. 18.
5 Zeidler, Hans / Zeidler, Heidi, *Der vergessene Prinz. Geschichte und Geschichten um Schloß Albrechtsberg*. Dresden / Basel 1995.
6 Gola, Nadine, »Karl Richard Lepsius Biographie – Entzifferung und Systematisierung der Hieroglyphen«, in: *Stadtmuseum und Museumsverein Naumburg, 2014. Lepsius Online*. Online abrufbar unter: web.archive.org/web/20140504153542/http://www.lepsius-online.de/index.php/carl-richard-lepsius/richard-lepsius-biographie/44-hieroglyphen-entzifferung [letzter Zugriff: 21.01.2021].
7 Vgl. Said, Edward, *Orientalism*, New York 1979.
8 Vgl. Pieken/Kruse, *Preußisches Liebesglück*.
9 Hanus, Christina, »Karl Richard Lepsius – Begründer der deutschen Ägyptologie«, in: *Blog der Staatlichen Museen zu Berlin*, 2015. Online abrufbar unter: blog.smb.museum/carl-richard-lepsius-begruender-der-deutschen-aegyptologie/ [letzter Zugriff: 21.01.2021].
10 Vgl. Pieken/Kruse, *Preußisches Liebesglück. Eine deutsche Familie aus Afrika*.
11 Vgl. ebd., S. 55.
12 Vgl. ebd., S. 56.
13 Vgl. ebd., S. 66.
14 Vgl. van der Heyden, Ulrich, *Roter Adler an Afrikas Küste. Die brandenburgisch-preußische Kolonie Großfriedrichsburg in Westafrika*, Berlin 2001.
15 Arndt, Susann / Hamann, Ulrike, »M***_in«, in: Arndt, Susan / Ofuatey-Alazard, Nadja (Hg.), *Wie Rassismus aus Wörtern spricht. (K)Erben des Kolonialismus im Wissensarchiv Deutsche Sprache*, Münster 2011, 649–653, hier: S. 649.
16 Vgl. Theilig, Stephan, *Türken, M***** und Tartaren. Muslimische (Lebens-)welten in Brandenburg-Preußen im 18. Jahrhundert*, Berlin 2013.
17 Vgl. Pieken/Kruse, *Preußisches Liebesglück*, S. 78.
18 Vgl. Martin, Peter, *Schwarze Teufel, edle M******.

19 Vgl. Pieken/Kruse, *Preußisches Liebesglück*, S. 86.
20 Das im zweiten Weltkrieg zerbombte Palais wurde 1949 vom Berliner Senat gesprengt. Es lag schräg gegenüber der heutigen Freiluftgedenkstätte Topographie des Terrors.
21 Vgl. Pieken/Kruse, *Preußisches Liebesglück*.

Flavia Cahn

1886 – Die Oranien-Apotheke stattet die deutschen »Schutztruppen« aus

An dem sandfarbenen Gebäude am Oranienplatz steht der Name Oranien-Apotheke in Neonbuchstaben – heute ist es die Brasserie Ora, ein schickes Bar-Restaurant. Die ehemalige Apotheke liegt am Erkelenzdamm unweit vom belebten Kottbusser Tor, zwischen der Oranienstraße und dem begrünten Luisenstädtischen Kanal. Das Gebäude wurde im Jahr 1860 fertiggestellt; seitdem befindet sich die Oranien-Apotheke im Erdgeschoss. Unter der Leitung der Familie Lutze wuchs die Apotheke zur pharmazeutischen Produktionsfirma Dr. Kade Pharmazeutische Fabrik, mit Sitz in Kreuzberg, die heute unter dem Namen Dr. Kade Health Care weiterexistiert. In den frühen 1900er Jahren etablierte sich die pharmazeutische Fabrik und Apotheke als offizieller medizinischer Ausstatter für Europäer:innen, die in die Kolonien reisten. Dieser Text zeigt auf, wie eng Dr. Kade mit den deutschen Kolonialinteressen in Afrika verflochten war – ein Kapitel der Firmengeschichte, das in ihrer offiziellen Chronik unerwähnt bleibt.[1]

Im April 1860 veröffentlichte die Pharmazeutische Zeitung eine Anzeige: Gesucht wurde ein Apotheker, der die Leitung einer noch nicht eröffneten neuen Apotheke am Oranienplatz, Elisabethufer 19 (heute Erkelenzdamm 1), übernehmen sollte.[2] Am 7. Juni 1860 wurde Dr. Rudolph Ernst Emil Kade die offizielle Konzession für den Betrieb der Apotheke erteilt. Siebzehn Jahre lang führten Dr. Kade und sein Sohn Richard Heinrich Kade die Oranien-Apotheke, bis der Sohn sie 1877 verkaufte. Anschließend befand sich die Apotheke im Besitz von Friedrich Ernst John, bevor sie 1886 in den Besitz von Dr. Franz Albert Lutze überging. Trotz der wechselnden Besitzer etablierte sich der Name Kade als eine Art Markenzeichen, weswegen Lutze seinem Geschäft den Namen Dr. Kades Oranien-Apotheke gab. Ab dieser

Zeit scheint sich die Oranien-Apotheke als Hersteller und Vertreiber von Arzneimitteln einen Namen gemacht zu haben. Sie wurde um ein Laboratorium erweitert, in dem Medikamente hergestellt und an andere Apotheken und Krankenhäuser sowie an eine Kundschaft aus der gehobeneren Bevölkerungsschicht geliefert und ggf. exportiert wurden. Dabei ging es auch um Status und Prestige: Lutze rühmte sich seiner Position als offizieller Arzneimittellieferant für die Passagiere der kaiserlichen Yacht Hohenzollern, und sowohl der preußische als auch der sächsische Hof verliehen ihm Staatsmedaillen für besondere Verdienste um die Wirtschaft.[3] In einer Werbebroschüre aus dem Jahr 1904 nennt sich Lutze »Hoflieferant Sr. Majestät des Kaisers und Königs« und rühmt sich seiner Dienste für das preußische Königshaus.[4]

Dr. Kades Oranien-Apotheke verkaufte Medikamente für private Arzneikästen, Tierarztpraxen und Schiffe. Vorrangig aber war sie auf Reisen in die »Tropen« spezialisiert, d. h. in die deutschen Kolonialgebiete in Afrika. Die Zielkundschaft waren »Laien« auf Expeditionsreisen, Missionar:innen, Forschende und Unternehmer:innen, die in den Kolonien tätig waren, sowie sogenannte Schutztruppen, die für die deutsche koloniale Expansion in und Kontrolle über Afrika kämpften. An sie wurden Verbandsstoffe, Chemikalien, medizinische Instrumente und andere pharmazeutische Geräte sowie ein großes Sortiment an Medikamenten verkauft. Angeboten wurden Tabletten, Gelatinekapseln, sterilisierte Produkte für Injektionen, Salben und Arzneitees. Größere Waren wie Mikroskope, Foto- und Röntgengeräte waren ebenso erhältlich. In der Blütezeit des deutschen Kolonialismus um 1900 herrschte eine lebhafte Nachfrage für diese Produkte. Mit ihrem Angebot fuhr die Oranien-Apotheke große Profite ein.

Um der stetigen Produktionssteigerung genug Raum zu bieten, kaufte Lutze später das direkt neben der Apotheke gelegene Gebäude Elisabethufer 35 (heute Erkelenzdamm 3) und eröffnete dort 1908 eine separate Produktionsstätte. Aus dem Labor wurde eine Fabrik, der Lutze den Namen Dr. Kades Pharmazeutische Fabrik gab.

Reisende in die Kolonien konnten sich bei Dr. Kades Oranien-Apotheke individuell zusammengestellte Reiseapotheken besorgen. Darin waren Arzneimittel zur Behandlung der für Europäer:innen auf Expeditionen typischen Reisekrankheiten und -beschwerden. Als Grundlage der Reiseapotheken, die auch als Tropenapotheken beworben wurden, diente der

Ratgeber von Dr. Kohlstock, Stabsarzt am Medizinisch-chirurgischen Friedrich-Wilhelm-Institut in Berlin und Assistent des Chefarztes der Kaiserlichen Schutztruppe für Deutsch-Ostafrika – im Sinne einer tatkräftigen Unterstützung der Schutztruppe. Er hatte sich während dieser Zeit mit den medizinischen Bedürfnissen von Europäer:innen in Ostafrika und anderen »tropischen Malariagebieten«[5] befasst und sich für die Standardisierung der medizinischen Beratung eingesetzt. 1891 veröffentlichte Kohlstock seine Empfehlungen im »Ärztlichen Ratgeber für Ostafrika und Tropische Malariagegenden«, einem über 300-seitigen medizinischen Band, der die Zusammenstellung der Reiseapotheken von Dr. Kades Oranien-Apotheke stützte.[6] Darin enthalten waren Verbände, Mull und Jod-Antiseptikum, um Verletzungen zu versorgen, Chinintabletten gegen Malaria, Baldrianwurzeltinktur für das Nervensystem, Insektenpulver, Kalomel und andere Arzneimittel gegen Dysenterie und weitere Erkrankungen des Verdauungstraktes. Die Ausstattungen waren je nach Länge der Expedition und der Entfernung zu sogenannten »zivilisierten Orten« unterschiedlich groß[7]. Sie waren aus strapazierfähigen Materialien wie Segeltuch, Zinn oder Holz gefertigt. Die Tropenapotheke Nr. 1 konnte, so erklärte es die Werbebroschüre, einfach an einer Gürtelschlaufe befestigt werden, während die größeren Kits zum Transport durch »Träger« gedacht waren. Damit waren vermutlich vor Ort lebende Menschen in den afrikanischen Ländern gemeint, die wohlhabenden Europäer:innen bei ihren »Abenteuern« in den Kolonien dienten.[8] Die Werbung für die Reiseapotheken für den persönlichen Gebrauch hebt hervor, dass sie perfekt in den sogenannten Tropenkoffer passen, der speziell für diese Kundschaft von europäischen Kolonialreisenden hergestellt wurde. Im Angebot standen nicht nur die Reiseapotheken, sondern auch Kühlsysteme und Wasseraufbereitungsgeräte, mit denen man sich, so Kohlstock, vor Cholera, Typhus und anderen durch Wasser übertragenen Krankheiten schützen konnte. Durch Lutzes Werbestrategien und Kohlstocks Empfehlungen, die als »Hygieneratschläge«[9] bezeichnet wurden, zieht sich die unterschwellige rassistische Botschaft, die »Tropen« seien schmutzig und gefährlich.

Aus Dokumenten des Berliner Missionswerksarchivs geht hervor, dass es in den frühen 1900er Jahren auch mit Dr. Kades Oranien-Apotheke in Korrespondenz stand. Die Briefe beinhalten Bestellungen von Medikamenten für Missionen und Dispensarien in Deutsch-Ostafrika, in Orten wie Ilembula, Kidugala, Lupembe und Emmaberg (alle im heutigen Tansania), von denen einige heute noch in Betrieb sind. In einem Brief vom 28. März 1907 von der Oranien-Apotheke an die Missionsgesellschaft – sie besteht bis heute unter dem Namen Berliner Missionswerk und hat nach wie vor im selben roten Backsteingebäude in der Friedrichshainer Georgenkirchstraße 70 ihren Sitz – werden Fragen über Dr. Kades Tropenapotheke Nr. 17 beantwortet, was auf einen möglichen bevorstehenden Kauf schließen lässt.[10] Ein kurz davor verschickter Brief erinnert das Missionswerk freundlich daran, dass ihm, wie Lutzes gesamter Missionarskundschaft, ein Rabatt von 5 % auf den Verkaufspreis zusteht.[11] Das Angebot der Oranien-Apotheke richtete sich nicht nur an Missionar:innen, sondern auch an Forschende und Geschäftsleute mit wirtschaftlichen Interessen in den Kolonien. Hier konnte sich das wissenschaftliche Personal, das sich mit Biologie oder Krankheiten in den Kolonien befasste, Mikroskope besorgen. Die Wasserfilter von Dr. Kade, die sich höchst positiver Rezensionen[12] erfreuten, wurden auch von der Shandong-Eisenbahngesellschaft in Kiautschou, sogenanntes »Schutzgebiet« Deutschlands im Osten Chinas, von 1900 bis 1902 beim Bau der Eisenbahn eingesetzt und hochgepriesen.

Lutzes größter Kunde war jedoch zweifellos das deutsche Kolonialmilitär. Noch bemerkenswerter als die kleinen persönlichen Reiseapotheken sind die umfassenden Sets mit medizinischer Ausstattung für Feldlazarette sowie die Medizinschränke für Krankenhäuser und Rotkreuzstationen. Einige waren so groß, dass sie in einer richtigen Apotheke eine ganze Wand eingenommen hätten. Eines der angebotenen Sets war eigens konzipiert worden, um in den von Hermann von Wissmann gestalteten »Offizierskoffer« zu passen. Wissmann war Kolonialforscher, von 1885 bis 1886 Gouverneur der Kolonie Deutsch-Ostafrika, und für seine brutale Militärtaktik berüchtigt. In seinem Offizierskoffer teilten sich die medizinischen Produkte von Dr. Kade den Platz mit Patronen, Zigaretten und Schreibutensilien.[13] Lutze vermarktete seine Produkte bewusst an eine militärische Kundschaft: Seine Sets standen im Offiziersclub in Berlin-Mitte zum Verkauf, wo Soldaten auch Kleidung und Waffen kaufen konnten.[14] Als offizieller »Lieferant der Kolonialabteilung des Auswärtigen Amts« versprach Dr. Kades Oranien-Apotheke jeglichen medizinischen Bedarf der deutschen Schutztruppen zu decken. Diese waren offensichtlich sehr gut für den Krieg gerüstet.[15]

Aus den Berichten des Kolonialkongresses von 1905 in Berlin geht hervor, dass Dr. Kades Oranien-Apotheke die Schutztruppen, die zur Niederschlagung des Herero- und Nama-Aufstandes von 1904–1907 in Deutsch-Südwestafrika entsandt wurden, mit medizinischer Ausrüstung, Arzneimitteln und Geräten zur Wasseraufbereitung versorgte.[16] Dieser Konflikt endete in einem Genozid. Viele der Herero, die auf der Flucht waren, starben einen qualvollen Tod: Sie verdursteten, weil die wenigen Wasserstellen von den deutschen Truppen vergiftet worden waren.[17]

Lutzes Teilnahme an den Kolonialkongressen 1902 und 1905 in Berlin und die Tatsache, dass er dort seine Produkte auf der »Tropenmedizinischen Ausstellung« vorstellte, sind weitere Belege für die enge Verstrickung der Oranien-Apotheke in die Geschäfte in kolonisierten Staaten und damit in die Ausbeutung dieser Länder.[18][19] So ist es nicht verwunderlich, dass mit dem Ende des Ersten Weltkriegs und der Neuaufteilung der deutschen Kolonien an andere europäische Kolonialmächte auch Dr. Kade einen starken Einkommensrückgang hinnehmen musste. Das Unternehmen hatte seine wirtschaftliche Nische und seine Stammkundschaft verloren und musste sich neu erfinden. Unter einem neuen englischen Namen, Dr. Kade Pharmaceuticals, konzentrierte sich die Firma stattdessen auf neue Märkte in Japan. Das Unternehmen überstand den Zweiten Weltkrieg; es folgte eine weitere Namensänderung. In den 2000er Jahren ging das Unternehmen, das sich in Dr. Kade Health Company umbenannt hatte und sich zu diesem Zeitpunkt bereits in vierter Generation im Familienbesitz befand, mit dem Vertrieb von rezeptfreien Arzneimitteln weiter auf Expansionskurs.[20] Dr. Kade hat sich als erfolgreiches Pharmaunternehmen etabliert, das bekannte Arzneimittel wie Riopan oder Hexal herstellt und vertreibt. Der Sitz der Firma ist zwar nicht mehr in Kreuzberg, doch der Stolz auf die »Made in Germany«-Identität bleibt. In vielen Apothekenschaufenstern Berlins ist Werbung für verschiedene Produkte von Dr. Kade zu sehen, die Verstrickungen der Firma in den deutschen Kolonialismus sind jedoch kaum bekannt. In Dr. Kades Version der Firmengeschichte wird dieses Kapitel nicht vertieft: Die Aktivitäten des Unternehmens in den Jahren 1886–1908 werden lediglich mit dem kurzen Satz »Die Apotheke beliefert unter anderem die Bordapotheke der kaiserlichen Yacht ›Hohenzollern‹« zusammengefasst. Die von den lukrativen Gewinnen aus dem Kolonialmarkt veranlasste Erweiterung der Produktionsstätte wird auf eine »erfreuliche […] Geschäftsentwicklung«[21] zurückgeführt. Diese Auslassungen in der Selbstdarstellung von Dr. Kade verdeutlichen die allgemein fehlende Auseinandersetzung mit Kolonialismus in Deutschland.

Was wurde aus der Oranien-Apotheke? Als 2013 der letzte Apothekenpächter, Klaus Dallmann, in den Ruhestand ging, fragten sich einige Kreuzberger:innen, wie es weitergehen würde.[22] War dies das Ende der Geschichte der Apotheke am Oranienplatz, nach 133 Jahren ununterbrochenen Betriebs? Ja und nein. Die neuen Mieter sind keine Apotheker; sie wandelten die Apotheke in eine Bar und Restaurant um. Das historische Mobiliar wurde renoviert, während Apothekengerätschaften und -utensilien wie Waagen, Holzschubladen, Gläser und Leitern zu Dekorationselementen umfunktioniert wurden. Auf den Apothekenregalen stehen nun Reihen von Cocktailgläsern; die Ladentheke ist zur Bar geworden. Die Oranien-Apotheke scheint zumindest ästhetisch in der Brasserie Ora weiterzuleben. Von einigen Menschen wird die Brasserie Ora als positives Beispiel der Gentrifizierung angesehen,[23] weil ein Stück Kreuzberger Vergangenheit dort in der Gegenwart erhalten bleibt. Doch nur ein Bruchteil der Geschichte der Oranien-Apotheke ist hier zu sehen. Im nostalgischen ästhetischen Konzept von Ora lassen sich keinerlei Hinweise darauf finden, was die alte Apotheke mit Reisen, Imperialismus, Krieg und Völkermord in den deutschen Kolonien, u. a. in Afrika, zu tun hatte.

(Aus dem Englischen von Nine Eglantine Yamamoto-Masson.)

Anmerkungen

1 Vgl. »Geschichte von Dr. Kade Health Care«, in: *Dr. Kade Health Care*. Online abrufbar unter: www.kade.de/unternehmen/historie/ [letzter Zugriff: 25.10.2021].
2 Vgl. *Pharmazeutische Zeitung*, 5. Jahrgang, 5(16) (1860). April 1860. Online abrufbar unter: www.digibib.tu-bs.de/?docid=00035907 [letzter Zugriff: 06.05.2021].
3 Acta der Gesellschaft zur Beförderung der evangelischen Missionen unter den Heiden. Betreffend: Apotheken, Medikamente, Instrumente etc. »Die Vorzüge des Sucro-Filters«, o. D., Landesarchiv Berlin, Sig. bmw 1/784.
4 Vgl. Dr. Kade, »Liste Nr. 7. Dr. Kades gebrauchsfertige Sanitätsausrüstungen für die Tropen«, Berlin 1904, S. 1–15, in: *Acta der Gesellschaft zur Beförderung der evangelischen Missionen unter den Heiden. Betreffend: Apotheken, Medikamente, Instrumente etc. 1887–1930*, Landesarchiv Berlin, Sig. bmw 1/784. S. 1.
5 Kohlstock wurde nach seiner Rückkehr nach Deutschland 1890 im Auswärtigen Amt in die Position des Amtsarztes der Schutztruppen in »Deutsch-Ostafrika« und anderen deutschen »Schutzgebieten« in Westafrika und Südwestafrika befördert. Vgl. Kohlstock, Paul, *Ärztlicher Ratgeber für Ostafrika und Tropische Malariagegenden*, Berlin 1891, S. 4.
6 Die Reiseausstattungen waren auch von anderen Publikationen beeinflusst, etwa: *Dr. F. Plehns Tropen-Hygiene*, Jena 1902; *Dr. C. Menses Tropischer Gesundheitslehre und Heilkunde*, Berlin 1902; *Dr. Falkensteins Ärztlicher Ratgeber für Seeleute, Kolonisten etc. 2. Auflage*, Berlin 1883.
7 Vgl. Kohlstock, *Ärztlicher Ratgeber*, S. 284.
8 Vgl. Dr. Kade, »Liste Nr. 7. Dr. Kades gebrauchsfertige Sanitätsausrüstungen für die Tropen«, S. 7.
9 Pfuhl, A.: »Ueber das Schumburg'sche Verfahren zur Wasserreinigung«, in: *Zeitschrift für Hygiene und Infektionskrankheiten* 33 (1900), S. 53–88.
10 Vgl. Acta der Gesellschaft zur Beförderung der evangelischen Missionen unter den Heiden. Betreffend: Apotheken, Medikamente, Instrumente etc. Brief von Dr. Kade's medizinisch pharmaceut. Fabrikations- u. Exportgeschäft an die Gesellschaft z. Beförderung der evangelischen Missionen unter den Heiden. 28.03.1907. Landesarchiv Berlin, Sig. bmw 1/784
11 Vgl. Acta der Gesellschaft zur Beförderung der evangelischen Missionen unter den Heiden. Betreffend: Apotheken, Medikamente, Instrumente etc. Brief von Dr. Kade's medizinisch pharmaceut. Fabrikations- u. Exportgeschäft an die Gesellschaft z. Beförderung der evangelischen Missionen unter den Heiden. 18.03.1907. Landesarchiv Berlin, Sig. bmw 1/784.
12 Vgl. Acta der Gesellschaft zur Beförderung der evangelischen Missionen unter den Heiden. Betreffend: Apotheken, Medikamente, Instrumente etc. »Die Vorzüge des Sucro-Filters«, kein Datum. Landesarchiv Berlin, Sig. bmw 1/784.
13 Vgl. Kohlstock, *Ärztlicher Ratgeber,* S. 286.
14 Vgl. ebd., S. 285.
15 Vgl. Dr. Kade, »Liste Nr. 7. Dr. Kades gebrauchsfertige Sanitätsausrüstungen für die Tropen«, S. 1.

16 Vgl. Deutscher Kolonialkongress 1905, *Verhandlungen des Deutschen Kolonialkongresses 1905 zu Berlin am 5., 6. und 7. Oktober 1905*, Berlin 1906, S. 21, 205.
17 Vgl. Sarkin, Jeremy, *Colonial Genocide and Reparations Claims in the 21st Century*, Westport, CT 2009.
18 Vgl. Deutscher Kolonialkongress 1902, *Verhandlungen des Deutschen Kolonialkongresses 1902 zu Berlin am 10. und 11. Oktober 1902*, Berlin 1903.
19 Vgl. Deutscher Kolonialkongress 1905, S. 30–31.
20 Deutsche Apotheker Zeitung, »Keine Angst vor Tabuthemen«, in: *Deutsche Apotheker Zeitung* 5 (08/2016).
21 »Geschichte von Dr. Kade Health Care«, in: *Dr. Kade Health Care.*
22 Vgl. Röhrig, Lutz, »Die Oranien-Apotheke und die Brasserie Ora«, in: *Zeit für Berlin*. Online abrufbar unter: www.zeit-fuer-berlin.de/aus-den-bezirken/friedrichshain-kreuzberg/oranien-apotheke [letzter Zugriff: 01.05.2021].
23 Vgl. ebd.

Clemens Wildt

1886 – Das Königliche Museum für Völkerkunde lässt Publikum ein

Das Königliche Museum für Völkerkunde öffnete im Jahr 1886 in der Königgrätzer Straße 120 (heute Stresemannstraße, Ecke Niederkirchnerstraße) seine Pforten – zwei Jahre nach der berüchtigten Berliner »Afrika-Konferenz«, bei der die Aufteilung des afrikanischen Kontinents besiegelt und das Deutsche Reich als Kolonialmacht etabliert wurde. Der Monumentalbau nach einem Entwurf von Hermann Ende (1829–1907) war nur wenige Straßen vom Konferenzort entfernt. Gemeinsam mit dem unmittelbar daneben liegenden Kunstgewerbemuseum (heute Gropius-Bau) sollte hier neben der Museumsinsel in Mitte ein weiteres Museumsquartier entstehen. Diese neue Einrichtung präsentierte sowohl in ihrer physischen Präsenz eines wilhelminischen Prunkbaus, als auch in ihrer institutionellen Form als eindeutig königliche Einrichtung die Völkerkunde als eine Disziplin und ein Schaufenster im imperialen Interesse.

Das deutsche Kaiserreich, das 1871 unter preußischer Ägide gegründet wurde, stand noch am Anfang seiner nationalen Bestrebungen. Die deutsche Kleinstaaterei und Provinzialität sollten durch die moderne Weltläufigkeit ersetzt werden. Berlin stand als Reichshauptstadt für den deutschen Geltungsdrang, und das Museum sollte dies ausstellen.[1] Die Sammlung war bereits 1873 unter der Führung der Berliner Gesellschaft für Anthropologie, Ethnologie und Urgeschichte (BGAEU) gegründet worden. Die Objekte der königlichen Kunstkammer im Berliner Schloss flossen in die neue Sammlung ein. Heute befinden sich ca. 500.000 Gegenstände im Besitz des Ethnologischen Museums im Humboldt-Forum. Das Anwachsen der Objektsammlung um das Hundertfache war zweifellos der geschickten Museumspolitik und emsigen Tätigkeit der Museumsmitarbeiter:innen zu verdanken, allen voran dem Gründungsdirektor Adolf Bastian (1826–1905).

Der viel gereiste Schiffsarzt Bastian kam 40-jährig 1866 als Dozent an die Friedrich-Wilhelms-Universität in Berlin, wurde dort habilitiert und bereits 1869 zum außerordentlichen Professor der Völkerkunde berufen. Ab 1875 präsidierte er außerdem der BGAEU, die er 1869 selbst mitbegründet hatte; ab 1876 wurde Bastian schließlich Direktor des Berliner Museums für Völkerkunde, eine Funktion, die er knapp 30 Jahre bis zu seinem Tod innehielt. Bastians steile Karriere ging einher mit der Etablierung der wissenschaftlichen Disziplin der Ethnologie und der Verfestigung der Institution Museum als ihr Laboratorium.[2] Gegenüber der britischen Museumspraxis, die den technischen Fortschritt als Maß für die Hierarchisierung der Weltkulturen ansetzte, orientierte sich das neue Museum in Berlin an einem Modell, das Humboldts kosmopolitischen Auffassungen entsprang. Doch auch der bereits in der Gegenwart noch viel beschworene Humboldtsche Kosmopolitismus (etwa beim »Humboldt-Forum«) erweist sich als widersprüchlich: Die scheinbar objektiven »Entdeckungsmissionen« nutzten bestehende koloniale Kontexte und beförderten den universalen Wissensanspruch als globales Überlegenheitsnarrativ.

Die Ethnologie als Wissenschaft sollte sich auf die empirisch-vergleichende Methode stützen und das Wissen sollte durch (Welt)Reisen und die Sammlung von Materialien geschehen. Bastians Vision bestand darin, das eigene Wesen durch die möglichst vollständige Erfassung menschlichen Schaffens zu erkennen – die Menschheit wurde als einheitlich vorausgesetzt. Das Museum sollte ein Archiv dieser Universalität werden.[3] Allerdings trug die Methode effektiv zu einer zeitlichen und kulturellen Hierarchisierung bei: Gegenstände der Ethnologie waren die sogenannten Naturvölker, die angeblich die »Vorgeschichte« der (europäischen) »Kulturvölker« darstellen sollten; lebende Menschen spielten für die wissenschaftliche Forschung keine Rolle.[4]

Franz Boas (1858–1942), der spätere Begründer der US-amerikanischen Anthropologie, war stark beeinflusst von den Ideen seines Vorgesetzten Adolf Bastian am Berliner Museum und brachte die Sammelstrategie der wissenschaftlichen Vision Bastians auf den Punkt: »One must strike while the iron is hot!«[5] Denn die Authentizität der »geschichtslosen Naturvölker« war, so nicht nur Bastians Auffassung, durch die westliche Expansion von der Vernichtung bedroht. Daher bestand die Aufgabe der Ethnologie darin, soviel (und ausschließlich) materielle Kultur wie möglich zu erhalten: »Rettet! Rettet! Ehe es zu spät ist.«. Die Museumsleute verfielen in einen

Abb. 1: Postkarte »Gruss aus Berlin« mit der Fassade des Königlichen Völkerkundemuseums, Berlin, o.J., FHXB Friedrichshain-Kreuzberg Museum.

regelrechten »Rausch des Sammelns«.[6] Es störte sie wenig, dass die »vorgeschichtlichen« Kulturgüter dadurch ihrem kulturellen Kontext entrissen wurden und durch die »wissenschaftliche Aneignung« außerhalb ihrer sozialen Bedeutung in Depots verschwanden. Tatsächlich beschleunigte die mutwillige Ausführung der Güter die kulturelle Auslöschung der Ursprungskulturen weiter.[7]

Bastian begründete 1881 gar ein Hilfscomité für Vermehrung der Ethnologischen Sammlungen, um noch schneller Gelder für Sammelreisen zu generieren. Allein die zweijährige Reise von Johan Adrian Jacobsen (1853–1947) durch Nordamerika und Alaska 1881/82 brachte ihm etwa 7000 Objekte ein. Mitte der 1880er-Jahre, also kurz vor der Öffnung des neuen Museumsbaus, umfassten die Sammlungen bereits 50.000 Inventarnummern.[8] Der Direktor Bastian nutzte ein vielfältiges Netzwerk an Kontakten, um die »Vervollständigung der Sammlungen des hiesigen Museums« zu erreichen.[9]

»Überhaupt ist es sehr schwer, einen Gegenstand zu erhalten, ohne zum mindesten etwas Gewalt anzuwenden. Ich glaube, dass die Hälfte Ihres Museums gestohlen ist.«[10] So schreibt 1897 der spätere »Resident«

in Ruanda, Richard Kandt, von einer Afrikareise aus an den Direktorialassistenten bzw. späteren Leiter der Afrika-Sammlung Felix von Luschan (1854–1924). Die Bastiansche Sammelwut war wissentlich also auch Teil einer gewaltvollen Aneignungsgeschichte. Dass Bastian eindeutig Akteur und Profiteur des kolonialen Handels und Ausbeutens war, beweist u. a. sein Engagement in der Begründung der Gesellschaft zur Erforschung Aequatorialafrikas im Jahr 1873, die die wissenschaftliche Erschließung des Kontinents zum Ziel hatte und somit neue Märkte öffnen sollte.[11] Bastian sprach sich teils offen für einen »Handelskolonialismus« aus und ließ es nicht aus, die Bedeutung der wissenschaftlichen Ethnologie für den Welthandel und »kosmopolitisch-internationalen Verkehr« zu betonen.[12]

Hinzu kam das Privileg, das der Staat dem Museum 1889 »im Interesse der Wissenschaft«[13] zugestand: Es bekam Vorkaufsrechte bei allen Objekten, die mit Reichsmitteln beschafft wurden (darunter fielen auch militärische Aktionen) und entwickelte sich so zum zentralen Sammelpunkt der kolonialen Erwerbungen für ganz Deutschland.[14] Bastian selbst hatte hierfür zuvor mit dem Auswärtigen Amt korrespondiert, um die »ethnologische[n] Originalitäten« hervorzuheben und zu erbitten, dass »diese rein und ungetrübt gesichert werden, um in den Museen für künftige Studien aufbewahrt zu werden«[15].

Zehn Jahre später stellte von Luschan begeistert fest, dass die Sammlung zehnmal so groß wie die anderer Einrichtungen sei und dass alle Objekte aus den Kolonien zunächst im Besitz des Museums verblieben.[16] Bis zum Ersten Weltkrieg sollte allein die Afrika-Sammlung 55.000 Objekte erfassen.[17] Während im offiziellen Museumsführer von 1887 eine eigene koloniale Abteilung angekündigt wurde[18] und auch ein Bundesratsbeschluss das Museum als ein »Ersatz« für ein Kolonialmuseum vorsah, empfahl Bastian selbst 1899 für die »Kolonialerwerbungen« aus Platzgründen schließlich ein eigenes Museum – das Übermaß der ankommenden Objekte aus bestimmten Regionen begann sein wissenschaftliches Konzept zu stören.[19] Trotzdem sah Bastian eine »naturgemäße und förderliche Allianz« von Ethnologie und Kolonialpolitik, er ging sogar so weit, Erstere als einen »kolonialen Unterricht« zu bezeichnen.[20]

Der massiven Zunahme der Sammlung war der Kreuzberger Prunkbau, der mit seinen vielen Fensterflächen und wandlosen Räumen in seiner Architektur nicht unbedingt den Ansprüchen eines Museums entsprach, nicht gewachsen. Der Generaldirektor der Berliner Museen, Wilhelm von

Abb. 2: Lichthof des Museums für Völkerkunde, Berlin, 1906, Ethnologisches Museum, SMB / Maydenbauersches Maßbildarchiv.

Bode (1845–1929), sprach angesichts der zunehmend ungeordneten Anhäufung gar von der Gefahr eines »Monstrum Universal-Museum«, »unübersehbar« und »unbrauchbar«[21]. Dagegen sollte ein »Schuppen« auf der Domäne Dahlem im Südwesten Berlins Abhilfe schaffen. Dieser Standort wurde schließlich, nicht zuletzt auch, da Bode die Notsituation betonte, für einen Neubau in Erwägung gezogen.[22] Der Architekt Bruno Paul (1874–1968) entwarf einen Museumskomplex, der für jeden der vier Abteilungen (Vorderasien/Indien, Ostasien, Afrika/Ozeanien, Amerika) ein eigenes Gebäude vorsah. Nur eines der Gebäude wurde tatsächlich gebaut, bevor der Erste Weltkrieg dem gesamten Vorhaben ein Ende setzte.[23]

Entgegen Adolf Bastians Vision einer rein wissenschaftlichen Sammlungspräsentation wurde die allgemeine Volksbildung zunehmend eine

Abb. 3: Ruine Völkerkunde, 1964, © Stiftung Stadtmuseum Berlin - Archiv Rolf Goetze.

Säule der musealen Arbeit. So setzte sich ab der Wiedereröffnung 1926 der Anspruch der »Schaubarkeit« durch – in Kreuzberg sollte geschaut werden und in Dahlem studiert. Kritische Stimmen wie etwa die des Kunsttheoretikers Carl Einstein (1885–1940) bemängelten die objektbezogene Vereinzelung und damit auch die entkontextualisierte Ästhetisierung in der Präsentation. Nicht wissenschaftliche Erforschung, sondern letztlich die Konstruktion eines exotisierten »Anderen« werde geboten.[24]

Mit dem Einzug der Schausammlung ins heutige Humboldt-Forum im wieder aufgebauten Berliner Schloss – das Forum selbst spricht von Rückkehr an den »Ursprung«[25] – wird der weiter bestehende Standort Dahlem erneut zur »peripheren« Studiensammlung. Es ist unklar, ob die Ausstellung von etwa 20.000 der insgesamt 500.000 Objekte in der Mitte Berlins eine transparente Aufklärung über die Erwerbsgeschichte der Exponate und die Akteur:innen der Aneignung leisten wird, um der Verantwortung des Museums gerecht zu werden. Die potenzielle Diskrepanz zwischen wissenschaftstheoretischen Vorstellungen und der Wissenschaftspraxis, die am Beispiel Adolf Bastians aufgezeigt wurde, gilt es erneut und vielleicht immer wieder kritisch zu beurteilen.[26]

Das im Zweiten Weltkrieg schwer beschädigte Museum in Kreuzberg wurde ab 1961 abgerissen. Heute ist dort eine Brache bzw. ein Parkplatz, nur eine kaum wahrnehmbare, transparente Gedenkstele von 2009 (organisiert durch den Bezirk Friedrichshain-Kreuzberg) weist auf die Geschichte des Ortes hin. Allerdings wird auch dadurch nicht deutlich, dass das Museum eine zentrale Rolle für die koloniale Objektaneignung in ganz Deutschland innehatte, und dass sich diese Sammlungen nach wie vor in Berlin und anderen Orten befinden. Ebenso wenig wird darauf hingewiesen, dass die Akteur:innen, die in diesem Museum wirkten, dieser teilweise gewaltvollen Aneignung durch ihre sammlerische Tätigkeit Vorschub geleistet haben. Hier wäre eine klar antikoloniale Intervention notwendig, die diese »Sammelwut« kritisch einordnet und reflektiert.

Anmerkungen

1 Vgl. Penny, H. Glenn, *Objects of Culture – Ethnology and ethnographic museums in Imperial Germany*, Chapel Hill / London 2002, S. 17 f.
2 Vgl. Penny, H. Glenn, »Bastian's Museum. On the Limits of Empiricism and the Transformation of German Ethnology«, in: Penny, H. Glenn / Bunzl, Matti (Hg.), *Worldly Provincialism. German Anthropology in the Age of Empire*, Ann Arbor 2003, S. 86–126, hier S. 101.
3 Vgl. Bunzl, Matti, »Franz Boas and the Humboldtian tradition. From *Volksgeist* and *Nationalcharakter* to an anthropological concept of culture«, in: Stocking, George W. (Hg.), *Volksgeist as Method and Ethic. Essays on Boasian Ethnography and the German Anthropological Tradition*, Madison / London 1996, S. 17–78, hier S. 48 f.; Penny, *Objects of Culture*, S. 19 ff.; Penny, »Bastian's Museum«, S. 88 ff.
4 Vgl. Penny, *Objects of Culture*, S. 22 f.; Weber, Kristin, »Objekte als Spiegel kolonialer Beziehungen. Das Sammeln von Ethnographica zur Zeit der deutschen kolonialen Expansion in Ostafrika (1884–1914)«, in: Seifert, Marc / Egert, Markus / Heerbaart, Fabian (u. a.) (Hg.), *Beiträge zur 1. Kölner Afrikawissenschaftlichen Nachwuchstagung*, Köln 2007, S. 2 f. Online abrufbar unter: www.uni-koeln.de/phil-fak/afrikanistik/kant/data/WK1_kant1.pdf [letzter Zugriff: 07.03.21]; Ivanonv, Paoloa, »Aneignung. Der museale Blick als Spiegel der europäischen Begegnung mit Afrika«, in: Arndt, Susan (Hg.), *Afrikabilder. Studien zu Rassismus in Deutschland*, Münster 2001, S. 351–371, hier S. 358.
5 Liss, Julia E., »German culture and German science in the *Bildung* of Franz Boas«, in: Stocking, George W. (Hg.), *Volksgeist as Method and Ethic*, S. 155–184, hier S. 165.
6 Penny, H. Glenn, *Im Schatten Humboldts. Eine tragische Geschichte der deutschen Ethnologie*, München 2019, S. 121.
7 Vgl. Ivanonv, »Aneignung«, S. 354.
8 Vgl. Bolz, Peter, »Historischer Überblick«, in: König, Viola (Hg.), *Ethnologisches Museum Berlin*, München / Berlin / London / New York 2003, S. 13–20.
9 Essner, Cornelia, »Berliner Völkerkunde-Museum in der Kolonialära«, in: Reichhardt, Hans J. von (Hg.), *Berlin in Geschichte und Gegenwart. Jahrbuch des Landesarchives Berlin*, Berlin 1986, S. 65–94, hier S. 72.
10 König, Viola, »Adolf Bastian and the sequel. Five Companions and Successors as Collector for Berlin's Royal Museum of Ethnology«, in: Fischer, Manuela / Bolz, Peter / Kamel, Susanne (Hg.), *Adolf Bastian and his universal archive of humanity*, Hildesheim 2007, S. 127–139, hier S. 129.
11 Vgl. Ivanov, Paola, »›... to observe fresh life and save ethnic imprints of it.‹ Bastian and Collecting Activities in Africa During the 19th and Early 20th Centuries«, in: Fischer/Bolz/Kamel (Hg.), *Adolf Bastian*, S. 238–250, hier S. 239.
12 Vgl. Essner, »Berliner Völkerkunde-Museum«, S. 69.
13 Ebd., S. 72.
14 Vgl. Westphal-Hellbusch, Sigrid, »Zur Geschichte des Museums«, in: Krieger, K. / Koch, G. (Hg.), *100 Jahre Museum für Völkerkunde Berlin. Baessler-Archiv – Beiträge zur Völkerkunde, Neue Folge, Band XXI*, Berlin 1973, S. 1–99, hier S. 16.

15 Essner, »Berliner Völkerkunde-Museum«, S. 69.
16 Vgl. Tunis, Angelika, »I Consider it My Duty to Make Our Museum the Largest and Most Beautiful in the World«, in: Fischer/Bolz/Kamel, (Hg.), *Adolf Bastian*, S. 166–172, hier S. 169.
17 Vgl. Ivanov, »›... to observe fresh life and save ethnic imprints of it.‹«, S. 240.
18 Vgl. Königliche Museen zu Berlin – Generalverwaltung (Hg.), *Führer durch die Sammlungen des Museums für Völkerkunde*, Berlin 1887, S. 9.
19 Vgl. Tunis, »I Consider it My Duty«, S. 169.
20 Vgl. Essner, »Berliner Völkerkunde-Museum«, S. 67.
21 König, »Adolf Bastian and the sequel«, S. 128.
22 Vgl. von Bode, Wilhelm, »Denkschrift betreffend Erweiterungs- und Neubauten bei den königlichen Museen Berlin« (1907), in: ders., *Mein Leben. Berlin: 1930. Hermann Reckendorf GmbH, 2 Bde.*, 2. Band, S. 239–240, hier S. 239f.
23 Vgl. Westphal-Hellbusch, »Zur Geschichte des Museums«, S. 29f.
24 Vgl. Saalmann, Timo, *Kunstpolitik der Berliner Museen 1919–159*, Berlin 2014, S. 77 f.
25 Vgl. Bolz, »Historischer Überblick«, S. 20.
26 Vgl. Essner, »Berliner Völkerkunde-Museum«, S. 92 f.

Mirja Memmen

1890 – Im neuen Büro der SPD wird über Kolonialismus debattiert

In der Katzbachstraße 9 in Kreuzberg steht bis heute ein roter Backsteinbau. Hier befand sich ab 1890, in der Mietwohnung des damaligen Parteisekretärs Ignaz Auer, die zentrale Geschäftsstelle der SPD. Nur wenige Jahre später zog die Partei in die Kreuzbergstraße um.
»Deutsches Volk, hast du ein Recht auf Kolonien? Wir haben ein Recht. Die Erde ist für alle Menschen da und groß genug um die gerechten kolonialen Ansprüche aller Völker zu befrieden. (...) Darum, deutsches Volk, mußt du deine Kolonien zurückfordern.«[1] So heißt es in einem 1919 veröffentlichten Aufruf, der auch von SPD-Mitgliedern unterzeichnet wurde.[2] Es blieb nicht der einzige Moment, in dem sich SPD-Politiker:innen prokolonial äußerten. Gerade im Kontext kolonialrevisionistischer Bewegungen, die nach dem Ende des Ersten Weltkrieges und damit nach dem »Verlust« der deutschen Kolonien großen Zulauf hatten und alles daransetzten, Deutschland als heldenhafte Kolonialmacht zu inszenieren,[3] ergriffen auch SPDler:innen das Wort. So betonte Marie Juchacz – eine Sozialdemokratin und Sozialreformerin, der in Kreuzberg am Halleschen Tor ein Denkmal gewidmet ist – in einem Artikel die Notwendigkeit des deutschen Kolonialismus und schloss mit folgendem Appell: »Als Glieder des deutschen Volkes, als Mütter kommender Generationen dürfen die deutschen Frauen nicht gleichgültig bleiben, wenn ein wesentliches Gebiet menschlicher Arbeit und menschlichen Glückes, wie es die Kolonisation darstellt, uns abgesperrt werden soll. Es handelt sich hier um Leben und Zukunft unseres Volkes, unserer Kinder.«[4]
Solche und ähnliche Positionen waren innerhalb der Sozialdemokratischen Partei Deutschland nicht unumstritten, auch wenn sie zu diesem Zeitpunkt wohl die Überhand gewonnen hatten. Vielmehr äußerten sich – gerade im 19. Jahrhundert – auch explizite Kolonialgegner:innen. Das

Verhältnis der Partei zum (deutschen) Kolonialismus kann als ambivalent bezeichnet werden, dies liegt etwa an der Geschichte der heterogenen Partei, die von ideologischen Gegensätzen, Auseinandersetzungen und Abspaltungen geprägt war.[5]

Als das Deutsche Reich 1884/1885 offiziell begann, Gebiete zu besetzen, zu unterwerfen und auszubeuten, war die SPD (bzw. ihre Vorgängerinnenorganisation) erheblichen Repressionen ausgesetzt. Das sogenannte Sozialistengesetz verbot bis 1890 die politische Betätigung außerhalb des Reichstages. Erst nach dessen Aufhebung trat die Partei unter dem Namen Sozialdemokratische Partei Deutschland auf. Nach anfänglicher Kritik an der deutschen kolonialen Expansion, die vor allem August Bebel und Wilhelm Liebknecht – dem in Kreuzberg in der Adalbertstraße 2 eine Gedenktafel gewidmet ist – im Reichstag artikulierten, wurde diese um die Jahrhundertwende und damit im Kontext von Kolonialskandalen und -kriegen immer schärfer hervorgebracht. Schon 1896 kritisierte unter anderem August Bebel im Reichstag Carl Peters scharf und führte dadurch seine Entlassung mit herbei. Der damalige »Reichskommissar des Kilimanjaro Gebietes« Carl Peters gilt als Mitbegründer der Kolonie »Deutsch-Ostafrika«; bekannt wurde er vor allem für seine brutale Gewalt.[6] Diese Gewalt beschäftigt die Sozialdemokratie auch im Kontext des sogenannten »Boxer-Krieges«, in dem deutsche Truppen ab 1900 an der Niederschlagung der Widerstandsbewegung beteiligt waren.[7] Ausführlich wurde der Kolonialkrieg und die dazugehörige Stellung der Partei auf einer Parteiversammlung in Mainz diskutiert. Paul Singer, nach dem heute eine Straße im Berliner Bezirksteil Friedrichshain benannt ist, war damals Vorsitzender der SPD, Stadtverordneter von Berlin und Abgeordneter im Reichstag – sein Wahlkreis Berlin IV umfasste auch Teile des heutigen Berliner Bezirks Friedrichshain-Kreuzberg.[8] Er präsentierte auf der Versammlung eine Resolution, die diesen Krieg deutlich verurteilt: »Im Namen der Zivilisation, im Namen der Kultur wird sie angeblich betrieben, die Mittel aber, welche für sie aufgewendet werden, sind der blutigste Hohn auf Zivilisation, auf Kultur. Diese Weltpolitik ist eine Raubpolitik, eine Eroberungspolitik, die unbekümmert um die Gesetze der Moral und Sittlichkeit einfach auf den Gesetzen der brutalen Gewalt basiert und mit den Machtmitteln, welche die Entwicklung der Bourgeoisie geschaffen hat, sich fremde Länder aneignet und die dort wohnenden Völkerschaften unterdrückt.«[9]

Die im Anschluss einstimmig angenommene Resolution verurteilt die expansive, kapitalistische Kolonialpolitik, die mit ihr einhergehende, gewaltsame Aneignung und »Unterjochung« von Menschen sowie die international wachsende Gefahr von Kriegen im Kontext »überseeische[r] Raub- und Eroberungspolitik«. Sie schließt mit folgendem Appell: »Die Sozialdemokratie als Feindin jeder Unterdrückung und Ausbeutung von Menschen durch Menschen erhebt gegen diese Raub- und Eroberungspolitik den entschiedensten Widerspruch. Sie verlangt, daß die wünschenswerthen und erforderlichen Kultur- und Verkehrsbeziehungen zu allen Völkern der Erde dadurch verwirklicht werden, daß die Rechte, die Freiheiten, sowie die Unabhängigkeit dieser Völkerschaften geachtet und gewahrt werden.«[10]

Auch gegen die Kriegspolitik in China erhebe die Sozialdemokratie »entschiedensten Einspruch«[11]. Interessanterweise kritisiert Rosa Luxemburg, dass die Arbeiter:innenparteien es international versäumt hätten, geschlossen auf diesen Krieg zu reagieren und auch, dass es versäumt worden wäre, die »gleichgültigen Volksmassen« gegen diesen zu mobilisieren.[12]

Auch wenn der Parteitag schließlich alle Organe der Partei aufforderte, »durch energische Ausbreitung der Protestbewegung die volksschädliche Chinapolitik zu bekämpfen«[13], so lassen sich heute – zumindest im Bezirk Friedrichshain-Kreuzberg – kaum Spuren von Protestmärschen, Veranstaltungen oder Versammlungen gegen diesen Krieg finden.

Dennoch zeigte sich die SPD nicht nur auf dem Parteitag kritisch. Auch im Reichstag und insbesondere in dem Parteiorgan der SPD, der Zeitschrift »Vorwärts«, die ab 1902 in der Buchdruckerei und Verlagsanstalt Paul Singer und Co in der Lindenstraße 69 gedruckt wurde, fand sie sich wieder. August Bebel bezeichnete die Kolonialkriege[14] im Reichstag als »ein Schandmal für unsere Civilisation; sie sind ein Zeichen für die Verrohung des Völkerrechts.«[15] Und auch im »Vorwärts« wurden die sogenannten »Hunnenbriefe«, die Briefe deutscher Soldaten in China, in denen die grausame Gewalt gegenüber Chines:innen deutlich geschildert wird, veröffentlicht und kommentiert. So heißt es: »Die Hunnenbriefe, die im einzelnen ja ›aufschneiden‹ mögen, sind so zahlreich, daß man mit dem Gerede von Uebertreibungen nicht über diese Scheufälligkeiten hinwegkommt. Es ist so vieles, was übereinstimmend berichtet wird, daß es genügt, um die furchtbare Wahrheit zu erkennen. Die chinesischen Greuelthaten müßten das Todesurteil bedeuten für die verkommene kapitalistisch-militaristische Gesellschaft, auf deren Boden sie erwachsen sind.«[16]

Einige Jahre später, zu der Zeit, in der die Partei schon in den neu errichteten Gebäudekomplex in der Lindenstraße 2–4 in Kreuzberg gezogen war, wurde erneut das brutale Vorgehen deutscher Truppen beanstandet. Im Zentrum stand nun der Kolonialkrieg in »Deutsch-Südwestafrika«, in dem das Deutsche Reich mit extremer Härte reagierte, als sich die Herero und Nama gegen ihre Vertreibung und Ausbeutung zur Wehr setzten. Dieser Kolonialkrieg stellte schließlich den ersten Genozid des 20. Jahrhunderts dar.

Gerade im »Vorwärts« wurde dies sehr explizit benannt: In der »Trothaeschen Ausrottungsstrategie« sei es darum gegangen, »den flüchtenden Hereros jede Möglichkeit der Kapitulation abzuschneiden und sie der Vernichtung preiszugeben.« Und weiter: »General von Trotha hinderte also direkt die Herero an der Kapitulation. Er trieb sie, wie er selbst zugegeben hat, mit der vollen Absicht in die Wüste, um sie dort dem Tode des Verschmachtens preiszugeben.«[17]

Aber nicht nur der Genozid, sondern auch die extreme Ausbeutung im kolonialen System wurde benannt. Sehr deutlich wurde die Schuld der deutschen Besetzung hervorgehoben: »Vom menschlichen Standpunkte aus ist es den armen, unterdrückten Schwarzen nicht zu verargen, wenn sie schließlich danach trachten, das ihnen aufgebürdete Joch der deutschen Fremdherrschaft abzuschütteln. Durch Gewalt und List hat man sie ihres Landes und ihres Viehstandes beraubt. Sie selbst sind zum großen Teil Sklaven und ihre Frauen Lustobjekte brutaler egoistischer Fremdlinge geworden.«[18]

Und weiter: »Es steht jetzt unumstößlich fest, die Hauptschuld an dem Aufstande tragen unsere deutschen Kolonisatoren. Das deutsche Kolonialsystem hat die unterdrückten, ausgebeuteten Eingeborenen zu dieser Verzweiflungstat getrieben.«[19]

Ganz deutlich wurde auch die Frage der Rechtmäßigkeit kolonialer Ansprüche verneint, wenn etwa August Bebel betonte: »(…) Das Land, das die Aufständischen verteidigen, ist ihr Land. Wenn sie sich weigern, es herauszugeben, ist das ihr gutes Recht.«[20]

Nicht nur im »Vorwärts«, sondern auch im Reichstag spielte der Kolonialkrieg in »Deutsch-Südwestafrika« eine wichtige Rolle. Debattiert wurde vor allem auch die Frage der Kriegskredite. Während sich die Sozialdemokraten in der ersten Abstimmung über die Erhöhung des Budgets noch enthielten, so lehnten sie gemeinsam mit der Zentrumspartei 1907 den geforderten Nachtragsetat ab. In der Folge wurde der Reichstag aufgelöst und Neuwahlen anberaumt. Politisch formierte sich ein breiter (bürgerlicher) Block, der der SPD »Vaterlandsverrat« und einen vermeintlichen »Umsturzversuch« vorwarf.[21] Auch wenn die SPD in der Wahl keine Stimmen verlor, sogar welche dazugewann, kostete sie der Zusammenschluss der bürgerlichen Parteien dennoch Sitze und damit politischen Einfluss.[22]

Im selben Jahr fand in Stuttgart der internationale Sozialistenkongress statt, auf dem der Standpunkt der Zweiten Internationale zum Kolonialismus als eine der drängendsten Fragen diskutiert wurde.[23] Die unterschiedlichen Positionen der Sozialist:innen waren mehr als deutlich. Während einige eine Verbesserung der Kolonialpolitik – eine »sozialistische Kolonialpolitik« – forderten und damit das koloniale System akzeptierten und befürworteten, lehnten andere die koloniale Expansion an sich ab. So argumentiert Eduard Bernstein, dass »eine gewisse Vormundschaft der Kulturvölker gegenüber der Nichtkulturvölker (...) eine Notwendigkeit [sei], die auch Sozialisten anerkennen sollten.«[24] Karl Kautsky hingegen lehnte die »Bevormundung anderer Nationen« ab: Die Idee einer »sozialistischen Kolonialpolitik« sei ein »vollständiger logischer Widerspruch«[25]. Er argumentierte wie folgt: »Es ist ein weitverbreiteter Irrtum, daß die niedrigstehenden Völker der Zivilisation, die ihnen höher stehende Völker bringen, feindlich gegenüberstehen. Alle Erfahrung zeigt im Gegenteil, daß da, wo man den Wilden freundlich entgegenkommt, sie die Werkzeuge und Hülfsmittel der höheren Zivilisation gern annehmen. Kommt man aber, um sie zu unterdrücken und zu unterjochen, sollen sie unter die Bevormundung eines, wenn auch wohlwollenden Despotismus gebracht werden, so werden sie mißtrauisch. Dann verwerfen sie mit der fremden Herrschaft auch die fremde Kultur, dann kommt es zu Kämpfen und Verwüstungen. So sehen wir, daß überall, wo Kolonialpolitik besteht, es nicht zu Hebung, sondern zu Depression der Völker kommt. Auch ein sozialistisches Regime könnte daran nichts ändern. Es müßte ebenfalls die Kolonien als Fremdkörper betrachten und müßte dort eine Fremdherrschaft errichten. Wenn wir zivilisatorisch auf Naturvölker wirken wollen, so ist die erste Notwendigkeit, daß wir ihr Vertrauen gewinnen. Und dieses gewinnen wir dadurch, daß wir ihnen die Freiheit geben. (Bravo!)«[26]

Auch wenn Kautsky die koloniale Herrschaft ablehnte, wird deutlich, dass seine (grundsätzliche) Kritik am Kolonialismus keinesfalls mit einer antirassistischen Haltung einhergeht. Vielmehr vertraten auch die meisten

Sozialdemokrat:innen die Ansicht, dass es eine »zivilisatorische Kluft« zwischen Europäer:innen und Nicht-Europäer:innen gab.[27] Mit der Idee eines erzieherischen »Kulturauftrages« blieben auch sie einer unilinearen Vorstellung von fortschrittlicher »Entwicklung« verhaftet.[28] Statt mit Gewalt, sollte der vermeintliche »Kulturauftrag« durch Kooperation erreicht werden. Rassistische Ideen und Denkstrukturen wurden allerdings nicht hinterfragt oder kritisiert.

Auf dem Kongress wurde letztendlich mit einer knappen Mehrheit die Resolution der Kolonialkritiker:innen angenommen, in der es heißt:[29] »Der Kongreß ist der Ansicht, daß die kapitalistische Kolonialpolitik in ihrem innersten Wesen nach zur Knechtung, Zwangsarbeit oder Ausrottung der eingeborenen Bevölkerung der Kolonialgebiete führen muß. Die zivilisatorische Mission, auf die sich die kapitalistische Gesellschaft beruft, dient ihr nur als Deckmantel für die Eroberungs- und Ausbeutungsgelüste. Erst die sozialistische Gesellschaft wird allen Völkern die Möglichkeit geben, sich zur vollen Kultur zu entfalten.«[30]

Dass solche Positionen bereits zu diesem Zeitpunkt keinesfalls unumstritten waren, zeigt die Debatte, aber auch das knappe Ergebnis der Abstimmung. Auch die Resolution selbst wird teilweise als Kompromiss interpretiert, denn sie besagt, dass die Abgeordneten »für Reformen einzutreten [haben], um das Los der Eingeborenen zu verbessern«[31]. Ob dies als Indiz für eine Unterstützung der reformerischen Kolonialpolitik gelesen werden kann, die eine grundsätzliche Kritik und Ablehnung des kolonialen Systems ablöst, wird nicht ganz deutlich.

Im Pamphlet »Die deutsche Kolonialpolitik« von 1907, das in der »Vorwärts«-Buchhandlung vertrieben wurde, bestätigte sich die mehrheitliche Ablehnung erneut: »So ist denn das Resultat unserer Erörterungen die runde Ablehnung der Kolonialpolitik für die deutsche Sozialdemokratie. Grundsätzlich bekämpft sie als Partei des proletarischen Klassenkampfes jedwede Unterdrückung und Ausbeutung nicht nur im eigenen Lande, sondern auch in den Kolonien, wo sie zu den schlimmsten Greueln ausartet«[32], so das Fazit der Autor:innen. Weiter heißt es: »Da die Sozialdemokratie als Minderheitspartei im Deutschen Reich ihre grundsätzliche Ablehnung der kapitalistischen Kolonialpolitik noch nicht zur Geltung bringen kann, (...) muß sie versuchen, in fortdauernder kritischer und kontrollierender Betätigung im Parlament und in der Presse die Uebel möglichst abzuschwächen (...)«[33].

Ob die SPD zu diesem Zeitpunkt die koloniale Ausbeutung nicht mehr grundsätzlich ablehnte und der Idee einer reformerischen Kolonialpolitik anhing, oder ob es sich eher um eine Fokussierung auf Möglichkeiten der Einflussnahme handelte, ist wohl eine Frage der Interpretation. Das Lavieren der SPD war – spätestens als die Abkehr vom Kolonialbesitz immer unwahrscheinlicher wurde – sicherlich auch von Pragmatismus gekennzeichnet. In jedem Fall lässt sich zu diesem Zeitpunkt auch davon sprechen, dass die kolonialkritische bzw. antikoloniale Haltung der SPD-Politiker:innen selbst immer mehr zerfiel.

Deutlich wird, dass die Positionen innerhalb der SPD zur kolonialen Expansion, Besatzung, Unterwerfung und Ausbeutung heterogen waren. Während manche das koloniale System nicht grundsätzlich ablehnten, sondern lediglich verbessern wollten, gab es parallel eine – vor allem bis zum Ersten Weltkrieg – starke antikoloniale Argumentationslinie, die lange Zeit sogar die dominante Position war. Kritisiert wurde die brutale Gewalt in den Kolonialkriegen, ebenso aber das koloniale System an sich: die kapitalistische Expansion, die Besatzung von Gebieten und die Ausbeutung von Menschen auf der einen Seite, die Gefährdung des internationalen Friedens und die »Verschwendung« von (Steuer-)Geldern der Arbeiter:innen auf der anderen Seite.

Die antikolonialen Argumentationslinien innerhalb der Sozialdemokratie verliefen dabei jedoch selten, wie das Beispiel Karl Kautskys zeigt, antirassistisch. Vielmehr blieben sie der Idee eines »Kulturauftrages« und damit dem unilinearen Entwicklungsmodell verhaftet. Trotzdem waren die Mitglieder der Partei diejenigen, die das Thema der kolonialen Ausbeutung nicht nur im »Vorwärts«, sondern auch im Reichstag immer wieder auf die Tagesordnung brachten und kritisierten. Besonders die massive Gewalt in den Kolonialkriegen verurteilten sie scharf. Spätestens mit dem Beginn des Ersten Weltkriegs – auch im Kontext eines »Generationenwechsels« in der SPD – gerieten diese Positionen allerdings immer deutlicher in die Defensive. Die nationalen Tendenzen nahmen hingegen weiter zu. Im Jahr 1919 trat dann im Kontext der kolonialrevisionistischen Bewegung auch die grundsätzliche Befürwortung oder Forderung nach deutschem Kolonialbesitz – auch von SPDler:innen – hervor.

Anmerkungen

1 »Aufruf«, in: *Kolonie und Heimat* 12(18) (1919), S. 5.
2 Der Aufruf wird vom »Reichsverband der Kolonialdeutschen« (die Adresse wird mit Berlin NW 7, Neue Wilhelmstraße 2 angegeben) veröffentlicht. Es ging darin im Wesentlichen darum, Unterschriften für die deutschen Kolonien zu sammeln. Der Aufruf wird auch im »Vorwärts« abgedruckt (*Vorwärts* 35(95) (1919), S. 14). Die Unterzeichner sind Max Cohen, Dr. J. Bloch (der Herausgeber der »Sozialistischen Monatshefte«) und Max Schippel, der frühere Parteiarchivar (der zu diesem Zeitpunkt seine Ämter in der SPD niedergelegt hatte).
3 Vgl. Grosse, Pascal, *Kolonialismus, Eugenik und bürgerliche Gesellschaft in Deutschland 1850–1918*, Frankfurt am Main 2000, S. 234.
4 Juchacz, Marie, »Friedensvertrag und Kolonialarbeit«, in: Mansfeld, Alfred (Hg.), *Sozialdemokratie und Kolonieen*, Berlin 1919, S. 60.
5 Vgl. Decker, Frank, »Etappen der Parteigeschichte der SPD«, in: *Bundeszentrale für politische Bildung*, 01.09.2020. Online abrufbar unter: www.bpb.de/politik/grundfragen/parteien-in-deutschland/spd/42082/geschichte [letzter Zugriff: 10.05.2021].
6 Vgl. Schröder, Hans Christoph, *Sozialismus und Imperialismus. Die Auseinandersetzung der deutschen Sozialdemokratie mit dem Imperialismusproblem und der »Weltpolitik« vor 1914. Teil 1*, Hannover 1968, S. 153; Guettel, Jens-Uwe, »The Myth of the Pro-Colonialist SPD. German Colonialism and Imperialism before the World War I«, in: *Central European History* 45 (2012), S. 452–484, hier S. 459.
7 »Boxer« ist eine europäische Bezeichnung. Die Selbstbezeichnung ist »Yihequan«, was sich ungefähr mit »Fäuste für Gerechtigkeit und Frieden« übersetzen lässt; vgl. Kuss, Susanne, »Die Gesetze der Hunnen – der deutsche ›Kolonialkrieg‹ gegen die Boxer in China«, in: *freiburg postkolonial*, 2001. Online abrufbar unter: www.freiburg-postkolonial.de/Seiten/kuss-china.htm [letzter Zugriff: 13.06.2021].
8 Vgl. Vogel, Hans-Jochen, »Wer war Paul Singer?«, in: *vorwärts*, 2008. Online abrufbar unter: www.vorwaerts.de/artikel/war-paul-singer [letzter Zugriff: 06.06.2021].
9 *Protokoll über die Verhandlungen des Parteitages der Sozialdemokratischen Partei Deutschlands*, Berlin 1900, S. 155–156.
10 Ebd., S. 245.
11 Ebd.
12 Sie bezeichnet den Krieg als »das erste Ereignis der weltpolitischen Aera, in das alle Kulturstaaten verwickelt sind: und dieser erste Vorstoß der internationalen Reaktion, der heiligen Alliance hätte sofort durch einen Protest der vereinigten Arbeiterparteien Europas beantwortet werden müssen.« Und weiter: »Ich weiß, in einer Woche wird in Paris ein Protest beschlossen werden; aber es kommt doch nicht darauf an, daß die vereinigten sozialistischen Vertreter protestieren – von denen hat kein Mensch bezweifelt, daß sie geschworene Gegner des Krieges mit China sind –, sondern es kam darauf an, in allen Ländern die gleichgültigen Volksmassen aufzurütteln, und in dieser Beziehung fürchte ich sehr, daß unsere Partei nicht in ihrem eignen Land sich eine Unterlassung hat zu Schulden kommen lassen, sondern auch in Bezug auf die internationale Solidarität« (ebd., S. 165).

13 Ebd., S. 245.
14 Neben dem Krieg in China spricht er auch die Kriege in Transvaal und den Philippinen an.
15 Reichstag, 115. Sitzung, 11. Januar 1902, zit. nach *vorwärts*, 12.02.1902, S. 6.
16 *vorwärts*, 14.11.1900, S. 1.
17 *vorwärts*, 19.07.1906, S. 2.
18 *vorwärts*, 10.04.1904.
19 Ebd.
20 *vorwärts*, 10.02.1904.
21 Vgl. van der Heyden, Ulrich, »Kolonialkrieg und deutsche Innenpolitik – Die Reichstagswahlen von 1907, 2007«, in: *freiburg-postkolonial.de*. Online abrufbar unter: www.freiburg-postkolonial.de/Seiten/Heyden-Reichstagswahlen1907.htm [letzter Zugriff: 05.06.2021].
22 Ebd.
23 Vgl. Hoffrogge, Ralf, *Sozialismus und Arbeiterbewegung in Deutschland. Von den Anfängen bis 1914*, Stuttgart 2011, S. 46.
24 Internationaler Sozialisten-Kongreß, Berlin 1907, S. 28.
25 Ebd., S. 30–34.
26 Ebd., S. 34–35.
27 Vgl. Koller, Christian, »Eine Zivilisierungsmission der Arbeiterklasse? Die Diskussion um eine ›sozialistische Kolonialpolitik‹ vor dem Ersten Weltkrieg«, in: Barth, Boris / Osterhammel, Jürgen (Hg.), *Zivilisierungsmissionen*, Konstanz 2005, S. 229–245, hier S. 242; Guettel, »The Myth of the Pro-Colonialist SPD«, S. 472.
28 Vgl. Heyn, Susanne, »Der kolonialkritische Diskurs der Weimarer Friedensbewegung zwischen Antikolonialismus und Kulturmission«, in: *Stichproben. Wiener Zeitschrift für kritische Afrikastudien* 9 (2005), S. 37–65, hier S. 42.
29 Der sogenannte »Minderheitenentwurf« wird mit 127 gegen 108 Stimmen angenommen. Schon hier wird deutlich, dass die Position nicht eindeutig war. Im Vergleich dazu wurde die Resolution von Singer – auch wenn es sich dabei um keinen internationalen Kongreß handelte – einstimmig angenommen. Vgl. Internationaler Sozialisten-Kongreß 1907, S. 40.
30 Internationaler Sozialisten-Kongreß 1907, S. 40.
31 Ebd.
32 »Die deutsche Kolonialpolitik«, Berlin ca. 1907, S. 16.
33 Ebd.

Flavia Cahn

1892 – W. E. B. Du Bois findet eine Wohnung in der Oranienstraße

William Edward Burghardt Du Bois (1868–1963) hat als afroamerikanischer Philosoph, Soziologe, Dozent, Journalist, und Vorreiter der US-amerikanischen Bürger:innenrechtsbewegung ein monumentales Vermächtnis hinterlassen. In seiner langen Lebensgeschichte und ruhmreichen Karriere werden jedoch oft die zwei Jahre von 1892 bis 1894 übersehen, in denen W. E. B. Du Bois in Berlin an der Friedrich-Wilhelms-Universität, der heutigen Humboldt-Universität, studierte und in einer Wohnung in der Oranienstraße in Kreuzberg wohnte. Für den jungen Du Bois war diese Zeit sehr prägend; sie hatte einen großen Einfluss auf sein Verständnis von Rassismus und auf seine spätere Karriere als Aktivist in der US-amerikanischen Bürger:innenrechtsbewegung.

Du Bois wurde fünf Jahre nach der Emanzipationsproklamation in Great Barrington, Massachusetts (USA), geboren. Er erhielt seinen ersten Bachelor-Abschluss an der Fisk University in Nashville, Tennessee und seinen zweiten Bachelor-Abschluss an der Harvard University, wo er 1895 als erste Schwarze Person auch erfolgreich promovierte. Du Bois begann sich schon während seines Studiums an der Fisk University für Deutschland zu interessieren. Im Bachelor-Studium hatte er Deutsch gelernt und seine Abschiedsrede Otto von Bismarck gewidmet, den er dafür bewunderte, dass er »aus einer Masse sich zankender Völker eine Nation«[1] formte – eine Ansicht, von der er sich später distanzierte. Doch für den jungen Du Bois galt Bismarcks Erfolgsgeschichte als Beweis für die einigende Kraft einer starken Idee und war für ihn ein vorbildliches Beispiel für Schwarze US-Amerikaner:innen.[2]

In Deutschland erreichte Promotionstitel galten zu Du Bois' Zeit als äußerst prestigeträchtig, weswegen er sich zum Ziel setzte, diesen akademischen »Goldstandard«[3] zu erlangen. Es war zu seiner Zeit für US-amerikanische

Gelehrte nicht unüblich, nach Europa zu reisen, um an englischen, französischen oder den stets beliebten deutschen Universitäten zu studieren.[4] Doch für Schwarze Studierende gab es dafür sehr wenige Möglichkeiten. Du Bois' Studium in Deutschland wurde durch seine erfolgreiche Bewerbung auf ein Stipendium des John F. Slater Fund for the Education of Freedmen möglich, einer Stiftung, deren Ziel es war, die Bildung von Afro-Amerikaner:innen im Süden der USA zu fördern.[5]

So konnte Du Bois 1892 nach Deutschland reisen. Bevor er nach Berlin zog, verbrachte er den Sommer 1892 in Eisenach, wo er bei einem Pfarrer und dessen Familie lebte, sein Deutsch übte und sich auf sein Studium vorbereitete. In seinen Schriften schreibt Du Bois sehr positiv über die ersten Erfahrungen in Deutschland. Dabei betont er, wie überrascht er war, dass es ihm gegenüber, verglichen mit seinen Erfahrungen in den Vereinigten Staaten, deutlich weniger rassistische Vorurteile zu geben schien. In seiner Autobiographie erinnert er sich: »Glückliche Tage verlebte ich in dem guten alten Eisenach zu Füßen der Wartburg bei einer Familie, in der akademische Bildung und deutsche Gastfreundschaft die in Amerika üblichen Rassenvorurteile überhaupt nicht aufkommen ließen.«[6] Im Herbst immatrikulierte sich Du Bois an der Friedrich-Wilhelms-Universität in Berlin und bezog sein Quartier bei einer deutschen Familie in der Oranienstraße 130A im heutigen Kreuzberg. Du Bois gewöhnte sich an das neue Leben und eignete sich die Gewohnheiten seiner Altersgenossen und Kommilitonen an. So trug er beispielsweise das für die Männer der bürgerlichen Oberschicht charakteristische elegante Outfit aus Wollanzug, Seidenkrawatte, Handschuhen und Gehstock.[7] Auch wenn er zuvor Philosophie und Geschichte studiert hatte, besuchte Du Bois in Berlin fast ausschließlich Seminare und Vorlesungen bei Professoren der politischen Ökonomie.[8] Die Professoren, die für ihn am einflussreichsten galten, waren Adolf Wagner, Gustav Schmoller und Heinrich von Treitschke, aber er studierte auch bei Max Weber und Wilhelm Dilthey.[9]

Die Ökonomen Wagner, Schmoller und von Treitschke waren in ihren politischen Ansichten sehr konservativ. Insbesondere von Treitschke galt als extremer Nationalist und war für seinen ausgeprägten Antisemitismus berüchtigt.[10] Seine aufrührerischen Vorträge waren fremdenfeindlich, demokratiekritisch, feierten den Imperialismus – und sie waren äußerst beliebt. Es ist verwunderlich, dass Du Bois diese Aspekte anscheinend willentlich nicht erkannte und weiter bei von Treitschke studierte. Trotz der kontroversen Ansichten seiner Professoren hatte die Studienzeit in Berlin einen tiefen Einfluss auf Du Bois, prägte sein Verständnis über »Rasse«-Konstruktionen und stellte einen Wendepunkt in seiner Analyse der Situation, mit der Afro-Amerikaner:innen in den USA konfrontiert waren, dar. Anstelle der weit verbreiteten Idee von »Rasse«-Merkmalen ging Du Bois die Definition nunmehr in einer globaleren Perspektive und in soziohistorischem Kontext an:[11] »Ich begann, das Rassenproblem in Amerika, das Problem der Völker Afrikas und Asiens und die politische Entwicklung Europas als ein Ganzes zu betrachten und mein Verständnis von Ökonomie und Politik miteinander zu verweben [...].«[12] Sein Studium in Berlin zur politischen Ökonomie regte ihn an, alle Vorstellungen und Annahmen über die ökonomischen Strukturen der Gesellschaft nach und nach in Frage zu stellen und führte zur Erkenntnis, dass sie historisch konstruiert sind.[13] In seinen späteren, dezidiert soziologischen Abhandlungen über afro-amerikanische Communities, wie »The Philadelphia Negro« (1896), ist der Einfluss der präzisen, rigorosen Methodik der Sozialwissenschaften, wie sie zu dieser Zeit in Deutschland praktiziert wurde,[14] deutlich zu erkennen.

Auch die Herangehensweise von Wagner, Schmoller und von Treitschke, die sich mit zeitgenössischen sozialen Fragen beschäftigten und sich in ihrer Arbeit direkt auf die deutsche Gesellschaft bezogen, hatte einen nachhaltigen Einfluss auf Du Bois. Alle drei waren ehemalige Mitglieder des Reichstags und taten ihre Ansichten aktiv in öffentlichen Vorträgen und Druckmedien kund.[15] Zusammen hatten sie den Verein für Sozialpolitik gegründet, ein Forum, in dem sich Gelehrte, die sich für soziale und wirtschaftliche Reformen einsetzten, miteinander austauschten und die Entwicklung der Sozialpolitik in Deutschland zu beeinflussen suchten.[16] Du Bois trat dem Verein bei und wurde so Teil eines sozial engagierten Kreises von Intellektuellen – und erlebte die Verflechtung von Wissenschaft und politischem Handeln direkt mit.[17] Dies setzte er später in seiner Karriere um, als seine Arbeit aktivistischere Züge angenommen hatte.

Am prägendsten war für ihn wohl, dass die Zeit in Berlin eine Atempause vom unerbittlichen Rassismus und den Vorurteilen des Südens der USA darstellte.[18] In »The Souls of Black Folk« (1903) merkt Du Bois an, dass seine Zeit in Europa neben seiner Kindheit in Great Barrington eine der einzigen Phasen in seinem Leben war, in der er sein Schwarzsein nicht als Problemfaktor erlebte.[19] Deutschland war zu dieser Zeit zwar keineswegs frei von Rassismus, doch Du Bois fühlte sich in Europa freier als in den Vereinigten Staaten. Er bemerkte, dass sein Schwarzsein für ihn in Europa – anders als in den Vereinigten Staaten – nicht zwangsweise soziale Ausgrenzung und Ausschluss von gesellschaftlicher Teilhabe bedeutete. Auch fiel ihm auf, dass die Menschen in Europa mehr auf Anzeichen seiner Klassenzugehörigkeit als auf seine Hautfarbe zu achten schienen: Er war ein tadellos gekleideter Gentleman mit einem eleganten Gehstock und wurde respektvoll behandelt. In seiner Autobiographie schreibt er: »Sie [die Weißen] betrachteten mich nicht als Abnormität oder als Untermenschen. Ich war nur ein etwas privilegierterer Student, den sie froh waren zu treffen und mit dem sie über Gott und die Welt, besonders über die Welt, aus der ich kam, reden konnten.«[20] Mit Weißen gesellschaftlichen Kontakt zu haben, was im segregierten Süden grundsätzlich verboten war, »brachte meine eigenen Vorstellungen ins Wanken. Die ewigen Mauern zwischen den Rassen schienen nicht so streng und exklusiv zu sein.«[21] An dieses Gefühl der Freiheit würde sich Du Bois sein Leben lang erinnern. Und es mag auch erklären, warum Du Bois ein so hohes Loblied auf das imperialistische Deutschland sang, während es ihm offensichtlich an Sensibilität für den Militarismus, den Antisemitismus und die rechtspopulistischen Bewegungen, die damals im öffentlichen Leben ganz offen ausgedrückt wurden, zu fehlen schien.[22] Du Bois war beeindruckt vom militaristischen Patriotismus und dachte wie viele seiner Zeitgenoss:innen, dass die Diskriminierung gegen die jüdischen Menschen im Deutschen Reich mit der Zeit abklingen würde.[23] Er erkannte sie nicht als erschreckende Vorzeichen des Grauens.

Nachdem er seine ersten zwei Studienjahre abgeschlossen hatte, hoffte Du Bois, sein Stipendium um ein weiteres Jahr zu verlängern, um die für den Doktortitel erforderlichen restlichen Studiensemester belegen zu können. Sein Antrag auf Verlängerung wurde jedoch vom Slater Fund abgelehnt; und auch seine vielen Appelle an den damaligen US-Präsidenten Rutherford B. Hayes, den Vorsitzenden des Fonds, blieben ohne Erfolg.[24] So musste Du Bois 1894 widerwillig zurück in die USA reisen, in denen tiefe Spaltungen um Fragen von »Rasse«-Konstruktionen herrschten. Zwei Jahre später bestätigte der Oberste Gerichtshof mit dem Urteil im Fall Plessy vs. Ferguson die rechtskräftige Rassentrennung in der USA und läutete damit die Jim-Crow-Ära ein.

In den USA promovierte Du Bois an der Harvard Universität, übernahm verschiedene Lehraufträge, schrieb und veröffentlichte seine Theorien. Mit seinem wichtigen Werk »The Souls of Black Folk« (1903) wurde er schließlich bekannt.[25] Daraufhin begann ein neues Kapitel in seiner Laufbahn, in der er sich voll und ganz der US-amerikanischen Bürger:innenrechtsbewegung widmete. 1905 gründete er die Niagara-Bewegung mit, 1909 die National Association for the Advancement of Colored People (NAACP), bis heute eine der einflussreichsten Schwarzen Bürger:innenrechtsorganisationen der USA. Beide Organisationen widmeten sich dem Widerstand gegen die Rassentrennung und dem Kampf für soziale Gerechtigkeit für Schwarze US-Amerikaner:innen. Bis 1934 war Du Bois Herausgeber von »The Crisis«, der sehr erfolgreichen offiziellen Zeitschrift der NAACP. In dieser Phase seines Lebens schrieb Du Bois vermehrt über Sozialismus und hob dabei stets hervor, dass die größte Herausforderung für den Sozialismus in den USA seiner Meinung nach darin bestand, sich nicht mit einer Revolution der weißen Arbeiter:innenklasse zu begnügen, sondern sich vielmehr Bürger:innen- und wirtschaftliche Rechte für Schwarze US-Amerikaner:innen zum Ziel zu setzen.[26] Er war zwar nur von 1911 bis 1913 Mitglied der US-amerikanischen sozialistischen Partei, doch sein Selbstverständnis als Sozialist und sein lebenslanges Interesse an sozialistischer Politik reichten weit darüber hinaus.[27]

Ab 1919 organisierte Du Bois pan-afrikanische Kongresse, deren Kernanliegen eine Dekolonisierung und ein Ende der rassistischen Diskriminierung auf dem afrikanischen Kontinent waren. Auf dem fünften Pan-Afrikanischen Kongress im Jahr 1945 lernte er Kwame Nkrumah kennen, einen radikalen Antikolonialisten, unter dessen Führung Ghana die Unabhängigkeit von der Kolonialherrschaft erlangte und der später zum ersten Präsidenten des neuen Staates wurde. Präsident Nkrumah lud Du Bois ein, seine letzten Tage in Ghana zu verbringen – eine Einladung, die Du Bois 1961 annahm. Zuvor im November 1958 besuchte er seine Alma Mater, die heutige Berliner Humboldt-Universität, wo ihm der Ehrendoktortitel der Wirtschaftswissenschaften verliehen wurde.[28] In Accra wurde er als Vater des Pan-Afrikanismus gefeiert. Bis zu seinem Tod im Jahr 1963 im Alter von 95 Jahren blieb Du Bois Ehrengast des Präsidenten Nkrumah.[29] Du Bois starb nur einen Tag bevor Hunderttausende von Menschen in den USA in Washington, D.C. für die Bürger:innenrechte von afro-amerikanischen Menschen auf die Straßen gingen und Martin Luther King Jr. dort seine historische Rede »I Have a Dream« hielt. Ein Jahr später wurde der Civil Rights Act von der US-Regierung verabschiedet und somit Diskriminierung auf Grund der »Rasse« gesetzwidrig.

Im öffentlichen Raum Berlins gibt es nur wenige Spuren, die von der Zeit, in der Du Bois in Berlin lebte, zeugen. Erst 2019 wurde ihm in der Oranienstraße 130A in Kreuzberg, seinem Wohnort während seines Aufenthalts in Berlin, eine Gedenktafel gewidmet.[30] Das Gedenkzeichen leistet einen kleinen Beitrag dazu, das Erbe von Du Bois im Berliner Stadtbild sichtbar zu machen sowie Bewusstsein für den transatlantischen Austausch zu schaffen, den Du Bois' Zeit in Berlin verdeutlicht. Seit 1998 finden an der Berliner Humboldt-Universität zwei Vortragsreihen zu seinen Ehren statt, die »W. E. B. Du Bois Lectures« und die »Distinguished W. E. B. Du Bois Lectures«. Dies waren bis vor kurzem die einzigen öffentlichen Zeichensetzungen der geschichtlichen Verbindung zu Du Bois.[31]

Doch das soll sich zukünftig ändern: Auf Initiative des Instituts für Anglistik und Amerikanistik der Humboldt-Universität Berlin wird im zentralen Universitätsgebäude Unter den Linden eine Gedenkstätte für Du Bois entwickelt. Damit ehrt die Humboldt-Universität zum ersten Mal eine Schwarze Person bzw. Person of Color mit einem Denkmal.[32] Dieses wird von der Universität in Zusammenarbeit mit dem haitianischen Künstler Jean-Ulrick Désert entwickelt und soll sowohl Du Bois' Zeit in Berlin thematisieren als auch sein Vermächtnis darüber hinaus ehren.[33] Es ist zu hoffen, dass das Denkmal einen Beitrag dazu leisten wird, die Geschichte von Schwarzen Wissenschaftler:innen sichtbar zu machen und ferner die Beziehungen zwischen Berlin und einem der einflussreichsten Intellektuellen des 20. Jahrhunderts stärker ins Bewusstsein zu rücken.

(Aus dem Englischen von Nine Eglantine Yamamoto-Masson.)

Anmerkungen

1. Du Bois, W. E. B., *Dusk of Dawn. An Essay Toward an Autobiography of a Race Concept*, New York 2007, S. 16, übersetzt aus dem Original »made a nation out of a mass of bickering peoples.«
2. Vgl. Berman, Russell A., »Du Bois and Wagner. Race, Nation, and Culture Between the United States and Germany«, in: *The German Quarterly* 70(2) (1997), S. 123.
3. Vgl. Lewis, David Levering: *W. E. B. Du Bois in Germany and Germany in W. E. B. Du Bois. 16th Distinguished W. E. B. Du Bois Lecture*, 15.04.2008. Online abrufbar unter: www.angl.hu-berlin.de/department/duboismemorial/ inberlin/1890s/lewis-david-l-dist-du-bois-lecture-2008.pdf [letzter Zugrifff: 21.03.2022].
4. Vgl. Schafer, Axel R., »W. E. B. Du Bois, German Social Thought, and the Racial Divide in American Progressivism, 1892–1909«, in: *The Journal of American History* 88(3) (2001), S. 929.
5. Vgl. Johnson, Brian, »The Role of Higher Education in the Religious Transformation of W. E. B. Du Bois«, in: *The Journal of Blacks in Higher Education* 59 (2008), S. 79.
6. Du Bois, W. E. B., *The Autobiography of W. E. B. Du Bois. A Soliloquy on Viewing My Life from the Last Decade of Its First Century*, New York 1988 (10. Auflage), S. 160, Übersetzt aus dem Original »I spent a happy holiday in a home where university training and German home-making left no room for American color prejudice.« (Übersetzung d. Übers.).
7. Vgl. Barkin, Kenneth D., »W. E. B. Du Bois' Love Affair with Imperial Germany«, in: *German Studies Review* 28(2) (2005), S. 285–302, hier S. 294.
8. Vgl. Barkin, Kenneth D., »›Berlin Days‹, 1892–1894. W. E. B. Du Bois and German Political Economy«, in: *boundary 2*, 27(3) (2000), S. 79–101, hier S. 92.
9. Vgl. Berman, »Du Bois and Wagner«, S. 125.
10. Vgl. Barkin, »W. E. B. Du Bois' Love Affair«, S. 84.
11. Vgl. Lee, Christopher J., »Du Bois in Berlin«, in: *Africa is a Country*, 12.03.2020. Online abrufbar unter: africasacountry.com/2020/03/du-bois-in-berlin [letzter Zugriff: 15.02.2021].
12. Du Bois, *Dusk of Dawn*, S. 23–24. Übersetzt aus dem Original: »I began to see the race problem in America, the problem of the peoples of Africa and Asia, and the political development of Europe as one. I began to unite my economics and politics …«
13. Vgl. Schafer, »W. E. B. Du Bois, German Social Thought«, S. 934.
14. Vgl. Johnson, »The Role of Higher Education«, S. 79.
15. Vgl. Barkin, »W. E. B. Du Bois' Love Affair«, S. 92.
16. Vgl. ebd., S. 93.
17. Vgl. Lee, »Du Bois in Berlin«.
18. Vgl. Appiah, Kwame Anthony, *Lines of Descent. W. E. B. Du Bois and the Emergence of Identity*, Cambridge, MA 2014, S. 28.
19. Vgl. Barkin, »W. E. B. Du Bois' Love Affair«, S. 83.

20 Du Bois, *The Autobiography of W. E. B. Du Bois*, S. 157. Übersetzt aus dem Original »They [white folk] did not always pause to regard me as a curiosity, or something sub-human; I was just a man of the somewhat privileged student rank, with whom they were glad to meet and talk over the world«.
21 Du Bois, *Dusk of Dawn*, S. 51. Übersetzt aus dem Original »... made my own ideas waver. The eternal walls between races did not seem so stern and exclusive.«
22 Vgl. Barkin, »W. E. B. Du Bois' Love Affair«, S. 285–302.
23 Vgl. ebd., S. 290.
24 Vgl. Johnson, »The Role of Higher Education«, S. 79.
25 Vgl. Berman, »Du Bois and Wagner«, S. 126.
26 Vgl. Lewis, David Levering, *W. E. B. Du Bois, 1868–1919. Biography of a Race*, New York 1993, S. 688.
27 Vgl. Horne, Gerald, *W. E. B. Du Bois. A Biography*, Santa Barbara 2010, S. 170.
28 Vgl. Lewis, David Levering: *W. E. B. Du Bois in Germany and Germany in W. E. B. Du Bois. 16th Distinguished W. E. B. Du Bois Lecture*, 15.04.2008. Online abrufbar unter: www.angl.hu-berlin.de/department/duboismemorial/ inberlin/1890s/lewis-david-l-dist-du-bois-lecture-2008.pdf [letzter Zugriff: 21.03.2022].
29 Vgl Horne, *W. E. B. Du Bois. A Biography*, S. 188f.
30 Vgl. Conrad, Andreas, »Gedenktafel für den US-Soziologen W. E. B. Du Bois«, in: *Der Tagesspiegel*, 27.08.2019. Online abrufbar unter: www.tagesspiegel.de/berlin/24944188.html [letzter Zugriff: 21.03.2022].
31 Vgl. Zocco, Gianna, »Ein ›bescheidenes Monument‹ wartet auf seine Vollendung. Gianna Zocco im Gespräch mit Jean-Ulrick Désert und Dorothea Löbbermann«, in: *Blog des Leibniz-Zentrums für Literatur- und Kulturforschung, Berlin*, 16.07.2020. Online abrufbar unter: www.zflprojekte.de/zfl-blog/2020/07/16 [letzter Zugriff: 15.02.2021].
32 »W. E. B. Du Bois-Gedenkstätte an der Humboldt-Universität zu Berlin«, in: *Humboldt-Universität zu Berlin*, 22.07.2020. Online abrufbar unter: www.angl.hu-berlin.de/department/duboismemorial [letzter Zugriff: 15.02.2021].
33 Désert, Jean-Ulrick, »W. E. B. Du Bois«, *Humboldt-Universität zu Berlin*, 2019. Online abrufbar unter: vimeo.com/368316978 [letzter Zugriff: 15.02.2021]. Der Zeitpunkt der Fertigstellung war aufgrund der anhaltenden Covid-19-Pandemie zum Zeitpunkt des Lektorats an diesem Buch noch unklar.

Ludger Wimmelbücker

1900 – Mtoro Bakari kommt in der Markgrafenstraße an

Mtoro Bakari kam im Juni 1900 aus der Kolonie »Deutsch-Ostafrika« nach Berlin, um am Seminar für Orientalische Sprachen Swahili zu unterrichten. Bis Ende 1901 wohnte er zusammen mit seinem Vorgesetzten Carl Velten in der Markgrafenstraße 78 in Kreuzberg. Als Muttersprachler trug er wesentlich zu dessen wissenschaftlicher Beschäftigung mit dem Swahili bei. Nach seiner Entlassung im Jahr 1905 verdiente Mtoro Bakari seinen Lebensunterhalt durch Sprachunterricht und Vorträge bei der evangelischen Mission in Berlin. Im Sommersemester 1909 war er der erste Sprachlehrer, der eine afrikanische Sprache am kurz zuvor gegründeten Hamburgischen Kolonialinstitut unterrichtete. Als er dort Ende 1913 erneut entlassen wurde, kehrte er nach Berlin zurück. Von dort reiste er an verschiedene Orte, um Vorträge über Ostafrika zu halten. Bis zu seinem Tod im November 1927 wohnte er in der Lichtenrader Straße 40 in Neukölln. Als Muslim wurde er vermutlich auf dem Türkischen Friedhof (Şehitlik Friedhof) am heutigen Columbiadamm begraben.[1]

Swahili war die wichtigste der afrikanischen Sprachen, die am Seminar für Orientalische Sprachen unterrichtet wurden. Bereits im 19. Jahrhundert war es von der ostafrikanischen Küste aus bis weit ins Binnenland gelangt. Ab den 1880er Jahren diente es als Kommunikationsmittel auf der unteren und mittleren Ebene des deutschen Kolonialregimes und wurde so systematisch in der gesamten Kolonie verbreitet. Die deutsche Kolonialherrschaft legte somit den Grundstein für die Entwicklung des in lateinischer Schrift geschriebenen Swahili. Während der britischen Kolonialzeit wurde die Sprache weiter standardisiert und schließlich in Tansania als Nationalsprache übernommen.

Bekannt wurde Mtoro Bakari vor allem als Hauptautor der »Sitten und Gebräuche der Suaheli«. Zuvor hatte er zwei Beiträge für eine Sammlung von swahilsprachigen Reiseschilderungen verfasst, in denen er über die Geschichte und Kultur der Doe und Zaramo berichtete. Diese Arbeiten erschienen unter dem Namen seines damaligen Vorgesetzten Carl Velten, der die von ihm zusammengetragenen Texte aus der arabischen in die lateinische Schrift übertrug, sie ins Deutsche übersetzte und sie gleichzeitig in Swahili und Deutsch herausgab.[2] Erst in jüngerer Zeit erschien eine gekürzte und kommentierte englische Edition der »Customs of the Swahili People«[3]. In der Folge wurde dieser Text als die erste ausführliche Darstellung der Swahili-Kultur des 19. Jahrhunderts durch einen einheimischen Autoren interpretiert. Das Maß an Authentizität, das man dem Text damit zumaß, relativiert sich allerdings dadurch, dass er erst unmittelbar zu Beginn des 20. Jahrhunderts entstand, und zwar in Berlin, wo Mtoro Bakari ihn im Auftrag seines Vorgesetzten verfasste. Deshalb sind die Anteile kaum genau zu bestimmen, die beide am Originaltext und der deutschen Übersetzung des Hauptteils der »Sitten und Gebräuche« hatten.

Veltens Absicht war es, über die von europäischen Beobachtern verfassten Beschreibungen der Swahili-Gesellschaft hinauszugehen, indem er Autoren heranzog, die selbst an der ostafrikanischen Küste aufgewachsen waren und die dortigen Verhältnisse aus eigener Erfahrung kannten. Er veröffentlichte ihre Texte in der Originalsprache, um sowohl ihren sprachlichen Ausdruck als auch ihr Denken authentisch zu dokumentieren. Das hatte nicht nur akademische Bedeutung. Die Aufgabe der Dozenten am Seminar für orientalische Sprachen bestand im Wesentlichen darin, deutschen Militärangehörigen, Kolonialbeamten, Privatpersonen und Missionaren sprachliche Kompetenzen für ihre Tätigkeiten in den deutschen Kolonien zu vermitteln. Durch seine Lehrtätigkeit trug Mtoro Bakari mit dazu bei. Generell übernahmen die deutschen Dozenten den Hauptkurs in Swahili, der hauptsächlich in der Erklärung der grammatischen Struktur sowie anderen generellen Erläuterungen bestand. Die eigentliche Sprachvermittlung fand überwiegend in den »Übungen« der einheimischen »Lektoren« (in Berlin) bzw. »Sprachgehilfen« (in Hamburg) statt.

Neben seiner Tätigkeit als Autor und Dozent leistete Mtoro Bakari wichtige Beiträge zur wissenschaftlichen Arbeit seiner deutschen Kollegen. In Hamburg stand er beispielsweise dem bekannten Islamkundler Carl Heinrich Becker als Informant bei dessen Forschung zum Islam in Ostafrika zur Verfügung. Eine besondere Rolle spielte seine Tätigkeit für Carl Meinhof, dem Gründungsdirektor des »Seminars für Kolonialsprachen«

in Hamburg, der als Begründer der wissenschaftlichen Erforschung der afrikanischen Sprachen (Afrikanistik) bekannt wurde. Für dessen Lehrbuch »Die Sprache der Suaheli in Deutsch-Ostafrika«, dessen Orthographie sich offenbar an Mtoro Bakaris Aussprache orientiert, schrieb er die Gespräche und besorgte außerdem die »freundliche Durchsicht des Manuskripts«[4], ohne jedoch selbst als Koautor zu erscheinen.

Bereits 1904 hatte er Meinhof auf die von einem Hauchgeräusch begleiteten Laute im Swahili, also die aspirierten Phoneme t^h, p^h, k^h und $t\int^h$, aufmerksam gemacht. Europäer nahmen sie vielfach nicht wahr, obwohl sie als bedeutungsunterscheidendes Merkmal in Erscheinung traten. Auch Meinhof war dieses Detail 1902/03 bei seinem sechsmonatigen Aufenthalt in Ostafrika offenbar entgangen. Anscheinend nahm er dies zum Anlass, die Phonetik der afrikanischen Sprachen mit Hilfe der damals vorhandenen technischen Aufzeichnungsmöglichkeiten (Kymograph, Grammophon etc.) systematisch zu untersuchen. Mtoro Bakari gab damit indirekt einen Anstoß für die Einrichtung des Phonetischen Laboratoriums. In Berlin konnte sich Meinhof mit dieser innovativen Idee nicht durchsetzen, doch genau ein Jahr nach seinem Wechsel nach Hamburg nahm das Laboratorium im Oktober 1910 schließlich seine Arbeit auf.

Meinhof war Mtoro Bakari besonders dankbar für dessen vielfältige Zuarbeit. Als dieser das Seminar für orientalische Sprachen 1905 verließ, bescheinigte er ihm unter anderem: »Wegen seiner guten Aussprache, seines Lehrgeschicks und seiner persönlichen Bescheidenheit ist er nie ein neutraler Mitarbeiter gewesen, der mir auch außerhalb seines eigentlichen Dienstes jede sachliche und sprachliche Auskunft in der bereitwilligsten Weise zur Verfügung gestellt hat.«

Angesichts der systemimmanenten Gewalt und systematischen Unterdrückung, die von der deutschen Kolonialherrschaft ausging, drängt sich die Frage auf, wie es überhaupt dazu kam, dass Mtoro Bakari einen kleinen, jedoch nicht unwichtigen Beitrag zur kolonialen Wissensproduktion sowie zur Lehre der afrikanischen Sprachen und Kulturen leistete. Um darauf eine Antwort geben zu können, erscheint es sinnvoll, sein Verhalten aus der Perspektive der von ihm in Ostafrika und dem Deutschen Reich gemachten Erfahrungen zu betrachten.

Geboren wurde er in Dunda unweit der Hafenstadt Bagamoyo, die in der zweiten Hälfte des 19. Jahrhunderts zum bedeutendsten Ausgangspunkt des bis nach Zentralafrika reichenden Karawanenverkehrs aufstieg. Sowohl sein Großvater als auch sein Vater scheinen durch den regionalen Handel mit der Küste zu einigem Reichtum gelangt zu sein und sich schrittweise der islamischen Swahilikultur angenähert zu haben. Die Familie verfügte jedoch offenbar über keinen dauerhaften Reichtum, wie etwa eine Plantage. Sie war wohl auch nicht entscheidend am Fernhandel beteiligt, der neben Elfenbein zunehmend Sklaven an die ostafrikanische Küste brachte und so zur Ausweitung der dortigen Plantagenwirtschaft beitrug. Die Konkurrenz um den direkten Zugang zu diesem Handel führte an vielen Orten zu politischen Rivalitäten und zu gewaltsam ausgetragenen Konflikten.

Die Bemühungen der Deutsch-Ostafrikanischen Gesellschaft, durch einen Vertrag mit dem Sultan von Sansibar die Verwaltung des unter dessen Einfluss stehenden Küstenabschnitts zu übernehmen, stieß auf Widerstand. Die numerisch weit unterlegenen deutschen Truppen setzen sich mit Hilfe von Söldnern, lokalen Kräften und der Überlegenheit ihrer Feuerkraft oft mit rücksichtsloser Brutalität durch. Im September 1888 zerstörten ihre Geschütze einen Teil der Stadt Bagamoyo aufgrund eines drohenden Angriffs auf ihre Station. Im weiteren Umkreis der Stadt fand die von beiden Seiten ausgeübte Gewalt, unter der die unbeteiligte Bevölkerung und natürlich auch Mtoro Bakaris Familie zu leiden hatte, nach einigen Monaten ein Ende. Zu Beginn des Jahres 1891 übernahm das Deutsche Reich die Verwaltung der gesamten Kolonie »Deutsch-Ostafrika« und sorgte für den Aufbau des kolonialen Militärs. Bis zur Jahrhundertwende bestand die politische Priorität des Kolonialregimes darin, den Widerstand im gesamten Binnenland mit militärischen Mitteln zu brechen.

Im Bezirk Bagamoyo ermöglichten die Subventionen des Deutschen Reichs in den 1890er Jahren, den Bau von Straßen und Brücken voranzutreiben und in der Stadt selbst Gebäude, Brunnen usw. zu errichten. Ein Großteil der Bevölkerung nahm diese Investitionen offenbar positiv wahr. Mtoro Bakari selbst äußerte sich in den »Sitten und Gebräuchen« in diesem Sinne und verteidigte gleichzeitig die sogenannte Hüttensteuer, die von den Deutschen ab April 1898 erhoben wurde. Bei deren Einführung war er selbst für eine begrenzte Zeit als Steuereintreiber tätig. Aus seinen Äußerungen geht hervor, dass viele ihn für seine Tätigkeit hassten, da sie die Steuer als ungerechtfertigte Zwangsmaßnahme empfanden. Dies galt umso mehr, als ihn zu seinem eigenen Schutz zumindest in einem Fall, wie er selbst berichtete, »mein Sklave« und ansonsten zwei afrikanische Soldaten begleiteten. Der durch die einheimischen Steuererheber ausgeübte Druck führte allerdings nur zu geringen Einnahmen. Ein weiterer Grund dafür war die schwerste und weitreichendste Hungersnot während der deutschen Kolonialzeit, die durch eine bis zum Jahr 1900 andauernde Trockenheit bedingt war. Das Kolonialregime konnte nur punktuell Nothilfe leisten. Viele Menschen befanden sich in einer prekären Situation, so wahrscheinlich auch Mtoro Bakari, der seine Frau und seine noch sehr junge Tochter zu versorgen hatte. Diese schwierigen Verhältnisse scheinen ein Grund dafür gewesen zu sein, dass er die angebotene Stelle in Berlin annahm, von wo aus er ihnen Unterhalt zahlte.

Schon bald sollte sich zeigen, dass weder Mtoro Bakaris positive Einschätzung des kolonialen Einflusses in Ostafrika noch seine Hoffnungen auf ein dauerhaft besseres Leben durch seine Tätigkeit in Deutschland Realität werden sollten. Anscheinend machte er zunächst überwiegend gute Erfahrungen. Carl Velten schätzte seine Arbeit und zollte ihm Respekt. Nachdem Velten heiratete, zog Bakari zunächst in die Zimmerstraße 9 und um die Jahreswende 1903/04 in die Kreuzbergstraße 21, wo er seine spätere deutsche Frau, Berta Hilske, kennenlernte. Nach der Verlobung im Mai heiratete das Paar im Oktober 1904. Unabhängig davon scheint Mtoro Bakari die Scheidung von seiner ersten Frau bereits im Dezember 1903 veranlasst zu haben. Carl Velten, der die Scheidung als nicht abgeschlossen betrachtete und ihn deshalb der Bigamie bezichtigte, versuchte, die Eheschließung zu verhindern. Der eigentliche Grund dafür war allerdings, dass aus seiner Sicht Ehen zwischen hell- und dunkelhäutigen »Rassen« grundsätzlich verboten werden sollten.

Gegen den in der Folge erfahrenen Rassismus setzten sich die Bakaris offen zur Wehr. Berta und ihre Mutter wurden persönlich beim Direktor des Seminars vorstellig und beschwerten sich über die Versuche, die Heirat zu verhindern. Mtoro begann, Veltens Anweisungen zu ignorieren, und redete nicht mehr mit dem Direktor. Das Seminar kündigte ihm jedoch nicht, und zwar nicht nur, weil Carl Meinhof ihn weiterhin als Mitarbeiter beschäftigte, sondern auch, weil seine Rückreise nach Ostafrika nicht erwünscht war. Gleichzeitig wollte man eine beamtenrechtliche Auseinandersetzung um die vorzeitige Auflösung des bis zum Mai 1906 laufenden

Arbeitsvertrags vermeiden. Als der Konflikt mit Velten im Mai 1905 eskalierte, bat Mtoro um die Auflösung seines Vertrages zum 15. August 1905. Sechs Tage später schifften sich die Bakaris in Genua ein und erreichten Daressalaam am 13. September.

Die gemeinsame Einreise wurde ihnen dort auf Veranlassung des Gouverneurs von »Deutsch-Ostafrika«, Gustav Adolf Graf von Götzen, strikt verwehrt. Zu diesem Zeitpunkt gab es dafür weder eine gesetzliche Grundlage noch eine entsprechende Verordnung. Götzen selbst hatte noch im September 1904 die für die Eheschließung benötigte Bescheinigung an die Kolonialabteilung in Berlin weitergeleitet. Nicht nur deshalb konnte Mtoro Bakari kaum mit einem Einreiseverbot rechnen. Nicht-eheliche Beziehungen zwischen deutschen Männern und einheimischen Frauen waren in der Kolonie bis dahin weit verbreitet. Die Einreise des verheirateten Paares hätte eine völlige Umkehrung dieser Verhältnisse bedeutet und deshalb die asymmetrische soziale Ordnung infrage gestellt, auf der das Kolonialregime basierte. Das harte Vorgehen gegen die Bakaris erklärt sich auch aus der Tatsache, dass sie zu Beginn des Maji-Maji-Kriegs eintrafen, der die koloniale Herrschaft in schwere Bedrängnis brachte. Nach neun Tagen erzwungenem Aufenthalt auf dem Schiff kehrten sie nach Berlin zurück.

Der aggressive Rassismus, der in Berichten der deutschen Presse in Ostafrika zum Ausdruck kam, fand seinen Widerhall in einigen Zeitungen im Deutschen Reich, führte dort jedoch zu keinem großen öffentlichen Skandal. Innerhalb der Kolonialverwaltung scheint die Ehe der Bakaris ein wichtiger Anlass für verstärkte Maßnahmen gegen sog. »Mischehen«, also insbesondere Verbindungen zwischen deutschen Staatsbürgern und Angehörigen der deutschen »Schutzgebiete«, gewesen zu sein. Nach der Abreise der Bakaris aus Daressalaam im September 1905 wurde die erste diesbezügliche Anweisung in »Deutsch-Südwestafrika« (Namibia) erteilt. Später folgten entsprechende Verordnungen auch in den anderen deutschen Kolonien; 1906 in »Deutsch-Ostafrika« und 1912 in Samoa. Im Deutschen Reich hingegen waren »Mischehen« bis zum Beginn des Nazi-Regimes weiterhin anerkannt und möglich.[5] Die Geschichte des Ehepaars Bakari war innerhalb des Reichskolonialamts bekannt; sie wurde amtsintern zur Referenz für Ablehnungen von Anträgen »gemischter« Paare zur Heirat[6] und Einreise in deutsche Schutzgebiete. Noch in den 1920er Jahren sollten diese Ehepaare nicht in die Kolonien einreisen.

Nach der erzwungenen Rückkehr aus Ostafrika versuchte Mtoro Bakari vergeblich, staatliche Stellen mit Eingaben dazu zu bewegen, das erfahrene Unrecht anzuerkennen und ihm zu einer angemessenen Tätigkeit zu verhelfen. Carl Meinhof vermittelte ihm 1909 eine Anstellung am Hamburgischen Kolonialinstitut. Gegen die Diskriminierungen, die er dort erfuhr, leistete er konsequent Widerstand. Der ehemalige Kolonialbeamte Hans Zache versuchte ihn 1911, vermutlich mit Unterstützung von Meinhof, in seinem Swahilikurs in der Rolle eines »Eingeborenen« in einer gespielten Gerichtsverhandlung auftreten zu lassen. Mtoro Bakari setzte sich gegen die damit verbundene Zuschreibung der Position eines intellektuell limitierten Untertans mit Hilfe seiner Bildung und Kommunikationsfähigkeit zur Wehr. Am Ende bescheinigte Zache ihm, dass er als »Gelehrter« dazu nicht geeignet sei und zog stattdessen dafür seinen eigenen »Boy« heran.

Eine ähnliche Situation führte Ende 1913 zu seiner unverzüglichen Entlassung. Als der viel jüngere Martin Heepe den viel erfahreneren Mtoro Bakari als »Sprachgehilfen« einsetzen wollte, setzte sich dieser auf den Platz des Lehrers und weigerte sich, ihn zu verlassen. Auch in diesem Fall richtete sich sein Verhalten gegen die institutionelle Diskriminierung durch die ihm zugedachte Funktion im System der »Vorlesungen« und »Übungen«. Er war bereit, die endgültige Konsequenz daraus zu ziehen. Meinhof verwehrte ihm in diesem Fall seine Unterstützung. Zwar war Meinhof von den anthropologischen Rassentheorien wenig überzeugt, doch aus seiner Sicht galt die in den Kolonien geforderte Unterordnung auch für Afrikaner in Deutschland. Mit dem Aufstieg jüngerer deutscher Kollegen musste diese Haltung unweigerlich zu einem Konflikt führen.

Ohne die Steine, die man ihm in Deutschland in den Weg legte, hätte Mtoro Bakari eine akademische Karriere offen gestanden. Nach seiner Entlassung in Hamburg zog er sich aus den kolonialen Kreisen zurück. Deshalb lassen sich ab 1914 nur noch spärliche Informationen über sein Leben finden. Eine Verdienstquelle waren Vorträge an verschiedenen Orten, über die wenig bekannt ist. Aufgrund des um sich greifenden Rassismus im Zusammenhang mit den Kampagnen gegen die Besetzung des Rheinlandes, woran Soldaten aus den französischen Kolonien beteiligt waren, besorgte er sich 1922 eine Bescheinigung, die ihn als Angehörigen der ehemaligen deutschen Kolonien auswies, um damit Anfeindungen abwehren zu können. Ein Brief, den er im November 1926 an den oben erwähnten

Islamkundler C. H. Becker schrieb, ist ein möglicher Hinweis auf ernste gesundheitliche oder materielle Probleme. Die letzten erhaltenen Mtoro Bakari betreffenden Dokumente sind die Todesmeldung durch seine Frau am 14. November 1927 und seine Einwohnermeldekarte, auf der fälschlicherweise der 14. Juli als Todesdatum eingetragen wurde. Der Historische Beirat beim Senator für Kultur und Europa hat im Januar 2022 die Anbringung einer Berliner Gedenktafel aus Porzellan an seinem letzten Wohnort in Neukölln beschlossen, die an ihn erinnern wird.

Anmerkungen

1 Vgl. Wimmelbücker, Ludger, *Mtoro bin Mwinyi Bakari (c.1869-1927) - Swahili lecturer and author in Germany,* Daressalaam 2009.
2 Vgl. Velten, Carl, *Sitten und Gebräuche der Suaheli nebst einem Anhang über Rechtsgewohnheiten der Suaheli,* Göttingen 1903; Velten, Carl, *Desturi za Wasuaheli na khabari za desturi za sheri'a za Wasuaheli,* Göttingen 1903; Velten, Carl, *Schilderungen der Suaheli von Expeditionen v. Wißmann, Dr. Bumillers, Graf v. Götzens, und Anderer,* Göttingen 1901; Velten, Carl, *Safari za Wasuaheli,* Göttingen 1901.
3 Allen, J. W. T. (Hg.), *The Customs of the Swahili People. The Desturi za Waswahili of Mtoro bin Mwinyi Bakari and Other Swahili Persons,* Berkeley u. a. 1981.
4 Meinhof, Carl, *Die Sprache der Suaheli in Deutsch-Ostafrika,* Berlin 1910.
5 Vgl. Sippel, Harald, »›Im Interesse des Deutschtums und der weißen Rasse‹. Behandlung und Rechtswirkungen von ›Rassenmischehen‹ in den Kolonien Deutsch-Ostafrika und Deutsch-Südwestafrika«, in: *Jahrbuch für afrikanisches Recht* 9 (1995), S. 123-159; Wildenthal, Lora, *German Women for Empire, 1884-1945,* Durham / London 2001.
6 So lehnte das Kolonialamt 1916 etwa den Antrag von Max Bebe Same zur Heirat einer deutschen Frau wegen fehlender Dokumente aus Kamerun ab und verhinderte damit einen Einreiseversuch ins Kolonialgebiet. Zwei Aktennotizen verweisen dabei auf den »Fall des ostafrikanischen N***** Mtoro«, der »sehr lehrreich« sei. Vgl. BArch R1001/4457f, Blatt 118-123.

Michael G. Esch

Um 1900 – Elfenbeinimport, Usambara-Magazin und Kolonialwarengroßhandel im Bezirk

Etwa ab der Jahrhundertwende machte sich der Kolonialismus zunehmend in der Gesamtwirtschaft des Reiches bemerkbar, was sowohl die Einfuhr von Rohstoffen als auch neue Dimensionen des Konsums betraf. So schlug sich der europäische und der globale Kolonialismus auch in der lokalen Ökonomie Friedrichshains und Kreuzbergs nieder und banden diese Stadtregionen in die globale Verwertung kolonialer Ressourcen ein: Zum einen bestand im Bereich der Ritterstraße ein als »Goldene Meile« bezeichnetes Gewerbeviertel, ein bis zum Zweiten Weltkrieg bedeutendes Viertel mit Fabrikationsstädten und Musterhäusern, die zum Teil auch mit kolonialen Rohstoffen arbeiteten und häufig hochpreisige Waren für den Export herstellten. Zum anderen spielten Kaufleute aus Kreuzberg und Friedrichshain eine nicht unwesentliche Rolle in der Entwicklung des Kolonialwaren-Einzelhandels.

Kolonialismus war nicht bloß eine diskursive Konstruktion zur Herstellung einer »weißen« bzw. »europäischen« Überlegenheit und Hegemonie in der Welt, die nebenbei noch die Beherrschung subalterner Milieus in den kolonisierenden Gesellschaften vereinfachen sollte. Diese Hegemonie diente vielmehr der Erschließung von Absatzmärkten und Rohstoffen und etablierte in diesem kapitalistischen Verwertungsinteresse eine bis heute anhaltende globale Ungleichverteilung von Macht und Reichtum. Sie betrieb und förderte auch die langfristige Globalisierung von menschlicher Mobilität und Warenströmen einschließlich wesentlicher Erweiterungen des Angebots an Nahrungs- und Genussmitteln sowie sonstigen Gütern in den Metropolen.[1] In diesem Rahmen förderte sie eine über Waren vermittelte soziokulturelle Integration der sozialen Klassen trotz fortbestehender sozialer Ungleichheit. Ein wesentlicher Motor dafür war die Verteilung der natürlichen Reichtümer und daraus gefertigter Waren aus den eigenen und anderen Kolonien auch in sozial benachteiligten Stadtteilen wie dem heutigen Kreuzberg und Friedrichshain.

Große koloniale Institute und (meist von städtischen Honoratioren betriebene) Vereine, wie das Deutsche Kolonial-Haus als größtes auf Kolonialwaren spezialisiertes Kaufhaus, waren in den wohlhabenderen westlichen Stadtvierteln angesiedelt. In der Deutschen Kolonialgesellschaft mit ihren 43.000 Mitgliedern und 170 Ortsgruppen wohnte 1914 kein einziges Mitglied des Berliner Ausschusses oder gar des umfänglichen Vorstands östlich von Mitte[2] – mit Ausnahme einiger weniger Bewohner des westlichsten Endes von Kreuzberg um die Dessauer Straße. Auch fanden die Kolonialausstellungen eher am Stadtrand auf geeigneten, noch unbebauten Flächen statt. Einen gewissen räumlichen Bezug zu Kreuzberg hatte die Gewerbeausstellung im Treptower Park von 1896. Diese bot dem zahlenden Publikum einen in Abstimmung mit der ägyptischen Regierung erstellten Ausstellungsbereich namens »Kairo«, der neben einer 30 Meter hohen Pyramide, einer Straßenszenerie und kulinarischen Genüssen vergnügliche und ernsthafte Vorführungen und Vorträge bot. Außerdem gab es eine umfängliche Kolonialausstellung mit mehreren Dorfnachbauten (Dualla, Neuguinea, Südsee, Ostafrika und Hottentotten), für die eine besondere Eintrittskarte erforderlich war.[3] Es ist davon auszugehen, dass auch in Kreuzberg und Friedrichshain Wohnende die Attraktionen dieser Ausstellung besucht haben.

Daneben gab es in den beiden heutigen Bezirken durchaus direktere Verbindungen zum deutschen Kolonialismus und zur expansiven Globalisierung, und zwar auf zwei verschiedenen Ebenen. Seit den 1850er Jahren entstand im Kiez um die Ritterstraße ein Viertel mit gemischter Gewerbe- und Wohnbebauung, in dem große Gebäude mit mehreren Hinterhöfen dominierten. Nach der Errichtung des Ritterhofs 1905 entwickelte sich eine spezifische Mischung aus Produktionsstätten in den Hinterhöfen sowie Schauräumen und Musterlagern in den Vorderhäusern. Da diese Musterschauen zunehmend auch in großen, aufwendig gestalteten Schaufenstern beworben wurden, bekam die Ritterstraße selbst den Spitznamen »Goldene Meile«. Die Hauptbranchen waren Glas und Porzellan, Haus- und Küchengeräte, Papier- und Lederwaren, Spielzeuge, Metallwaren usw.[4]

Insbesondere im Bereich der Galanterie- und Schmuckwaren wurden koloniale Rohstoffe verarbeitet, namentlich Silber und Elfenbein. Da zur damaligen Zeit (und bis zur Einschränkung des Elfenbeinhandels 2013)

Elefanten ohne Rücksicht auf ethische oder ökologische Erwägungen erlegt werden konnten, war Elfenbein zunächst ein zwar exotisches und ästhetisch ansprechendes, aber durchaus preiswertes Material. Verarbeitet wurden die meist aus Afrika stammenden Stoßzähne unter anderem von der Werkstätte für Elfenbeinkunst Preiß & Kassler. Die Firma hatte bis Mitte der 1920er Jahre in der Boxhagener Straße Elfenbeinrosen und ähnliche Dekorationselemente aus alten Billardkugeln hergestellt. In der Ritterstraße stellte sie international recht erfolgreiche, hochpreisige Figurinen aus Elfenbein, Bronze, Silber und Zelluloselack her. Die Motive hatten wenig bis nichts mit dem kolonialen Herkunftsort des Rohmaterials zu tun: Meist wurden junge Frauen, Mädchen oder Jungen im Stile des Art Déco dargestellt. Selten findet sich eine dunkelhäutige, wie immer äußerst schlanke Dame, die als amerikanisch-europäische Revuetänzerin gezeigt wird und an die in den 1920ern auch in Berlin äußerst populäre Josephine Baker angelehnt scheint. Daneben wurden Figuren »orientalischer Diener« angeboten. Koloniale Motive im eigentlichen Sinne fehlten ansonsten völlig, wurden aber mitunter in der Musterausstellung zur Präsentation und exotischen Aufwertung der Erzeugnisse herangezogen. Im Jahre 1930 besorgte die Firma Holzschnitzereien und Rosen aus Elfenbein für die erneuerte Innenausstattung der Schauräume der Firma Sarotti. Einige weitere Unternehmen im Exportviertel um die Kreuzberger Ritterstraße verwendeten ebenfalls koloniale Rohstoffe: Wild & Wessel stellten seit 1855 zunächst in der Alexandrinenstraße, dann an der Prinzenstraße patentierte Petroleumlampen für den häuslichen Gebrauch her; in den 1860er Jahren lieferte die Firma zudem Laternen für die Straßenbeleuchtung in Moskau, die Fa. Alexander Heinrich stellte im Musterlager Ritterstraße 84 Jute-Teppiche sowie Silberwaren aus.

Der Bezug zu Kreuzberg und Friedrichshain war hier beschränkt: Wie es der Bezeichnung Exportviertel ziemte, richteten sich die um die Ritterstraße angesiedelten Betriebe und Musterläger vor allem an externe deutsche und ausländische Ankäufer. Preiß & Kassler etwa lieferten in erster Linie nach England und in die USA; bis heute sind gebrauchte Stücke und Kopien vermehrt dort zu finden. Allerdings gab es im Stadtteil durchaus auch Hersteller, die koloniale Rohstoffe für den einheimischen Bedarf verarbeiteten. So waren abseits des Exportviertels am Friedrichshainer Spreeufer an der Mühlenstraße um 1900 einige Gummiwarenhersteller tätig, die Kautschuk aus dem brasilianischen Pará sowie vor dem Ersten Weltkrieg aus Togo und »Deutsch-Ostafrika« verarbeiteten.[5] Daneben gab es in der Köpenicker Straße zwei Firmen, die Knöpfe und weitere Gegenstände aus polynesischer Steinnuss, Muscheln und Perlmutt herstellten:[6] Deutsche und andere Kolonien lieferten in einem globalen Warenfluss neuartige Rohstoffe, die sich zu den unterschiedlichsten Luxus- und Gebrauchsartikeln verarbeiten ließen. Daneben spielte die Mühlenstraße auch eine Rolle bei der Nutzung der imperialen Erweiterungsräume im Osten: Seit 1856 betrieb die Firma Caesar Wollheim ein Kohlelager an der Mühlenstraße; ab 1895 betrieb das Unternehmen im schlesischen Zabrze eine Brikettfabrik.[7]

Ein wenig bekanntes (und bislang nicht als solches ausgewiesenes) Baudenkmal mit Bezug zu kolonialer Ausbeutung ist die Dessauerstr. 28/29. Bis 1914 hatten hier mehrere Firmen ihren Sitz, die sich der Verwertung von Ressourcen in »Deutsch-Ostafrika« (heute Ruanda, Tansania und Burundi) widmeten. Das Gebäude wurde 1908/09 als Vorderhaus mit zwei Hinterhöfen erbaut und war eines der ersten Berliner Bürogebäude, dessen Räumlichkeiten an interessierte Firmen vermietet wurden. 1912 wurde es um einen Seitenflügel und eine zweite Straßenfront an der Schöneberger Straße erweitert. Hier wirkten neben einer Handelsbank für Ostafrika und einer weiteren »Deutsch-Ostafrikanischen« Bank sowie der 1885 gegründeten »Deutsch-Ostafrikanischen« Gesellschaft ein Handelsunternehmen für Sisal, Kautschuk und Baumwolle, die Deutsche Holz-Gesellschaft für Ostafrika und das Usambara-Magazin. Das letztgenannte Unternehmen handelte mit Kaffee, der unter dessen Leitung von deutschen Kolonisten mit einheimischen Arbeitskräften – zum Teil Zwangsarbeitern – in den tansanischen Bergen angebaut wurde. Ähnlich verhielt es sich mit dem ostafrikanischen Baumwollanbau.[8]

Da zur Kontrolle der einheimischen Arbeitskräfte sowie für bestimmte Arbeiten deutsche Arbeitskräfte bevorzugt wurden, handelte man in der Dessauerstraße auch mit humanen Ressourcen: Seit 1908 bestand hier eine Arbeiter-Anwerbe-Gesellschaft, die deutsche Arbeiter in die Kolonien vermittelte. Hinzu kam die Ostafrikanische Gasthausgesellschaft Kaiserhof, die ein gleichnamiges Etablissement in Daressalam betrieb.[9] Mehrere dieser Firmen waren miteinander verbunden bzw. wurden von den gleichen Personen gegründet – namentlich Caesar Wegener, Julius Warnholtz (Banken), Wilhelm Holtzmann und Fritz Greiner (Gasthof und Kaffee). Warnholtz, der in Hamburg eine Reederei betrieb, hatte 1903 zudem an gleicher Adresse die in »Deutsch-Südwestafrika« (Namibia) aktive Gibeon Schürf- und Handelsgesellschaft mbH ins Leben gerufen. Außerdem gehörte er dem Aufsichtsrat der Deutschen Kolonialschule für Landwirtschaft, Handel und Gewerbe im nordhessischen Wilhelmshof an.

In der Dessauerstraße 28/29 saßen zudem in »Deutsch-Südwest« tätige (und ebenfalls in Liquidation befindliche) Minengesellschaften, namentlich das 1905 gegründete Nama-Land-Schürf- und Guano-Syndicat und das 1910 entstandene Sphinx-Minen-Syndikat. Bereits 1914 befanden sich diese letztgenannten Firmen in Liquidation. Damit deutete sich das Ende der Hoffnungen an, in Namibia nennenswerte Bodenschätze ausfindig machen und ausbeuten zu können. Wegen seines Charakters als frühes typisches Berliner Bürogebäude steht das 1990 wieder aufgebaute und umgebaute Haus heute unter Denkmalschutz; die Baudenkmalliste erwähnt die koloniale Vergangenheit einiger der ersten Mieter allerdings nicht. Es hat daher seine ganz eigene Ironie, dass der Bau nun von den Botschaften der Dominikanischen Republik und Costa Ricas sowie des Senegals genutzt wird.

In den Handelsfirmen der Dessauerstraße deutet sich an, in welchem Maße die Ausbeutung eigener und fremder Kolonien in die Erweiterung von Warenangeboten und damit in die Entwicklung der Konsumgesellschaft einflossen. Eine weitere wichtige Rolle spielte dabei der Einzelhandel: Während sich noch bis ins frühe 19. Jahrhundert hinein Land- und Stadtbevölkerung weitgehend selbst oder über Tausch mit Lebensmitteln und Verbrauchsgütern versorgten, bedingten der Siegeszug des Kapitalismus mit dem Übergang zu massenhafter Lohnarbeit und die damit einhergehende Zuwanderung in die Städte die Notwendigkeit einer warenförmigen Distribution lebensnotwendiger Güter. In der »zweiten Einzelhandelsrevolution« der zweiten Hälfte des 19. Jahrhunderts wurde der tägliche bzw. Wochenmarkt vom stationären Einzelhandel abgelöst.[10] Die sich entwickelnde Konsumgesellschaft trug dabei ganz wesentlich zur Kolonisierung nichtbürgerlicher sozialer Sphären bei – als Absatzmärkte, als Missionsgebiete für bürgerliche Werte und Verhaltensweisen, aber auch als Produktionsorte neuer, in Waren transformierbarer Kulturgüter. Der europäische – und ab den 1880er Jahren deutsche – Kolonialismus als Konstituente der neuzeitlichen Globalisierung bewirkte in diesem Kontext eine wesentliche Erweiterung des Warenangebots, und zwar in zunehmendem Maße auch für den Massenkonsum. Der mitunter skandalisierte

Begriff der »Kolonialwaren« war von Anfang an unscharf und nur unzureichend von »Produktenwaren«, d. h. Erzeugnissen der einheimischen Landwirtschaft, und »Materialwaren«, also Erzeugnissen von Handwerk und Industrie, geschieden.[11] Laut Meyers Konversationslexikon von 1887 waren »Kolonialwaren« im groben »die rohen Produkte der wärmeren Länder, namentlich Kaffee, Zucker, Tee, Reis, Gewürze, Farb- und Möbelhölzer, Arzneimittel und Baumwolle.«[12] Der Begriff wurde seit dem späten 19. Jahrhundert bis in die 1970er Jahre hinein vom Lebensmittel-, insbesondere Feinkosthandel verwendet und bezeichnete eine ganze Reihe von Genussmitteln und Verbrauchsgütern von Zucker über Tabak bis hin zu Kaffee, Schokolade, Kokos, Baumwoll-, Jute- und Sisalprodukten. Obschon es sich um Läden mit einem gewissen Qualitäts- und Luxusanspruch handelte, bedienten sie als »Tante-Emma-Läden« in erster Linie den lokalen Bedarf der Mittel- und Unterklassen an Nahrungs- und Genussmitteln. Meist wurden sie von Arbeiterfrauen und Arbeiterinnen betrieben, deren Familien genügend Geld für eine kleine Selbständigkeit angespart hatten oder eine prekäre Handelstätigkeit zur Aufbesserung magerer Löhne aufnahmen. Daneben gab es Firmen wie Butter-Klawe, einen in der Mauerstraße 85 ansässigen Händler, der um 1906 bereits zwei Filialen in Kreuzberg betrieb und neben Wein und Butter selbstgerösteten Kaffee und nicht näher spezifizierte Kolonialwaren anbot.[13]

Ausdruck und Motor dieser Entwicklung war die Gründung einer »Einkaufsgenossenschaft der Colonialwaarenhändler im Halleschen Thorbezirk«, mit Sitz in der Mittenwalder Straße 12, im Jahre 1898:[14] Mehr als 20 lokale Kolonialwaren-, Delikatessen- und Lebensmittelhändler schlossen sich zusammen, um gemeinsam Waren an- und dementsprechend günstiger verkaufen zu können und sich auf diese Weise sowohl gegen die aufkommenden großen Warenhäuser als auch gegen die aus der christlichen Arbeiterbewegung kommenden Konsumvereine zu behaupten.[15] Die Kreuzberger Genossenschaft hatte Pioniercharakter: 1901 verzeichnete der Nachtrag zum Berliner Adressbuch eine zweite Gründung »im Osten und den angrenzenden Bezirken Berlin's« in der Friedrichshainer Gubener Str. 56,[16] der Nachtrag erwähnte eine weitere für den Norden.[17] Das Konzept war so erfolgreich, dass es rasch in die besseren Stadtviertel umzog. Schon 1907 firmierte eine Einkaufsgenossenschaft der Berliner Colonialwaarenhändler zu Berlin am Kürfürstendamm 113;[18] im gleichen Jahr wurde in Leipzig ein reichsweiter Unternehmensverband ins Leben gerufen, dessen Name Edeka letztlich auf die Kreuzberger Gründung zurückging. Eine Berliner Genossenschaft bestand weiter als Einkaufszentrale und Verkaufsverband der Berliner Kolonialwarenhändler, nun mit Sitz in der Teltower Str. 46.[19]

Der Zusammenschluss von Einzelhändlern gerade in diesen einkommensschwächeren Bezirken macht deutlich, in welchem Maße der Gebrauch von Waren, die oder deren Rohstoffe aus europäischen Kolonien oder Nationalstaaten des Trikont stammten, zum Massenkonsum wurde, in den alle Bevölkerungsschichten einbezogen waren. Dabei ist zu berücksichtigen, dass die häufig von nicht ausgebildeten Händler:innen betriebenen Kolonialwarenläden ihrer weniger bemittelten Kundschaft Waren auf Kredit verkauften – d. h. »anschreiben« ließen und daher eine wichtige soziale und distributive Funktion gerade in Stadtteilen wie Kreuzberg und Friedrichshain erfüllten.[20] Allerdings bedeutete die alltägliche Verfügbarkeit von Nahrungs- und Genussmitteln noch nicht, dass ihr Konsum eine Selbstverständlichkeit war: Kakao, Schokolade, Spezereien und Tabak waren eher Genussmittel denn Alltagsbedarf. Auch Kaffee wurde im Deutschen Reich über lange Zeit eher bei besonderen Gelegenheiten bereitet. Davon zeugt nicht nur der anhaltende Erfolg von Kaffee- und Teehäusern, sondern auch der Umstand, dass noch 1913 im Deutschen Reich mehr als doppelt so viel »Kaffeeersatz« aus geröstetem Getreide und Zichorien als »echter« Kaffee verbraucht wurde.[21]

Eine weitere Besonderheit der Kolonialwaren bestand darin, dass sie – in etwa zeitgleich mit Erzeugnissen der einheimischen Nahrungsmittelindustrie wie Maggi u. a. – in teils aufwendig gestalteten Verpackungen mit entsprechender Dekorierung und leicht wiedererkennbaren Firmenlogos angeboten und entsprechend beworben wurden. Selbstverständlich verwendeten gerade Tabakwaren-, Kaffee-, Tee- und Schokoladenhersteller und -vertreiber gerne orientalisierend-exotische Motive und ließen dabei das Publikum über die Bedingungen, unter denen diese Waren produziert wurden, im Unklaren. Der Kolonialwarenladen vertrieb damit nicht nur Nahrungs- und Genussmittel. Er vermittelte auch Sehnsüchte nach einer imaginierten Ferne, einem zeitweisen oder dauerhaften Ausstieg aus dem Alltag, den sich auch Eliten in Kolonien und abhängigen Gebieten zunutze machten: Ein Großteil der ab dem späten 19. Jh. im Deutschen Reich sehr beliebten »Orient-Zigaretten« wurde von osmanischen bzw. ägyptischen Firmen wie den Gebrüdern Kyriazi produziert und mit verkaufsfördernd orientalistischer Gestaltung versehen. Erst nach dem Ersten Weltkrieg übernahmen deutsche und später amerikanische Tabakkonzerne den Markt.[22] Mit den 1970er Jahren verschwand der Kolonialwaren-Einzelhandel im Zuge von ökonomischen Konzentrationsprozessen, in denen unter weitgehender Aufgabe der alten Einzelhandelsform lediglich konzernähnliche Zusammenschlüsse wie Edeka bestehen konnten.

Das Angebot an Kolonialwaren als besonders begehrenswertes Gut schuf materielle Begehrlichkeiten, die das Prinzip der Barzahlung durchsetzten. Zudem entstanden wesentliche Grundlagen der modernen Konsumgesellschaft durch das Versprechen, Waren vermittelten neben ihrem Gebrauchswert immaterielle Glückselemente und erfüllten Sehnsüchte nach einem anderen Leben. Weitere Kolonialwaren wie Rohrzucker, der allerdings zunehmend von einheimisch produziertem Rübenzucker verdrängt wurde, wurden über entsprechende Werbung so alltäglich, dass sie ihren exotischen Aspekt praktisch völlig verloren.[23]

Die unterschiedlichen Ebenen des Handels mit und der Verarbeitung von Rohstoffen aus kolonisierten und abhängigen Gebieten zeigen, in welchem Maße der europäische Kolonialismus als Globalisierungselement eine wesentliche Grundlage für eine tiefgreifende Umformung der deutschen (und europäischen) Gesellschaften im späten 19. und frühen 20. Jahrhundert gewesen ist: Er bildete die Grundlage für neue Produktionsbereiche, die auch in den gemischten Gewerbegebieten Kreuzbergs und Friedrichshains angesiedelt waren. In der Dessauerstraße residierten Firmen, die führend in der (teils scheiternden) Ausbeutung der deutschen Kolonien in Afrika waren oder werden wollten. Der in Kreuzberg und Friedrichshain zur Grundversorgung der Bevölkerung in seinem Existenzkampf gegen Großhandel, Kaufhäuser und proletarische Konsumvereine unentbehrliche Einzelhandel schuf nicht zuletzt mit seinem Angebot an Kolonialwaren die Grundlage für eine auf ungleicher Entwicklung aufbauenden Konsumgesellschaft, die auch proletarische und subproletarische Milieus einschloss.

Anmerkungen

1 Vgl. Osterhammel, Jürgen, *Die Verwandlung der Welt. Eine Geschichte des 19. Jahrhunderts*, München 2009, S. 335 ff.; Ausführlicher Pfeisinger, Gerhard / Schennach, Stephan (Hg.), *Kolonialwaren. Die Schaffung der ungleichen Welt*, Göttingen 1989.
2 Vgl. Tesch, Joh. (Hg.), *Kolonial-Handels-Adreßbuch 1914. 18. Jg.* Berlin 1914.
3 Vgl. Niedbalski, Johanna, *Die ganze Welt des Vergnügens. Berliner Vergnügungsparks der 1880er bis 1930er Jahre*, Berlin 2018, S. 245–262.
4 Vgl. Lobes, Lucie, »Exportviertel Ritterstraße«, in: Institut für Raumforschung Bonn (Hg.), *Die unzerstörbare Stadt. Die raumpolitische Lage und Bedeutung Berlins*, Köln / Berlin 1953, S. 201–210; Lanwer, Agnes, »Exportviertel Ritterstraße«, in: Brücker, Eva u. a. (Hg.), *Geschichtslandschaft Berlin. Orte und Ereignisse. Kreuzberg*, Berlin 1994, S. 251–264.
5 Vgl. Uebel, Lothar, *Spreewasser, Fabrikschlote und Dampfloks. Die Mühlenstraße am Friedrichshainer Spreeufer. Unter Mitarbeit von Laurenz Demps und Angela Harting*, Berlin 2009, S. 3 ff., 68 ff.
6 Vgl. Kolonialwirtschaftliches-Komitee (Hg.), *Kolonial-Handels-Adressbuch, II. Theil: Ausfuhr aus den Kolonien. 2. Jg*, Berlin 1898, S. 22. Online abrufbar unter: digital.zbmed.de/wunschdigi/periodical/structure/3789742 [letzter Zugriff: 10.07.2021].
7 Vgl. Uebel, *Spreewasser, Fabrikschlote und Dampfloks*, S. 11–14; 62 ff.
8 Vgl. *Kolonial-Handels-Adressbuch*, S. 8; Gründer, Horst, *Geschichte der deutschen Kolonien*, Paderborn u. a. 1985, S. 157 ff.
9 Vgl. Tesch (Hg.), *Kolonial-Handels-Adressbuch 1914*.
10 Vgl. Pfister, Ulrich, »Vom Kiepenkerl zu Karstadt. Einzelhandel und Warenkultur im 19. und frühen 20. Jahrhundert«, in: *Vierteljahrschrift für Sozial- und Wirtschaftsgeschichte* 87(1) (2000), S. 38–66.
11 Vgl. *Meyers Großes Konversations-Lexikon*, 4. Auflage, 16. Bd., Leipzig 1908, S. 366.
12 *Meyers Großes Konversations-Lexikon*, 4. Auflage, 9. Bd., Leipzig 1887, S. 954.
13 Vgl. Estler-Ziegler, Tania, »Kleinstbestände im BBWA – Butter-Klawe in der Mauerstraße«, in: *Archivspiegel. Weblog des BBWA*, Online abrufbar unter: www.archivspiegel.de/archivgut/kleinstbestaende-im-bbwa-butter-klawe-in-der-mauer strasse/ [letzter Zugriff: 10.07.2021].
14 Vgl. »Adressbuch der Stadt Berlin. Nachtrag, 1899«, in: *Adressbücher der Stadt Berlin*, S. 14. Online abrufbar unter: digital.zlb.de/viewer/search/-/-/1/-/DC%253A berlin.adressundtelefonbuecher%253B%253B/ [letzter Zugriff: 10.07.2021].
15 Vgl. Pfister, »Vom Kiepenkerl zu Karstadt«, S. 47.
16 Vgl. *Adressbuch der Stadt Berlin 1901*, S. 314.
17 Vgl. *Adressbuch der Stadt Berlin 1901*, S. 13.
18 Vgl. *Adressbuch der Stadt Berlin 1907*, S. 454.
19 Vgl. *Adressbuch der Stadt Berlin 1913*, S. 239.
20 Vgl. Wernicke, Johannes, »Kleinhandel, Konsumvereine und Warenhäuser«, in: *Jahrbücher für Nationalökonomie und Statistik* 3. F. 14. (1897), S. 712–744, hier S. 714 f., 720; Haupt, Heinz-Gerhard, »Besitz und Selbstständigkeit als Teil von Arbeiterstrategien im 19. und 20. Jahrhundert. Beispiele aus West- und Südeuropa«, in: *Geschichte und Gesellschaft* 43(2) (2017), S. 240–263, hier S. 256.

21 Vgl. Kleinschmidt, Christian, *Konsumgesellschaft*, Göttingen 2008, S. 71.
22 Vgl. Rahner, Stefan / Schürmann, Sandra, »Aufstieg und Fall der Orient-Zigarette«, in: *Stiftung Historische Museen Hamburg*. Online verfügbar unter: shmh.de/de/hamburgwissen/journal/aufstieg-und-fall-der-orient-zigarette [letzter Zugriff: 10.07.2021].
23 Vgl. Wendt, Reinhard, »Die Verzuckerung der Welt«, in: *Zeitschrift für Ideengeschichte, XVI/1, Thema: Kolonialwaren* (2021), S. 26–35.

Flavia Cahn

1902 – Quane a [»Martin«] Dibobe wird Zugführer der U1

Quane a Dibobe wurde am 31. Oktober 1876 in Bonapriso, heute Duala, in der ehemaligen deutschen Kolonie Kamerun als Sohn eines bedeutenden lokalen Oberhaupts geboren. Auf der Missionsschule wurde er auf den Namen »Martin Dibobe« getauft, unter dem man sich heute an ihn erinnert. Dibobe war einer von 103 Menschen vom afrikanischen Kontinent, die 1896 nach Berlin kamen, um auf der Deutschen Kolonialausstellung zu arbeiten. Diese war Teil der Berliner Gewerbeausstellung, die von Mai bis Oktober 1896 in Berlin-Treptow stattfand im heutigen Treptower Park.[1] Wie einige andere blieb Dibobe danach in Berlin und machte eine Lehre als Mechaniker. Er fand eine Stelle bei den Berliner Verkehrsbetrieben und wurde zum ersten Schwarzen Zugführer Berlins. Dibobe fuhr Züge der Linie B II auf der Hochbahn, die quer durch die Stadt von der Warschauer Straße im Osten durch das Herz von Kreuzberg bis zum Zoologischen Garten im Westen fuhr. Ein großer Teil dieser Strecke gehört in der Gegenwart zur Linie der Berliner U1. Neben seiner langen Tätigkeit als Zugführer war Dibobe vor allem eine zentrale Figur der kamerunischen Diaspora, die sich in den frühen 1900er Jahren in Berlin bildete. Er setzte sich für fairere Beziehungen zwischen seinem Heimatland und Deutschland ein und plädierte für soziale und politische Reformen in den Kolonien. Einen wenig sichtbaren Verweis auf Dibobes Präsenz in Kreuzberg findet man im U-Bahnhof Hallesches Tor: Eine der verblichenen historischen Fotografien aus der Frühzeit des U-Bahnsystems, die an den Wänden des Eingangs zum U-Bahnsteig der U6 ausgestellt sind, zeigt Dibobe in Uniform neben dem Zug, den er fuhr.

Die Berliner Kolonial- und Gewerbeausstellung sollte wie die Weltausstellungen in Paris und London für Deutschland eine Gelegenheit schaffen, technische, wissenschaftliche und kulturelle Errungenschaften des Landes vorzuführen. Solche Ausstellungen sollten aber auch den Kolonialismus als wichtiges nationales Projekt darstellen. Sie waren in einer Art und Weise konzipiert und inszeniert, die die Zustimmung der Bevölkerung für das koloniale Unterfangen zu gewinnen suchte.² Neben Exponaten aus der Textil-, Chemie-, Metallindustrie oder Musikbranche konnten die Besucher:innen der Kolonialausstellung auch Subjekte des deutschen Kolonialismus bestaunen. Für den Afrika-Teil der Berliner Ausstellung wurden vermeintliche »afrikanische Dörfer« als Kulissen aufgebaut. Dibobe und die anderen Darstellenden erhielten Anweisungen, für das *weiße* deutsche Publikum »typische« Szenen des Alltagslebens des afrikanischen Landlebens und »traditionelles Handwerk« vorzuführen.³ Jeden Tag sollten sie die rassistischen und erniedrigenden Imaginationen des *weißen* Publikums vorführen und »authentische« Szenen der kolonialen und anthropologischen Fantasie darbieten, in denen sie in der Rolle »exotischer« und »wilder« Stämme auftraten.

Zu dieser Zeit waren Völkerschauen respektive Menschenzoos dieser Art in Europa durchaus keine Seltenheit; und es sollte nicht das letzte Mal sein, dass in Berlin Menschen wie Zootiere zur Schau gestellt wurden.⁴ Dibobe und 19 andere Kameruner:innen, die für die Ausstellung rekrutiert worden waren, hatten angenommen, dass es sich um eine hochkarätige Prestige-Veranstaltung handeln würde, bei der sie ihr Heimatland vertreten würden.⁵ Tatsächlich aber wurden sie jeden Tag von Zuschauer:innen beleidigt; zudem waren ihre Lebens- und Arbeitsbedingungen in der Ausstellung schlecht und sie mussten invasive medizinische sowie rassistische anthropometrische Untersuchungen über sich ergehen lassen.⁶

Trotz dieser Umstände und Erfahrungen stellten am Ende der Ausstellung 18 Mitglieder der Gruppe einen Antrag auf Bleiberecht in Deutschland, um Studien- oder Ausbildungsmöglichkeiten wahrzunehmen. Koloniale Untertanen konnten zwar nach Deutschland einreisen, insbesondere wenn es dem deutschen Kolonialismus diente, aber ein längerfristiger Aufenthalt oder gar Niederlassen im Deutschen Reich waren nicht vorgesehen.⁷ Der legale Status der kolonialen Migrant:innen war gezielt unbestimmt. Ihr Status als Bürger:innen der deutschen Überseegebiete bot ihnen einen gewissen Schutz, aber die deutsche Staatsbürger:innenschaft und die damit einhergehenden Rechte und Privilegien blieben ihnen in der Praxis vorenthalten. Doch trotz ihres prekären legalen Status war es möglich, Arbeit zu finden.

Einige Darsteller:innen der Kolonialausstellung des Afrikanischen Kontinents, darunter Dibobe, entschieden sich zu bleiben und sich in Deutschland niederzulassen. Kurz nach der Ausstellung begann er eine Ausbildung als Mechaniker;[8] 1902 heiratete er Helene Noster, die Tochter seines Vermieters, und nahm eine Stelle bei den heutigen Berliner Verkehrsbetrieben an, wo er bis zur angesehenen Position des Lokführers erster Klasse aufstieg. Er war der erste Schwarze Zugführer in Berlin. Dibobe und seine Frau lebten über die Jahre an verschiedenen Adressen in den Berliner Bezirken Prenzlauer Berg und Friedrichshain. Sie hatten zwei Kinder, über die allerdings nur wenig bekannt ist.[9]

Am bekanntesten ist Dibobe für die nach ihm benannte 32-Punkte-Petition, die er am 27. Juni 1919 an die neu gegründete Weimarer Nationalversammlung richtete, um politische und soziale Reformen in den Kolonien einzufordern. Neben Dibobe unterzeichneten 17 weitere Afro-Deutsche aus ganz Deutschland die Petition; die meisten von ihnen waren politisch aktiv. Zu diesem Zeitpunkt war das Deutsche Kaiserreich abgeschafft, eine neue Republik war im Entstehen. Den Moment des politischen Umbruchs nutzten Dibobe und seine Mitunterzeichner, um den Status quo infrage zu stellen und den Anliegen der Kolonisierten mehr Nachdruck zu verleihen.[10] Ganz zu Anfang des Dokuments wird der Weimarer Republik Loyalität zugesagt, wenn bestimmte Forderungen erfüllt werden. Diese stellt Dibobe als Pflichten der Regierung gegenüber den afrikanischen Bürger:innen der Kolonien, insbesondere Kameruns, dar.[11] Die Petition erinnert die Nationalversammlung an ihr Versprechen, die Bevölkerung vor Ort in den Kolonien zu »schützen«, das Teil der 1884 mit lokalen Führungspersönlichkeiten – darunter Dibobes Vater – abgeschlossenen Schutzverträge war, und betont eine Verantwortung der Nationalversammlung, die Lebensbedingungen für die Menschen vor Ort zu verbessern.[12] Es folgt eine Liste von 32 Forderungen, darunter das Ende der Prügelstrafe, der Zwangsarbeit und der damit einhergehenden gewaltsamen Misshandlungen; das Recht, Sitten und kulturelle Traditionen zu pflegen; das Recht, sich zu versammeln; Schutz von »gemischten« Ehen; geregelte Arbeitslöhne; bessere Bildungschancen, darunter auch Religionsunterricht für Kameruner:innen durch Kameruner:innen; außerdem Gleichstellung mit Weißen in öffentlichen Verkehrsmitteln. Darüber hinaus fordert die Petition die Teilnahme von Menschen aus afrikanischen Regionen an politischen Entscheidungsprozessen sowie eine ständige Repräsentation durch einen afrikanischen Abgeordneten in der Nationalversammlung – für diese Position schlug Dibobe sich selbst vor.[13] Im gesamten Dokument plädiert Dibobe dafür, die durch das deutsche Zivilrecht in Deutschland geschützten Rechte auch auf die Kolonisierten auszuweiten. Der Forderungskatalog ist letztlich eine systematische Kritik an der Unterdrückung, der Diskriminierung und den Misshandlungen in den Kolonien und fordert Gleichheit.

Unter Historiker:innen gilt die »Dibobe-Petition« als wichtiges Dokument, »eine umfassende Beschreibung der deutschen Kolonialherrschaft aus der Sicht der Kolonisierten.«[14] Es ist ein selbstbewusster Akt des Widerstands gegen Ungleichheit und Rassismus. Dennoch bleibt die Frage offen, ob die Petition als antikolonial gelten kann. Kann man Dibobe als einen frühen antikolonialen Aktivisten ansehen, dessen Petition »Kamerun aus dem Griff des Kolonialismus zu befreien«[15] suchte? Es gibt Positionen, die hervorheben, dass Dibobes Haltung nicht antikolonial genannt werden kann,[16] da er sich auf die im Schutzvertrag von 1884 skizzierte deutsche Verantwortung und auf britische Kolonialmodelle in Nigeria berief. Dibobe wollte, dass die deutschen Prinzipien von Gleichheit, Gerechtigkeit und Würde, wie sie für *weiße* Deutsche galten, auch für Afro-Deutsche und Afrikaner:innen in den Kolonien gelten sollten; in der Petition geht es nicht um ein eigenständiges oder selbstbestimmtes Rechtssystem. Dibobe bot sich als Agent an, um im Sinne der deutschen Interessen in Kamerun zu handeln, unter der Bedingung, dass das koloniale System »verbessert« würde.[17] Sein Engagement für den Fortbestand des deutschen Einflusses in der Region war so stark, dass die französischen Kolonialbehörden, die das Mandat in Kamerun übernommen hatten und potenzielle Gegner:innen der französischen Kontrolle in der Region streng im Auge behielten, auf ihn aufmerksam wurden.[18] Im Gegensatz zu den Aktivitäten anderer Kameruner:innen in Deutschland zu dieser Zeit, wie etwa Joseph Ekwe Bilé, spricht sich die Dibobe-Petition nicht für ein Ende des Kolonialismus aus.[19] Dibobe setzte sich vielmehr für einen ›egalitäreren‹ Kolonialismus ein, und somit stellte er das koloniale System infrage, indem er aufzeigte, wie sehr es auf Grundstrukturen von Ungleichheit und Rassismus beruhte. Aber war ein Kolonialismus, wie ihn Dibobe und seine Mitstreiter forderten, überhaupt möglich? Oder wären die Forderungen der Petition nur durch Unabhängigkeit zu erfüllen? Könnte denn genau dies die wirkliche Absicht der Petition gewesen sein?[20] Die Petition zeugt jedenfalls von einem fortgeschrittenen Grad der Selbstorganisation und politischen Aktivitäten der Afro-Deutschen Community zu dieser Zeit.²¹ Gleichzeitig ist sie ein Ausdruck ihrer diasporischen Identität und ihres Einsatzes auf internationaler Ebene als aktive Kraft für politische Veränderungen.

Weder die Nationalversammlung noch das kaiserliche Kolonialamt würdigten die Petition mit einer Antwort. Aus historischen Dokumenten geht jedoch hervor, dass Dibobe mit dem kaiserlichen Kolonialamt in Kontakt stand und mit ihm seine Rolle als Vertreter der deutschen Kolonialinteressen in Kamerun besprach.²² Im Jahr 1921 verließ Dibobe Deutschland mit der Absicht, mit seiner Familie nach Kamerun zurückzukehren. Möglicherweise verlor er wegen seiner politischen Aktivitäten seine Anstellung bei den Berliner Verkehrsbetrieben.²³ Womöglich wurde ihm aus demselben Grund die Einreise nach Kamerun von den französischen Kolonialbehörden verwehrt, die nun die Region besetzten, da sie ihn aufgrund seiner engen Verbindungen zum deutschen kaiserlichen Kolonialamt als mögliche subversive Bedrohung ansahen.²⁴ Es gibt historische Belege dafür, dass Dibobe und seine Familie nach Liberia reisten, doch verliert sich ab diesem Zeitpunkt jede weitere Spur von ihnen; ihr weiteres Schicksal ist unbekannt.²⁵

In den letzten Jahren wurde die Rolle von Dibobe in der Geschichte Berlins an verschiedenen Orten in der Stadt gewürdigt. Im Oktober 2016 wurde anlässlich seines 140. Geburtstags eine Berliner Gedenktafel an der letzten bekannten Adresse der Familie Dibobe, Kuglerstraße 44, in einer ruhigen Wohngegend im Prenzlauer Berg eingeweiht. Es war die erste Berliner Gedenktafel, die einer Schwarzen Person gewidmet ist. Sie ehrt nicht nur Dibobes historische Bedeutung als ersten Schwarzen Zugführer Berlins, sondern auch sein politisches Engagement.²⁶ Im Juli 2019 wurde anlässlich des 100-jährigen Jubiläums der Einreichung der Dibobe-Petition am ehemaligen Standort des Reichskolonialamts, in der Wilhelmstraße 52 in Berlin Mitte, eine Gedenktafel errichtet,²⁷ die der Geschichte Afro-Deutscher Menschen in Berlin gedenkt.²⁸ Initiiert wurde sie u. a. von der Historikerin Paulette Reed-Anderson und dem zivilgesellschaftlichen Verein Berlin Postkolonial e.V. Diese Projekte zum Gedenken und zur Würdigung von Dibobe geben dem Afro-Deutschen Widerstand gegen koloniale Unterdrückung mehr Raum und Sichtbarkeit und erinnern daran, dass die afrikanische Diaspora schon viel länger ein sozialer Bestandteil der Berliner Gesellschaft und Geschichte ist, als den meisten bewusst ist.²⁹

Die markante Abbildung von Dibobe am Halleschen Tor wurde bisher in keinem der neueren Gedenkprojekte berücksichtigt. Die einzige Information über dieses Foto ist ein knapper Begleittext, der es als am »U.-Bhf. Schlesisches Tor« im Jahr 1913 auszeichnet. Die U1 fährt auch heute noch durch diesen Bahnhof. Seit wann das Bild im U-Bahnhof ausgestellt ist und wann es aufgenommen wurde, ist nicht bekannt; einem Hinweis zufolge ist das Foto in einer Ausgabe der Berliner Illustrirten Zeitung von 1902 in einer Reportage über Schwarze Berliner Arbeiter:innen veröffentlicht worden.[30] Bis heute bleibt Dibobes Präsenz in der Berliner Geschichte von den Passant:innen des belebten Bahnhofs jedoch meist unbemerkt.

(Aus dem Englischen von Nine Eglantine Yamamoto-Masson.)

Anmerkungen

1 Zeller, Joachim, »Die Leiche im Keller. Eine Entdeckungsreise ins Innerste der Kolonialmetropole Berlin«, in: Bechhaus-Gerst, Marianne / Klein-Arendt, Reinhard (Hg.), *AfrikanerInnen in Deutschland und schwarze Deutsche – Geschichte und Gegenwart. Beiträge zur gleichnamigen Konferenz vom 13.–15. Juni 2003 im NS-Dokumentationszentrum (EL-DE-Hause) Köln*, Münster 2004, S. 89–108, hier S. 101.
2 Aitken, Robbie / Rosenhaft, Eve, *Black Germany. The Making and Unmaking of a Diaspora Community, 1884–1960*, Cambridge 2013, S. 55.
3 Vgl. »Treptow. Die Deutsche Kolonial-Ausstellung von 1896 im Treptower Park«, in: *Deutsches Historisches Museum*. Online abrufbar unter: www.dhm.de/archiv/ausstellungen/namibia/stadtspaziergang/treptow.htm [letzter Zugriff: 14.02.2021].
4 Vgl. Zeller, »Die Leiche im Keller«, S. 101.
5 Vgl. Rosenhaft, Eve / Aitken, Robbie, »Martin Dibobe«, in: van der Heyden, Ulrich (Hg.), *Unbekannte Biographien. Afrikaner im deutschsprachigen Europa vom 18. Jahrhundert bis zum Ende des Zweiten Weltkrieges*, Berlin 2008, S. 162–172, hier S. 163.
6 Vgl. Aitken/Rosenhaft, *Black Germany*, S. 56.
7 Vgl. Aitken, Robbie, »Making Visible the Invisible. Germany's Black Diaspora, 1880s – 1945«, in: *Sheffield Hallam University*, 10.10.2019. Online abrufbar unter: www.shu.ac.uk/research/in-action/projects/being-black-in-nazi-germany [letzter Zugriff: 14.02.2021].
8 Vgl. Gerbing, Stefan, *Afrodeutscher Aktivismus. Interventionen von Kolonisierten am Wendepunkt der Dekolonisierung Deutschlands 1919*, Frankfurt am Main 2010.
9 Vgl. Aitken/Rosenhaft, »Martin Dibobe«, S. 167.
10 Vgl. Gerbing, *Afrodeutscher Aktivismus*, S. 57.
11 Vgl. ebd., S. 47.
12 Vgl. Boateng, Osei, »Black Germans do not exist«, in: *New African* 396 (2001), S. 18–25.
13 Vgl. Aitken/Rosenhaft, *Black Germany*, S. 200.
14 Reed-Anderson, Paulette, *Rewriting the Footnotes. Berlin and the African Diaspora*, Berlin 2000, S. 46. Übersetzung aus dem Original: »a comprehensive description of German colonial rule from the viewpoint of the colonized.«
15 Aitken, Robbie, »Berlin's Black Communist. Joseph Bilé, the Comintern, and the Struggle for the Rights of Black People«, in: *Rosa Luxemburg Stiftung*, 13.06.2019. Online abrufbar unter: www.rosalux.de/en/publication/id/40552/berlins-black-communist [letzter Zugriff: 14.02.2021]. Übersetzung aus dem Original: »free Cameroon from the hold of colonialism«.
16 Vgl. Gerbing, *Afrodeutscher Aktivismus*, S. 82.
17 Vgl. Aitken/Rosenhaft, *Black Germany*, S. 202.
18 Vgl. Brückenhaus, Daniel, *Policing Transnational Protest. Liberal Imperialism and the Surveillance of Anticolonialists in Europe, 1905–1945*, New York 2017, S. 100.
19 Vgl. Aitken, Robbie, »From Cameroon to Germany and Back via Moscow and Paris. The Political Career of Joseph Bilé (1892–1952), Performer, ›N****arbeiter‹

and Comintern Activist«, in: *Journal of Contemporary History* 43(4) (2008), S. 597–616.
20 Vgl. Aitken, »Berlin's Black Communist«, S. 84
21 Vgl. Aitken/Rosenhaft, »Martin Dibobe«, S. 172.
22 Vgl. Sachakte des Reichskolonialamt, Krieg in Kamerun 1914–1918, 1914–1921. Bundesarchiv, Sig. BArch R 1001/3930, S. 227–228.
23 Vgl. Martin, Peter, »Anfänge politischer Selbstorganisation der deutschen Schwarzen bis 1933«, in: Bechhaus-Gerst, Marianne / Klein-Arendt, Reinhard (Hg.), *Die (koloniale) Begegnung. AfrikanerInnen in Deutschland 1880–1945*, Frankfurt am Main 2003, S. 196.
24 Vgl. Aitken/Rosenhaft, *Black Germany*, S. 82.
25 Vgl. Senatsverwaltung für Kultur, Berliner Gedenktafel für Martin Dibobe. Pressemitteilung, 27.10.2016.
26 Vgl. Auer, Kristina, »Späte Ehre«, in: *Prenzlauerberg Nachrichten*, 04.11.2016.
27 Vgl. MiGAZIN, »Teil deutscher Geschichte. Neue Gedenktafel zur Kolonialgeschichte in Berlin«, in: *MiGAZIN – Migration und Integration in Deutschland* 23(97) (2019). 23.97.2019.
28 Vgl. Awoniyi, Femi, »Berlin Commemorates African Resistance to German Colonialism«, in: *The African Courier. Reporting Africa and its Diaspora!*, 23.07.2019. Online abrufbar unter: www.theafricancourier.de/news/europe/berlin-unveils-plaque-commemorating-resistance-to-german-colonialism-in-africa/ [letzter Zugriff: 14.02.2021].
29 Vgl. Reed-Anderson, *Rewriting the Footnotes*.
30 Berliner Illustrirte Zeitung, »Dunkle Existenzen: Aus dem Berufsleben der Berliner N****«, 13.06.1902, S. 40.

Lisa Hackmann

1906 – Die Firma Muratti siedelt sich in der Köpenicker Straße an

Im Sommer 1906 eröffnete die B. Muratti Sons & Co. Limited eine Berliner Zweigniederlassung. Zunächst war die Zigarettenfabrik, die Stammsitze in Manchester und London besaß, in der Dorotheenstraße 22, anschließend in der Universitätsstraße 3b ansässig, bevor sie 1912 in den fünfgeschossigen Gewerbehof, den Victoriahof, in der heute in Kreuzberg liegenden Köpenicker Straße 126 zog.[1] In der parallel zur Spree verlaufenden Straße siedelten sich im Zuge der Industrialisierung viele Handelsunternehmen und Fabriken an.[2]

Tabak zählte wie Tee, Kakao oder Kaffee zu den typischen Kolonialwaren. Hersteller von Zigaretten, wie auch anderer Produkte aus kolonialen Kontexten, versuchten insbesondere durch die Inszenierung von »Fremdheit« und »Exotik« die Konsument:innen auf ihre Marken aufmerksam zu machen und sich auf dem umkämpften Markt durchzusetzen.[3]

Die Tabakpflanze war mit dem Wissen um ihre Verwendung ab dem Ende des 15. Jahrhunderts aus Amerika durch spanische Kolonisator:innen nach Europa gelangt und hatte sich als Rauchgut im 17. Jahrhundert über See-, Kauf- und Handelsleute und durch militärische Truppen im Dreißigjährigen Krieg verbreitet. Bis zum Ende des 18. Jahrhunderts verblieb der Tabakanbau in europäischen Kolonien (USA, Brasilien, Karibik) und beruhte fast vollständig auf Sklavenarbeit, die sich global bis heute in ausbeuterischen Arbeitsstrukturen fortsetzt.[4] Im folgenden Jahrhundert dehnte sich der Anbau der Tabakpflanze über die ganz Welt aus.[5] Der größte Teil des in Deutschland konsumierten Tabaks stammte bis ins 20. Jahrhundert aus Übersee – Nordamerika, der Karibik, Java und Sumatra – und war damit eine Kolonialware, deren Handel auf asymmetrischen Beziehungen zwischen rohstoffliefernden einerseits und rohstoffverarbeitenden und konsumierenden Ländern andererseits beruhte: »Der deutsche Markt war auch im 19. und 20. Jahrhundert Teil eines weltweiten kolonialen Handelsnetzes – entweder mittelbar durch Lieferungen über Kolonialmächte wie England, Frankreich, Spanien und Portugal oder unmittelbar im Handel mit den Anbauländern.«[6]

Mit dem Aufkommen der Zigarette und der massiv wachsenden Tabaknachfrage trat durch das Anbaugebiet des sogenannten »Orient«-Tabaks rund um das nordöstliche Mittelmeer und das Schwarze Meer eine weitere Region als Anbaugebiet auf den Plan.[7] Im 19. Jahrhundert hatte man in Europa begonnen, Tabak nicht mehr nur zu kauen, zu schnupfen oder als Zigarre oder Pfeife zu konsumieren, sondern auch in Papier gerollt zu rauchen.[8] Um 1900 entwickelte sich die Zigarette zunehmend zum modernen Massenkonsumgut und zog in die deutsche urbane Alltagskultur ein. Sie wurde zum »Symbol für ein modernes Zeit- und Lebensgefühl«[9] und setzte sich gegenüber traditionellen Rauchwaren durch. 1913 betrug der Zigarettenkonsum im Deutschen Reich rund 13 Milliarden Stück.[10]

Für die deutsche Zigarettenindustrie vor dem Zweiten Weltkrieg und damit auch für die Berliner Zweigniederlassung von B. Muratti Sons & Co. war der zentrale Referenzpunkt das Osmanische Reich, das unter Kaiser Wilhelms II. imperialistischer Kolonialpolitik zunehmend wirtschaftlich und politisch als Ressourcen- und Absatzmarkt durchdrungen wurde,[11] bzw. der von Europa pauschal als »Orient« bezeichnete Kulturraum: »Zigaretten waren in Deutschland zu dieser Zeit nahezu in jeder Hinsicht und selbstverständlich orientalisch.«[12] Die im Deutschen Reich hergestellten Zigaretten bestanden zu über neunzig Prozent aus sogenanntem »Orienttabak« und damit aus Varianten der Tabakpflanze, die auf Gebieten der heutigen Staaten Mazedonien, Bulgarien und der Westtürkei in von kleinbäuerlichen Betrieben in arbeitsintensiver Bewirtschaftung weitgehend in Handarbeit angebaut wurden. Dort wurden die Blätter in Ballen gepresst für die Weiterverarbeitung und nach Deutschland und in andere Teile der Welt verschifft. Darüber hinaus finden sich zahlreiche »Orient«-Bezüge auf Schachteln, in Anzeigen und auf Plakaten und Verflechtungen mit dem Osmanischen Reich prägten die Firmengeschichten und Unternehmerbiografien.[13]

Muratti war einer der vielen tabakverarbeitenden Betriebe in Berlin[14] und ist damit Teil der bislang – im Gegensatz z. B. zu Dresden[15] – wenig erforschten Geschichte der frühen Berliner Zigarettenindustrie. Wie viele große Zigarettenfabriken in der deutschen Reichshauptstadt vor dem Ersten Weltkrieg, etwa die Hersteller Josetti, Manoli und Garbáty, ist auch Muratti weitgehend in Vergessenheit geraten.[16] Im Fall von Muratti erschweren der Verlust des Berliner Firmenarchivs und nicht vorhandene Spuren der Stammhäuser in London und Manchester das Erinnern.[17] Neben Dresden und München gehörte Berlin zu einem der Hauptzentren der frühen deutschen Zigarettenindustrie.[18] Im Gegensatz zu benachbarten Ländern wie Italien oder Österreich war der Tabakhandel und die Herstellung von Rauchwaren im Deutschen Reich nicht durch staatliche Monopole kontrolliert.[19]

Die Anfänge des Unternehmens Muratti reichen zurück in das Jahr 1821, als der griechisch-osmanische Tabakhändler Basil Mouratoglou unter dem Namen B. Muratti eine Firma in Konstantinopel (Istanbul) gründete. Sie verfügte über Niederlassungen und Plantagen in fast allen Tabakanbaugebieten der heutigen Türkei und belieferte zahlreiche europäische Regierungen mit Tabak.[20]

Nachdem im Osmanischen Reich die Verarbeitung und der Verkauf des Tabaks 1883 monopolisiert worden war, verlagerte er sein Unternehmen in den 1880er Jahren nach Westeuropa. Muratti gehörte damit zu einer größeren Anzahl von Unternehmen aus dem Osmanischen Reich, die bereits vor dem Ersten Weltkrieg durch Filialen auf verschiedenen europäischen Zigarettenmärkten präsent waren und dort neue Produktions- und Absatzmärkte erschlossen.[21] 1885 eröffnete Demosthenes Basil Muratti (geboren 1853 in Konstantinopel), der Sohn des Firmengründers, eine Zigarettenfabrik in Manchester. 1890 folgte dann die Umwandlung des Betriebs in eine Gesellschaft unter dem Namen B. Muratti, Sons & Company.[22]

Bereits bevor 1906 die Berliner Zweigniederlassung von B. Muratti Sons & Co. unter ihrem Direktor Sophokles Basil Muratti (gestorben am 6.9.1918) eröffnete,[23] war das Unternehmen seit Ende des 19. Jahrhunderts durch eine Vertretung in Berlin präsent.[24]

Die Verarbeitung des Tabaks zu Zigaretten erfolgte bei Muratti vermutlich nicht mehr, wie noch im 19. Jahrhundert üblich, ausschließlich in mühseliger Handarbeit von Tabakdreher:innen, sondern vermehrt maschinell, wodurch die Produktionskapazität gesteigert werden konnte.[25]

Auch wenn keine Belege überliefert sind, die über die Zusammensetzung der Belegschaft und die Arbeitsbedingungen Auskunft geben, ist es wahrscheinlich, dass wie bei allen großen Herstellern von »Orient«-Zigaretten auch in der Kreuzberger Muratti-Fabrik Spezialist:innen aus den Tabakanbaugebieten als Einkäufer:innen und Tabakmischer:innen in der Herstellung beschäftigt waren, die über unentbehrliches Fachwissen in Bezug auf die Rohstoffe und Produktionstechniken verfügten,[26] und darüber hinaus verstärkt Arbeitsmigrant:innen aus dem Gebiet der heutigen Türkei. Seit der Jahrhundertwende lebten sie, bedingt durch die stetig wachsenden deutsch-osmanischen Wirtschaftsbeziehungen, in der Stadt und waren vor allem in der Zigarettenindustrie tätig – 1912 zählte die Zweimillionen-Metropole Berlin 1.320 türkische Bewohner:innen.[27]

Während wohl die Mehrzahl der bei Muratti beschäftigten Arbeiter:innen wie jene anderer Berliner Zigarettenfabriken, etwa Manoli und Garbáty in ärmeren Gegenden der Stadt, wie dem dichtbesiedelten Scheunenviertel, unterkamen,[28] wohnte Sophokles Muratti im vornehmen Westen der Stadt.[29]

1914 erfolgte die Umbenennung des Unternehmens in Cigarettenfabrik Muratti GmbH Berlin. Einige Jahre später übernahm der im kleinasiatischen Smyrna (heute Izmir) geborene Kaufmann Annes Mihram Iplicjian (geboren 1889), der seine Schulzeit in Dresden verlebt hatte, dann im Importgeschäft in seiner Heimatstadt und schließlich seit 1916 in Berlin für Muratti tätig gewesen war, als Mitaktionär und alleiniger Vorstand die Geschäftsführung des Unternehmens. 1920 wurde die Firma in eine selbstständige Aktiengesellschaft umgewandelt und agierte nun unabhängig von der Hauptniederlassung in Manchester.[30]

Um zwischen der wachsenden Konkurrenz hervorzustehen – vor dem Ersten Weltkrieg gab es im Kaiserreich rund 9.000 Zigarettenmarken zu kaufen[31] – versuchten die Unternehmen, so auch Muratti, sich durch neue Tabakmischungen und Verfeinerungen, aber in erster Linie durch Werbung auf dem Markt zu behaupten. Die Werbeindustrie, die bereits vor dem Ersten Weltkrieg eine Blüte erlebte, expandierte und professionalisierte sich in der Zwischenkriegszeit und bot der von Beginn an besonders werbeaffinen Zigarettenindustrie Möglichkeiten, den »Wert des Massenprodukts durch Kombination mit dem Außergewöhnlichen zu heben«[32].

Wie für andere Kolonialwaren, etwa Kaffee und Schokolade, schlug sich auch in der Zigarettenwerbung zu Beginn des 20. Jahrhunderts die Herkunft des Rohstoffs in den Werbebildern nieder: »Vor dem Hintergrund der zeitgenössischen ›Orient‹-Faszination entstand ein recht geschlossener

Kosmos aus stereotypen Bildern und diffusen Verweisen auf die Herkunftsregionen des Tabaks.«[33] Der hier im Kontext der Werbung repräsentierte »Orient« stand für »Exotik, Geheimnis, Opulenz und Müßiggang«[34].

So trug die Mehrheit der Zigarettenmarken in großer Variation Namen, die etwa ägyptisch, arabisch, türkisch, griechisch, englisch oder französisch klingen konnten.[35] Die bekannteste Zigarettenmarke der Pankower Fabrik Garbáty hieß z. B. Königin von Saba; das Hamburger Unternehmen Sossidi Frères führte Marken wie Fleur d'Orient, Archimedes und Noblesse.[36] In Dresden trugen Marken die Namen Mohamed, Salem Aleikum und Flotte Türken.[37] Auf den oft aufwendig gestalteten Verpackungen, in Anzeigen oder auf Werbeplakaten fanden sich häufig stereotype Repräsentationen des Anderen, als Gegenwelten zum europäischen Eigenen: »Orientalisierende« Motive, also klischeehafte Darstellungen – etwa der träumerische »Orientale«[38] oder die verführerische »Orientalin«; Szenen aus Tausendundeine Nacht; Bazar- oder Oasenszenen oder Ansichten von »orientalischen« Städten oder Bauwerken (z. B. Pyramiden, Minarette).[39] Mit ihnen knüpfte die Werbeindustrie an westliche Konstruktionen bzw. Fiktionen des Orients an.[40] Einen Höhepunkt dieser Orient-Manie stellt die 1909 eröffnete – und noch heute erhaltene – Zigarettenfabrik Yenidze in Dresden in Form einer Moschee als »dreidimensionale Reklame« dar, die zudem auf zahllosen Plakaten und in Anzeigen abgebildet war. Ihre Architektur zielte nicht darauf ab, einem authentischen Nachbau einer Moschee zu entsprechen, sondern stellte die »architektonische Realisierung westlicher Vorstellungsbilder«[41] dar.

Seit dem 18. Jahrhundert schlug sich im höfischen und großbürgerlichen Kontext in Europa in der Musik, Architektur, Malerei und in der Festkultur eine »Turquerie« – »a European vision of the Ottoman Turkish world that was made manifest in a variety of forms«[42] – nieder. Im 19. Jahrhundert fanden diese europäischen Fantasien vom Luxus des »Orients« ihre Fortsetzung, wenn auch nun unter neuen politischen und gesellschaftlichen Vorzeichen.[43] Seit Mitte des 19. Jahrhunderts rückten Nordafrika und der Nahe Osten als Kolonien, Handelsplätze und als Reiseziel in den Fokus.[44]

Nach dem Ersten Weltkrieg begannen die Produzenten, »das ästhetische Potential des Produkts [der Zigarette] stärker auszuloten« und es kam zu einer »Motiv-Pluralisierung«[45] in der Werbung. So wurden Marken trotz ihres »exotischen« Namens nicht mehr nur mit Orientsujets, sondern auch mit Sportmotiven verbunden.

Abb. 1: Muratti Luxe, Holzreklametafel nach einem Entwurf von Ludwig Hohlwein, um 1925, Münchner Stadtmuseum, Sammlung Reklamekunst.

Auch die Zigarettenfabrik Muratti warb vereinzelt mit orientalistischen Motiven, wie etwa die Werbung für die Marke Neb-Ka[46] zeigt, die das vielfach in der Zigarettenwerbung reproduzierte Bild eines rauchenden »Orientalen« – als solcher dargestellt durch die charakteristische kegelförmige Kopfbedeckung, den Fes – aufgreift. In erster Linie zielte die Vermarktungsstrategie Murattis aber, ähnlich wie der des Berliner Herstellers Manoli, auf den kosmopolitischen Charakter des Produkts ab – ein weiterer wichtiger Topos in der zeitgenössischen Zigarettenwerbung.[47] Murattis Zigarettensorten trugen Namen mit »mystisch-edlem Beiklang« – etwa Ariston, Ariston Luxe, Ariston Gold, Gentry, Iplic. Dem Anspruch, Deutschlands vornehmste Zigarette sein zu wollen, entsprach auch das Bildprogramm seiner Reklamen, mit denen sich das Unternehmen im Luxussegment verortete. So zeigten die Reklamen aus den 1920er Jahren Jagd- und Reitszenen, die auf das Freizeitvergnügen der englischen Oberschicht verwiesen (u. a. für Muratti Iplic, Muratti Luxe, Muratti Ariston), und zeigten Muratti-Zigaretten rauchende Männer im Frack oder Damen in edlem Pelz, die u. a. von dem renommierten Werbegrafiker Ludwig Hohlwein (1874–1949) stammten, der für eine Vielzahl deutscher Firmen, so auch für weitere Zigarettenhersteller wie Jasmatzi & Söhne, Reemtsma und Sulima Entwürfe fertigte.[48] [Abb. 1]

Die edlen Dosen aus Blech – noch heute beliebte Sammelobjekte – verliehen der Ware zudem eine besondere Wertigkeit. Sie trugen beispielsweise die goldene Aufschrift »Muratti Ariston – smoked by royalty and nobility«, waren recht preisintensiv und unterstrichen das gehobene Image.

In die Kategorie der patriotischen Reklame, die als ästhetische Reaktion auf die zunehmende Nationalisierung der Gesellschaft gelesen werden kann, fielen die Zigarettendosen, mit denen Muratti für seine Marken »Kaiser Wilhelm Gold« und »Mutti« warb. Das Konterfei von Wilhelm II., das von zwei Soldaten gehalten wird (ähnlich warb auch Manoli für seine Marke »(The) Kaiser«), oder Abbildungen anderer Mitglieder der königlichen Familie wurden auf diesen Dosen abgebildet. [Abb. 2] Für die Firmen war es offenbar ein probates Mittel, um auf die Exzellenz und Exklusivität ihres Produkts hinzuweisen.[49]

Anfang der 1930er Jahre weitete die Firma ihre Produktion massiv aus und versuchte sich nun als »Volkszigarette« zu etablieren, indem sie eine mehrjährige, strategisch angelegte Werbekampagne startete. Sie gestaltete ihre Packungen um und teilte sie diagonal von links unten nach rechts oben in eine leuchtend rote und eine leuchtend blaue Fläche. In die Farbflächen setzte sie in Gold das Firmenemblem, ein stilisiertes Krönchen und den jeweiligen Namen der Sorte.[50] [Abb. 3] Teil der Strategie waren außerdem experimentierfreudige Werbefilme, die große Aufmerksamkeit erregten, »weil sie kühn, souverän und filmisch sehr überzeugend avant-

Abb. 2: Blechdose Kaiser Wilhelm Cigaretten, Foto: bpk / Deutsches Historisches Museum / Sebastian Ahlers.

gardistische Mittel im Film mit den neuen Techniken Tonfilm und Farbfilm verbanden«[51]. Wenn auch weniger explizit, fehlen die Verweise auf den »Orient« nicht: Der berühmte dreiminütige Tonfilm »Muratti greift ein« (1934) des Filmemachers Oskar Fischinger (1900–1967), in dem tricktechnisch animierte Zigaretten ein Ballett tanzen, ist u. a. mit Mozarts wohlbekanntem Rondo »Alla Turca« unterlegt.

Zu Beginn des Zweiten Weltkriegs 1939 beschlagnahmte die Heeresverwaltung die Produktionsstätte in der Köpenicker Straße, die nun in die ebenfalls in Kreuzberg gelegene Kommandantenstraße 20 verlegt wurde. Drei Jahre später folgte die Stilllegung der Fabrik durch die Nationalsozialisten. Am Ende des Kriegs verfügte die deutsche Zigarettenindustrie kaum noch über Tabakvorräte.[52]

Der Versuch von B. Muratti Sons & Co. die Zigarettenproduktion in der weitgehend unzerstörten Fabrik in der Kommandantenstraße wieder aufzunehmen, scheiterte an der Gegenwehr der amerikanischen Besatzungsmacht. Sie sorgte dafür, dass Muratti keine Rohtabakkontingente

Abb. 3: Werbeplakat für Muratti Ariston Gold Zigaretten, bpk / Kunstbibliothek, SMB.

erhielt. Nachdem die Berliner Zeitung 1948 öffentlichkeitswirksam darauf hingewiesen hatte, dass die funktionstüchtige Zigarettenfabrik in der Kommandantenstraße im amerikanischen Sektor still liege – »ein Verlust für die Volkswirtschaft, Steuerausfall für Berlin, viele leere Arbeitsplätze«[53] – und die Besitzer vergeblich versucht hätten, über die amerikanischen Besatzungsbehörden an Rohtabak zu kommen, konnte die Zigarettenproduktion noch im selben Jahr wieder aufgenommen werden, wobei anfangs nur einheimische Tabake verfügbar waren. An die Stelle der »Orienttabake« trat in Deutschland und Europa seit 1945 verstärkt der American Blend-Mischungstypus, der in großen Teilen aus Virginia-Tabak bestand. Dieser stammte in den 1950er Jahren größtenteils aus Anbaugebieten in den USA, Italien, Rhodesien (Simbabwe/Sambia), wodurch die Weltkarte des Tabakhandels sich neu ordnete.[54] Schon bald nach dem Krieg avancierte die Muratti AG zum größten tabakverarbeitenden Betrieb Berlins.[55]

1960 übernahm die Brinkmann AG aus Bremen (seit 1992 zur Rothmans-Gruppe London gehörig) die Aktienmehrheit des Unternehmens von den damaligen griechischen Eigentümern Adrian und Alexander Enfiezioglou.

In den folgenden umsatzstarken Jahren rückten Orientzigaretten wie Muratti Privat oder Muratti Cabinet in den Hintergrund. In erster Linie produzierte die Fabrik Zigaretten der Marke Lux Filter, monatlich bis zu 300 Millionen Stück. 1975 schloss das Kreuzberger Werk seine Pforten, nachdem die Verkaufszahlen drastisch zurückgegangen waren.[56]

Beide Fabrikgebäude, in denen Muratti Zigaretten produzierte, sind heute weitgehend in ihrer ursprünglichen Gestalt erhalten und beherbergen Lofts und Büros. In der Kommandantenstraße prangt noch heute in großen Lettern der Name Muratti am Eingang, ohne jedoch darüber hinaus auf die frühere Funktion des Gebäudes hinzuweisen.

Anmerkungen

1. Siehe Abbildung des Viktoriahofs Köpenicker Straße 126 & 126A, in: *Landesdenkmalamt Berlin*. Online abrufbar unter: www.berlin.de/landesdenkmalamt/denkmale/liste-karte-datenbank/denkmaldatenbank/daobj.php?obj_dok_nr=09011039 [letzter Zugriff: 08.04.2022].
2. Vgl. *Amtsblatt der Königlichen Regierung zu Potsdam und der Stadt Berlin*. Potsdam 1912, S. 468; Lieser, Helga, »Der Mythos der Neuen Welt und das Gold des Orients«, in: Kunstamt Kreuzberg (Hg.), *Made in Kreuzberg. Produkte aus Handwerk und Industrie*, Berlin 1996, S. 129–136, hier S. 131; Landesdenkmalamt Berlin, *Viktoriahof (Obj.-Dok.-Nr.: 09011039)*. Online abrufbar unter: www.berlin.de/landesdenkmalamt/denkmale/liste-karte-datenbank/denkmaldatenbank/daobj.-php?obj_dok_nr=09011039 [letzter Zugriff: 24.01.2021].
3. Vgl. Zeller, Joachim, *Bilderschule der Herrenmenschen. Koloniale Reklamesammelbilder*, Berlin 2008, S. 221.
4. Vgl. Zick, Tobias, »Das blutige Geschäft mit den Tabak-Sklaven«, in: *Süddeutsche Zeitung*, 18.06.2016. Online abrufbar unter: www.sz.de/1.3038404 [letzter Zugriff: 11.03.2021].
5. Vgl. Jacob, Frank / Dworok, Gerrit, »Tabak. Eine globalhistorische Einführung«, in: dies. (Hg.), *Tabak und Gesellschaft. Vom braunen Gold zum sozialen Stigma*, Baden-Baden 2015, S. 9–32.
6. Schürmann, Sandra / Alten, Christoph / Hirt, Gerulf u. a., *Die Welt in einer Zigarettenschachtel. Transnationale Horizonte eines deutschen Produkts*, Marburg 2017, S. 20.
7. Vgl. ebd.; Nacar, Can, *Labor and power in the late Ottoman Empire. Tobacco workers, managers, and the state, 1872–1912*, Basingstoke 2019, S. 16–22.
8. Vgl. Schindelbeck, Dirk / Alten, Christoph / Hirt, Gerulf / Knopf, Stefan / Schürmann, Sandra, *Zigaretten-Fronten. Die politischen Kulturen des Rauchens in der Zeit des Ersten Weltkriegs*, Marburg 2014, S. 26.
9. Ebd.
10. Vgl. Jacobs, Tina / Schürmann, Sandra, »Rauchsignale. Struktureller Wandel und visuelle Strategien auf dem deutschen Zigarettenmarkt im 20. Jahrhundert«, in: *WerkstattGeschichte* 45 (2007), S. 33–52, hier S. 36.
11. Vgl. Fuhrmann, Malte, *Der Traum vom deutschen Orient. Zwei deutsche Kolonien im Osmanischen Reich 1851–1918*, Frankfurt am Main 2006; Köse, Yavuz (Hg.), *Osmanen in Hamburg – eine Beziehungsgeschichte zur Zeit des Ersten Weltkrieges*, Hamburg 2016, S. 190.
12. Rahner, Stefan / Schürmann, Sandra, »Die ›deutsche Orientzigarette‹«, in: Köse, Yavuz, *Osmanen in Hamburg*, S. 135–154, hier S. 136.
13. Vgl. ebd., S. 136f.; Schürmann/Alten/Hirt, *Die Welt in einer Zigarettenschachtel*, S. 20.
14. Vgl. *Berliner Adreßbuch 1906, Unter Benutzung amtlicher Quellen*, Bd. 1, Berlin 1906, S. 418–420; Lieser, »Der Mythos der Neuen Welt«, S. 131.
15. Vgl. u. a. Bilgic, Leman / Fabian, Maike / Schwetasch, Corinna / Stock, Robert, »Dresdner Orientalismus«, in: Lindner, Rolf / Moser, Johannes (Hg.), *Dresden.*

Ethnografische Erkundungen einer Residenz, Leipzig 2006, S. 207–236; Steinberg, Swen, »Mohammed aus Sachsen. Die Vermarktung von ›orientalischer Fremdheit‹. Regionalität, Nationalismus und Ideologie in der Dresdner Zigarettenindustrie (1860–1960)«, in: Jacob/Dworok (Hg.), *Tabak und Gesellschaft*, S. 183–212.
16 Vgl. Schindelbeck/Alten/Hirt u. a., *Zigaretten-Fronten*, S. 28f.
17 Vgl. Agde, Günter, *Flimmernde Versprechen. Geschichte des deutschen Werbefilms im Kino seit 1897*, Berlin 1998, S. 98.
18 Vgl. Rahner/Schürmann, »Die ›deutsche Orientzigarette‹«, S. 139.
19 Vgl. Schürmann/Alten/Hirt u. a., *Die Welt in einer Zigarettenschachtel*, S. 146.
20 Vgl. Tracy, W. Burnett / Pike, William Thomas, *Manchester and Salford at the Close of the 19th Century. Contemporary Biographies*, Brighton 1901; Balta, Evangelia, »History of, and Historiography on, Greek Tabacco«, in: dies., *Peuple et production. Pour une interprétation des sources ottomans*, Istanbul 1999, S. 247–257, hier S. 252.
21 Vgl. Schürmann/Alten/Hirt u. a., *Die Welt in einer Zigarettenschachtel*, S. 33, 53.
22 Vgl. Tracy/Pike, *Manchester and Salford at the Close of the 19th Century*.
23 Vgl. *The London Gazette*, 22.02.1924.
24 Vgl. u. a. *Berliner Adreßbuch 1899, Unter Benutzung amtlicher Quellen*, Bd. 1, Berlin 1899, S. 46.
25 Vgl. Schürmann/Alten/Hirt u. a., *Die Welt in einer Zigarettenschachtel*, S. 28–31.
26 Vgl. Steinberg, »Mohammed aus Sachsen«, S. 190.
27 Vgl. Lieser, »Der Mythos der Neuen Welt«, S. 131; Westhafen, Werner von, »Muratti – eine Legende aus Kreuzberg«, in: *Kreuzberger Chronik* 66 (2005). Online abrufbar unter: www.kreuzberger-chronik.de/chroniken/2005/april/geschichte. html [letzter Zugriff: 24.01.2021]; Königseder, Angelika / Schulze, Birgit, »Türkische Minderheit in Deutschland«, in: *Informationen zur politischen Bildung* 271 (2006). Online abrufbar unter: www.bpb.de/izpb/9698/tuerkische-minderheit-in -deutschland?p=all [letzter Zugriff 24.01.2021] .
28 Vgl. Ingster, Oljean / Rätzke, Rüdiger, »Juden in Berlin. Das Leben im Scheunenviertel. Wo das jüdische Proletariat eine Bleibe fand«, in: *Berliner Zeitung*, 06.12.1988, S. 12.
29 Vgl. *Berliner Adreßbuch 1907, Unter Benutzung amtlicher Quellen*, Bd. 1, Berlin 1907, S. 40; Lieser, »Der Mythos der Neuen Welt«, S. 131.
30 Vgl. o. A., Eintrag zu Iplicjian, in: *Reichshandbuch der deutschen Gesellschaft. Das Handbuch der Persönlichkeiten in Wort und Bild. Bd. 1 (A–K)*, Berlin 1930, S. 398; o. A., »Cigarettenfabrik Muratti A. G. Berlin«, in: Deutsches Wirtschafts-Archiv, Berlin / Düsseldorf 1951, S. 80.
31 Vgl. Schindelbeck/Alten/Hirt u. a., *Die Welt in einer Zigarettenschachtel*, S. 13.
32 Zeller, *Bilderschule der Herrenmenschen*, S. 221; vgl. auch Wolter, Stefanie, *Die Vermarktung des Fremden. Exotismus und die Anfänge des Massenkonsums*, Frankfurt am Main 2005, S. 61–81.
33 Jacobs/Schürmann, »Rauchsignale«, S. 41.
34 Schürmann/Alten/Hirt u. a., *Die Welt in einer Zigarettenschachtel*, S. 55.
35 Vgl. Steinberg, »Mohammed aus Sachsen«, S. 197; Schürmann/Alten/Hirt u. a., *Die Welt in einer Zigarettenschachtel*, S. 35.
36 Vgl. Rahner/Schürmann, »Die ›deutsche Orientzigarette‹«, S. 140.

37 Vgl. Steinberg, »Mohammed aus Sachsen«, S. 199.
38 Vgl. Bild: »Orientale«, Plakatentwurf von Louis Oppenheim (1918). Online verfügbar unter: sammlung.mak.at/sammlung_online?id=collect-60250; Vgl. Bild: »›orientalische‹ Szene«. Online verfügbar unter: www.europeana.eu/de/item/15 514/PI_3928 [letzter Zugriff: 09.06.2021].
39 Vgl. Jacobs/Schürmann, »Rauchsignale«, S. 41.
40 Vgl. Bilgic/Fabian/Schwetasch/Stock, »Dresdner Orientalismus«; Chahine, Rima, *Das orientalistische Plakat Westeuropas. 1880-1914*, Oldenburg 2013, S. 143-158.
41 Bilgic/Fabian/Schwetasch/Stock, »Dresdner Orientalismus«, S. 221.
42 Williams, Haydn, *Turquerie. An eighteenth-century European fantasy*, New York 2014, S. 7.
43 Vgl. Eldem, Edhem, *Consuming the Orient. On the occasion of the Exhibition on Consuming the Orient, held at the Ottoman Bank Archive and Research Centre between November 15, 2007 and March 2, 2008*, Istanbul 2007.
44 Vgl. Bilgic/Fabian/Schwetasch/Stock, »Dresdner Orientalismus«, S. 220.
45 Jacobs/Schürmann, »Rauchsignale«, S. 42.
46 Vgl. Bild: »Orientale«, siehe Anm. 38.
47 Vgl. Jacobs/Schürmann, »Rauchsignale«, S. 42.
48 Vgl. Agde, *Flimmernde Versprechen*, S. 91.
49 Vgl. Jacobs/Schürmann, »Rauchsignale«, S. 42; Giloi, Eva, *Monarchy, Myth, and Material Culture in Germany 1750-195*, Cambridge 2011, S. 190.
50 Vgl. Agde, *Flimmernde Versprechen*, S. 91.
51 Ebd., S. 97.
52 Vgl. Lieser, »Der Mythos der Neuen Welt«, S. 132.
53 o. A., »Dornröschenschlaf im USA-Sektor. Eine Zigarettenfabrik, die fabrizieren möchte und nicht darf,« in: *Berliner Zeitung*, 13.5.1948, S. 3.
54 Vgl. Schürmann/Alten/Hirt u. a., *Die Welt in einer Zigarettenschachtel*.
55 Vgl. Lieser, »Der Mythos der Neuen Welt«, S. 132-136; Hengartner, Thomas, »Tabak«, in: ders. / Merki, Christoph Maria (Hg.), *Genussmittel. Ein kulturgeschichtliches Handbuch*, Frankfurt am Main 1999, S. 169-193, hier S. 180 f.; Rahner/Schürmann, »Die ›deutsche Orientzigarette‹«, S. 154.
56 Vgl. Lieser, »Der Mythos der Neuen Welt«, S. 136.

Flavia Cahn

1907 – Der »Afrikastein« erinnert an den »Heldentod« deutscher Soldaten in »Südwest«

Um im Neuköllner Friedhof Columbiadamm den »Hererostein« zu finden, ein großer roter Granitstein und ursprünglich »Afrikastein« benannt, muss man eine Weile suchen. Die Inschrift[1] am Stein ist sieben deutschen Kolonialsoldaten gewidmet, die zwischen 1904 und 1907 in »Deutsch-Südwestafrika«, dem heutigen Namibia, das von 1884 bis 1915 eine deutsche Kolonie war, kämpften und dort starben. Der Stein ehrt den »Heldentod« der Leutnants Richard von Rosenberg und Bodo von Ditfurth, des Grenadiers Johann Hovel und der Füsiliere Johan Orphel, Franz Dallmann, Johann Fausser und Karl Kliebisch. Der Stein ist, wie die Inschrift besagt, dem Gedenken an diese »Helden« gewidmet. Ursprünglich war der Stein 1907 an der Urbanstraße in Kreuzberg auf dem Gelände der Kaserne des Kaiser-Franz-Garde-Grenadier-Regiments Nr. 2 errichtet worden; erst später wurde er zu seinem jetzigen Standort in Neukölln versetzt. Von der Kaserne sind heute nur noch das alte Offizierskasino in der Urbanstraße 21 sowie ein Soldatendenkmal an der Ecke Urban- und Baerwaldstraße erhalten geblieben. Dort stand der Hererostein über 60 Jahre lang, bis er 1973 wegen Bauarbeiten nach Neukölln verlegt wurde.

Auf Initiative der Afrika-Kameradschaft Berlin und des Traditionsverbandes ehemaliger Schutz- und Überseetruppen wurden Renovierungen am Stein vorgenommen und verschiedene koloniale Embleme als zusätzliche Dekorationen in den Stein geätzt. Darunter befinden sich die Insignien des Traditionsverbandes ehemaliger Schutz-und-Überseetruppen, ein Schutztruppenhut mit den Farben der deutschen Reichsflagge und das Wappen des Deutschen Afrikakorps, bestehend aus einer Palme und dem Eisernen Kreuz. Der 1956 gegründete Traditionsverband ehemaliger Schutz-und-Überseetruppen ist Dachverband aller regionalen Veteranenverbände ehemaliger Kolonialsoldaten und geht auf den 1896 gegründeten allerersten

Verband ehemaliger Schutztruppen in Afrika zurück.[2] Das Deutsche Afrikakorps war das deutsche Expeditionskorps, das im Rahmen des Nordafrikafeldzuges des Zweiten Weltkrieges von 1941 bis 1943 in Nordafrika kämpfte. Beide Organisationen sind für ihre pro-koloniale und kolonialrevisionistische Haltung bekannt[3] und engagierten sich zusammen für den Erhalt des Hererosteins in Berlin. Zusammen erweiterten sie die Widmung des Hererosteins, aller in Afrika gefallenen deutschen Soldaten zu ehren.[4] Doch die koloniale Rhetorik und die einseitige Perspektive des Denkmals wurden zunehmend kritisiert. Einige Jahrzehnte nach der kolonialistischen Aktualisierung des Steins schlossen sich kritische Stimmen zusammen und organisierten sich als lokale Initiativen mit der Forderung, den Hererostein kritisch zu kontextualisieren. 2004 reichte der Neuköllner Bezirksverordnete Marcus Albrecht einen Antrag ein, eine Gedenktafel für die Opfer des deutschen Kolonialregimes in Namibia zu errichten. Schließlich wurde 2009 im Boden vor dem Hererostein eine zusätzliche Steinplatte verlegt, die auch der Kolonisierten, nicht nur der Kolonisierenden, gedenkt. Die Tafel aus poliertem schwarzen Stein zeigt die Umrisse des heutigen Staates Namibia. Sie trägt die Inschrift in weißen Buchstaben: »Zum Gedenken an die Opfer der deutschen Kolonialherrschaft in Namibia 1884–1915 / insbesondere des Kolonialkrieges von 1904–1907 / Die Bezirksverordnetenversammlung und das Bezirksamt Neukölln von Berlin« und endet mit einem Zitat von Wilhelm von Humboldt: »Nur wer die Vergangenheit kennt, hat eine Zukunft.« Der heutige Hererostein ist somit ein zusammengesetztes Denkmal, bestehend aus dem Stein und der Gedenkplatte, die zwei Seiten der Geschichte darstellen.

Die Herero, Nama und San leisteten seit Beginn der deutschen Kolonialherrschaft in Namibia Widerstand. Für die Herero stellten die kolonialen Siedler:innen eine Bedrohung ihrer Lebensgrundlage dar, weil sie das Weideland für die Viehwirtschaft der Herero beschlagnahmten, um koloniale Siedlungen zu bauen; ferner forderte der Kolonialismus immer mehr Land für den Eisenbahnbau ein. Das Vorhaben, große Gruppen von Herero in Reservate umzusiedeln und ihnen noch mehr Land zu enteignen, bedeutete für die Herero eine existenzielle Bedrohung.[5] Durch die Kontrolle des deutschen Kolonialregimes über die lokale Wirtschaft wurde auch eine grundlegende finanzielle Abhängigkeit der Herero etabliert, die sie in wachsende Schulden gegenüber *weißen* Händlern trieb. Beschlagnahmungen von Vieh waren eine Form der »Schuldeneintreibung« – dadurch wurden die Herero ihrer Kultur- und Lebensgrundlage beraubt und verarmten immer weiter. Die lokale namibische Bevölkerung litt nicht nur unter der wirtschaftlichen Unterdrückung, sondern auch unter dem Rassismus und der Gewalt, die fester Bestandteil des Kolonialismus ist, darunter auch sexuelle Gewalt. Lediglich als günstige Arbeitskraft, nicht jedoch in ihrer menschlichen Existenz, nahmen die deutschen Kolonisator:innen die Herero wahr, deren Unmut gegen die deutsche Besatzung sukzessive stärker wurde. Schließlich brach in der Gegend von Okahandja in Zentralnamibia am 11. Januar 1904 der Aufstand aus. Unter Samuel Maherero setzten sich Herero-Kämpfende zur Wehr und griffen Farmen, Siedlungen, Postämter, Züge und andere Symbole der deutschen Kolonialist:innen an. Dabei kamen 123 Deutsche ums Leben.[6]

Im Gegenzug entsandte das Deutsche Reich im Sommer 1904 zusätzliche Truppen zur Verstärkung unter dem Kommando des kürzlich beauftragten Lothar von Trotha in die Region. Dieser war für seine besonders brutale Kriegsführung im damaligen sogenannten »Deutsch-Ostafrika« sowie im Boxeraufstand in China (1899–1901) berüchtigt. In der Schlacht am Waterberg am 11. August 1904 metzelte die deutsche Kolonialarmee die aufständischen Herero regelrecht nieder und konnte sich damit einen militärischen Sieg sichern. Doch damit gab sich von Trotha nicht zufrieden. Er befahl seinen Truppen, die überlebenden Herero zu verfolgen; so wurden sie in die Omaheke-Wüste gedrängt.[7] Nach der Schlacht am Waterberg wurden einige der grausamsten Verbrechen an den Herero und Nama begangen; die Überlebenden des Massakers wurden daran gehindert, in ihr Land zurückzukehren. Stattdessen wurden sie tiefer in die Wüste getrieben, wo viele an Erschöpfung starben sowie von deutschen Soldaten angegriffen wurden. Deutsche Truppen besetzten und vergifteten Wasserstellen, wodurch Tausende einen qualvollen Tod durch Verdursten starben.[8] Nama-Gruppen schlossen sich 1905 dem Aufstand unter der Führung von Kaptein Hendrik Witbooi[9] an. Während Trothas Feldzugs wurden die gefangenen überlebenden Herero und Nama in Konzentrationslagern interniert und mussten Zwangsarbeit leisten, deren unmenschliche Bedingungen darauf ausgelegt waren, sich zu Tode zu arbeiten. Die Todesrate in den Lagern, von denen das bekannteste auf der Haifischinsel lag, betrug schätzungsweise etwa 50 %.[10] Diese Taktiken folgten von Trothas Vernichtungsbefehl. Seine schriftliche Anweisung wurde später zum Beweisstück dafür, dass es sich bei den Verbrechen an den Herero nach der Schlacht am Waterberg um einen Völkermord handelte. Als das Lager 1908 geschlossen wurde, waren 50–75 % der gesamten Herero Bevölkerung und 50 % der Nama zu Tode gekommen.[11] Die genaue Zahl der Todesopfer ist nicht bekannt, die Fachwelt schätzt zwischen 60.000 und 100.000 Tote.[12] Wegen der systematisch gezielten Tötung bestimmter ethnischer Gruppen mit dem Ziel ihrer vollständigen Ausrottung entsprechen die Taten der deutschen Kolonialarmee zwischen 1904 und 1907 der rechtlichen Definition von Völkermord.[13] Obwohl der Whitaker-Report der UNO im Jahr 1985 den Völkermord an den Herero und Nama offiziell zum ersten Völkermord des 20. Jahrhunderts deklarierte, blieb die Bezeichnung »Völkermord« jahrzehntelang im deutschen Diskurs umstritten. Auf einer Veranstaltung zum 100. Jahrestag der Schlacht am Waterberg im Jahr 2004 erkannte die damalige Bundesentwicklungsministerin Heidemarie Wieczorek-Zeul erstmals die Verbrechen unter deutscher Führung als Völkermord an und sprach eine Entschuldigung aus;[14] eine offizielle Anerkennung durch die deutsche Regierung erfolgte jedoch erst 2015.[15] Der Unwille, den Völkermord an den Herero und Nama als solchen anzuerkennen, hängt auch mit der Angst vor rechtlichen Konsequenzen, insbesondere mit der moralischen und rechtlichen Verpflichtung und möglichen Reparationszahlungen an Herero- und Nama-Gruppen im heutigen Namibia zusammen.

In Berlin spiegelt sich dieser Definitionskonflikt auch in der Geschichte des Hererostein-Denkmals wider und konfrontiert uns mit der Frage, wie wir uns heute an die Ereignisse der Jahre 1904–1907 erinnern. Der Text der Gedenktafel, die 2009 dem Hererostein hinzugefügt wurde, entstand in Abstimmung zwischen dem Auswärtigen Amt, der Senatskanzlei, der namibischen Botschaft und der Bezirksverordnetenversammlung Neukölln. Die Bewilligung des Textes war mit der Auflage verbunden, nicht den Terminus »Völkermord«,[16] sondern stattdessen den Begriff »Kolonialkrieg« zu verwenden. Zivilgesellschaftliche Gruppen der afrikanischen Diaspora und People of Color in Berlin kritisierten diese Wortwahl als Beschönigung und Verharmlosung der historischen Fakten und damit als Verleugnung der kolonialen Vergangenheit Deutschlands.[17]

Im dominierenden deutschen Gedächtnis herrschen große Wissenslücken um die deutsche Kolonialgeschichte, insbesondere um die sehr düsteren Aspekte.[18] Selbst die noch bestehenden Spuren der Kolonialgeschichte, die im Berliner Stadtbild sichtbar sind, werden oft nicht als solche gekennzeichnet, wie etwa Straßen, die nach Kolonialoffizieren benannt sind. Die kolonialen Bezüge im öffentlichen Raum sind von einem systematischen Vergessen[19] oder, wie Kößler es nennt, einem »Konsens des Beschweigens«[20] geprägt. Der massive Effekt einer solchen kolonialen Amnesie ist, dass bestimmte Geschichten unsichtbar werden und Möglichkeiten einer inklusiven Gesellschaft dadurch verwehrt bleiben. Mit der Entscheidung für textliche Formulierungen, die die Realität eines Genozids umdeuten oder verharmlosen, wird eine tatsächliche Verantwortungsübernahme unmöglich gemacht und der Weg für eine dekolonialisierende Zukunft gehemmt.

In den letzten Jahren sind in Berlin Möglichkeiten entstanden, die Schichten der kolonialen Amnesie aufzudecken. Antikoloniale Gruppen wie Berlin Postkolonial und AfricAvenir leisten eine wichtige Arbeit zur Aufarbeitung des Kolonialismus und treiben intensive Diskussionen z. B. um das Humboldt Forum und damit verbundenen Fragen der Provenienz und Restitution voran und in den öffentlichen Diskurs.[21]

Für die Aufarbeitung der deutschen Kolonialgeschichte stellen eine kritische Neuperspektivierung des Hererosteins und die Fragen, wofür er steht und welche Rolle er in der Berliner Stadtlandschaft spielt, einen bedeutsamen Schritt dar. Der Stein mit seinem Ursprungskontext und den späteren Aktualisierungen mit kolonialen Symbolen durch pro-koloniale Organisationen stellt die Täterperspektive einseitig in den Vordergrund. Die zusätzlich angebrachte Tafel vermag mit der vagen Wortwahl ihrer Inschrift nicht, der Verherrlichung des deutschen Kolonialismus eine kolonialkritische Position entgegen zu stellen. Darüber hinaus fehlen hierbei eine angemessene Kontextualisierung und Historisierung des Gedenksteins.

Eine konsequente Auseinandersetzung mit dem Kontext des Steins, eine Anerkennung und Verantwortungsübernahme kolonialer Verbrechen können dazu beitragen, uns einen Schritt näher zu einer dekolonisierten Gesellschaft zu bringen. Dies könnte mit einer Umdeutung und Kontextualisierung erreicht werden: Statt Täter des Kolonialismus zu ehren, könnte er zu einem Mahnmal im Gedenken an das in den Kolonien verursachte Leid werden; dadurch könnte es die ursprüngliche Intention des Steins kontern und zu einem Symbol der Verantwortungsübernahme für die Vergangenheit werden.[22] Dies wäre auch eine Gelegenheit, Kontinuitäten und Bezüge kolonialer Strukturen ins Auge zu fassen, wie etwa rassismusbedingte soziale Ungleichheit im gegenwärtigen Namibia und rassistische Diskriminierung in Deutschland.[23] Auch ein neuer Standort könnte dabei in Betracht gezogen werden. Israel Kaunatjike, ein in Berlin lebender Herero, engagiert sich seit Jahren für die Verlegung des Hererosteins an einen zentraleren Ort in Berlin, entweder in die Nähe des Bundestages oder in die Wilhelmstraße, neben anderen kleineren Gedenkzeichen, die an die Berliner Konferenz von 1884–1885 erinnern.[24] An einem öffentlicheren Standort könnte der Hererostein sein Potenzial als Knotenpunkt des antikolonialen Gedenkens entfalten, wenn seine Inschrift deutlich und unmissverständlich den Völkermord als solchen benennen und Kontexte zum deutschen Kolonialismus und der Geschichte des Denkmals liefern würde. Jedoch sollten solche Veränderungen im Konsens und in enger Zusammenarbeit mit und unter Federführung von Gruppen vorgenommen werden, die die afrikanische Diaspora in Berlin repräsentieren und sich für sie engagieren.

Der Hererostein könnte eine große transformative Wirkung auf unsere Erinnerungspraktiken in Bezug auf den deutschen Kolonialismus und den Völkermord an den Herero und Nama haben, wenn er an die Vergangenheit erinnert und zu einem Symbol der Verantwortungsübernahme und des Engagements für die Arbeit am Prozess der Dekolonisierung wird.

Mit seiner versteckten Lage in Neukölln ist der Hererostein jedoch dem öffentlichen Blick entzogen; ohne Beschilderung oder anderen Hinweisen auf seine Präsenz wird die Geschichte der Opfer des Kolonialismus weiterhin zum Schweigen gebracht.

Nach längerem Suchen findet man den Hererostein im Schatten der Şehitlik-Moschee, hinter anderen Kriegsdenkmälern und Soldatengräbern. Mitte November 2020, nach dem Volkstrauertag, lagen frische Blumen um die Namibia-Gedenktafel, rote Grablichter standen am Fuß des »Hererosteins«. Er bleibt nach wie vor ein umstrittenes Denkmal, das die Geschichtserinnerungen gestaltet und hütet.

(Aus dem Englischen von Nine Eglantine Yamamoto-Masson.)

Anmerkungen

1 Die Inschrift lautet: »Von 41 Angehörigen des Regiments, die in der Zeit vom Januar 1904 bis zum März 1907 am Feldzuge in Süd-West Afrika freiwillig teilnahmen, starben den Heldentod
Leutnant Richard von Rosenberg
Bodo von Ditfurth
Grenadier Johann Hovel 1 Comp.
Füsilier Johann Orphel 10 "
Franz Dallmann 12 "
Johann Fausser 12 "
Karl Kliebisch 12 "
Das Offizierskorps ehrt mit diesem Stein das Andenken der Helden.«
2 Vgl. Traditionsverband ehemaliger Schutz- und Überseetruppen e.V. Online abrufbar unter: www.traditionsverband.de [letzter Zugriff: 14.02.2021].
3 Vgl. Zeller, Joachim, »Decolonization of the Public Space? (Post)Colonial Culture of Remembrance in Germany«, in: Lindner, Ulrike / Möhring, Maren / Stein, Mark / Stroh, Silke (Hg.), *Hybrid Cultures – Nervous States. Britain and Germany in a (Post)Colonial World*, Amsterdam / New York 2010, S. 65–88, hier S. 77.
4 Vgl. Zeller, Joachim, »Kolonialdenkmäler Berlin«, in: van der Heyden, Ulrich / Zeller, Joachim (Hg.), *Kolonialmetropole Berlin. Eine Spurensuche*, Berlin 2002, S. 168.
5 Vgl. Bridgman, Jon, *The Revolt of the Hereros*, Berkeley / Los Angeles 1981.
6 Vgl. Förster, Larissa, *Postkoloniale Erinnerungslandschaften. Wie Deutsche und Herero in Namibia des Kriegs von 1904 gedenken*, Frankfurt am Main / New York 2010, S. 41.
7 Vgl. Sarkin, Jeremy, *Colonial Genocide and Reparations Claims in the 21st Century*, Westport, CT 2009.
8 Vgl. ebd.
9 Auch !Nanseb |Gabemab genannt (Anm. d. Übers.).
10 Vgl. Conrad, Andreas, »Ein schwarzes Kapitel«, in: *Der Tagesspiegel*, 10.01.2004.
11 Vgl. ebd.
12 Vgl. Sarkin, *Colonial Genocide and Reparations Claims in the 21st Century*.
13 Vgl. ebd.
14 Vgl. »Germany Asks for Namibians' ›Forgiveness‹«, in: *Deutsche Welle*, 14.08.2004. Online abrufbar unter: www.dw.com/en/germany-asks-for-namibians-forgiveness/a-1298060 [letzter Zugriff: 14.02.2021].
15 Vgl. Tejas, Aditya, »German Official Says Namibia Herero Killings Were ›Genocide‹ And Part Of ›Race War‹«, in: *International Business Times*, 7.09.2015.
16 Wendt, Johannes, »Der Afrikastein: Verstaubtes Gedenken an deutsche Kolonialzeiten in Namibia«, in: *Entwicklungspolitik Online*, 28.06.2008. Online abrufbar unter: www.epo.de/index.php?option=com_content&view=article&id=3986:der-afrikastein-verstaubtes-gedenken-an-deutsche-kolonialzeiten-in-namibia&catid=69&Itemid=100244 [letzter Zugriff: 14.02.2021].

17 Vgl. Afrika-Rat / Berliner Entwicklungspolitischer Ratschlag (BER) / Berlin Postkolonial / Initiative Schwarze Menschen in Deutschland (ISD Bund) / p.art.ners berlin-windhoek / Solidaritätsdienst-International (SODI) / Werkstatt der Kulturen, »Verharmlosung von Völkermord. Neukölln plant Gedenkstein, der nicht für die Versöhnung mit Namibia geeignet ist. Gemeinsame Pressemitteilung«, 02.10.2009.
18 Vgl. Zeller, »Decolonization of the Public Space?«, S. 65.
19 Vgl. Speitkamp, Winfried, »Kolonialdenkmäler«, in: Zimmerer, Jürgen (Hg.), *Kein Platz an der Sonne. Erinnerungsorte der deutschen Kolonialgeschichte*, Frankfurt am Main / New York 2013, S. 409–423, hier S. 417.
20 Kößler, Reinhart, »Zweierlei Amnesie und die komplexe postkoloniale Lage Namibias«, in: *Die Friedens-Warte*. *Journal of International Peace and Organization* 86(1–2) (2011), S. 75.
21 Vgl. Pape, Elise, »Postcolonial Debates in Germany – An Overview«, in: *African Sociological Review / Revue Africaine de Sociologie*, 21(2) (2017), S. 7–10.
22 Vgl. Speitkamp, »Kolonialdenkmäler«, S. 420.
23 Vgl. Form, Wolfgang / Meisel, Hana / Schwank, Joke, »Gedenken an den Völkermord an den Herero und Nama?«, in: *Gedenkstättenrundbrief* 198 (2020), S. 20–25.
24 Vgl. Habermalz, Christiane, »Koloniales Nicht-Gedenken in Deutschland«, in: *Deutschlandfunk*, 16.02.2018.

Flavia Cahn

1908 – Die Planungen für das Kolonialdenkmal auf dem Baltenplatz beginnen

In Berlin sind die Spuren der ehemaligen Kolonialmetropole nicht offensichtlich, sondern größtenteils überlagert und verborgen. Am sichtbarsten sind die nach ehemaligen deutschen Kolonien oder kolonial verstrickten Personen benannten Straßen. Doch wäre der Erste Weltkrieg nicht dazwischengekommen, wäre Anfang des 20. Jahrhunderts auf dem heutigen Bersarinplatz in Berlin-Friedrichshain ein unübersehbares Denkmal zu Ehren des deutschen Kolonialismus errichtet worden. Letzten Endes wurde es nicht in Berlin, sondern in Bremen gebaut. Die Geschichte des geplanten Kolonialdenkmals in Berlin verweist auf den Umgang der Stadt mit ihrer eigenen kolonialen Geschichte und verdeutlicht darüber hinaus, wie flexibel die Funktion von Denkmälern ist.

Berlin war das Zentrum des Deutschen Reiches. Hier befanden sich die Kolonialverwaltungen mit dem Reichskolonialamt, dem Hauptquartier der deutschen Kolonialarmee und den Büros verschiedener kolonialer Interessenvertretungen wie der Deutschen Kolonialgesellschaft. Darüber hinaus befanden sich auch Missionswerke und andere koloniale wissenschaftliche Forschungszentren für Medizin, Botanik oder Ethnologie in Berlin. Im Berlin der frühen 1900er Jahre war die Haltung dem Kolonialismus gegenüber zwiespältig. Deswegen wollte die prokoloniale Lobby, zu der Mitglieder der oben genannten Organisationen ebenso wie Politiker in den oberen Riegen der Regierung gehörten, mehr öffentliche Zustimmung für das Kolonialprojekt gewinnen und die Bevölkerung dazu bringen, sich stärker mit den deutschen Überseekolonien zu identifizieren.[1] Vor diesem Hintergrund wurden 1908 Pläne für ein sogenanntes Kolonialkriegerdenkmal in Berlin entwickelt. Geleitet wurde das Projekt vom Reichstag, dem Bundesrat und der Reichskanzlei (unter dem Reichskanzler Bernhard Fürst von Bülow); vermutlich spielte auch die Deutsche Kolonialgesellschaft als

Initiatorin eine entscheidende Rolle.² Anstelle vieler kleinerer Einzeldenkmäler für individuelle Schlachten sollte dieses Denkmal als zentrales Kolonialdenkmal zu Ehren aller deutschen Soldaten fungieren, die in Übersee im Kampf um die Expansion des deutschen Kolonialreichs gefallen waren. Das Denkmal sollte Nationalstolz hinsichtlich des kolonialen Projekts erwecken und ein kollektives Bewusstsein zugunsten des Kolonialismus etablieren.³
Doch es gab nicht nur Befürworter:innen dieses Vorhabens. Als die Pläne für das Kolonialkriegerdenkmal im Reichstag diskutiert wurden, weigerte sich insbesondere die SPD, das Vorhaben zu unterstützen. SPD-Stadtrat Pfannkuch argumentierte, dass Berlin »die Hände davon lassen sollte, an der Errichtung eines Denkmals für die Gefallenen mitzuwirken, die auf Kommando die Eingeborenen ihres Heimatrechtes und ihres angestammten Besitzes entäußern mußten.«⁴ Stadtrat Reimann äußerte sich gegen Pfannkuch: »Wer nur ein bisschen deutsches Gefühl in sich trägt«⁵, sollte für das Denkmal stimmen, appellierte er an den Rat. Er sah den Bau als eine patriotische Pflicht an. Auch hinsichtlich des Standorts und der Gestaltung des Denkmals gab es starke Meinungsverschiedenheiten, selbst unter denjenigen, die für das Denkmal waren. Angesichts der Schwierigkeit, für das Denkmal einen geeigneten Platz im Stadtzentrum zu finden, fiel die Wahl des Standortes auf den Baltenplatz, der heutige Bersarinplatz in Friedrichshain. Für viele Befürworter:innen des Denkmals lag der Baltenplatz aber viel zu weit vom Reichstag und vom Zentrum des politischen Lebens in Berlin entfernt.⁶ Um die erwünschte Öffentlichkeitswirkung zu erzielen, sollte das Denkmal von möglichst vielen Menschen gesehen werden – wie sollte das im abgelegenen Osten der Stadt möglich sein? Sogar Stadtrat Pfannkuch sah dies ein und schlug stattdessen einen Standort im Tiergarten vor.

Als 1913 der Gewinner des künstlerischen Wettbewerbs für den Entwurf des Denkmals bekannt gegeben wurde, entbrannte erneut eine Debatte. Einige Reichstagsabgeordnete waren aus ästhetischen Gründen gegen den Siegerentwurf von Fritz Behn (1878–1970). Der in München ausgebildete Behn genoss in Deutschland einen soliden Ruf als begabter Tierplastiker. Behns Entwurf für das Denkmal sah, kohärent zu seinem üblichen Stil, eine Skulptur in Form eines riesigen afrikanischen Elefanten auf einem mehrstöckigen Sockel vor, auf dem verschiedene Szenen aus dem Leben in den Kolonien sowie die Figur eines verwundeten Soldaten zu sehen ist.⁷

Kritiker:innen bemängelten den Elefanten-Entwurf als zentrale Figur als unpassend für die Gestaltung eines militärischen Ehrenmals. Bei dem Wettbewerb wurden weitere Entwürfe eingereicht, die auf klassischeren Motiven wie einer Siegessäule oder einer kämpfenden Kriegerfigur beruhten. In Behns Entwurf hingegen schien die Ehrung der Toten kein zentrales Anliegen zu sein, vielmehr verkörperte er ein grundsätzliches Denkmal für das Kolonialprojekt, bei dem der Elefant für die Stärke des deutschen Kolonialismus und Stolz auf die kolonialen Eroberungen stand. Behn war 1911 der Deutschen Kolonialgesellschaft beigetreten. Seine Unterstützung für leitende Persönlichkeiten des deutschen Kolonialismus und seine Schriften über seine Reisen in die deutschen Kolonien in Afrika verdeutlichen seine pro-koloniale Haltung und eine Überzeugung der Überlegenheit von weißen Menschen eindeutig.[8] In seinem Buch »Haizuru: Ein Bildhauer in Afrika« schreibt Behn: »Unser weißes Prestige allein setzt uns in den Stand, unsere Kolonien zu halten.«[9] Dies verdeutlicht seine Sicht, dass die Überlegenheit (»Prestige«) *weißer* Europäer:innen ein Recht auf den Besitz von Kolonien und die Herrschaft über Bevölkerungen in Übersee verleihe.

Für Behn waren die deutschen Kolonien auch für die Kunst von größter Bedeutung, denn er sah sie als wertvolle Inspirationsquellen für deutsche Künstler:innen.[10] Seine Reisen ins damalige »Deutsch-Ostafrika« in den Jahren 1907–1908 und 1909–1910 waren für ihn Gelegenheiten, der vermeintlichen modernen Zivilisation zu entfliehen und in die aus seiner Sicht wilden, exotischen, unverdorbenen und primitiven Landschaften und Kulturen zu tauchen, um daraus neue Inspiration für seine künstlerische Arbeit zu schöpfen. Mit dieser Position war er nicht alleine. Viele europäische Künstler:innen schöpften aus ihren stark romantisierten Begegnungen mit dem »exotischen Anderen« aus ähnlichen Reisen oder kolonialen Ausstellungen Material für ihre künstlerische Arbeit. Paul Gauguin ist einer der bekanntesten dieser Künstler:innen, die für seine Kunstpraxis vom europäischen Kolonialismus profitierten, genauso aber auch unzählige andere wie etwa Paul Klee, Henri Matisse oder Emil Nolde.

Somit sind Behns Kunstwerke hoch politisch. Seine Skulpturen von Gazellen, Jaguaren und Elefanten, selbst ein Orang-Utan aus Bronze und ein Gorilla aus Granit, die heute noch im Berliner Zoo zu sehen sind, waren keineswegs bloß neutrale oder harmlose Darstellungen des Tierreichs. Damals wie heute waren bzw. sind sie maßgebend für das Verständnis und das deutsche Blickregime auf Afrika und auf koloniale Subjekte.[11] Selbst die Deutsche Kolonialzeitung sah Behns Werk als »Kunst im Dienste der Kolonial-Idee«[12].

Trotz seiner eindeutigen pro-kolonialen Haltung wurde Behns Wahl eines Elefanten als Symbol zur Ehrung gefallener Soldaten von vielen als unangebracht, stillos und gar respektlos empfunden.[13] Der künstlerische Wettbewerb wurde daher 1914 von Kaiser Wilhelm II. neu ausgeschrieben.[14] Behn erhielt eine zweite Chance, einen Entwurf einzureichen, sowie auch die Zweitplatzierten des vorherigen Wettbewerbs Hermann Hahn und Carl Sattler, Louis Tuaillon und der Bildhauer August Gaul, der sich ebenso auf Skulpturen von Tieren spezialisiert hatte.[15] Der Ausbruch des Ersten Weltkriegs vereitelte jedoch das Unterfangen des Kolonialdenkmals. In den 1920er Jahren sollte es zwar wieder aufgegriffen werden, doch die Pläne für ein Kolonialkrieger-Denkmal in Berlin wurden für unbestimmte Zeit zurückgestellt.

Doch die Geschichte des Elefanten ist hier nicht zu Ende – in Bremen zieht sie weiter. Für die Hafenstadt war der Kolonialhandel sehr profitabel gewesen. Daher war der Verlust der deutschen Kolonien nach dem Ersten Weltkrieg für Bremen stärker präsent als für die meisten anderen deutschen Städte; viele Bremer Kaufleute, Handelsgesellschaften und ehemalige Mitglieder kolonialer Truppen sehnten sich nach den »glorreichen« Zeiten des deutschen Imperialismus, setzten sich für eine Rückeroberung der Kolonien ein und waren Teil einer starken neokolonialen Lobby in Bremen.[16] Im Jahr 1926 reichte die Bremer Ortsgruppe der Deutschen Kolonialgesellschaft einen Antrag auf Genehmigung zur Errichtung eines Kolonial-Ehrenmals ein. Dieses öffentliche Denkmal sollte ein Ausdruck der neokolonialen Hoffnung sein, die »verlorenen« Kolonien »zurückzugewinnen« und erneut zur Kolonialmacht aufzusteigen.[17] So wurde das geplante Berliner Vorhaben für das Kolonial-Ehrenmal wieder aufgenommen und aktualisiert, um die Bremer Position besser zu repräsentieren. Das Bremer Kolonial-Ehrenmal wurde auf der Grundlage von Behns ursprünglichem Elefantenentwurf geschaffen. In der Bremer Version steht der sieben Meter hohe afrikanische Elefant zudem auf einem zwölfeckigen Sockel, der wiederum auf einem rechteckigen Sockel ruht. Die Tafeln an den Seiten des Sockels tragen die Namen ehemaliger deutscher Kolonien und zeigen Porträts wichtiger Persönlichkeiten des deutschen Kolonialismus wie etwa Franz Adolf Lüderitz und Paul von Lettow-Vorbeck, die beide aus

Bremen waren. Unter dem Denkmal befindet sich außerdem eine unterirdische Krypta, die den deutschen, in den Kolonien gefallenen Soldaten gewidmet ist und einen Altar mit der Widmung »Unseren Toten« sowie ein Totenbuch zum Gedenken an die gefallenen Soldaten[18] beherbergt. Wie bei den ursprünglichen Plänen in Berlin ehrt auch das Bremer Kolonialdenkmal die deutschen Toten des Kolonialismus, jedoch in einer verstärkt sakralen und heroischen Weise. Damit betrauert das Denkmal nicht nur das Leben der Soldaten, sondern auch den Verlust der Kolonien. Die Inschrift »Unsere Kolonien« auf der Vorderseite des Denkmals drückt die Überzeugung aus, Deutschland habe einen unveräußerlichen Anspruch auf die Gebiete in Übersee. Ebenso scheint der Elefant Deutschlands hartnäckige Entschlossenheit zu symbolisieren, weiterhin auf den Status als einflussreiche europäische Kolonialmacht zu bestehen. Das Kolonialdenkmal wurde im Juli 1932 eingeweiht. Die Nationalsozialisten nannten Bremen die »Stadt der Kolonien«; während der gesamten NS-Zeit war das Kolonialdenkmal einer der wichtigsten Treffpunkte der neokolonialen Bewegung in Deutschland.[19]

Gegen Ende des Zweiten Weltkriegs waren fast alle kolonialen Denkmäler in Ostdeutschland zerstört worden, doch in Westdeutschland blieben einige erhalten. Zu diesen zählt das Kolonial-Ehrenmal in Bremen. Alle Inschriften und Widmungen auf dem Denkmal wurden 1945 entfernt, wodurch das Denkmal eine Art Neutralisierung erlebte, weil es so von seinem Entstehungskontext scheinbar getrennt wurde.[20] Als nach dem Zweiten Weltkrieg eine allgemeine erinnerungspolitische und diskursive Amnesie um die Kolonialzeit begann, geriet auch die Bedeutung des riesigen steinernen Elefanten mitten in Bremen in Vergessenheit. Erst in den späten 1980er Jahren wurde die Elefantenskulptur wieder Teil des öffentlichen Bewusstseins, als Aktivist:innen der Anti-Apartheid-Bewegung in Bremen die Initiative ergriffen, das Denkmal umzuwidmen und es zu einem antikolonialen Denkmal zu erklären.[21] Am 18. Mai 1990 – im Jahr der Unabhängigkeit Namibias – wurde der Elefant offiziell in »Antikolonialdenkmal« umbenannt. Als Teil der Umbenennungszeremonie wurde neben dem Denkmal eine Tafel angebracht, die seine Geschichte, seine Rolle im Nationalsozialismus und seine neue Bedeutung erklärt; außerdem thematisiert sie die Gewalt des Kolonialismus und prangert neokoloniale Unterdrückung an. Die Tafel setzt explizit ein Zeichen der Solidarität mit dem afrikanischen Widerstandskampf gegen anhaltende neokoloniale Verhältnisse.²² So wurde das Denkmal zu einem Symbol der Verantwortung und einem starken Statement gegen den Neokolonialismus.

Anlässlich des Besuchs vom namibischen Präsidenten Sam Nujoma in Bremen wurde 1996 eine zusätzliche Gedenktafel angebracht, die an die namibischen Opfer des deutschen Kolonialismus erinnert. 2009 wurde daneben außerdem ein weiteres Denkmal errichtet, das dem Völkermord an den Herero und Nama in Namibia zwischen 1904 und 1908 gedenkt. Das Gelände des ehemaligen Kolonial-Ehrenmals ist damit zu einem Ort der Erinnerung an die Rolle Deutschlands als kolonialer Aggressor geworden. Der steinerne Elefant hat somit viele Rollen besetzt: er sollte tote Soldaten ehren, kolonialen Stolz anfeuern und nach 1919 der neokolonialen Propaganda dienen; er geriet ins Vergessen und wurde schließlich zu einem Symbol der antikolonialen Haltung transformiert. Er zeugt von der politischen Dimension von Kunst im öffentlichen Raum. Die Geschichte des Elefanten – von seiner ursprünglich geplanten Rolle als Kolonialdenkmal in Berlin-Friedrichshain bis zu seiner heutigen Rolle im Bremer Stadtbild – zeigt, dass sich die Bedeutungen von Denkmälern dynamisch wandeln und sogar zum Gegenteil ihrer ursprünglichen Intention und Bedeutung werden können. Dabei bleiben Denkmäler jedoch immer ein politisches Statement, da sie den Bezug der Öffentlichkeit zur Geschichte und ihr Verständnis der Geschichte prägen; mit jedem Bedeutungswandel wird auch ihr Einfluss aktualisiert.²³ Die Umkodierung des Kolonial-Ehrenmals, eines der wenigen noch existierenden kolonialen Denkmäler in Deutschland, steht beispielhaft dafür, wie mit den historischen Denkmälern in Europa, deren ursprüngliche Funktion mit den Werten der Gegenwart nicht vereinbar ist, umgegangen werden könnte.

Um den Bersarinplatz in Berlin herrscht heute reger Verkehr. Nur wenige Schritte weiter befinden sich antifaschistisch und queerfeministisch besetzte Häuser und Hausprojekte, die wiederholt von staatlichen Organen beobachtet werden und von Zwangsräumung bedroht sind. In der unmittelbaren Umgebung des Bersarinplatzes findet immer wieder Protest und Solidarität für diesen Kampf statt; von dem nicht gebauten Kolonialdenkmal gibt es keine Spur. Auf dem Bersarinplatz wachsen Blumen und ein gepflegter Rasen, so wie es vermutlich einst Stadtrat Pfannkuch gewollt hätte.

(Aus dem Englischen von Nine Eglantine Yamamoto-Masson.)

Anmerkungen

1. Vgl. Zeller, Joachim, »Die Leiche im Keller. Eine Entdeckungsreise ins Innerste der Kolonialmetropole Berlin«, in: Bechhaus-Gerst, Marianne / Klein-Arendt, Reinhard (Hg.), *AfrikanerInnen in Deutschland und schwarze Deutsche – Geschichte und Gegenwart. Beiträge zur gleichnamigen Konferenz vom 13.–15. Juni 2003 im NS-Dokumentationszentrum (EL-DE-Hause) Köln,* Münster 2004, S. 89–108, hier S. 90–92.
2. Vgl. Zeller, Joachim, »Kolonialdenkmäler in Berlin«, in: ders./van der Heyden, Ulrich (Hg.), *Kolonialmetropole Berlin. Eine Spurensuche,* Berlin 2002, S. 168–181, hier S. 169.
3. Vgl. Zeller, Joachim, *Kolonialdenkmäler und Geschichtsbewusstsein. Eine Untersuchung der kolonialdeutschen Erinnerungskultur,* Frankfurt am Main 2000, S. 87.
4. *Stenographische Berichte über die öffentlichen Sitzungen der Stadtverordnetenversammlung der Haupt- und Residenzstadt Berlin.* Sitzung am 08.05.1913, S. 259.
5. Ebd.
6. Vgl. Zeller, »Die Leiche im Keller«, S. 85.
7. Vgl. Schneidewind, Ernst, »Glossen zum Wettbewerb um das Kolonialkrieger-Denkmal oder die neueste Berliner Denkmals-Katastrophe«, in: *Die Kunstwelt. Deutsche Zeitschrift für die bildende Kunst,* 19/20 (1914), S. 653–654. Online abrufbar unter: digi.ub.uni-heidelberg.de/diglit/kunstwelt1913_1914 [letzter Zugriff: 14.02.2021].
8. Vgl. Zeller, Joachim, *Wilde Moderne. Der Bildhauer Fritz Behn (1878–1970),* Berlin 2016, S. 53.
9. Behn, Fritz, *Haizuru. Ein Bildhauer in Afrika,* München 1917, S. 48.
10. Zeller, *Wilde Moderne,* S. 27.
11. Wilke, Sabine, »Romantic Images of Africa. Paradigms of German Colonial Paintings«, in: *German Studies Review,* 29(2) (2006), S. 285–298, hier S. 297.
12. Zeller, *Wilde Moderne,* S. 58.
13. Schneidewind, »Glossen zum Wettbewerb um das Kolonialkrieger-Denkmal«, S. 653 f.
14. Zeller, »Die Leiche im Keller«, S. 97.
15. Zeller, »Kolonialdenkmäler in Berlin«, S. 170.
16. Vgl. Eickelberg, Gudrun, »Die Geschichte des Bremer AntiKolonialDenkmals«, in: »*Der Elefant!« e. V.,* Februar 2012. Online abrufbar unter: www.der-elefant-bremen.de/pdf/AntiKolonialDenkmal.pdf [letzter Zugriff: 14.02.2021].
17. Vgl. Zeller, *Kolonialdenkmäler und Geschichtsbewusstsein,* S. 153.
18. Vgl. Landesamt für Denkmalpflege Bremen, *Kolonial-Ehrenmal & Anti-Kolonial-Denk-Mal,* Obj-Dok-nr.: 00001771.
19. Vgl. Zeller, Joachim, »Münchner Kolonialkunst. Der Bildhauer Fritz Behn«, in: *münchen postkolonial,* 18.12.2019. Online abrufbar unter: muc.postkolonial.net/files/2011/07/BehnMUC2010-1.pdf [letzter Zugriff: 14.02.2021].
20. Vgl. Zeller, Joachim, »Rezension von Rudolph Bauer / Inge Buck / Michael Weisser u. a., ›Der Elefant! Bilder, Gedichte, Dokumente zum Anti-Kolonialdenkmal in Bremen‹«, in: *freiburg-postkolonial,* 15.03. 2012. Online abrufbar unter:

www.freiburg-postkolonial.de/Seiten/Rez-2012-DerElefant-Bremen.htm [letzter Zugriff: 14.02.2021].
21 Vgl. ebd.
22 Vgl. Zeller, *Kolonialdenkmäler und Geschichtsbewusstsein*, S. 224.
23 Vgl. ebd., S. 370.

Yann LeGall

1914 – In der Hedemannstraße nimmt die Kriegsrohstoffabteilung (KRA) unter Walther Rathenau ihre Arbeit auf

In der Hedemannstraße 12 in Berlin-Kreuzberg erinnert eine Gedenktafel vor dem ehemaligen Sitz der Kriegsrohstoffabteilung aus dem Ersten Weltkrieg an deren Gründer Walther Rathenau. Rathenau war eine bekannte Persönlichkeit des Kaiserreiches und der Weimarer Republik. Im von seinem Vater gegründeten Elektrokonzern AEG nahm er eine leitende Rolle ein; er war liberaler Politiker, deutscher Außenminister und machte sich zugleich mit seiner ausgedehnten publizistischen Tätigkeit einen Namen. 1922 fiel er einem antisemitischen Anschlag zum Opfer, der von der rechtsextremen »Organisation Consul« verübt wurde. Die Erinnerungstafel wurde von den Nationalsozialisten 1933 entfernt; an der gleichen Stelle wurde 1989 eine Berliner Tafel in Gedenken an Walther Rathenau enthüllt.

Dass Walther Rathenau aktiv in die deutsche Kolonialpolitik im frühen 20. Jahrhundert verwickelt war, ist bislang wenig bekannt gewesen. Rathenau verfasste Berichte zu den überseeischen Kolonien und war vor und im Ersten Weltkrieg ein maßgeblicher Verfechter der expansionistischen Mitteleuropa-Idee.

Als Unternehmer und Mitglied der Berliner Handelsgesellschaft war Rathenau bestrebt, das wirtschaftliche Potenzial der deutschen Kolonien einzuschätzen. Seine Beziehung zum Thema Kolonialismus in Afrika rührte vor allem von seiner Bekanntschaft mit Bernhard Dernburg. Dieser kam ursprünglich aus der freien Wirtschaft und wurde 1907 Staatssekretär und damit Leiter des Reichskolonialamtes. Dernburg wuchs als Protestant auf, wurde aufgrund seiner Herkunft aber weiter als Jude wahrgenommen. Seine Nominierung für ein so hohes Amt erschien als bedeutender Schritt für die jüdische Gemeinschaft und Rathenau verstand dessen Ernennung

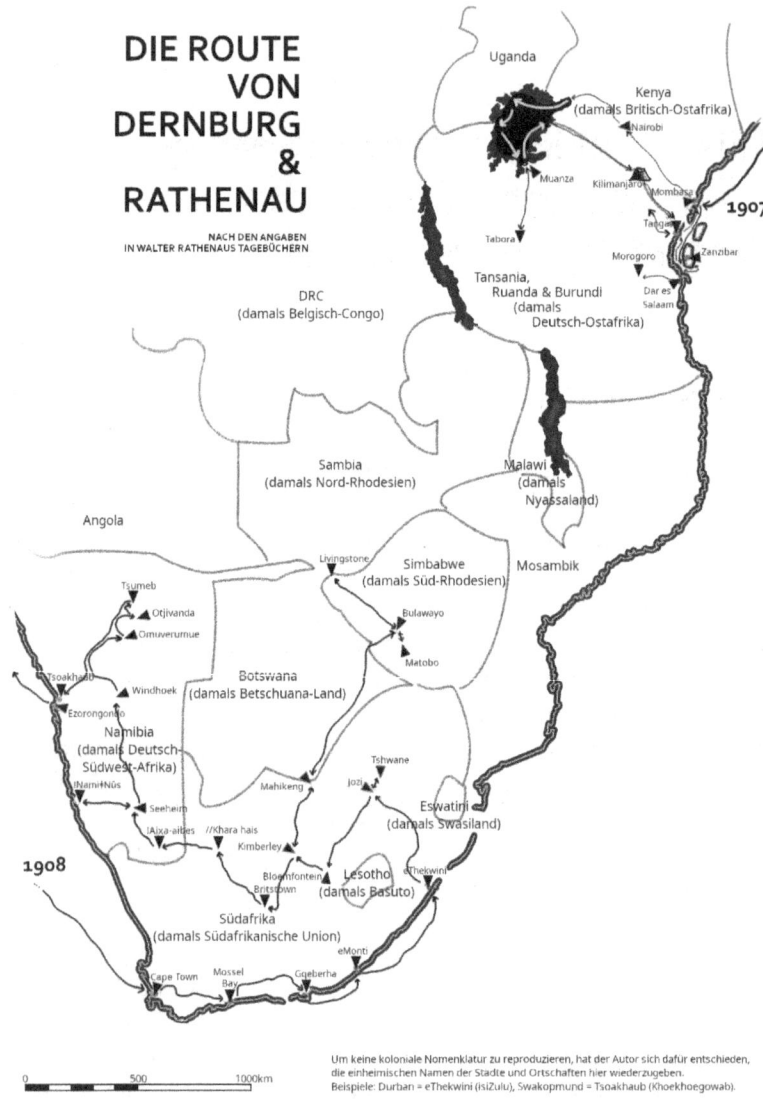

Abb. 1: Die Route von Rathenau und Dernburg 1907 und 1908, nach Angaben in Walther Rathenaus Tagebüchern, Illustration (mit einheimischen Namensangaben der Städte und Ortschaften): Yann LeGall.

1914 – In der Hedemannstraße nimmt die Kriegsrohstoffabteilung (KRA) ihre Arbeit auf

Abb. 2: Kolonialstaatssekretär Bernhard Dernburg und Walther Rathenau in Dar es Salaam, 1907. Zu sehen sind (von links nach rechts): Sulayman bin Nasir al-Lamki, Regierungsrat Boeder, Major Kurt Johannes, Gouverneur Freiherr Albrecht von Rechenberg, Sultan Said el Chalid (خالد بن برغش البوسعيدي), Kolonialstaatssekretär Bernhard Dernburg, Regierungsrat von Winterfeld, Oberleutnant Ferdinand Quade, Dr. Walther Rathenau, Geheimer Baurat Baltzer, Rittmeister Graf Valentin Henckel von Donnersmarck, Adjutant Oberleutnant Schulz.

auch als eine Unterstützung für seine eigenen politischen Ambitionen. Dernburg und Rathenau lernten sich kennen, kurz bevor Ersterer 1906 zunächst stellvertretender Direktor der Kolonialabteilung im Auswärtigen Amt wurde. Die offenkundige Sympathie zwischen beiden führte dazu, dass Dernburg Rathenau einlud, als inoffizieller Berater an seinen Afrikareisen teilzunehmen.[1] Im Juli 1907 brach die Delegation, begleitet von Pressevertretern, zunächst in Richtung Mombasa auf.

Es war erst das zweite Mal, dass ein Kolonialsekretär die Metropole verließ, um die sogenannten Schutzgebiete zu besuchen.[2] Die Reise und auch die Begleitung durch die Presse zeigte die wachsende Bedeutung der Kolonialangelegenheiten in der Innenpolitik. Das Thema hatte zuvor für Streit gesorgt. Knapp ein Jahr vor der Reise hatte die Regierung angesichts der Aufstände der Ovaherero und Nama in der Kolonie »Deutsch-Südwest« (DSW) einen Nachtragshaushalt beantragt – etwa 30 Millionen

Mark Staatsausgaben sollten in die Befriedung der Kolonie fließen. Der Nachtrag wurde abgelehnt – vor allem Sozialdemokrat:innen und Abgeordnete des katholischen Zentrums kritisierten die genozidale Kriegsführung. Zugleich gerieten auch die Kämpfe in »Deutsch-Ostafrika« (DOA) mehr und mehr in die Schlagzeilen – die sogenannte Majimaji[3]-Bewegung wurde mit Vernichtungsmaßnahmen bekämpft. Ende 1906 löste der Kaiser das Parlament auf; die folgenden Wahlen waren so stark von Kolonialpolitik geprägt, dass die Presse sie als »Hottentotten-Wahlen« bezeichnete, mit der bereits damals rassistischen Bezeichnung für die Nama.[4]

Angesichts der Skandale und der Aufstände sollte Dernburg eine reformistische Wende in der Kolonialpolitik einleiten.[5] In Rathenau hatte er einen unabhängigen Berater, der sich vor allem in wirtschaftlichen Fragen auskannte. Rathenau nahm auf eigene Kosten an der Reise teil; auch seine späteren Berichte schrieb er ohne jede Bezahlung, wie es damals üblich war. Die Gruppe fuhr zunächst nach Mombasa und Sansibar, bevor sie in DOA landete, wo sie Daressalaam, Tanga, den Kilimandscharo, den Nyanza-See (Viktoriasee), Tabora und Mwanza besuchte. Wie bei jeder kolonialen Expedition wurde sie von Mitgliedern der Kolonialtruppen und etwa 300 Träger:innen eskortiert.[6] Rathenaus Tagebuch zeigt, dass er sich mit dem Habitus der Weißen vor Ort wenig anfreunden konnte. Gleich nach der Landung in Daressalaam im August 1907 schrieb er kritisch über »mittelwertige Weiße, die in der Superiorität und Proskynese nicht Verantwortung, sondern Befriedigung des Tyrannisgefühls sehen«[7].

Allerdings lehnte sich Rathenaus Ostafrika-Tagebuch an typische koloniale Reiseberichte der Zeit an: Romantische Beschreibungen von Flora und Fauna standen neben einer exotisierenden und objektifizierenden Ethnographie der lokalen Bevölkerung. Seine Beobachtungen schwankten zwischen Faszination und rassistischer Verachtung. Seiner Meinung nach waren ostafrikanische Gemeinschaften »ohne Tradition und Geschichte«[8], wobei er den Einfluss der gewalttätigen europäischen Landnahme unterschlug. Im Oktober 1907 kehrte Rathenau nach Deutschland zurück.

Als das Budget der Kolonialabteilung für das darauffolgende Jahr vom Reichstag genehmigt war, brachen Dernburg und Rathenau zu ihrer zweiten Reise auf, diesmal ins südliche Afrika. Zwischen Mai und August 1908 reisten sie in der Kapkolonie, von Kapstadt entlang der Küste nach Durban, dann nach Johannesburg, Pretoria und Kimberley. In Pretoria trafen sie sich mit prominenten *weißen* südafrikanischen Politikern, darunter

Premierminister Louis Botha und sein Nachfolger Jan Smuts. Smuts wurde später ein glühender Befürworter der »Rassen«-Trennung und war maßgeblich an der Durchsetzung der Apartheid beteiligt. Anschließend fuhren sie mit dem Zug in Richtung Norden nach Bulawayo (Simbabwe), Livingstone (Sambia), bevor sie ihre Reise in DSW beendeten. In der deutschen Siedlerkolonie wurde Rathenau Zeuge der offiziellen Eröffnung der neu ausgebauten Eisenbahnstrecke Lüderitz-Keetmanshoop, einer Strecke, die auch durch Zwangsarbeit von Herero- und Nama-Gefangenen unter unmenschlichen Bedingungen gebaut worden war.[9] Dernburg und Rathenau statteten den Angehörigen des kolonialen Militärs zahlreiche höfliche Besuche ab, viele davon waren für völkermörderische Gewalt vor Ort verantwortlich.

Rathenau und Dernburg besuchten außerdem mehrere Bergbaugruben im südlichen Afrika. Die Frage der Gewinnung, des Transports und des Exports von Diamanten (in Premier und bei Lüderitz), Kupfer (in Areacha), Marmor (in Karibib), Asbest (in Koegas) und anderen Mineralien (in Tsumeb) schien ganz oben auf ihrer Agenda zu stehen. Rathenau hoffte, dass die Kolonien durch die Investition in die Rohstoffgewinnung rentabel werden könnten, insbesondere ging es ihm dabei um Mineralstoffe.[10] Obwohl seine Tagebucheinträge von dieser Reise deutlich kürzer sind als jene aus Ostafrika und damit wenig von seinen persönlichen Eindrücken über Land, Leute und Kolonialverwaltung bieten, zeugen sie davon, dass er offenbar die unmenschliche Durchsetzung der »Rassen«-Trennung, die alltägliche Gewalt gegen die lokale Bevölkerung und den Einsatz genozidaler Methoden wahrgenommen hat.[11]

Mitte November 1907 hatte Dernburg den ersten Bericht Rathenaus an Reichskanzler Bernhard von Bülow geschickt, der sich sehr angetan davon und auch von Rathenau selbst zeigte. Der zweite, deutlich kritischere Bericht über Südwest dagegen stieß auf wenig Gegenliebe – Dernburg sah darin eine Einmischung. Eine geplante Ordensverleihung an Rathenau wurde wiederholt verschoben, und er sah sich vorübergehend politisch kaltgestellt.[12] Rathenau verurteilte in seinem Bericht die militärischen Maßnahmen, bezeichnete das Verhalten der Militärs als »demütigend« und an der Grenze zur »Sklaverei«[13]. Er kritisierte die Internierung in Lagern, die Massaker und den 1904 von General von Trotha gegen die Herero proklamierten »Vernichtungsbefehl«[14]. Die Schlacht am Waterberg gegen die Ovaherero und die anschließende Verdrängung der Bevölkerung in die

Wüste hielt er für »die größte Atrozität, die jemals durch deutsche Waffenpolitik hervorgerufen wurde: das nämlich eine ganze Nation mit Weib und Kind in wochenlangem Todeskampf verschmachtete«[15]. Den von den Ovaherero und Nama geführten Krieg bezeichnete er sogar als »legitim«, da der Widerstand aufgrund einer Kolonialpolitik entstanden sei, die der lokalen Bevölkerung ihre Lebensgrundlagen beraubt hätte, einschließlich Land und Vieh.[16] Der Bericht wurde zurückgehalten und erst mehrere Jahre nach seinem Tod, 1928, in den »Nachgelassenen Schriften« veröffentlicht.

Doch diese Kritik darf nicht darüber hinwegtäuschen, dass Rathenaus Interventionen – im Einklang mit denen Dernburgs – auf eine Reform der Kolonien zielte, keineswegs auf deren Abschaffung. Die Grundprinzipien des Kolonialismus stellte er nicht in Frage. Als Bewunderer des Empires nannte er die Briten oft als Vorbild, die zweite Reise der Dernburg-Delegation führte auch zunächst nach London, zu Beratungsgesprächen mit dortigen Kolonialbeamten. Rathenau lobte die britische Außenpolitik als Quelle wirtschaftlichen Profits[17] und kontrastierte sie mit der von ihm beobachteten schlechten Planung und »aussichtslosen« Gewaltherrschaft in den deutschen Kolonien.[18] Er betrachtete die Bevölkerung vor Ort als unfähig, eine eigene Wirtschaft, Landwirtschaft und Landpolitik zu betreiben und hielt deren »Beleuchtung« durch die Europäer für notwendig.[19] Dabei schien er sich der Not und der Ansprüche afrikanischer Anführer durchaus bewusst zu sein[20] und forderte Regelungen, um die exzessive Anwendung von Gewalt zu begrenzen.[21] Für Ostafrika forderte Rathenau aber kein Ende der Landnahme, nur mildere Methoden. Er wollte dort die Zwangsarbeit beenden, jedoch sollte sie im Ergebnis durch die Ausbeutung von »freier« Arbeitskraft vor Ort ersetzt werden.[22] Diese Umstellungen hätten der Rentabilität der Kolonien dienen sollen, dem Handel mit landwirtschaftlichen Erzeugnissen, Kautschuk oder Mineralstoffen. Für Südwestafrika befürwortete Rathenau die »Rassen«-Trennung durch die Schaffung von Reservaten für indigene ethnische Gruppen – nach britisch-südafrikanischem Vorbild.[23]

Rathenau verfolgte seine politische Karriere trotz antisemitischer Anfeindungen und einer Abneigung gegen Parteipolitik weiter.[24] Bei Ausbruch des Ersten Weltkrieges bot er dem deutschen Kriegsministerium sein technisches Know-how an. Er wurde berufen, die Rohstoffversorgung für den Krieg zu leiten und gründete die Kriegsrohstoffabteilung (KRA), deren Sitz die gesamte Straßenfront der Hedemannstraße in Berlin-Kreuzberg einnahm.[25] Da die britische Seeblockade die Beschaffung ausländischer Rohstoffe verhinderte, sollte die KRA die Verarbeitung der vorhandenen Rohstoffe überwachen und verteilen. Als Direktor der KRA setzte sich Rathenau konsequent für die gewaltsame Beschlagnahmung von Rohstoffen aus den von Deutschland in Europa besetzten Gebieten ein. Bereits zu Beginn des Krieges verfasste er eine Denkschrift, in der er seine früheren Gedanken zu einem deutsch-dominierten »Mitteleuropa« neu formulierte. Nur der – zur Not militärisch herbeigeführte – Zollanschluss an Österreich-Ungarn könne das Deutsche Reich neben Frankreich, Großbritannien und Russland als Weltmacht etablieren.[26] Im Krieg sah Rathenau eine Möglichkeit zur Verwirklichung dieser Konzeption. Seine Vorschläge haben zweifellos eine Rolle gespielt bei der Ausformulierung des expansionistischen »Septemberprogramms« der Regierung des Reichskanzlers Theobald von Bethmann-Hollweg, das nicht nur ein deutsch-dominiertes, wirtschaftlich geeintes Europa vorsah, sondern auch eine Erweiterung des deutschen Kolonialbesitzes zu einem territorial durchgängigen »Mittelafrika«.

Es ist deutlich, dass Rathenau stets die Perspektive des Deutschen Reiches vertrat, was auch bedeutete: eine Perspektive europäischer Überlegenheit in Übersee, eine Perspektive von Weltmacht- und Führungsanspruch in Europa selbst. Erstaunlich ist, dass Rathenau sich stets mit Antisemitismus konfrontiert sah und diesen auch thematisierte, wenn er sich etwa als »Bürger zweiter Klasse« charakterisierte,[27] diese Diskriminierungserfahrungen aber zu keinem Zeitpunkt auf die Situation der Bevölkerung in den Kolonien übertrug – der Glaube an die europäische Überlegenheit verließ ihn nie. Eine Parallele zur Situation der Jüdinnen:Juden in Europa sah er nur in der Lage der vor Ort lebenden Händler:innen indischer Herkunft, die von der schwarzen Bevölkerung angefeindet wurden.[28] Rathenau prangerte jedoch ohne Zweifel besonders im Hinblick auf Südwest die Völkermordpraktiken an und nahm dafür auch persönliche Kosten im Konflikt mit Regierung und Kolonialverwaltung in Kauf.

Anmerkungen

1 Vgl. Volkov, Shulamit, *Walther Rathenau. Ein jüdisches Leben in Deutschland*, München 2012, S. 142 ff.
2 Der Erste war der ehemalige Leiter der Kolonialabteilung des Auswärtigen Amtes, Paul Kayser, der 1892 nach Ostafrika reiste.
3 Die Schreibweisen des Majimaji-Krieges sind in der Literatur unterschiedlich. Hier verwende ich das zusammengeschriebene »Majimaji« und folge damit der Empfehlung von Nancy Rushohora. Sie schreibt: »Die Verwendung des Begriffs ›Majimaji‹ [...] bewahrt die Swahili-Bedeutung und Identität, ein Anliegen, das für unser Verständnis des Krieges wichtig ist. Die Tatsache, dass so wenige Expert:innen des Krieges derzeit diese Nomenklatur verwenden, spiegelt ein größeres Problem mit wissenschaftlichen Beiträgen über den Krieg wider: Sehr wenig von der Forschung, die durchgeführt wurde, [...] befasst sich mit der tansanischen Perspektive, insbesondere damit, wie die Erinnerungen an den Krieg in den modernen südtansanischen Gemeinden nachhallen« (Rushohora, Nancy, »German Colonial Missionaries and the Majimaji Memorials in Southern Tanzania«, in: *Journal of Social History* 50(3), 2019, S. 483, Übersetzung des Autors aus dem Englischen). Es wird geschätzt, dass etwa 200.000 Afrikaner:innen während dieses Konflikts getötet wurden.
4 Dieser Begriff wurde im Deutschen, Englischen, Afrikaans, Niederländischen und Französischen verwendet, um die verschiedenen Nationen der Khoi, Khoisan, Griqua und Nama zu bezeichnen. Dieser von holländischen Siedlern geprägte abwertende Begriff bedeutete »Stotterer«, da viele europäische Kolonialisten nicht verstanden, dass die Klicklaute der Khoe-Sprachen tatsächliche Phoneme sind.
5 Vgl. Terkessidis, Mark, *Wessen Erinnerung zählt? Koloniale Vergangenheit und Rassismus heute*, Hamburg 2019, S. 95.
6 Vgl. Rathenau, Walther, *Tagebuch 1907–1922*, hg. von Strandmann, Hartmut Pogge, Düsseldorf 1967, S. 68.
7 Ebd., S. 61.
8 Ebd., S. 69.
9 Vgl. »Lüderitzbucht – Kubub«, *Deutsche Kolonialzeitung* 23(37) (15.09.1906), S. 361.
10 Vgl. Rathenau, Walther, »Denkschrift über den Stand des Südwestafrikanischen Schutzgebietes«, in: Rathenau, *Tagebuch 1907–1922*, S. 104.
11 Vgl. seine detaillierten Beschreibungen der sozialen Verhältnisse (Ebd., S. 107–108).
12 Vgl. Volkov, *Walther Rathenau*, S. 158 f.
13 Rathenau, *Tagebuch 1907–1922*, S. 106.
14 Ebd., S. 103–107.
15 Ebd.
16 Vgl. ebd.
17 Vgl. Rathenau, Walther, »Vier Nationen«, in: ders., *Reflexionen*, Leipzig 1908, S. 119–121; Rathenau, Walther, »Englands Industrie«, in: ders., *Reflexionen*, S. 134–142, hier S. 140–142; Rathenau, *Tagebuch 1907–1922*, S. 108–111.
18 Vgl. seine starke Kritik der finanziellen Lage des Militärs und der Landwirtschaft in Südwestafrika (siehe Rathenau, »Denkschrift über den Stand des Südwestafrikanischen Schutzgebietes«, in: Rathenau, *Tagebuch 1907–1922*, 1967, S. 104)

19 Vgl. Rathenau, Walther, »Erwägung über die Erschließung des deutsch-ostafrikanischen Schutzgebietes«, in: ders., *Reflexionen*, S. 143–198, hier S. 194.
20 Vgl. Rathenau, *Tagebuch 1907–1922*, S. 104 f. und S. 110.
21 Rathenau, Walther, »Erwägung über die Erschließung des deutsch-ostafrikanischen Schutzgebietes«, S. 194.
22 Vgl. ebd.
23 Vgl. Rathenau, *Tagebuch 1907–1922*, S. 108–111.
24 Vgl. Joll, James, »Prophet ohne Wirkung. Eine biographische Skizze«, in: Rathenau, *Tagebuch 1907–1922*, S. 39–40.
25 Als Mitarbeiter der Kriegsrohstoffabteilung zählte auch der ehemalige Kolonialbeamte Hans Gruner, der von 1892 bis 1914 in »Deutsch-Togo« verschiedene Kolonialstationen leitete und brutale Expeditionen gegen die lokale Bevölkerung führte (Vgl. Staatsbibliothek zu Berlin, Handschriftenabteilung, Nachl. 250, Mappe 60).
26 Vgl. Fischer, Fritz, *Griff nach der Weltmacht. Die Kriegszielpolitik des kaiserlichen Deutschland 1914–18*, Düsseldorf 2013, 1. Auflage 1961, S. 96.
27 Zitiert in Joll, »Prophet ohne Wirkung«, S. 9.
28 Sein Vergleich bleibt jedoch jeglicher Nuance angesichts der unterschiedlichen Machtverhältnisse und rassistischen Hierarchien entbehrt. Er schreibt: »Die Inderagitation ist die afrikanische Übersetzung des Antisemitismus und beruht analog dem letztgenannten auf der unbestreitbaren Tatsache, daß die Konkurrenz des Inders lästig ist« (Rathenau, *Reflexionen*, S. 164).

Michael G. Esch

1916 – Der erste Balkan-Zug startet am Anhalter Bahnhof

Die Portikus-Ruine, die heute (nach Renovierung 2002–2005) am Askanischen Platz in Kreuzberg zu besichtigen ist, gibt nur noch einen vagen Eindruck davon, wie imposant das vollständige Gebäude und die umgebenden Anlagen einmal gewesen sind. Der Anhalter Bahnhof war nach seinem Umbau in der zweiten Hälfte der 1870er Jahre der größte Fernbahnhof Berlins und bediente die Strecken ins südliche Umland sowie weiter nach Italien und Griechenland. Er war gleichzeitig das moderne Stadttor für alle per Bahn in Berlin Eintreffenden. Wie alle ab den 1880ern staatlichen Bahnlinien diente er dem Passagier- und Güterverkehr, im Krieg von 1866 und im Ersten Weltkrieg jedoch auch der Verschiebung von Truppen nach Süden. Nach Beschädigungen durch die Bombenangriffe 1945 wurde der Bau 1959 abgerissen, das Portal blieb als Mahnmal gegen Krieg und Zerstörung stehen.

Diese Zueignung verdeckt nicht nur, dass der Abriss des Bahnhofs erst 15 Jahre nach dem Krieg und gegen Proteste aus Bevölkerung und Stadtplanung stattfand. Sie lässt auch vergessen, dass der Anhalter Bahnhof als prachtvolles »Tor nach Berlin« Ausdruck des ideell und geographisch umfassenden Geltungsdrangs des Deutschen Reichs und seiner Hauptstadt gewesen ist. In diesem Sinne wurde der Anhalter Bahnhof auch zu einem Bestandteil der Kolonialgeschichte Berlins und Kreuzbergs: Seit dem späten 19. Jahrhundert war er als Anfangspunkt einer direkten Verbindung von Berlin nach Konstantinopel und weiter nach Mesopotamien vorgesehen, die als Etappe für einen Landweg nach Indien imaginiert wurde, aber nie zustande kam. Als Vorzeigebahnhof wurde er bis 1942 für den öffentlich sichtbaren Teil der Deportation jüdischer Menschen aus dem Reichsgebiet genutzt.

Die Vorgeschichte des Anhalter Bahnhofs begann 1836 mit der Gründung einer privaten Eisenbahngesellschaft, die den Bau einer Verbindung von Berlin in die sächsische Hauptstadt Dresden betreiben wollte. Der ursprüngliche Plan sah einen Anschluss an die von Berlin nach Potsdam führende »Hofbahn« vor. Nachdem Verhandlungen mit deren Betreibern scheiterten, sollte die Bahn seit 1838 auf Anregung des Herzogs von Anhalt stattdessen über Dessau nach Köthen führen. Der folgende Ausstieg zahlreicher Aktionäre führte zum Einstieg des preußischen und anhaltinischen Staates mit Geldern und vor allem Garantien über Dividenden. Auch für den Bau des Bahnhofs war staatliche, genauer militärische Unterstützung erforderlich: Da die Stadt Berlin damals noch von Festungsmauern umgeben war und die nach Süden gerichteten Stadttore bereits von Bahnhöfen belegt waren, wurde die Stadtmauer am Tempelhofer Ufer durchbrochen; das Militär überschrieb einen Teil des dort gelegenen Exerzierplatzes an die Gesellschaft. Da das Gelände noch nicht erschlossen war, ermöglichte das Arrangement der Gesellschaft den Erwerb billigen Baulandes, der Stadt sicherte es neuen Erweiterungsraum einschließlich neu angelegter Straßen. Das Militär wiederum erhielt Rechte zur Verwendung der Bahn im Mobilmachungsfalle – der 1866 mit dem Krieg zwischen Preußen und Österreich um die Vorherrschaft in den deutschen Staaten erstmals eintrat. Die militärische Inanspruchnahme kam auch den Aktionären zugute: Infolge des Krieges fuhren sie eine Rekorddividende von 13 % ein.[1] Bereits 1841 war die Strecke als zweite von Berlin ausgehende Bahnlinie unter dem Namen Berlin-Anhaltische Bahn fertiggestellt; der erste Bahnhof wurde 1840 eingeweiht. Die Erwartungen der aus Bankiers und königlichen Räten bestehenden Gesellschaft erfüllten sich durchaus: Mit der Entwicklung Berlins zur Großstadt stieg das Passagier- und Güteraufkommen kontinuierlich. Bereits in den 1850er Jahren zeichnete sich ab, dass der Bahnhof das steigende Personen- und Güteraufkommen nicht mehr bewältigen konnte. Auch behinderte der ebenerdige Bahnhofsbetrieb den Verkehr auf den umliegenden Straßen. Erst 1871 war die Aktionärsversammlung dazu bereit, einen vollständig neuen Bahnhof bauen zu lassen. Möglich wurde diese Großinvestition nicht zuletzt durch Mittel aus den üppigen Kriegsreparationen, die das neu gegründete Deutsche Reich nach dem Krieg 1870/71 von der Dritten Französischen Republik erhielt. Der Neubau wurde am 15. Juni 1880 mit großem Pomp eröffnet. Im Mai 1886 zeigte sich beim Empfang des italienischen Königs die Eignung des Gebäudes und seines Vorplatzes für prunkvolle Aufmärsche. Natürlich war es auch für Umdeutungen offen: Am 23. Oktober 1918 wurde Karl Liebknecht nach seiner Entlassung aus der Haft trotz großen Polizeiaufgebots von einer jubelnden Menschenmenge auf dem Bahnhof empfangen und durch die Stadt geleitet. Als größter Berliner Fernbahnhof, wichtigster Ausgangspunkt für touristische Reisen und »großer Bahnhof« für ausländische Potentaten war der Anhalter Bahnhof ein Monument imperialer Größe: Die äußere Gestalt orientierte sich an der für das hauptstädtische Berlin charakteristischen Schinkelschen Neorenaissance mit Anleihen aus romanischer Kirchenarchitektur. In den Innenräumen zielten Farbgebung, Wandbemalung und Beleuchtung auf »festliche Wirkung« ab – entsprechend seiner Funktion als »Tor des Südens« und als Pforte, durch die Ankommende die Hauptstadt des Deutschen Reichs betreten würden.[2] Dabei spiegelte der Bau die soziale Differenzierung der Bahnkunden: In der Frühzeit waren Bahnfahrten ein teures Vergnügen, auch wenn manche Akteure eine »Demokratisierung« des Reisens und damit der Gesellschaft insgesamt befürchteten (wie Wilhelm I. und ein Teil des preußischen Adels) oder erhofften (wie Friedrich Harkort, der die Eisenbahn als »Leichenwagen des Feudalismus« bezeichnete). Mit der Zuwanderung nach Berlin und der zunehmenden räumlichen Distanz zwischen Arbeits- und Wohnstätten innerhalb der Stadt wurde die Bahn dann tatsächlich auch zum Verkehrsmittel für die Unterklassen, was sich in gestaffelten Kartenpreisen in vier auch räumlich (d. h. in je eigenen Waggons und Wartesälen) separierten Passagierklassen ausdrückte. Darüber hinaus gab es nur in diesem Bahnhof bestimmte Räumlichkeiten mit separatem Eingang für die kaiserliche Familie. Der Bahnhof fertigte in erster Linie den Fernverkehr nach und aus dem Süden ab, also über Sachsen bzw. Sachsen-Anhalt, Prag und Budapest nach Griechenland sowie nach Italien. Der Anhalter Bahnhof war zudem als Zwischenstopp der Bagdadbahn, deren Ausgangspunkt Hamburg war, mit den kolonialen Ambitionen des Kaiserreichs verbunden. Die Finanzierung, Planung und Bau dieses Unternehmens lagen in hessischen und bayerischen Händen. Die Bagdadbahn[3] gehörte zu einer ganzen Reihe von europäischen Bahnprojekten im globalen Süden: In ähnlicher Weise wie die Linien in den Kolonialstaaten sowohl der wirtschaftlichen Erschließung und Ausbeutung natürlicher und humaner Ressourcen sowie dem Warentransport als auch politischer Vereinnahmung und der militärischen Sicherung bzw. gelegentlichen Expansion dienten, entstand in den französischen, britischen und deutschen Kolonien im späten 19. Jahrhundert ein zunächst loses, dann immer stärker verdichtetes

Netz von Werks-, Plantagen- und Verbindungsbahnen, über die Rohstoffe, Waren und Truppen transportiert und Gebiete für die Einrichtung und den Betrieb von Plantagen erschlossen wurden. Die meist einheimischen Arbeiter:innen wurden gering entlohnt, mitunter rekrutierte die Kolonialverwaltung Zwangsarbeiter:innen. In Namibia – damals Deutsch-Ostafrika – spielten die deutschen Bahnen 1904–1906 eine gewichtige Rolle bei der Niederschlagung des Aufstands der Herero und Nama. Hier wurde der Bahnbau sogar bis weit in den Ersten Weltkrieg hinein fortgesetzt. Die 1914 begonnene Verbindungsbahn Mombo–Handeni diente 1916 immerhin noch dem geregelten Rückzug der deutschen Truppen vor den anrückenden Briten.[4] Die Bagdadbahn unterschied sich insofern von den Kolonialbahnen, als sie nicht nur ein deutsches koloniales, sondern auch ein osmanisch-imperiales Projekt war[5]: Sie sollte wie die Anatolische Bahn der wirtschaftlichen Erschließung und politischen Anbindung eines bis dahin randständigen, aber rohstoffreichen Gebietes – des heutigen Irak – dienen. Das Deutsche Reich propagierte das Großprojekt als ingenieurtechnische Meisterleistung sowie als Symbol für einen anderen, »sanfteren« und kultivierteren deutschen Kolonialismus: Immerhin bot sich mit dem prunkvollen Osmanischen Reich ein imperialer Erweiterungsraum, der im Gegensatz zu den afrikanischen und ozeanischen Kolonien alte, wenn auch im Niedergang befindliche Hochkulturen hervorgebracht hatte. Es spielte in diesem Zusammenhang eine nicht geringe Rolle, dass antike Artefakte (an denen lokale Bevölkerung und Behörden zum damaligen Zeitpunkt kein gesteigertes Interesse hatten) als Ausstellungsstücke in die Berliner Museen gebracht wurden – manchmal mit behördlicher Genehmigung, manchmal auch ohne. Tatsächlich ermöglichten die Bagdadbahn und die damit verbundenen politischen Interventionen einen Kolonialismus, der nicht auf direkter militärischer Eroberung, sondern auf finanzieller und wirtschaftlicher Kontrolle aufbaute.[6] Eine zusätzlich ideologisch-rassistische Aufladung erfolgte ab 1900 durch die deutschnationale Presse, deren Euphorie einige politische und akademische Akteure folgten: Die Bahn sollte der »Verbreitung deutschen Wesens« dienen und wurde als Beginn eines Landweges nach Indien beworben – nicht zuletzt, um Vorbehalten gegen eine Finanzierung bei der Reichsregierung zu begegnen.[7] Der Geograph Hugo Grothe, der in der Zwischenkriegszeit und im Dritten Reich maßgeblich an der Konstruktion des »Auslandsdeutschtums« als exterritorialer Erweiterung der deutschen Staatsnation beteiligt sein sollte, prüfte in seiner 1903 veröffentlichten Dissertation die Möglichkeit, Bäuer:innen, wie sie sich bereits in Palästina niedergelassen hatten, im erdölreichen Mesopotamien anzusiedeln. Zudem entwickelte Grothe seine Siedlungsphantasien am Beispiel reformierter Siedler:innen im Russischen Reich. Es entbehrt angesichts vergangener Debatten über Schwaben in Berlin nicht einer gewissen Pikanterie, dass Grothe die »hohe Vitalität des schwäbischen Stammes und seine besondere Befähigung zur ländlichen Siedlung« hervorhob.[8] Eine österreichische, an ein breites Publikum gerichtete Arbeit mit ähnlicher Ausrichtung wurde zwischen 1912 und 1918 in 17 Auflagen verbreitet.[9] Nicht nur deutsche Imperialisten und Nationalisten, sondern auch Briten, Franzosen und Polen sahen migrantische Ansiedlungen im globalen Süden als Stützpunkte für imperiale Erweiterungsräume.

Spätestens ab 1904 entwickelte die in den Bahnprojekten finanziell führende Deutsche Bank Interesse an möglichen Ölvorkommen, insbesondere nachdem die britische Admiralität ihre Kriegsschiffe von Kohle- auf Ölfeuerung umstellte und Erdöl damit militärisch bedeutsam wurde. Der Versuch, eine 1907 durch Ungeschick verlorene Vorkonzession auf das Öl zurückzubekommen, scheiterte allerdings spätestens 1910. Ab 1914 verfolgte die Deutsche Bank diese Interessen gemeinsam mit britischen und türkischen Bankiers. Der mögliche Zugriff auf die mesopotamischen Erdölvorkommen bezog den Bahnhof allerdings nicht ein: Bereits in der auf 99 Jahre angelegten Konzession von 1903 war festgelegt worden, dass der Abtransport der Bodenschätze, die die Bahngesellschaft 20 km beiderseits der Trasse ausbeuten durfte, über eigens anzulegende Häfen erfolgen dürfe.[10] Zu der intendierten militärischen Nutzung kam es nicht mehr: Die Bagdadbahn wurde bis 1914 nur zu etwa zwei Dritteln fertiggestellt; der Bedarf an Öl als Brennstoff für Schiffe und Kraftfahrzeuge musste im Wesentlichen aus rumänischen und galizischen Vorkommen gedeckt werden. Allerdings wurden die fertiggestellten Stücke 1915/16 mit teils tatkräftiger deutscher Unterstützung für den Genozid an den osmanischen Armenier:innen genutzt. Zur gleichen Zeit imaginierte eine Artikelserie in der Zeitschrift »Deutsche Politik« einen noch engeren Zusammenschluss der Kriegsverbündeten Deutsches und Osmanisches Reich mit dem Ziel einer ununterbrochenen und dauerhaft gesicherten Landverbindung von Mitteleuropa bis zum Persischen Golf.[11]

Die geplante direkte Verbindung Anhalter Bahnhof–Bagdad und weiter zum Hafen Basra kam letztlich nie zustande. Über die meiste Zeit gewährleistete der französisch dominierte Orient-Express die Verbindung zwischen Europa und dem Osmanischen Reich unter Umgehung des Anhalter Bahnhofs: Selbst die 1900–1902 und 1920–1939 angebotenen Kurswägen zum Anschluss Berlins an den Orient-Express Paris-Wien-Konstantinopel (heute Istanbul) verkehrten vom Schlesischen Bahnhof (heute der Berliner Ostbahnhof) aus. Dies änderte sich lediglich während des Krieges: 1916 bis 1918 verkehrte ab Berlin ein »Balkanzug« als Ersatz für den eingestellten Orient-Express nach Konstantinopel. Eine Strecke verlief ab Anhalter Bahnhof über Dresden, Prag und Wien, eine andere vom Schlesischen Bahnhof über Breslau und Budapest. Es entsprach den repräsentativen Qualitäten des Anhalter Bahnhofs, dass die erste prunkvoll gefeierte Abfahrt des Zuges am 15. Januar 1916 von hier aus erfolgte; auch an den Zwischenhalten wurden Jubelfeiern ausgerichtet. Fernweh und imperiale Hoffnungen, die sich an diese Strecke knüpften, symbolisierte ein zur gleichen Zeit erschienenes Reisespiel des deutsch-jüdischen Spielwarenherstellers Spears.[12]

Im Versailler Vertrag verlor das Deutsche Reich neben seinen überseeischen Kolonien auch jegliche Rechte an der Bagdadbahn: Die Anteile, die die deutschen Gesellschafter hielten, wurden auf ihre britische Partnerfirma überschrieben, auch die Erdölkonzession ging durch die Gründung Iraks 1920 verloren. Das nationalsozialistische Deutschland griff – nicht zuletzt vor dem Hintergrund einer inzwischen gestiegenen Bedeutung von Erdöl als Rohstoff nicht nur als Brennstoffe sondern auch für die chemische Industrie – die Hoffnungen auf die arabische Halbinsel in anderer Form wieder auf: Die Expansionspläne im Osten sahen über die Annexion sowjetischen Territoriums im Kaukasus auch einen Zugriff auf die irakischen Ölfelder vor.[13] Am 9. August 1940 wurde die Bagdadbahn ohne deutsche Beteiligung vom irakischen Staat schließlich fertiggestellt. Die Frankfurter Zeitung vom 16.7.1940 bedauerte, die Bahn sei nicht geworden, »was sich ihre deutschen Begründer ... darunter vorgestellt hatten«[14]. Mit dem Ende des deutschen Vormarschs auf den Kaukasus und im Mittleren Osten 1942 spielte sie für das Deutsche Reich ohnedies keine Rolle mehr.

Eine besondere Aufgabe erfüllte der Anhalter Bahnhof im Rahmen der Deportationen von Jüdinnen:Juden aus dem Deutschen Reich während des Zweiten Weltkriegs, wobei seine Rolle als Vorzeigebahnhof auch dabei gewahrt blieb: Während Massendeportationen aus Berlin in die Zwangsarbeits- und Vernichtungslager im besetzten Osten vor allem vom Güterbahnhof Moabit sowie dem Bahnhof Grunewald aus erfolgten, gingen vom Anhalter Bahnhof einige Züge bzw. Kurswagen in das in Filmen und Artikeln als Vorzeigeprojekt beworbene »Altersghetto« Theresienstadt ab. Seit dem 27. Januar 2008 erinnert eine Stele hinter der Bahnhofsruine an diese Deportationen.

Bei den Flächenbombardements 1944/45 wurde der Bahnhof beschädigt, blieb aber bis in die 1950er Jahre hinein benutzbar. Pläne für einen Wiederaufbau scheiterten letztlich an der sich verschärfenden Blockkonfrontation: 1952 riegelte die DDR den westlichen Teil Berlins ab; der Hauptschienenverkehr wurde allmählich auf den Schlesischen Bahnhof umgelenkt, der später zum zentralen Bahnhof der Hauptstadt der DDR werden sollte. 1959 beschloss der Kreuzberger Magistrat trotz Einsprüchen von Stadtplanern und interessierten Bürger:innen den Abriss, der sich bis weit in die 1960er Jahre hinzog. Lediglich der alte Portikus blieb als Mahnmal gegen Krieg und (mit seiner Lage unweit der Berliner Mauer) staatliches Unrecht erhalten. Die Bahnlinie, deren Ausgangs- und Endpunkt der Bahnhof war, spielte allerdings noch in den 1960er und 1970er Jahren eine wichtige Rolle bei der holprigen Entwicklung der BRD zum Einwanderungsland: Nach dem Anwerbeabkommen von 1961 kamen bis Anfang der 1970er fast 100.000 der sogenannten Gastarbeiter:innen aus Anatolien per Bahn nach Berlin.[15]

Als Erinnerungsort an die deutsche oder Berliner Kolonialgeschichte taugt das, was vom Anhalter Bahnhof übriggeblieben ist, nur noch sehr eingeschränkt: Die Verbindung zur Geschichte des Kolonialismus besteht nur indirekt, und die stehengebliebenen Fassadenfragmente wurden nach 1945 recht eindeutig zum Mahnmal gegen den Krieg. Die zuletzt 5 km langen Anlagen zwischen Askanischem Platz und Gleisdreieck wurden inzwischen abgerissen und überbaut bzw. sind einem Park gewichen. Reste des alten Anhalter Güterbahnhofs sowie einige technische und architektonische Details wie die Bronzestatuen »Der Tag« und »Die Nacht« oder das »Fürstenportal« sind heute im Technikmuseum am Tempelhofer Ufer zu sehen.

Anmerkungen

1 Vgl. Maier, Helmut, *Berlin Anhalter Bahnhof*, Berlin 1987, S. 43.
2 Vgl. ebd., S. 186.
3 Die Bagdadbahn ist eine im ehemaligen Osmanischen Reich von Konya (heute in der Türkei) nach Bagdad (heute Irak) führende, in den Jahren 1903 bis 1918 auf etwa 3/4 ihrer Gesamtlänge von etwa 1600 Kilometern gebaute Eisenbahnstrecke.
4 Vgl. Reinhardt, Wolfgang, *Die Unterwerfung der Welt. Globalgeschichte der europäischen Expansion 1415–2015*, München 2016; Ballantyne, Tony / Burton, Antoinette, »Empires and the Reach of the Global«, in: Rosenberg, Emily S. (Hg.), *A World Connecting 1870–1945*, Cambridge/London 2012, S. 285–431, hier S. 373–384; Baltzer, Franz, *Die Kolonialbahnen mit besonderer Berücksichtigung Afrikas*, Berlin/Leipzig 1916.
5 Vgl. Maier, *Berlin Anhalter Bahnhof*, S. 373–376.
6 Vgl. Eichholtz, Dietrich, *Die Bagdadbahn, Mesopotamien und die deutsche Ölpolitik bis 1918. Aufhaltsamer Übergang ins Erdölzeitalter*, Leipzig 2007; Beşirli, Mehmet, *Die europäische Finanzkontrolle im Osmanischen Reich von 1908 bis 1914. Die Rivalitäten der britischen, französischen und deutschen Hochfinanz und der Diplomatie vor dem Ersten Weltkrieg am Beispiel der türkischen Staatsanleihen und der Bagdadbahn*, Berlin 1999.
7 Vgl. ebd., S. 21.
8 Grothe, Hugo, *Die Bagdadbahn und das schwäbische Bauernelement in Transkaukasien und Palästina. Gedanken zur Kolonisierung Mesopotamiens*, München 1902, S. 29.
9 Vgl. Ritter, Albert [von Winterstetten, Karl], *Berlin-Bagdad. Neue Ziele mitteleuropäischer Politik*, 17. Auflage, Berlin 1918.
10 Vgl. Eichholtz, *Die Bagdadbahn, Mesopotamien und die deutsche Ölpolitik bis 1918*, S. 21.
11 Vgl. Schwanitz, Wolfgang, *Deutschland und der Mittlere Osten*, Leipzig 2004.
12 Vgl. Schwarz, Helmut / Faber, Marion, »Die Spielmacher. J. W. Spear & Söhne – Geschichte einer Spielefabrik«, in: *Katalog zur Ausstellung im Spielzeugmuseum Nürnberg (Museum Lydia Bayer), 22.11.1997–19.04.1998*, Nürnberg 1997, S. 143 f.
13 Vgl. Eichholtz, Dietrich, *Deutsche Ölpolitik im Zeitalter der Weltkriege. Studien und Dokumente*, Leipzig 2010, S. 452–466.
14 Lodemann, Jürgen / Pohl, Manfred, *Die Bagdadbahn. Geschichte und Gegenwart einer berühmten Eisenbahnlinie*, Mainz 1989, S. 85.
15 Vgl. Kleff, Hans-Günter, »Die Bevölkerung türkischer Herkunft in Berlin-Kreuzberg – eine Bestandsaufnahme«, in: *Ghettos oder ethnische Kolonie? Entwicklungschancen von Stadtteilen mit hohem Zuwandereranteil*, Bonn 1998, S. 83–93. Online abrufbar unter: library.fes.de/fulltext/asfo/00267009.htm#LOCE9E10 [letzter Zugriff: 10.01.2021].

Sina Knopf

1916 – In der Zimmerstraße übergibt der Kreuzberger August Scherl seinen Verlag an Alfred Hugenberg

Der Scherl-Verlag wurde 1883 von dem Berliner Großverleger August Scherl gegründet und hatte seinen Redaktionssitz inmitten des Berliner Zeitungsviertels auf dem heutigen Gelände des Axel Springer Campus in der Zimmerstraße 40. Scherl stammte aus Kreuzberg und lebte zur Zeit der Gründung des Verlags noch in der Naunynstraße. Die redaktionelle Ausrichtung des Verlages folgte den politischen Ansichten seines Gründers, die nationalmonarchistisch orientiert und dem preußischen Herrscherhaus verbunden waren.[1] Infolge einer ökonomischen Notlage wurde der Scherl-Verlag von dem Mitbegründer des Alldeutschen Verbandes, Alfred Hugenberg, übernommen und ab 1916 systematisch in den Hugenberg-Konzern eingegliedert.[2] Mit dem Scherl-Verlag als zentrales publizistisches Organ avancierte das national-konservative Hugenberg-Imperium, das verschiedene Werbe- und Nachrichtenagenturen sowie Presseverlage und Filmgesellschaften unter einem Dach vereinte, in der Weimarer Republik zu einem wirkungsvollen Sprachrohr der kolonialrevisionistischen und expansionistisch orientierten Deutschnationalen Volkspartei (DNVP) sowie zahlreicher Kolonialverbände und -vereine.[3] Nach dem Modell der »Einheitspresse« übte Alfred Hugenberg über sein völkisch orientiertes »Medienkonglomerat« einen beherrschenden Einfluss auf die Meinungsbildung der Bevölkerung in der Weimarer Republik aus.[4] Dabei vereinigte Hugenbergs Werdegang verschiedene Stränge des deutschen Imperialismus – Siedlungskolonialismus in Richtung europäischer Osten, überseeische Kolonialansprüche sowie nationalsozialistische Expansion in Europa.

Alfred Hugenberg, der 1888 sein volkswirtschaftliches Studium mit einer Dissertation über die »Innere Colonisation im Nordwesten Deutschlands« abschloss,[5] übernahm ab 1894 eine leitende Position in der »Königlich-

Preußischen Ansiedlungskommission für Westpreußen und Polen«, die im Rahmen der Germanisierungspolitik die »innere Kolonisation« in den östlichen Provinzen förderte.[6] Bereits Ende des 18. Jahrhunderts und zu Beginn des 19. Jahrhunderts war die »innere Kolonisation« beziehungsweise das ländliche Siedlungswesen ein zentraler Bestandteil der Agrar- und Ansiedlungspolitik. Als Folge der Abwanderung der deutschsprachigen Bevölkerung aus den östlichen Provinzen Preußens in den Westen des Reiches wurde im Rahmen der geplanten »inneren Kolonisation« eine neue Ansiedlung von Deutschen in den Provinzen Posen und Westpreußen anvisiert. Dies sollte durch eine flächendeckende »Germanisierung« der Territorien erreicht werden, was zugleich ein Programm zur Verdrängung der polnischsprachigen Bevölkerung beinhaltete. Diese Strategie war auch ein Resultat der zuvor gescheiterten Assimilationsversuche der einheimischen polnischen Bevölkerung.[7]

Als militanter Missionar dieser »inneren Kolonisation« und radikaler Vertreter des »Preußengeistes« betrieb der junge Hugenberg die Beschlagnahme von polnischem Grundbesitz und die Enteignung der lokalen Bevölkerung.[8] Im Aufbau von bäuerlichen Siedlungen im ländlich-konservativen Osten sah er auch eine Abwehr von sozialistischen Tendenzen.[9] Eine bedeutende Position nahm er innerhalb der am 12. April 1912 von dem Regierungsbeamten Friedrich Ernst von Schwerin und dem Nationalökonomen und Siedlungsfachmann Max Sering gegründeten »Gesellschaft zur Förderung der inneren Kolonisation« (GFK) ein.[10] Die Gesellschaft definierte die »innere Kolonisation« als eine »planmäßige Begründung neuer Ansiedlungen im Heimatbereich des kolonisierenden Volkes [...]« und orientierte sich dabei am deutschen Übersee-Kolonialismus.[11] Für die Vertreter der GFK ging es um die systematische Aneignung und Besiedlung der angeblich »leeren Landstriche« in den Ostprovinzen, um die Vision des »deutschen Ostens« durch die Ansiedlung eines deutschen Bauerntums zu verwirklichen.[12] Der Gedanke der »inneren Kolonisation« und die revisionistische Orientierung einer gen Osten gerichteten Expansion wurde in Hugenbergs Umfeld durchweg unterstützt – er fungierte auch als Spitzenfunktionär mehrerer Industrieverbände und verfügte über ausgezeichnete Beziehungen zu politischen Kreisen.[13]

Nachdem das Deutsche Reich 1890 den Briten die Insel Sansibar im heutigen Tansania im Austausch gegen Helgoland übertragen und damit ein mangelndes Interesse an der überseeischen Erweiterung gezeigt hatte, war Hugenberg maßgeblich beteiligt an der Gründung des sogenannten Alldeutschen Verbandes, der sich in den Folgejahren zu einem der einflussreichsten Agitationsverbände des Deutschen Kaiserreiches entwickelte.[14] Als zentrale Aufgaben des Verbandes galten die Förderung des Nationalbewusstseins, der Schutz des Auslandsdeutschtums und eine aktive und radikale Außenpolitik. In der Satzung waren die »Fortführung der deutschen Kolonialbewegung« und die »thatkräftige [sic] deutsche Interessenpolitik in Europa und über See« verankert.[15]

Im Hinblick auf den Osten forderte Hugenberg in einem im Jahre 1915 verfassten Memorandum die »rücksichtslose« Germanisierung der annektierten polnischen Territorien, die »nach einer ethnischen Flurbereinigung« der lokalen Bevölkerung die Ansiedlung von Deutschen in den landwirtschaftlichen Gebieten vorsah[16] – diese Forderung wurde nicht nur als Erhaltung von Deutschtum verstanden, sondern als Eroberung von »neuem Lebensraum«[17]. Was das deutsche »Volkstum« betraf, finden sich in der Satzung des Verbandes Passagen zur »Rassenreinheit« und »Ungleichheit der Menschen« aufgrund ihrer »Rassen«-anthropologischen Merkmale. Orientierung fanden Hugenberg und seine Verbandsmitglieder in den sozialdarwinistischen Theorien der im 19. Jahrhundert aufkeimenden Eugenik. Nach der Niederlage im Ersten Weltkrieg und der Abtretung der deutschen Kolonien in Übersee wurde zwar deren Rückgabe gefordert, primär verfolgte der Verband aber die Rückgabe der ebenfalls abgetretenen Ostprovinzen und die weitere Expansion im Osten[18] durch eine Revision der Grenzen und eine Germanisierungspolitik.[19] Die Forderungen zur Schaffung von neuem Lebensraum im Osten, die im Umfeld der Alldeutschen um Alfred Hugenberg aufkeimten, wurden schließlich von den Nationalsozialisten im Zuge der propagierten »Lebensraum im Osten«-Forderung aufgegriffen und fortgeführt.

Alfred Hugenberg, der bis in die 1920er Jahre seine politischen Interessen über den Alldeutschen Verband und sein rechtsorientiertes Medienimperium aus dem Hintergrund steuerte, trat ab 1924 zunehmend politisch in Erscheinung und übernahm ab 1928 den Vorsitz der DNVP,[20] zu der unter anderen auch der rechtsextreme Putschist Wolfgang Kapp und der expansionistische Ex-Admiral Alfred von Tirpitz gehörten. Die Programmatik der Partei, die von einem monarchistischen Konservatismus und einem völkischen Weltbild bestimmt war und auf die Wiederherstellung der Verhältnisse der Vorkriegsjahre abzielte, radikalisierte sich unter Hugenberg zunehmend. Für die flächendeckende Verbreitung der kolonialen Weltanschauung diente der DNVP der Berliner Lokalanzeiger des Scherl-Verlages als eines der auflagenstärksten Blätter dieser Zeit. Obwohl diese Zeitung in der Öffentlichkeit nicht als das offizielle publizistische Organ der Partei in Erscheinung trat, wurde ihr kolonialrevisionistisches Programm dort wiederholt veröffentlicht und machte die politischen Ansichten von Hugenberg gesellschaftsfähig.[21] Zunehmend bot der Scherl-Verlag der aufkeimenden NS-Bewegung einen geeigneten Nährboden.[22] Hugenberg unterstützte die NSDAP publizistisch und politisch, wurde zum »Steigbügelhalter« von Hitler, ohne zu erkennen, dass sein Bündnispartner ihn zunehmend ins Abseits drängte.[23] 1933 zwangen die Nationalsozialisten die Partei zur Selbstauflösung, auch Hugenbergs Presseimperium wurde in der Folge sukzessiv vom NS-Regime übernommen und 1943 schließlich in den Zentralverlag der NSDAP eingegliedert.[24]

Der Scherl-Verlag in Kreuzberg und die Biographie Alfred Hugenbergs zeigen auf exemplarische Weise die Verknüpfung von expansionistischer Germanisierungspolitik im Osten, Kolonialbestrebungen in Übersee und dem Nationalsozialismus. Die Installation einer Informationstafel über den Scherl-Verlag ist zum Zeitpunkt des Aufsatzverfassens geplant; zum gegebenen Zeitpunkt enthält diese jedoch keine Hinweise auf die Rolle des Hugenbergschen Medienverbundes im deutschen Imperialismus.

Anmerkungen

1 Vgl. Geppert, Dominik, *Pressekriege. Öffentlichkeit und Diplomatie in den deutsch-britischen Beziehungen (1896–1912)*, München 2007, S. 245.
2 Vgl. Dietrich, Valeska, *Alfred Hugenberg. Ein Manager in der Publizistik*, Berlin 1960, S. 52.
3 Vgl. Jost, Rebekka, *Ein tiefes Vergessen liegt auch über ihren Gräbern*, Norderstedt 2020, S. 137; Bernhard, Ludwig, *Der Hugenberg-Konzern. Psychologie und Technik einer Großorganisation der Presse*, Berlin 1928, S. 94; Dietrich, *Alfred Hugenberg*, S. 52 ff.
4 Vgl. Dietrich, *Alfred Hugenberg*, S. 52 ff.
5 Hugenberg, Alfred, *Innere Colonisation im Nordwesten Deutschlands*, Straßburg 1891.
6 Conrad, Sebastian, *Deutsche Kolonialgeschichte*, München 2008, S. 99.
7 Vgl. Baier, Roland, *Der deutsche Osten als soziale Frage. Eine Studie zur preußischen und deutschen Siedlungs- und Polenpolitik in den Ostprovinzen während des Kaiserreichs und der Weimarer Republik*, Köln / Wien 1980, S. 31.
8 Vgl. Honigmann, Georg, *Kapitalverbrechen oder Der Fall des Geheimrats Hugenberg*, Berlin 1997, S. 62.
9 Vgl. ebd., S. 62 ff.
10 Vgl. Lück, Heiner, *Zur Entwicklung des landwirtschaftlichen Siedlungs- und Grundstücksrechts seit dem späten 19. Jahrhundert. Eine rechtshistorische Skizze,* Halle an der Saale 2017, S. 17.
11 Vgl. Sering, Max / Von Dietze, Constantin, »Innere Kolonisation«, in: Elster, Ludwig (Hg.), *Wörterbuch der Volkswirtschaftslehre*, Bd. 2, 4. Aufl., Jena 1932, S. 403–420, hier S. 403.
12 Vgl. Danilina, Anna, »Eine moralische Ökonomie der ›inneren Kolonie‹. Genossenschaft, Reform und Rasse in der deutschen Siedlungsbewegung (1893–1926)«, in: *Geschichte und Gesellschaft. Sonderheft 26 – Moral Economies* (2019), S. 103–132, hier S. 110 f.
13 Vgl. Haar, Ingo, *Historiker im Nationalsozialismus. Deutsche Geschichtswissenschaft und der »Volkstumskampf« im Osten*, Göttingen 2002, S. 42.
14 Vgl. Holzbach, Heidrun, *Das »System Hugenberg«. Die Organisation bürgerlicher Sammlungspolitik vor dem Aufstieg der NSDAP*, Stuttgart 1981, S. 2.
15 Bonhard, Otto, *Geschichte des Alldeutschen Verbandes*, Leipzig / Berlin 1920, S. 148 f.; Mommsen, Wolfgang J., *Imperialismus. Seine geistigen, politischen und wirtschaftlichen Grundlagen. Ein Quellen- und Arbeitsbuch*, Hamburg 1977, S. 127.
16 Wehler, Hans-Ulrich, *Deutsche Gesellschaftsgeschichte. Vom Beginn des Ersten Weltkrieges bis zur Gründung der beiden deutschen Staaten 1914–1949*, München 2003, S. 31 f.
17 Puschner, Uwe, *Die völkische Bewegung im wilhelminischen Kaiserreich. Sprache – Rasse – Religion*, Darmstadt 2001, S. 152.
18 Vgl. Bonhard, *Geschichte des Alldeutschen Verbandes*, S. 248 f.; Vgl. Mommsen, *Imperialismus*, S. 127.

19 Vgl. Puschner, Uwe, »Die völkische Bewegung in Deutschland«, in: Heer, Hannes (Hg.), »*Weltanschauung en marche*«. *Die Bayreuther Festspiele und die Juden 1876 bis 1945*, Würzburg 2013, S. 151–187, hier S. 156; Naber, Geert, »Brückenbauer zwischen kolonialer und völkischer Ideologie – Der ›Alldeutsche Verband‹ 1891 bis 1939«, in: *freiburg-postkolonial*, Februar 2010 und März 2021, S. 2 ff. Online abrufbar unter: www.freiburg-postkolonial.de/pdf/2010-Naber-Alldeutscher-Verband.pdf [letzter Zugriff: 09.06.2021].
20 Vgl. Weiß, Hermann / Hoser, Paul (Hg.), »Die Deutschnationalen und die Zerstörung der Weimarer Republik. Aus dem Tagebuch von Reinhold Quaatz 1928–1933«, in: *Schriftenreihe der Vierteljahreshefte für Zeitgeschichte* 59 (1989), S. 16.
21 Vgl. Borchmeyer, Walter, *Hugenbergs Ringen in deutschen Schicksalsstunden*, Düsseldorf 1951, S. 30.
22 Vgl. Borchmeyer, *Hugenbergs Ringen in deutschen Schicksalsstunden*, S. 29; Holzbach, Heidrun, *Das »System Hugenberg«. Die Organisation bürgerlicher Sammlungspolitik vor dem Aufstieg der NSDAP*, Stuttgart 1981, S. 11; Wernecke, Klaus / Heller, Peter (Hg.), *Der vergessene Führer. Alfred Hugenberg. Pressemacht und Nationalsozialismus*, Hamburg 1982, S. 123.
23 Vgl. Borchmeyer, *Hugenbergs Ringen in deutschen Schicksalsstunden*, S. 29.; Holzbach, *Das »System Hugenberg«*, S. 11.
24 Vgl. Akten des Übergangs aus dem Scherl-Verlag in den Wehrmachtsverlag sowie Verkauf des Scherl-Verlages an den Zentralverlag der NSDAP, 1943–45, Bd. 13, Bundesarchiv Berlin-Lichterfelde, Sig. R43-II/469b.

Wolfgang Fuhrmann

1917 – Die Deutsche Kolonial Filmgesellschaft (Deuko) bezieht ihre Räume in der Friedrichstraße

Bis zum Beginn des Tonfilms stand die Friedrichstraße für den internationalen Filmstandort Berlin.[1] Neben renommierten Filmfirmen wie Léon Gaumont, Pathé Frères, Eclipse oder Deutsche Bioscope fand man im heutigen Kreuzberg ab 1917 auch das Büro der Deutschen Kolonial-Filmgesellschaft mbH, kurz Deuko. Mit ihr entstand ein neues Genre: Der fiktionale koloniale Propagandafilm. Produziert wurden die Filme allerdings nicht in den Kolonien, sondern in Berlin. Mit dem Ausbruch des Ersten Weltkriegs am 1. August 1914 hatten sich die Produktionsbedingungen geändert – die Seeblockade der britischen Marine schnitt Deutschland von den überseeischen Gebieten ab. Bis dahin waren in den deutschen Kolonien sogenannte Aktualitäten und Reisebilder produziert worden, also Frühformen des Dokumentarfilms. Die Kreuzberger Deuko setzte mit ihren Filmen dagegen auf das persönliche Drama der Deutschen in den Kolonien. Diese Filme sollten das heimische Publikum darin erinnern, dass das Deutsche Reich auch in Afrika, der »zweiten Heimat«, verteidigt wird.[2]

Mit einem Stammkapital von 60.000 Mark unterzeichneten die Berliner Geschäftsleute Martin Steinke, Alfred Leopold und Karl Karalus am 20. März 1917 den Gesellschaftsvertrag; der Eintrag ins Handelsregister erfolgte im folgenden Monat, dem 27. April 1917. Hauptverantwortlich für die Firma war Martin Steinke, nachdem Leopold und Karalus 1917 und 1918 ausgeschieden waren. Ihr Büro unterhielt die Deuko zunächst in der Friedrichstraße 235 und wechselte im Mai in die Friedrichstraße 5–6. In der Deuko kamen die Bemühungen der kolonialen Privatwirtschaft zum Tragen, eine eigene Filmpropaganda zu etablieren – unabhängig von staatlichen Propagandaeinrichtungen wie der staatsnahen Deutschen Lichtbild-Gesellschaft (DLG/DEULIG) oder dem Bild- und Filmamt (BUFA), das der obersten Heeresleitung unterstand. Dennoch belegt die Produktionsgeschichte der Deuko eine enge Verbindung zum Reichskolonialamt (RKA) in der Wilhelmstraße 62 und zu der einflussreichsten kolonialen Lobbygruppe, der Deutschen Kolonialgesellschaft (DKG), die im sogenannten Afrikahaus, Am Karlsbad 10 in Tiergarten, ihren Sitz hatte. Die Gründung der Deuko ging nahezu zeitgleich mit einer Diskussion innerhalb der DKG über koloniale Filmpropaganda einher. Der Eintrag in das Handelsregister erfolgte am gleichen Tag wie der Beschluss der DKG, sich vorerst nicht finanziell an der Gründung einer »Kolonialen Film-Gesellschaft« zu beteiligen, wohl aber als wichtiger Kooperationspartner für mögliche Filmprojekte fungieren zu wollen.³ Im September 1917 beschrieb Steinke in der Deutschen Kolonialzeitung, dem Sprachrohr der Kolonialgesellschaft, die Ziele der Deuko. Im Gegensatz zu ausländischen Hetzfilmen, so Steinke, die an die niedrigen Instinkte der Zuschauer:innen appellierten, wolle die Deuko »Kulturarbeit« leisten.⁴ Da »Kolonien für die Heimat von ungeheurer Wichtigkeit« seien, beabsichtige die Deuko »koloniale Filmdramen spannenden Inhalts und gesunder Tendenz« herzustellen.⁵

Bis zum Ende ihrer Tätigkeit im Jahr 1919 realisierte die Deuko acht Filmprojekte: »Der Verräter« (Georg Alexander / Carl Boese, 1917), »Farmer Borchardt« (Carl Boese, 1917), einen Animationsfilm für die Kolonialkrieger-Spende (1918), »Der letzte Augenblick« (1918), »Die Heldin von Paratau«(1918), »Das Ende der Alma Bonar« (1918), »Der Gefangene von Dahomey« (Hubert Moest, 1918) sowie einen humoristischen Trickfilm.⁶ Nur »Der letzte Augenblick« ist heute noch erhalten geblieben, doch selbst bei diesem Film fehlt die letzte Filmrolle. Der Film spielt nicht in den Kolonien, wohl aber werden die Kolonialgebiete in dem »Kriminal-Gesellschafts-Drama«⁷ als Fluchtort thematisiert. Über Rezensionen in der Filmpresse zugänglich sind drei Filme: »Der Verräter«, »Farmer Borchardt« und »Der Gefangene von Dahomey«. Die Handlung von »Das Ende der Alma Bonar« ist nicht bekannt. Der Animationsfilm, der vom 17.–18. August 1918 produziert wurde und helfen sollte, Spenden für Kolonialkrieger zu generieren, dürfte mit den Kolonien zu tun gehabt haben. Bei »Der letzte Augenblick« und »Die Heldin von Paratau« liegt ein Bezug indirekt nahe. Einer Anzeige in der Filmzeitschrift »Der Film« zufolge war eine der Hauptdarsteller:innen des Films »Die Heldin von Paratau« eine Person namens »Meg Gehns«, wobei es sich sehr wahrscheinlich um Emma Augusta (Meg) Gehrts (1891–1966) handelte. In deren

Buch »Die Weisse Göttin der Wangora / A Camera Actress in the Wilds of Togoland« berichtet sie über Filmarbeiten in Paratau (heute Paratao in Togo).[8] Es ist nicht auszuschließen, dass »Die Heldin von Paratau« mit einer älteren Produktion identisch oder sogar das Remake eines Filmes ist, den Gehrts Ehemann, der Regisseur Hans Schomburgk während seines Aufenthaltes in Togo 1914 gedreht hat.

Der erste Spielfilm der Deuko, »Der Verräter«, welcher im September 1917 in die Kinos kam, zielte auf antibritische Propaganda. Er erzählt die Geschichte des jungen Engländers Smith, der sich in Friedenszeiten in die Tochter (Else Roscher) eines deutschen Geschäftsmannes und Farmbesitzers in »Deutsch-Südwestafrika« (DSWA) verliebt. Smith heiratet das Mädchen, zieht nach »Deutsch-Südwest« und wird Manager der Farm seines Schwiegervaters. Nach dem Umzug nach Afrika vernachlässigt er seine junge Frau, intensiviert aber die Kontakte zu seinen britischen Nachbarn. Der deutsche Assistent der Farm telegrafiert nach Deutschland und berichtet von den seltsamen Vorgängen. Der Neffe des Schwiegervaters wird in die Kolonie geschickt, um die Arbeit von Smith zu überprüfen. Als der Krieg ausbricht, fliegt Smiths Tarnung auf. Er ist ein Spion und hat versucht, den Besitz seines Schwiegervaters auf die britische Seite zu übertragen. Bei einer Verfolgungsjagd mit einem Motorboot auf dem Oranje-Fluss kommt er zu Tode. Die Filmhandlung setzte nicht nur die deutschen Kolonien auf die Tagesordnung, sondern zeigte auch die Front in Afrika, wo deutscher Boden gegen die Briten verteidigt werden sollte.

In der zweiten Deuko Produktion ging es um den Zusammenhalt von Frau und Mann unter Kriegsbedingungen. Der Film war zur Zeit des Hererokrieges in DSWA in den Jahren 1904–08 angesiedelt. So konnte der Film nicht nur an vermeintlich deutsche Tugenden wie Treue und Durchhaltekraft appellieren, sondern zugleich an den letzten gewonnenen Krieg des deutschen Militärs erinnern. »Farmer Borchardt« erschien im März 1918 und versprach in seiner Werbeanzeige: »Effektvoll!! Höchste Spannung bis zum Schluss!«[9] Nach der Trennung von ihrem Verlobten heiratet die junge Agnes (Frydel Fredy) den Farmer Borchardt (Ferdinand Bonn) und zieht mit ihm nach »Südwest«. Obwohl sie ein sorgenfreies Leben führen, kann die junge Frau ihren ersten Verlobten nicht vergessen. Nach dem Tod ihres Kindes fühlt sie sich einsam und bändelt wieder mit ihrem alten Liebhaber an, der mittlerweile für die Regierung in der Kolonie arbeitet. Borchardt entdeckt die heimliche Liebe und schickt beide fort.

Inzwischen hat der Herero-Krieg begonnen. Agnes kehrt zu Borchardt auf die Farm zurück. Kurz darauf greifen Herero an. Verzweifelt will Borchardt seine Frau vor möglichen Gräueltaten der anstürmenden Feinde retten und schießt auf sie. Doch die Schutztruppen rücken an und retten den Hof. Borchardt glaubt, dass er seine Frau getötet hat und wird depressiv. Aber Agnes erholt sich, und sie beginnen ein neues gemeinsames Leben. »Farmer Borchardt« feierte am 10. März 1918 im renommierten Marmorhaus am Kurfürstendamm 236 seine Premiere und lief erfolgreich im In- und Ausland. Filmbilder in der Presse belegen, dass die Produktion auf schwarze Darsteller:innen zurückgriff, um die Kriegshandlungen darzustellen. Wenn auch über die einzelnen Darsteller:innen und Kompars:innen nichts bekannt ist, belegt auch dieser Film die wohlbekannte Beschäftigung von Personen aus der Berliner Diaspora für propagandistische Zwecke.

Die Darsteller:innen afrikanischer Herkunft waren für den dritten Film der Deuko entscheidend. Der Erfolg von »Farmer Borchardt« ermöglichte der Deuko die Produktion eines noch größer ausgestatteten Films, »Der Gefangene von Dahomey«, der zugleich der letzte Film werden sollte. Dieser Film betrieb eindeutig antifranzösische Propaganda. Er basierte auf einem Drehbuch der Kolonialschriftstellerin Lene Haase und erzählte die Geschichte des deutschen Pflanzers Burgsdorf (Fritz Delius), der zu Beginn des Ersten Weltkrieges in die Gefangenschaft der französischen Armee gerät. Im Gefangenenlager in Dahomey (auf dem Gebiet des heutigen Benin) leiden Burgsdorf und seine Kameraden unter den sadistischen Exzessen des französischen Kommandanten (Friedrich Kühne). Burgsdorf lehnt sich zunächst nicht auf und versucht, das Beste aus seiner Situation zu machen. Schließlich fordert er aber faire Behandlung für die Gefangenen, wofür er mit der Nilpferdpeitsche bestraft werden soll. Damit beauftragt wird ein schwarzer Soldat, der sich jedoch dem Befehl widersetzt und vom Hauptmann getötet wird. Bald darauf wird Burgsdorf bis zur Besinnungslosigkeit gequält. Eine Bedienstete der Frau des Kommandanten pflegt ihn und verabreicht ihm einen mysteriösen Schutztrank, der ihn in einen todesähnlichen Schlaf versetzt. Er wird für tot erklärt und beerdigt. Mittels eines Gegengifts wird er anschließend wieder zum Leben erweckt und kehrt als lebender Toter jede Nacht in das Lager zurück, wo er nach und nach die schwarzen Wärter tötet. In der Zwischenzeit haben sich Burgsdorf und die Frau des Lagerkommandanten ineinander verliebt. Als der Kommandant die Beziehung entdeckt, versucht er, Burgsdorf zu töten. Auf einer dramatischen Verfolgungsjagd stirbt der Lagerkommandant. Burgsdorf und seine Geliebte verlassen Afrika und beginnen ein neues Leben in der Schweiz. Der Film »Der Gefangene von Dahomey« liegt nicht mehr vor, und die wenigen Rezensionen zum Film geben nur bruchstückhaft Aufschluss über die Entstehung des Films. Die Drehbuchautorin Lene (Lena) Haase hatte sich in den Jahren zuvor mit Romanen wie »Raggys Fahrt nach Südwest« (1910), »Durchs unbekannte Kamerun: Beiträge zur deutschen Kulturarbeit in Afrika« (1915) und »Meine schwarzen Brüder: Geschichten aus dem Urwald« (1916) einen Namen als Kolonialschriftstellerin gemacht. Verheiratet mit einem in der deutschen Kolonie Kamerun tätigen Bezirksarzt, vermittelte sie anschaulich das weiße koloniale Leben. Die Geschichte des Farmers Burgsdorf beruhte angeblich auf tatsächlichen Erlebnissen, was der Kritik allerdings im Hinblick auf Burgsdorfs Scheintod, Wiederauferstehung und Rachefeldzug wenig glaubhaft erschien.[10] Für die deutsche Koloniallobby war eine derartige Vermischung von Fakt und Fiktion jedoch ein probates Mittel, um im breiten Publikum koloniale Propaganda zu betreiben.

Die begrenzte Quellenlage erlaubt keine abschließende Analyse und Interpretation des Films. Bemerkenswert an Haases Drehbuch ist die Konstruktion einer anti-französischen Allianz von afrikanischer Voodoo-Kultur und deutschem Widerstand. Entgegen der kolonialmissionarischen Ideologie, die Afrikaner:innen als ungebildete Kinder betrachtete, die auf eine höhere, christliche Zivilisationsstufe gehoben werden müssen, erweist sich im Film gerade das fremde, unchristliche Wissen als entscheidend für Burgsdorfs erfolgreichen Rachefeldzug. Zwar erscheint seine schwarze Retterin lediglich als Erfüllungsgehilfin und verbleibt im kolonialen Stereotyp der »edlen Wilden«. Ihr rituelles Wissen dagegen ist entscheidend für Burgsdorfs Sieg gegen seine Peiniger. Der lebende Tote in Haases Drehbuch zeigt eine bemerkenswerte Parallele zu den Praktiken des haitianischen Voodoo-Kults des »Zombi corps cadavre«, in dem mittels Giften und Gegengiften Kontrolle über eine Person gewonnen wird. Burgsdorfs Widersacher, der französische Lagerkommandant, wurde von der Filmpresse als »Deutschenfresser« beschrieben.[11] Diesem gegnerischen Menschenfresser war nur mit der Hilfe ritueller, aber verbündeter Kräfte beizukommen.

Die Allianz gegen den unmenschlichen französischen Feind, unter dem Afrikaner:innen und Deutsche gemeinsam leiden, erweist sich bei näherem

Hinsehen als brüchig. Burgsdorfs Rachefeldzug wendet sich entschieden gegen das schwarze Bewachungspersonal, gespielt von internierten afrikanischen Soldaten, die dem Film als Statisten dienten. Der französische Lagerkommandant dagegen stirbt nicht durch Burgsdorfs Hand, sondern versinkt bei der Verfolgung seiner Frau und ihres Geliebten Burgsdorf in einem Sumpf. Hier schimmern andere Solidaritäten durch, die sich auch zeigen, wenn Burgsdorf am Ende mit einer Französin nach Europa zurückkehrt. Da Dreharbeiten in den Kolonien nicht mehr möglich waren, musste die Deuko in der Ausstattung ihrer Spielfilme erfinderisch sein und ein Setting schaffen, das dem der Kolonien ähnelte. Unter der Schirmherrschaft des Reichskolonialamtes, das die Produktion mit Requisiten und Kompars:innen unterstützte, wurden die Innenaufnahmen in den Berliner Studios gedreht, die Außenaufnahmen in der Umgebung von Berlin. Kritiken lobten die Deuko für die geschickte Auswahl der Drehorte, die »Wirklichkeit« vortäuschten.[12] »Der Verräter« enthielt Originalaufnahmen aus den Kolonien, die der Deuko von der DKG überlassen wurden.[13] Im Fall von »Der Gefangene von Dahomey« wurde ein Teil der Requisiten vom Völkerkundemuseum in Berlin zur Verfügung gestellt, wobei die erwähnte Nilpferdpeitsche auf mysteriöse Weise verschwand und nicht an das Museum zurückgegeben werden konnte.

Nach einem passenden und authentischen Drehort für die Szenen im Gefangenenlager im Film musste die Deuko nicht lange suchen. Die Zusammenarbeit mit dem Reichskolonialamt ermöglichte der Deuko, das Kriegsgeschehen für sich zu nutzen. In Berlin-Wünsdorf, im heutigen Landkreis Teltow-Fläming (Brandenburg), hatte die Oberste Heeresleitung ein Gefangenenlager, das sogenannte »Halbmondlager«, errichtet, in dem gefangene Muslime indoktriniert werden sollten, um später einen heiligen Krieg (Djihad) gegen französische und englische Kolonialherren zu führen.[14] Durch die erwähnten Kontakte zum Reichskolonialamt wurde das reale deutsche Lager kurzerhand zum fiktionalen französischen Filmgefangenenlager umdekoriert. Die Produktion des Films basierte somit auf der perversen Logik, in der die Gefangenen die Rolle der Wärter spielen mussten, während der Deutsche in die Rolle des Internierten schlüpfte.

Der enge Kontakt der Deuko zu dem RKA und der DKG zahlte sich aus. Als Anerkennung für ihre Arbeit erhielt sie von der DKG im April 1918 2.000 Mark zugesprochen,[15] darüber hinaus förderte die DKG die Deuko durch Werbung in ihren Gauverbänden und Abteilungen.[16] Der anfängliche Erfolg machte die Deuko selbstbewusst und zu einem begehrten Partner. Im Frühjahr 1918 unterbreitete sie der DKG ihre Vorstellung einer Neuformierung der Firma. Das Stammkapital sollte auf 500.000 Mark erhöht werden (im weiteren Verlauf sollten es bis zu 1,5 Millionen Mark werden[17]). Nach dem Kriegsende waren neue Produktionen in den Kolonien geplant, zudem sollten ein eigenes Atelier, eine Kopieranstalt sowie ein Archiv für Kolonialfilm- und Kultur entstehen.[18] Der dazu im Juni 1918 neu aufgesetzte Gesellschaftsvertrag wurde jedoch nie umgesetzt, denn die positive Entwicklung der Deuko war mit der deutschen Niederlage im Ersten Weltkrieg beendet.

Die Deuko-Filme sind an der Kinokasse erfolgreicher gelaufen als in der Filmpresse – dort fielen die Reaktionen gemischt aus. Der Kinematograph bemängelte, ein besserer Regisseur hätte mehr aus dem »reichen Material« in »Der Verräter« gemacht. Die Lichtbild-Bühne meinte, das propagandistische Ziel in »Farmer Borchardt« sei ins Gegenteil verkehrt, da die Kampfbereitschaft der Herero nicht dazu ermutigte, die Heimat aufzugeben. Was übrigbliebe, wäre eine rührselige Liebesgeschichte.[19] Die Zeitschrift Der Film hielt das Werk dagegen für überzeugend.[20] »Der Gefangene von Dahomey« löste auf politischer Seite positive Reaktionen aus: Der Staatssekretär des RKA Wilhelm Heinrich Solf gratulierte[21] und die Mitglieder der Kolonialbewegung schwärmten von der ausgezeichneten Machart[22]. Doch die Presse ließ sich angesichts der drohenden Niederlage im Krieg nicht für den Film begeistern. Für die BZ am Mittag war es ein kulturloser Kulturfilm.[23] Der Film urteilte harsch, man komme beim Schauen des Films aus dem Grauen gar nicht mehr heraus. Die Kritiker in Der Film und Der Kinematograph waren sich einig: Es handele sich um einen Hetzfilm, der seinen Zweck nicht mehr erfülle.[24]

Der Film wurde zunächst für Kinder und dann gänzlich verboten[25] – für die Deuko wurde der Film zum finanziellen Desaster. Abgeschlossene Verträge mit Kinos konnten nicht eingehalten werden, und im April 1919 musste die Firma wegen Zahlungsunfähigkeit Konkurs anmelden, der aufgrund fehlender Masse jedoch zurückgewiesen wurde. Aus Kostengründen wurde das Büro aus der Friedrichstraße in die Potsdamer Straße 140 verlegt. Im Mai 1919 wurde Baron von Willemoes-Suhm Hauptgesellschafter der Deuko und im Januar 1921 alleiniger Gesellschafter. Im Dezember 1927 wurde die Deuko schließlich von Amtswegen aus dem Handelsregister gelöscht.[26]

Trotz ihrer kurzen aktiven Tätigkeit ist die Deutsche Kolonial-Filmgesellschaft mbH mehr als nur eine Randnotiz der Kolonial- und Filmgeschichte. Die enge Verzahnung von privatwirtschaftlichen und kolonialpolitischen Interessen und Interessengruppen belegt die sich abzeichnende Bereitschaft, kolonialpropagandistische Filmarbeiten in großem Maß zu etablieren. Für Berliner Filmschaffende boten Kolonialfilme ein weiteres Beschäftigungsfeld, im Fall des Regisseurs Carl Boese war es das Sprungbrett zu einer jahrzehntelangen Karriere im Filmgeschäft – auch in der späteren Bundesrepublik.

Boese kehrte 1921 zunächst zum propagandistischen Kolonialfilm zurück, indem er in dem offen rassistischen und anti-französischen Film »Die schwarze Schmach« Regie führte. Der Film thematisierte die französische Rheinlandbesetzung u. a. durch Truppen aus den afrikanischen Kolonien. Im Zentrum stand die Reinheit der deutschen Frau, die durch vermeintliche Vergewaltigungen durch schwarze Besatzungssoldaten in Gefahr sei.[27] Der bis heute verschollene Film lief im April 1921 in verschiedenen Städten an und sorgte für »überall brechend volle Häuser«[28]. Im August des Jahres wurde der Film verboten, um die angespannten deutsch-französischen Beziehungen nicht weiter zu belasten.[29] Carl Boese führte sein Filmschaffen im Dritten Reich fort und war bis in die fünfziger Jahre als Regisseur tätig.

Die Filme der Deuko mit ihren Geschichten von sich aufopfernden, gutmütigen deutschen Kolonialherren und Kolonialfrauen reihen sich in das Bildrepertoire der deutschen Kolonialideologie ein, das in den zwanziger Jahren in kolonialrevisionistischen Filmen weitergeführt wurde.[30] Die Motive haben bis heute eine erstaunliche Kontinuität wie z. B. »Unser Haus in Kamerun« (Alfred Vohrer, BRD, 1961), »Traumschiff 33: Namibia« (Michael Steinke, BRD, 1999), »Afrika, Mon Amour« (Carlo Rola, BRD, 2007), »Meine Heimat Afrika« (Erhard Riedlsperger, BRD, 2010).[31] Die Geschichte der Deuko dauerte nur wenige Jahre, sie steht aber exemplarisch für die Verquickung von Kolonialismus, Rassismus, Unterhaltung und filmwirtschaftlichem Kalkül in der deutschen Geschichte.

Anmerkungen

1 Vgl. Hanisch, Michael, *Auf den Spuren der Filmgeschichte. Berliner Schauplätze*, Berlin 1991, S. 168.
2 Vgl. *Der Film*, Nr. 31, 04.08.1917.
3 Vgl. *Akte Deutsche Kolonial Filmgesellschaft*, Bundesarchiv Berlin, BArch, R 8023–328. Bl. 87.
4 Steinke, Martin, »Koloniale Propaganda-Filme«, in: *Deutsche Kolonialzeitung. Organ der Deutschen Kolonialgesellschaft*, 34(9) (1917), S. 137.
5 Ebd.
6 Vgl. BArch 8023–328, Bl. 4.
7 *Lichtbild-Bühne*, Nr. 10, 09.03.1918.
8 Vgl. Gehrts, Meg, *Weiße Göttin der Wangora: Eine Filmschauspielerin 1913 in Afrika*, Wuppertal 1999, S. 55.
9 *Der Kinematograph*, Nr. 575, 09.01.1918.
10 Vgl. *Der Film*, Nr. 41, 12.10.1918.
11 Ebd.
12 *Der Kinematograph*, Nr. 587, 03.04.1918, Werbeanzeige.
13 Vgl. BArch 8023–328, Bl. 79.
14 Vgl. Höpp, Gerhard, *Muslime in der Mark. Als Kriegsgefangene und Internierte in Wünsdorf und Zossen, 1914–1924*, Berlin 1997; Lange, Britta, »Die Welt im Ton – In deutschen Sonderlagern für Kolonialsoldaten entstanden ab 1915 einzigartige Aufnahmen«, in: *iz3w* 307 (2008), S. 22–25. Online abrufbar unter: www.freiburg-postkolonial.de/Seiten/Lange-Welt-im-Ton.htm [letzter Zugriff: 10.01.2021].
15 Vgl. BArch 8023–328, Bl. 58.
16 Vgl. BArch 8023–328, Bl. 56–57.
17 Vgl. ebd.
18 Vgl. ebd.
19 Vgl. *Lichtbild-Bühne*, No. 11, 16.03.1918.
20 Vgl. *Der Film*, Nr. 11, 16.03.1918.
21 Vgl. BArch, R 8023–328, Bl. 14.
22 Vgl. BArch, R 8023–328, Bl. 10.
23 Vgl. BArch, R 8023–328, Bl. 12.
24 Vgl. *Der Film*, Nr. 41, 12.10.1918; *Der Kinematograph*, Nr. 614, 09.10.1918.
25 Vgl. Herbert, Birett, *Verzeichnis der in Deutschland gelaufenen Filme. Entscheidungen der Filmzensur 1911–1920*, Berlin/Hamburg/Stuttgart/München 1980, S. 261 und S. 276.
26 Vgl. LAB A Rep 342-0, Nr. 2476.
27 Vgl. Wigger, Iris, *Die »Schwarze Schmach am Rhein«. Rassistische Diskriminierung zwischen Geschlecht, Klasse, Nation und Rasse*, Münster 2006.
28 Ebd., S. 179.
29 Vgl. Film Ober-Prüf-Stelle, O.B. 81.21 (13.08.1921). Online abrufbar unter: www.filmportal.de/sites/default/files/Die%20schwarze%20Schmach_O.B.81.21_1921.pdf [letzter Zugriff: 09.06.2021].

30 Vgl. Nagl, Tobias, *Die unheimliche Maschine. Rasse und Repräsentation im Weimarer Kino*, München 2008.

31 Fuhrmann, Wolfgang, »The restauration of a colonial memory in German cinema of the 1950s/60s«, in: Lahti, Janne / Weaver-Hightower, Rebecca (Hg.), *Cinematic Settler: The Settler Colonial World in Film*, London 2020, S. 87–98; Neuser, Daniela, »Ein Platz an der Sonne – der neue Heimatfilm. Afrika, mon Amour und Momella. Eine Farm in Afrika«, in: Erll, Astrid / Wodianka, Stephanie (Hg.), *Film und kulturelle Erinnerung. Plurimediale Konstellationen*, Berlin / New York 2008, S. 107–138.

Mark Terkessidis

1921 – August zu Eulenburg, Teilnehmer der preußischen »Ostasien-Expedition«, wird auf dem Friedhof I der Dreifaltigkeitsgemeinde begraben

Eine ganze Reihe von Gräbern, Straßennamen und Monumenten verweist in Kreuzberg auf die Geschichte des nicht mehr existierenden Staates Preußen. Dass in Preußen auch schon vor der Bildung des Deutschen Reiches über koloniale Eroberungen räsoniert wurde und die preußische Marine »Expeditionen« unternahm, um Handelsverträge zu erzwingen und Stützpunkte zu gründen, ist heute nur wenig bekannt. In Kreuzberg allerdings existiert ein regelrechtes Ensemble der Erinnerung an dieses Kapitel preußischer Geschichte, das aus zwei zentralen Straßen im ehemaligen Postzustellbezirk Südost 36, der Adalbert- und der Admiralstraße, besteht, sowie aus einer Grabstätte auf dem Friedhof I der Dreifaltigkeitsgemeinde (Eingang am heutigen Mehringdamm), jener Augusts zu Eulenburg. Zu diesem Ensemble gehört eine weitere Straße, diesmal in Neukölln, die an Ernst Friedel erinnert, der als Stadtrat vor allem an der Schaffung wichtiger Parks beteiligt war (etwa des Victoria-Parks mit dem Siegesdenkmal von Karl Friedrich Schinkel in Kreuzberg). Prinz Adalbert (die Adalbertstr. wurde 1847 nach ihm benannt, die Admiralstr. zusätzlich 1869) war maßgeblich beteiligt an der Schaffung einer deutschen Kriegsmarine und befürwortete zu einem frühen Zeitpunkt aggressiv die Schaffung überseeischer Stützpunkte – er nahm damit die imperialistische Flottenpolitik des späteren Deutschen Reiches vorweg. August zu Eulenburg nahm an der sogenannten »Ostasien-Expedition« von 1860 bis 62 teil, die Preußen im Namen aller deutschen Staaten aussandte, um Handelsverträge mit Japan, China und Siam (dem heutigen Thailand) zu vereinbaren, notfalls zu erzwingen. Ernst Friedel wiederum verfasste 1867 eine ganze »Studie«, »Die Gründung preußisch-deutscher Kolonien im Indischen und Großen Ozean unter besonderer Berücksichtigung Ostasiens«, um den preußischen

Führung vor allem den kolonialen Erwerb Formosas (das heutige Taiwan) schmackhaft zu machen.

Prinz Heinrich Wilhelm Adalbert von Preußen wurde 1811 als Neffe von König Friedrich Wilhelm III. geboren. Er interessierte sich schon früh für die Seefahrt, was den Vermutungen seines Biographen nach damit zusammenhing, dass er mit dem Sohn des Hofmarschalls Louis Graf von der Groeben befreundet war. Dieser wiederum stammte in direkter Linie von Otto Friedrich von der Groeben ab, der 1682 jene Expedition leitete, welche schließlich zur Gründung der Kolonie »Groß-Friedrichsburg« im heutigen Ghana führte.[1] Der »Mangel einer eigenen Seemacht«[2] wurde Adalberts großes Thema, und 1848 legte er eine »Denkschrift über die Bildung einer deutschen Kriegsflotte« vor. Bereits darin schrieb er, dass eine funktionierende Flotte »unserer jungen Flagge in den chinesischen Gewässern diejenige Achtung nötigenfalls erzwingen könnte, deren dort die anderen seefahrenden Nationen bereits genießen«[3]. 1849 wird er »Oberbefehlshaber über sämtliche ausgerüsteten Kriegs-Fahrzeuge«, 1854 zum »Admiral der preußischen Küsten« und zum Oberbefehlshaber der Königlich-preußischen Marine.

1856 war er an Bord des größten jemals in Preußen gebauten Kriegsschiffes, der Dampferkorvette Danzig im Mittelmeer unterwegs und befahl die erste überseeische Intervention einer deutschen Marine. Er nutzte einen vier Jahre zurückliegenden Fall von Piraterie (zweifellos ein Problem für die Handelsschifffahrt in jenen Tagen), um am 7. August bei Kap Tres Forcas in der heutigen Rif-Gegend nahe Melilla und Nador auf eigene Faust den Befehl zur Landung zu geben. Das Korps von 66 Männern kam angesichts des ungünstigen Landungsortes und der lokalen Übermacht kaum über den Strand hinaus und zog sich bald zurück – die »Bilanz« auf preußischer Seite lag bei sieben Toten, 12 schwer und 10 leicht verletzten Personen. Potentielle Opfer auf der anderen Seite werden in der bei diesem Thema zumeist affirmativen Literatur nicht erwähnt.[4]

Der Zwischenfall spielte militärisch wie politisch kaum eine Rolle; die preußische Führung begegnete Adalbert danach aber eher mit Zurückhaltung. Zugleich aber machte die Admiralität in einer Denkschrift die Rif-Region als mögliches Ziel einer deutschen Auswandererkolonie aus.[5] Prinz Adalbert blieb seinem Programm treu und wurde schließlich wieder gehört, als Preußen im August 1859 die Aussendung einer »Expedition« nach Japan, China und Siam beschloss. Im Mai 1860 hielt er in Berlin einen sogenannten Immediatvortrag (unmittelbar vor dem preußischen König) beim Prinzregenten Wilhelm (der den erkrankten König vertrat, später wurde er Wilhelm I.). Er sprach über Kolonialangelegenheiten und nannte als Gebiete, die für eine strategische Besitzergreifung in Frage kämen, die Ostküste von Patagonien (heute Argentinien an der Südspitze Lateinamerikas) und die Salomonen-Inseln im Südpazifik (der nördliche Teil der Inselgruppe wurde 1886 tatsächlich deutsches »Schutzgebiet«). In späteren Denkschriften fügte die Admiralität die Insel Formosa, das heutige Taiwan hinzu.[6]

Die Ausrüstung einer »Expedition« nach Ostasien wurde vor allem mit den Aussichten auf einen florierenden Handel begründet. 1842 hatte Großbritannien China im Ersten Opiumkrieg besiegt und damit auch den anderen europäischen Mächten Zutritt verschafft – China befand sich im Zustand halbkolonialer Abhängigkeit. 1853 war eine »Expedition« unter dem Kommando von Commodore Matthew Calbraith Perry in Japan gelandet und hatte die dortige Regierung unter Androhung von Gewalt zum Abschluss von für die USA äußerst vorteilhaften Handelsverträgen gezwungen. Im gleichen Jahr landete eine russische »Expedition« unter Admiral Yevfimiy Vasilyevich Putyatin. Zuvor hatte sich Japan über 200 Jahre erfolgreich abgeschlossen; nur die Niederländer durften über das künstliche Inselchen Dejima in der Bucht von Nagasaki Handel treiben. Auch in diesem Fall folgten bald Verträge mit allen imperialistischen Mächten.

Die kontinental orientierte preußische Regierung hatte sich bis 1859 nur wenig für eine Expansion nach Ostasien interessiert. Das änderte sich 1859, als das österreichische Kriegsschiff Novara von einer Weltumseglung zurückkehrte. Preußen sah dadurch seine Führungsrolle unter den deutschen Staaten in Gefahr. Es ist anzunehmen, dass die Konkurrenz mit Österreich ursprünglich mehr zur Ausrüstung der »Expedition« beigetragen hat als ein genuin koloniales Interesse.[7] Zudem symbolisierte die Marine ein gesamtdeutsches, nationales Prestige.[8] Die überwiegend liberalen Abgeordneten in der Paulskirche hatten bereits 1848 die Gründung einer deutschen Kriegsmarine beschlossen – durchaus auch im Hinblick auf eine zukünftige imperiale Weltgeltung. Die dann ins Leben gerufene Reichsflotte blieb jedoch klein und wurde sogar bald wieder abgewickelt – einige Schiffe gingen in der Folge an Preußen über. Im Bewusstsein der Bevölkerung blieb die Marine allerdings das einzige Projekt, das die Einheit Deutschlands verkörperte. Firmen wie Krupp bauten Kriegsschiffe ohne Rücksicht auf Kostendeckung; einfache Leute spendeten erhebliche Summen. Der Schoner »Frauenlob«, der an der »Ostasien-Expedition« teilnehmen sollte, wurde überwiegend aus den Zuwendungen von Frauen finanziert.[9] Preußen begann also das größte Flottenunternehmen seit 1848 im Dienste der deutschen Sache – die abzuschließenden Handelsverträge sollten nicht nur für Preußen gelten, sondern für den gesamten deutschen Zollverein. Das wurde von den nicht-preußischen Teilnehmern der »Expedition« auch anerkannt. So schrieb Gustav Spieß, Vertreter der sächsischen Handelskammer, später in seinen Erinnerungen an die Reise: »Welcher Jubel ward laut, als man von Preußen eine Förderung dieses Werks in nationalem, deutschem Sinne hoffen durfte.«[10] Allerdings war die preußische Marine – Prinz Adalbert wurde auch nicht müde, das zu betonen – auf diese Mission nicht vorbereitet. Vier Schiffe nahmen teil, die Kriegsschiffe »Arcona« und »Thetis«, das Transportschiff »Elbe« und der erwähnte Schoner »Frauenlob«. Eine Besatzung zusammenzustellen, erwies sich als nicht einfach – von den 652 Mann hatten viele keine Erfahrung mit der Seefahrt, das galt auch für die Offiziere. Vor diesem Hintergrund wurde die Reise eine Aneinanderreihung von Pleiten und Pannen – Besatzungsmitglieder desertierten; die »Arcona« schleppte sich von Havarie zu Havarie, die »Frauenlob« sank sogar mit der gesamten Besatzung bei einem Taifun vor Japan. Ausgerechnet auf Formosa verwickelte sich die »Elbe« in das einzige Gefecht des Geschwaders. Landgänger auf der Suche nach Proviant waren von Bewohner:innen angegriffen worden. Die Schiffsartillerie reagierte mit der Auslöschung des Dorfes und eines Teils der Einwohner:innen – ein Vorbote späterer »Strafexpeditionen« im Kampf gegen indigenen Widerstand.[11]

Dass Gewalt ansonsten vermieden wurde und auch die Kolonisierungsprojekte ad acta gelegt wurden, war neben der militärischen Schwäche auch dem Leiter der Expedition zu verdanken, Friedrich Graf zu Eulenburg, nach dem die »Expedition« oft benannt wird. Neffen von Friedrich waren eben der in Kreuzberg begrabene August zu Eulenburg und Philipp zu Eulenburg, der wiederum dem vielleicht größten Skandal des späteren Kaiserreichs seinen Namen gab. Friedrich erwies sich als »ein Bonvivant und allen Anstrengungen abholder Diplomat«[12]. Die später von Philipp herausgegebenen Briefe des Grafen geben davon einen lebhaften Eindruck: Seiten und Seiten füllt Eulenburg mit Beschreibungen von Abendgesellschaften, Spazierritten, Landpartien, Besichtigungen, des Wetters oder auch des eigenen Befindens.[13] Nach seiner Berufung zum Leiter der Expedition hatte Friedrich das Erinnerungswerk des Commodore Perry[14] studiert und war nach Paris gefahren, um dort Rat von Lord Elgin und Baron Gros zu erhalten, den Leitern der ostasiatischen Aktivitäten Englands und Frankreichs. Was die Dominanz in Ostasien betraf, übten die europäischen Mächte damals Solidarität, was sie wiederum von Konkurrenz nicht abhielt: So wurden die Preußen von französischer Seite zu einer Kolonisierung Formosas geradezu gedrängt, was helfen sollte, die britische Dominanz in China zu untergraben. In Berlin wurde die Formosa-Angelegenheit schließlich hin und her diskutiert, bis an Eulenburg die Weisung erging, die Möglichkeiten in Formosa auszukundschaften. Die »Expedition« war gerade vom Vertragsabschluss in China nach Nagasaki zurückgekehrt, wo Eulenburg eine Antwort verfasste, die im Grunde erklärte, dass er den Auftrag ignorieren würde.[15]

Nichtsdestotrotz lässt sich die »Expedition« insgesamt als imperialistisch charakterisieren. Die Handelsverträge, die abgeschlossen werden sollten, fielen für die betreffenden Länder ungünstig aus, wobei die japanischen, chinesischen und siamesischen Unterhändler die Ausrichtung mancher Passagen kaum richtig verstehen konnten. Eulenburg sprach das in einem Brief aus Japan auch offen an: »Die Leute haben keine Ahnung von dem wirklichen Sinn und der Tragweite der Vertragsbestimmungen.«[16] Hinter den »Verhandlungen« stand die geballte militärische Kraft nicht nur der preußischen »Kanonenbootdiplomatie«, sondern aller westlichen Mächte, die sich, wie gesagt, erstaunlich solidarisch gebärdeten. Aus Eulenburgs Briefen und den »Amtlichen Quellen« über die »Expedition« in vier Bänden[17] geht auch hervor, dass seine ersten Besuche immer den Gesandtschaften der anderen imperialistischen Mächte galten. Als Großmacht sah sich Preußen nicht nur berechtigt, sondern quasi verpflichtet, zwar »verspätet«, aber auf robuste Art in den »Weltverkehr« einzutreten. In der Bewertung des Vertrags mit Japan in den »amtlichen Quellen« kommt das deutlich zum Ausdruck, wobei die Intervention bereits zu diesem Zeitpunkt als »Kulturmission« verbrämt wird: »Der gegenwärtige Zeitraum bezeichnet den Anfang von Deutschlands civilisatorischer Thätigkeit im Grossen, deren Entwicklung ein weltgeschichtliches Hauptmoment der nächsten Jahrhunderte werden wird (...). Nicht Ueberbevölkerung, Abenteuerlust oder die Leichtigkeit des Seeverkehrs treiben

Abb. 1: Grab von August zu Eulenburg, Dreifaltigkeitsfriedhof I in Berlin, Foto: Mark Terkessidis, 2021.

sie hinaus, (...), sondern die innere Lebenskraft der Nation (...) und der unbewusste Beruf, germanischer Bildung, der schönsten Frucht der modernen Geschichte, Ausbreitung und Geltung zu verschaffen.«[18]

August zu Eulenburg war eigentlich Leutnant der Infanterie, wurde aber unter seinem Onkel Attaché dieser »Mission«. Von Augusts Wirken in den zwei Jahren ist nicht allzu viel überliefert, doch wird er vor allem handfeste Aufgaben erledigt haben. In Friedrichs Briefen wird er einige Mal erwähnt: August setzt sich mit anderen Teilnehmern bewaffnet zu Pferde, um etwas über den Mord am niederländischen Übersetzer Henry Heusken in Erfahrung zu bringen[19]; August tritt um fünf Uhr morgens ein und meldet die Ankunft eines französischen Dampfers[20]. Andere Attachés waren zweifellos wichtiger. Wie es sich für »Expeditionen« gehörte, sollten die maritimen, ozeanografischen und navigatorischen Erfahrungen – für Preußen erstmals außerhalb von Europa – auf der Reise gesammelt und ausgewertet werden. Kultusminister August von Bethmann-Hollweg hatte die Berliner Akademie der Wissenschaften beauftragt, die besten Botaniker, Zoologen, Geologen, Geographen sowie zwei Künstler auszuwählen.[21]

Diese Forscher, die bereitwillig eine imperialistische »Expedition« begleiteten, stammten alle aus dem Umfeld oder Netzwerk des in den letzten Jahren häufig diskutierten Alexander von Humboldt, der bereits die Aussendung der »Novara« als das »große und edle Unternehmen zur Ehre des gemeinsamen deutschen Vaterlands« adelte[22], aber kurz vor der Reise der preußischen Kriegsschiffe starb. Zwei Personen sind einer kurzen, näheren Betrachtung wert. Der Maler Wilhelm Heine war mit Humboldt direkt befreundet, der ihm auch half, nach der gescheiterten Revolution von 1848 nach New York zu fliehen. Heine schloss sich dort der Perry-»Expedition« an – seine Zeichnungen beeinflussten wiederum massiv das Bild von Ostasien in Preußen. Während dieser »Expedition« hielt er Kontakt zu dem heute als »Begründer der internationalen Japan-Forschung« (Wikipedia) verehrten Philipp Franz von Siebold, der zu jener Zeit mit selbst finanzierten Denkschriften an die imperialistischen Mächte die »Öffnung« Japans zu unterstützen bzw. herbeizuführen suchte.[23] Eine weitere Person, die hier erwähnt werden soll, ist Ferdinand Freiherr von Richthofen, ein studierter Geologe, der sich von den Wissenschaftlern der »Expedition« (die nach der Abreise von Japan eine andere Route genommen hatten) vor Siam trennte.[24]

Nach einigen Wirrungen konnte Richthofen ab 1868 geografische Forschungsreisen nach China antreten, deren gedruckte »Ergebnisse« ihm weltweit Bekanntheit einbrachten. Wichtig für die deutsche Diskussion über Kolonialismus ist zweifellos der zweite Band, in dem Richthofen auf die Bedeutung eines Hafens im späteren »Pachtgebiet« Kiautschou hinweist.²⁵ Richthofen war zuvor schon mit Denkschriften über mögliche Häfen in China an die preußische Regierung herangetreten. Im Kapitel über »Das Gebirgsland von Shantung« wird deutlich, wie der reisende Wissenschaftler aus der Metropole im imperialistischen Zeitalter stets in die Gewalt der Aneignung einbezogen ist, wie er der Eroberung hinterher- oder in diesem Fall vorauseilt. Richthofen beschreibt am Ende des Kapitels die Küste von Kiautschou mit ihrem maritimen Potential und ihrem Kohle-reichen Hinterland auf der Halbinsel Shandong (tatsächlich hatte er die Küste gar nicht selbst besucht) im Hinblick auf eine (deutsche) Annektion: »Die Vorteile einer fremden Niederlassung« seien immens, betonte Richthofen, und drängte angesichts von Chinas unausweichlichem »Aufschwung« in »materialler, intellectueller und industrieler Hinsicht« darauf, dass »sich die fremden Mächte die grösstmöglichen Vorteile« sichern.²⁶

Als die »Expedition« in Japan ankommt, ergibt sich für die japanischen Unterhändler eine Situation, die in einem Buchtitel sehr treffend als »negotiating with imperialism« bezeichnet wurde.²⁷ Eulenberg will die gleichen Verträge wie die anderen Mächte, und die Kriegsschiffe sowie vor allem die – zwar brüchige, aber in entscheidenden Momenten auch intakte – Solidarität der westlichen Mächte sorgt dafür, dass die japanische Seite in die Bedingungen einstimmen muss. Erstaunlich ist an allen Orten der »Expedition« die Selbstverständlichkeit, mit der die preußischen Diplomaten auf ihrem Recht bestehen, ungleiche »Freundschafts«- und Handelsverträge zu erhalten. Die einzige Chance der japanischen Unterhändler besteht letztlich in endlosen Verzögerungen, was Eulenburg ärgerlich werden lässt. »Ich war froh, daß ich die Kerle endlich los war«, klagt er am 21. September 1860. »Sie fangen an, mich zu ennuieren.«²⁸

Vernünftige Auskünfte über das Land erhält er auch keine, wie er wiederholt meint, sie »sprechen munter los, widersprechen sich aber im Laufe einer halben Stunde zehnmal und lügen wie gedruckt«²⁹. Obwohl Personen aus dem Westen des Öfteren angegriffen werden und der Übersetzer sogar einem Mordanschlag zum Opfer fällt, kann sich Eulenberg für Japan aufgrund von Ähnlichkeit erwärmen: »Wir ritten in die Umgebung der Stadt [Jeddo, das heutige Tokyo], die ganz wunderhübsch ist und uns lebhaft an das preußische Oberland erinnert.«³⁰ Am Ende steht der Vertrag,

1921 – August zu Eulenburg wird auf dem Friedhof I der Dreifaltigkeitsgemeinde begraben

Abb. 2: Wilhelm Heine, Lithografie, veröffentlicht in: Reise um die Erde nach Japan, Leipzig / New York 1856: Costenoble, S. 185.

wobei die japanischen Verhandler sich erfolgreich weigern, die Klauseln auch auf die anderen deutschen Staaten zu übertragen – die komplizierte Struktur des Zollvereins erscheint ihnen (zurecht) als zusätzliche Bedrohung, und sie fühlen sich von der Forderung regelrecht brüskiert. Wie sehr solche Forderungen und endlich auch die Verträge dennoch als Niederlage empfunden werden, zeigt sich daran, dass einer der beiden Unterhändler, der Staatsrat für Auswärtige Angelegenheiten, Hori Oribe no kami Toshihiro, Selbstmord durch »Seppuku« begeht, also durch eine ritualisierte Art des Suizids, die einen Gesichtsverlust aufgrund einer Pflichtverletzung voraussetzt.[31]

Während Eulenburg sich in Japan in Geduld übt, tritt er in China weitaus fordernder auf. Das hatte auch mit der seit dem Opiumkrieg bereits etablierten negativen Wahrnehmung des Landes und seiner Einwohner:innen zu tun. In den »amtlichen Quellen« zeigt sich ein unverhohlen imperialistischer Blick: Die Teilnehmenden sehen nur Chaos, Schmutz, Menschenmassen, Labyrinthe, Drogenkonsum, Grausamkeiten, unerklärliche

Rituale oder ebenso unerklärlichen Müßigang.[32] China bietet zwar allerorten Dokumente einer vergangenen Hochkultur, doch gleich daneben beobachten die Preußen Zeichen der Vernachlässigung und einen eklatanten Mangel an Tatkraft: China macht den »Eindruck tiefen Verfalls«[33]. Während die Europäer hinausgefahren sind, um aktiv Geschichte zu schreiben, erscheint die ehemalige Hegemonialmacht in allen Dingen nur noch – wie Reinhold von Werner, der Kommandant der Elbe meinte – »stationär«[34].

Tatsächlich war das koloniale Regime bereits intakt, als die Preußen eintrafen: Die Gesandten der europäischen Mächte und der USA agierten de facto wie Kolonialgouverneure von einer Vielzahl von territorialen Stützpunkten aus; der Handel fiel für die Kaufleute zollfrei aus; die Personen aus dem Westen unterstanden nicht der chinesischen Gerichtsbarkeit und die »Chinesen wurden in der Regel wie Menschen niederer Gattung behandelt«, so wurden sie teilweise wahllos auf offener Straße geschlagen.[35] Während sich die Preußen noch einbilden, dass ihr Vorteil gegenüber den anderen Nationen darin besteht, dass sie die »farbigen Racen« als »Mitmenschen« ansehen[36], kommen selbst die unkritischen historischen Studien zu dem Ergebnis, dass die Expeditionsteilnehmer in China schnell »die Herrschaftsallüren der anderen Mächte« imitieren: »Die Preußen lernten die kolonialen Unarten verblüffend rasch.«[37]

Was Siam, also das heutige Thailand betrifft, so fallen das Verhalten und auch die späteren Schilderungen deutlich freundlicher aus, was schlicht damit zu tun hat, dass das Königreich sich über seine schwache Position im Klaren ist und bei den ersten Gesprächen bereits die Unterzeichnung des Vertrags in Aussicht stellt. Nichtsdestotrotz legt Eulenberg kurz vor Unterzeichnung sogar noch einmal mit Forderungen nach.[38] Dabei zeigen einige der unverhohlen rassistischen Bemerkungen in den »amtlichen Quellen«, dass die Beschreibungen wohl wie in China ausgefallen wären, hätte sich Siam nicht kooperativ gezeigt. Die religiösen Praktiken werden als »platte Symbolik« und »unverfälschter Blödsinn« charakterisiert und addieren sich zur »bodenlosen Ungereimtheit des verdorbenen Buddhismus.«[39] In einem Gespräch mit Eulenburg im Dezember 1861 analysiert der König das Expansionsstreben der Westmächte sehr genau: Zuerst kommen Forscher, meint er, dann Händler, bald lassen sich die ersten Europäer nieder, schließlich gehören ihnen »ganze Reiche«. Auf die Frage hin, ob Preußen beabsichtige, Kolonien zu erwerben, antwortet Eulenburg,

Preußen würde in dieser Angelegenheit »sein Auge schwerlich auf tropische Gegenden richten«, was eine glatte Lüge war, denn Eulenburg hatte ja bereits im Oktober zu den Wünschen Berlins nach Erkundung der kolonialen Optionen Stellung genommen.[40]
Tatsächlich hatte sich die Diskussion alles andere als erledigt. In den 1860er Jahren wurde das Thema auch in der Öffentlichkeit erörtert, etwa von Ernst August Friedel, der in Neukölln mit einer Straße geehrt wird. Friedel traf sich regelmäßig mit Franz Maurer, einem Redakteur der Vossischen Zeitung, und später mit dem Geografen und Afrika-Reisenden Otto Kersten, der schließlich den kurzlebigen »Centralverein für Handelsgeographie und Förderung deutscher Interessen im Auslande« gründete.[41] Diese Gruppe sprach über Kolonialangelegenheiten und beschloss, dass jedes Mitglied eine Broschüre herausbringen sollte zu einem Territorium, das für die Kolonisierung in Frage käme. Friedel hatte bereits 1865 in der Vossischen Zeitung vehement Formosa ins Spiel gebracht und veröffentlichte 1867 sein Buch über die »Gründung preußisch-deutscher Colonien«[42]. Der Diplomat Max von Brandt wiederum, Teilnehmer der »Expedition« und später Konsul des Deutschen Reichs in Japan und Gesandter in China, konzentrierte sich 1870 auf Korea (damals ein Protektorat Chinas) und unternahm mit dem Panzerdeckkreuzer »Hertha« sogar eine Erkundungsfahrt nach Fusan (das heutige Busan).[43] Zur gleichen Zeit brachte der häufig zu Unrecht als Kolonialismusgegner betrachtete Adolf Bastian (der spätere Gründer des Berliner Völkerkundemuseums) mit einigen Mitgliedern der Gesellschaft für Erdkunde eine Denkschrift mit dem Titel »Deutschlands Interessen in Ostasien« heraus. Die Verfasser betonten, dass angesichts der in China zu erwartenden »Convulsionen« nur jene Nationen ihre Handelsvorteile sichern könnten, »die eine Achtung gebietende Macht vor den Augen jener Halb-Barbaren zu entfalten vermögen, die also einen festen Fuss in den dortigen Meeren gefunden haben und von dort aus ihre Operationen zu leiten vermögen«[44].
Die im Memorandum angemahnte »Erwerbung einer deutschen Flottenstation« fand dann auch statt: Zunächst durch die Aussendung eines Ostasien-Geschwaders und 1897 durch die Besetzung des späteren »Pachtgebietes« Kiautschou. Es wäre wohl kaum vermessen, die Ostasien-»Expedition« als Vorläufer dieser gewaltsamen Aneignung zu betrachten.[45] Der spätere Konstrukteur der imperialistischen Flottenpolitik des Kaiserreichs, Alfred von Tirpitz, erwähnt in seinen Erinnerungen die preußische

»Expedition« als die »ruhmreiche Tat« der preußischen Marine, die ansonsten wenig »Überlieferung« habe.[46] Wilhelm II. interessierte sich sehr für China – vor allem für die Bedrohung, die angeblich von dort ausging. Bereits 1895 gab der Kaiser nach eigenem Entwurf die Lithographie »Völker Europas, wahrt eure heiligsten Güter« in Auftrag, die er dann dem russischen Zaren schenkte. Darauf zu sehen ist der Erzengel Michael, der die europäischen Nationen gegen einen in den Wolken heranschwebenden Buddha führt. Dass er die »Gelben« für wahrhafte Teufel hielt, zeigte Wilhelm wenig später mit seiner berüchtigten »Hunnenrede« anlässlich der Aussendung des deutschen Expeditionskorps zur Bekämpfung des Boxeraufstandes, mit der das deutsche Staatsoberhaupt offiziell den Vernichtungskrieg befahl.

Zu jener Zeit, genauer von 1890 bis 1914, diente August zu Eulenburg als Hofmarschall des Kaisers. Zu seinen Aufgaben gehörten die Organisation der Empfänge und Audienzen, der Reisen und der Staatsbesuche sowie die Aufsicht über den königlichen Haushalt. Es bleibt reine Spekulation, doch es scheint nicht unwahrscheinlich, dass die Erfahrungen und Auffassungen eines so nahen Mitarbeiters des Kaisers in seine Bedrohungsgefühle, seine imperialen Absichten und seine unbarmherzige Haltung gegenüber Asien eingeflossen sind.

Anmerkungen

1 Vgl. Duppler, Jörg, *Prinz Adalbert von Preußen. Gründer der deutschen Marine*, Herford 1986, S. 23.
2 Adalbert, Prinz von Preußen, *Denkschrift über die Bildung einer deutschen Kriegsflotte*, Potsdam 1848, S. 1.
3 Ebd., S. 20.
4 Vgl. Duppler, *Prinz Adalbert von Preußen. Gründer der deutschen Marine*, S. 68 f.; Petter, Wolfgang, *Die überseeische Stützpunktpolitik der preußisch-deutschen Kriegsmarine 1859–1883, Inaugural-Dissertation*, Freiburg 1975, S. 36 ff.; Boelcke, Willi A., *So kam das Meer zu uns. Die preußisch-deutsche Kriegsmarine 1822 bis 1914*, Berlin 1981, S. 68.
5 Vgl. Petter, *Die überseeische Stützpunktpolitik*. Das Interesse an der Region sollte auch später nicht nachlassen, wie die aktive Beteiligung des späteren Deutschen Reiches am imperialen Wettlauf um Marokko zeigen sollte. Nach dem Zweiten Weltkrieg gab es dann einen Anwerbevertrag für Arbeitskräfte mit Marokko, die ganz überwiegend aus der Rif-Region in die Bundesrepublik kamen.
6 Vgl. Siemers, Bruno, »Preußische Kolonialpolitik 1861–62«, in: *Nippon. Zeitschrift für Japanologie* 3 (1937), S. 22.
7 Vgl. Lorenz, Reinhold, *Japan und Mitteleuropa. Von Solferino bis zur Wiener Weltausstellung (1859–73)*, Brünn 1944, S. 17–50.
8 Salewski, Michael, *Die Deutschen und die See. Studien zur deutschen Marinegeschichte des 19. und 20. Jahrhunderts*, Bd. 1, Historische Mitteilungen: Beiheft 25, Stuttgart 1998, S. 24 ff.
9 Ebd., S. 16.
10 Spieß, Gutav, *Die preußische Expedition nach Ostasien während der Jahre 1860–1862*, Berlin 1864, S. 3.
11 Vgl. Martin, Bernd, »Die Preussische Ostasienexpedition und der Vertrag über Freundschaft, Handel und Schifffahrt mit Japan (24. Januar 1861)«, in: Krebs, Gerhard (Hg.), *Japan und Preußen*, München 2002, S. 87 ff.
12 Ebd., S. 86.
13 Vgl. Graf zu Eulenburg-Hertefeld, Philipp (Hg.), *Ostasien 1860–1862 in den Briefen des Grafen Fritz zu Eulenburg*, Berlin 1900.
14 Perry, Commodore M.C., *The Expedition of an American Squadron to the China Sea and Japan, Performed in the Years 1853, 1853 and 1854*, Washington 1856.
15 Vgl. Siemers, »Preußische Kolonialpolitik 1861–62«, S. 28 f; Petter, *Die überseeische Stützpunktpolitik*, S. 70 ff.
16 Graf zu Eulenburg-Hertefeld, *Ostasien 1860–1862*, S. 142.
17 *Die Preußische Expedition nach Ostasien. Nach amtlichen Quellen*, Erster bis Vierter Band, Berlin 1864–1873.
18 Ebd. Zweiter Band (1866), S. 165.
19 Graf zu Eulenburg-Hertefeld, *Ostasien 1860–1862 in den Briefen des Grafen Fritz zu Eulenburg*, S. 150.
20 Ebd., S. 179.

21 Vgl. Dobson, Sebastian, »Humboldt in Japan«, in: ders. / Saaler, Sven (Hg.), *Unter den Augen des Preußen-Adlers: Lithographien, Zeichnungen und Photographien der Teilnehmer der Eulenberg-Expedition in Japan, 1860–61*, München 2011, S. 87 ff.
22 Ebd., S. 83.
23 Von Siebold, Philipp Franz, *Urkundliche Darstellung der Bestrebungen von Niederland und Russland zur Öffnung Japans für die Schifffahrt und den Seehandel aller Nationen*, Bonn 1854; Plutschow, Herbert, *Philipp Franz von Siebold and the Opening of Japan. A Re-Evaluation*, Folkestone 2007, S. 53 ff.
24 Vgl. Eming, Ralf, »Stahnsdorf. Letzte Ruhestätte des Geographen Ferdinand von Richthofen«, in: van der Heyden, Ulrich / Zeller, Joachim (Hg.), *Kolonialismus hierzulande. Eine Spurensuche in Deutschland*, Erfurt 2007, S. 107–112.
25 Freiherr von Richthofen, Ferdinand, *China. Ergebnisse eigener Reisen, Zweiter Band, Das Nördliche China*, Berlin 1882, S. 261 ff.
26 Ebd., S. 266.
27 Vgl. Auslin, Michael R., *Negotiating with Imperialism. The Unequal Treaties and the Culture of Japanese Diplomacy*, Cambridge 2004.
28 Graf zu Eulenburg-Hertefeld, *Ostasien 1860–1862 in den Briefen des Grafen Fritz zu Eulenburg*, S. 77.
29 Ebd., S. 100.
30 Ebd., S. 70.
31 Vgl. Pantzer, Peter, »Zur Unterzeichnung des Preußisch-Japanischen Freundschafts- und Handels- und Schifffahrtsvertrages«, in: Dobson/Saaler, *Unter den Augen des Preußen-Adlers*, S. 62.
32 Vgl. *Die Preußische Expedition nach Ostasien*, Dritter Band (1873), S. 381 ff.
33 Vgl. ebd., S. 385.
34 von Werner, Reinhold, *Die preussische Expedition nach China, Japan und Siam in den Jahren 1860, 1861 und 1862*, 2. Auflage, Leipzig 1873, S. 116.
35 Stoecker, Helmuth, *Deutschland und China im 19. Jahrhundert. Das Eindringen des deutschen Kapitalismus*, Berlin 1958, S. 25.
36 Vgl. *Die Preußische Expedition nach Ostasien*, Zweiter Band (1866), S. 167.
37 Salewski, *Die Deutschen und die See*, S. 59.
38 Vgl. *Die Preußische Expedition nach Ostasien*, Vierter Band (1873), S. 273.
39 Ebd., S. 296.
40 Ebd., S. 264.
41 Vgl. Bade, Klaus J., *Friedrich Fabri und der Imperialismus in der Bismarckzeit. Revolution – Depression – Expansion*, Freiburg i. Br. 1975. Online abrufbar unter: www.imis.uni-osnabrueck.de/fileadmin/4_Publikationen/PDFs/BadeFabri.pdf [letzter Zugriff: 28.05.2021]. Online-Ausgabe: Osnabrück 2005, S. 83. Anm. 3.
42 Friedel, Ernst, *Die Gründung preußisch-deutscher Colonien im Indischen und Großen Ozean mit besonderer Rücksicht auf das östliche Asien*, Berlin 1867.
43 Vgl. Stoecker, *Deutschland und China im 19. Jahrhundert*, S. 78 f.
44 Bastian, Adolf, *Deutschlands Interessen in Ostasien. Als Manuskript gedruckt*, Berlin 1871, S. 45.
45 Ebd., S. 43.
46 von Tirpitz, Alfred, *Erinnerungen*. Leipzig 1919, S. 9.

Dagmar Yu-Dembski

1927 – Der Genosse Xie aus Friedrichshain besiegelt ein Bündnis mit der deutschen Arbeiterklasse

Mit dem Ende des Ersten Weltkriegs und dem Verlust deutscher Kolonialgebiete bot die Weimarer Republik mit ihrer politisch relativ offenen Hauptstadt Internationalisten einen gewissen Freiraum, politische Diskussionen und radikale Aktionen zu erproben. Chinesische, indische und koreanische Freiheitsbewegungen nutzten die Möglichkeiten, in Berlin nationale Verbindungen für gemeinsame antiimperialistische Aktionen zu knüpfen. In dieser Umbruchphase der 20er Jahre suchte eine Generation nationalbewusster chinesischer Studierender nach Wegen zur politischen und kulturellen Erneuerung ihrer Heimat. Zwischen Charlottenburg und Friedrichshain organisierten die jungen Akademiker:innen Demonstrationen, Kundgebungen und antikoloniale Protestaktionen. Dafür verfolgten sie unterschiedliche Wege, indem sie mit kommunistischen, sozialistischen und nationalrevolutionären Organisationen zusammenarbeiteten. In den Jahren von 1925 bis 1927 nahmen die Anhänger:innen der noch jungen kommunistischen Partei (KPCh) und Vertreter:innen der Nationalpartei (Sektion der Kuomintang/KMT) gemeinsam an antikolonialen Aktionen teil, die sich gegen die Unterdrückung ihrer Heimat durch Großbritannien und Japan richteten. Gemeinsam mit der KPD und internationalen Unabhängigkeitsbewegungen fanden in Berlin zahlreiche Aktionen zur Unterstützung der nationalrevolutionären Kämpfe in China statt.

Diese antiimperialistische Zusammenarbeit und die breite internationale Solidarität dokumentiert das Bild vom 6. April 1927 in der Parteizeitung Die Rote Fahne. Einprägsam hält es den historischen Augenblick fest: Der deutsche KPD-Führer Ernst Thälmann reicht einem unbekannten – schmalen, beinahe zarten – Chinesen die Hand. Das Foto spricht für sich und benötigt keine weitere Erklärung. Doch eine Textzeile verweist auf die politische Beziehung der Protagonisten: »Danach ergriff Genosse

Thälmann die Hand des chinesischen Genossen und besiegelte so das Kampfbündnis der deutschen revolutionären Arbeiterklasse mit den kämpfenden chinesischen Brüdern.«

Der Publizist Kurt Tucholsky äußerte sich 1926 zur propagandistischen Wirkung des Bildes für Werbung und Politik. Seine Überlegungen lassen sich so zusammenzufassen: Ein Bild sagt mehr als tausend Worte. Fotografien gelten bis heute als Beleg eines historischen Ereignisses, einer Wahrheit. Stärker als Texte können sie sich im kollektiven Gedächtnis festsetzen und fungieren in plakativer Form als politische Botschaft, die so zu einem festen Bestandteil unserer kulturellen Erinnerung wird.

Das Foto ist der Beweis einer »internationalen Demonstration von historischer Bedeutung«, das auf der Kundgebung »Gegen den imperialistischen Massenmord in China« mit 20.000 Teilnehmer:innen im Berliner Sportpalast stattfand. Neben Thälmann und Wilhelm Pieck traten französische, englische und amerikanische Genossen sowie ein Chinese als Redner auf. In seiner Rede brandmarkte Thälmann »die Brutalität, mit der die ausländischen Imperialisten versuchten, das chinesische Volk zu unterjochen. Die Sowjetunion stelle sich als einziges Land auf die Seite des chinesischen Volkes.« Danach überreichte der chinesische Genosse Tschi dem deutschen Arbeiterführer eine Gewerkschafts- und eine Bauernfahne.[1] Das Foto, das den jungen Chinesen bei der Fahnenübergabe zeigt, galt als historischer Beweis für die enge Zusammenarbeit deutscher und chinesischer Kommunist:innen im gemeinsamen Kampf gegen den Imperialismus. 1932 tauchte es in der Arbeiter-Illustrierte-Zeitung auf und wurde seitdem mehrfach abgedruckt.[2] Welche Bedeutung es in der Frühgeschichte der KP China für die Zusammenarbeit mit der leninistischen KP der Sowjetunion spielte, zeigt, dass es nach Gründung der Volksrepublik China im Pekinger Museum der Chinesischen Revolution ausgestellt wurde.[3]

Lange Zeit blieb die Identität des Genossen Tschi unklar. Inzwischen liefern offiziell zugängliche Dokumente und die Biographie seines Sohnes Hinweise auf seine Person: Xie Yunsan. Zumindest war dies der Name, unter dem er sich für das Studium in Deutschland eingeschrieben hatte. Seine Biographie in Europa begann, als er im Oktober 1919 zusammen mit Hunderten junger Chinesen von Schanghai zum Studium ins Ausland aufbrach. Anders als seine Kommilitonen, die im Rahmen des Werk-Studien-Programms in Frankreich blieben, reiste er zunächst nach England weiter, wo er von 1920–23 eine Militärschule besuchte. Neben der militärpolitischen Ausbildung interessierten ihn besonders die Lebensbedingungen der Arbeiter in den Bergwerken der Region.[4] In Deutschland belegte er an der Universität Göttingen die Fächer Mathematik, Philosophie und Nationalökonomie. Er schloss sich einer politischen Gruppe deutscher und chinesischer Studierender an, zu der auch der spätere Armeeführer Zhu De gehörte. 1925 wurde er Mitglied im chinesischen kommunistischen Jugendverband; ein Jahr später der KPCh, die auch im Ausland Parteigruppierungen unterhielt. »Von ihr bekam er die Aufgabe, im Ausland die chinesische revolutionäre Bewegung zu propagieren und die Verbindung der Kommunistischen Partei mit den kommunistischen Parteien Europas zu fördern.«[5] Damit war die illegale Zusammenarbeit mit Vertretern kommunistischer Organisationen wie der Internationalen Arbeiterhilfe (IAH) und KPD gemeint.

In dieser Zeit lebte er überwiegend in Berlin und wohnte in der Langenbeckstraße im Bezirk Friedrichshain. Dort lebten überwiegend Arbeiter:innen, die meisten ohne Einkommen. Die Mieten waren erschwinglich. Fast täglich gab es Demonstrationen und Proteste, Anhänger der Kommunist:innen lieferten sich mit den Nazis heftige Straßenkämpfe. Han Sens Vater hatte engen Kontakt zu deutschen Kommunist:innen, in deren Wohnungen regelmäßig politische Treffen stattfanden. Für ihn war zudem die Zusammenarbeit im Alltag wichtig. Einige der Genoss:innen, wie die jüdische Kommunistin »Oma Sarah«, kümmerten sich während seiner politischen Aktivitäten um den Sohn. Han Sen erinnerte sich an eine insgesamt unbeschwerte Kindheit. Er erzählte vom Schlittschuhlaufen auf der Kunsteisbahn in der Langenbeckstraße und Schlittenfahrten im Volkspark Friedrichshain, aber auch: »In unserer Wohnung trafen sich oft Kommunisten, Deutsche wie Chinesen, darunter waren auch Zhou Enlai und Zhu De, die später so wichtige Positionen in der Kommunistischen Partei Chinas innehaben sollten.«[6] An dieser Stelle sind seine Angaben allerdings zeitlich ungenau. Offenbar verwechselte Han Sen hier Erzählungen des Vaters mit eigenen Erfahrungen aus der Zeit um 1932, denn die genannten Politfunktionäre hielten sich nach 1924 bzw. dem Spätsommer 1925 nicht mehr in Deutschland auf.

Offiziell arbeitete Xie als Vertreter der Kuomintang mit Organisationen der Komintern zusammen und schrieb regelmäßig unter dem Decknamen Y. S. Hsieh für die »Internationale Pressekorrespondenz« des Münzenberg-Konzerns über die politischen Entwicklungen in China. Willi Münzenberg, der seit 1919 Mitglied der KPD und Chef der IAH (Internationale Arbeiterhilfe) war, nutzte seine Vielzahl an Publikationen zur politischen Unterstützung der revolutionären Bewegung in China. In Berlin bildete er gemeinsam mit V. Chattopadhyaya und Bohumír Šmeral das »Internationale Sekretariat« der »Liga gegen den Imperialismus und für nationale Unabhängigkeit«[7].

Xie war nicht der einzige Chinese, der als Student nach Europa gekommen war und sich während seines Aufenthalts der politischen Agitation widmete. An seinem Beispiel lässt sich jedoch ein Teil chinesischer antikolonialer und antiimperialistischer Aktivitäten in den 1920er Jahren bis 1933 nachvollziehen. Oft blieb die Identität der Redner:innen und aktiven Teilnehmenden aus ersichtlichen politischen Gründen im Dunkeln. Da die offizielle Parteigeschichte nach 1949 aus dann vorherrschender Sichtweise geschrieben wurde, widmete sie sich nur unzureichend den individuellen Schicksalen der frühen Aktivist:innen.[8] Andererseits sei unbestritten, »dass die gemeinsamen Kampfaktionen erst durch das mutige persönliche Auftreten von chinesischen Kommunisten zu dem wurden, was sie waren ... und ihr breites Echo in der deutschen Öffentlichkeit erlangten.«[9]

Über Aktivitäten der Chinesen, die seit Beginn des 19. Jahrhunderts in Friedrichshain eingewandert waren, gelangten nur vereinzelt Informationen an die Öffentlichkeit. Sie bildeten in den 1920er Jahren rings um den damaligen Schlesischen Bahnhof eine eigenständige chinesische Gemeinschaft von etwa 200 Personen.[10] Die Präsenz der Händler, Kaufleute, Artisten und ehemaligen Seeleute wurde in dem Arbeiterbezirk von der bürgerlichen Presse und offiziellen Stellen wie national-konservativen Parteien, Politikern und Behörden mit Misstrauen wahrgenommen. Laut Liang wurden sie von der Berliner Gesellschaft (gemeint ist die bürgerlich-liberale) praktisch ebenso ignoriert wie die osteuropäischen Jüdinnen:Juden hinter dem Alexanderplatz, mit lediglich einer Ausnahme: Wenn Filmgesellschaften Chines:innen als Statist:innen für mongolische Politkommissare in antibolschewistischen Filmen benötigten.[11]

Bei den deutschen Behörden gab es vielfach Vermutungen über illegale Einreisen von kommunistischen Agenten und politisch-radikalen Aktivisten. Grund dafür waren die unterschiedlichen Schreibweisen von Namen und Einreisevermerken in den Pässen der Händler, die unter dem Deckmantel einer Studienaufnahme mit der Transsibirischen Bahn über Moskau einreisten. Allerdings war die Fahrt mit der Bahn einfach billiger. Die

Mehrheit der Chines:innen in Friedrichshain war zwar wenig an internationaler Politik interessiert, doch auch sie unterstützten die antijapanischen Initiativen und politischen Aktionen zur nationalen Befreiung ihrer Heimat. Wenig bekannt waren die internationalen Verbindungen der ehemaligen Seeleute zu den Streikbewegungen der Hafenarbeiter in Hamburg und Bremen.[12] Das wichtigste Bindeglied zwischen den Studierenden in Charlottenburg und den Händlern in Friedrichshain blieb der nationale Kampf gegen die britische und japanische Herrschaft in China.

Lokale Darstellungen schilderten Friedrichshain in grellen Farben als typische Arme-Leute-Gegend, grau und ohne jegliches Grün, mit einer Kneipe an jeder Straßenecke oder einem typischen Berliner »Bouillonkeller«. Angeblich endete für den ehrbaren Berliner die Stadt bereits an der Jannowitzbrücke. Dahinter beginne das, »was der Bürger mit Gruseln als Unterwelt bezeichnet, was sich von seiner Welt nur durch seine Trostlosigkeit unterscheidet«[13].

Weniger literarisch beschreiben Zahlen die soziale Realität. Nach dem Kriegsende lebten die Bewohner:innen des Bezirks unter unzumutbaren sozialen Verhältnissen. In den düsteren Mietskasernen wohnten auf äußerst beengtem Raum mehrheitlich Arbeiter:innen, Kriegsinvaliden und Witwen. 41 Prozent der Wohnungen hatten keine Innentoilette. Von den 90.000 Wohnungen, die einschließlich der Küche aus nur 1–3 Räumen bestanden, hatten 5.000 nicht einmal einen Wasserhahn, 85.000 kein elektrisches Licht, sondern nur Gasbeleuchtung, 6.000 Wohnungen hatten nicht einmal dies.[14] Die Presse beschrieb die Gegend als eine verrufene Welt, die von Arbeitslosigkeit und Alkohol geprägt sei. Ebenso wie Kreuzberg, Neukölln oder Wedding war Friedrichshain ein typischer Arbeiterbezirk, in dem Hilfsarbeiter und Handwerker von ihrem geringen Wochenlohn kaum leben konnten. In dieser Wohn- und Arbeitswelt waren Streitigkeiten, Schlägereien, Diebstahl und Prostitution an der Tagesordnung. Seit der berüchtigten Massenschlägerei zwischen Vertretern des Ringvereins »Immertreu e.V.« und Zimmerleuten aus Hamburg, die beim Berliner U-Bahnbau eingesetzt waren, fabulierte die national-konservative Presse gar von der »Verbrecherwelt zwischen Andreasplatz und Fruchtstraße« und verglich die Situation mit der Unterwelt von Chicago.[15] In dieser Gegend lebten die chinesischen Einwanderer oft zu mehreren als Untermieter:innen in Wohnungen in der Kraut-, Andreas- und Markusstraße und hielten sich in einem Schultheißlokal an der Ecke Kraut-Langestraße auf, in dem sie auch ihr Essen kochen durften.[16] Die zeitgenössische Berichterstattung meinte, eine Art exotisch-unheimliches Chinatown zu entdecken. Von ihr erhielt die Gegend zwischen Schlesischem Bahnhof und Friedrichshain den Namen »Gelbes Quartier«[17].

Seit dem Ende der Inflation hatten sich die sozialen Verhältnisse auch für die Studierenden aus wohlhabenden Familien verändert. Das Leben in Charlottenburg war zu teuer geworden, daher hatte sich der Lebensraum der Studierenden innerhalb der Stadt verschoben, ihre politischen Aktionen fanden in den Arbeiter:innenbezirken statt: In den Andreasfestsälen in der Andreasstraße hielt die Internationale Arbeiterhilfe (IAH) ihre Kundgebungen ab. Treffpunkt für kommunistische Aktivitäten war die Lange Straße, in deren Nummer 56 der Verlag der Jugendinternationale seinen Sitz hatte und für konspirative Aktionen gab es bis 1932 im Friseurladen Nummer 23 zwei Ausgänge.[18]

Außer Xie wohnte auch Liao Huanxing (Liau) nicht im bürgerlichen Charlottenburg. Er führte ebenso wie Zhu De während der Einheitsfront ein Doppelleben. Liao war seit 1922 Parteimitglied der KPCh und in deren Auftrag nach Europa gekommen. Offiziell war er Student an der Berliner Universität, übermittelte aber gleichzeitig die Direktiven der KP-Zentrale an die Mitglieder in Europa.[19] Unter dem Pseudonym Tang Shin She schrieb er für Komintern-Organe wie »Internationale« und »Internationale Pressekorrespondenz«. Für Die Rote Fahne propagierte er unter dem Titel »China den Chinesen« den Freiheitskampf des chinesischen Proletariats (06.06.1925) und in der AIZ berichtete er über die China-Konferenz der IAH vom August 1925. Liao, der gut Deutsch sprach und mit einer deutschen Arbeiterin verheiratet war, war in der Stadt breit vernetzt. Er arbeitete im Büro der »Liga gegen Imperialismus« und war ein enger Mitarbeiter von Münzenberg. Redaktion und Verlag der Zeitung befanden sich in der Friedrichstraße 225, Berlin SW 48, Kreuzberg. Die kleine Gruppe chinesischer Kommunisten war bis 1933 in einer Parteizelle der KPD zusammengeschlossen, die sich »Zirkel für chinesische Sprache« nannte. Die Organisation hatte 10–15 Mitglieder, u. a. Xie, Hu Lanqi (Freundin von A. Seghers), Wang Bingnan und Cheng Qiying (Mutter von Han Sen). Alle bewegten sich in Berlin im Umfeld deutscher sozialistischer und kommunistischer Künstler:innen und Intellektueller. So bestätigte Anna

Seghers ihre direkten und engen Kontakte mit den in Berlin lebenden chinesischen Studierenden. Sie spielten bei ihren Werken eine bedeutende Rolle.[20] »Den Stoff zu den Büchern, in denen die Rede ist von chinesischen Begebenheiten …, folgt meistens dem Bericht chinesischer Freunde und Genossen oder ihren mündlichen und schriftlichen Übertragungen aus chinesischen Zeitungs- oder anderen Texten.«[21]

Cheng kannte aus ihrer Göttinger Zeit Zhu De und andere Mitglieder der KPCh, war jedoch kein Mitglied der Partei. Sie war aktiv im »Internationalen Sozialistischen Kampfbund« (ISK), der sich gegen den aufkommenden Faschismus für eine Einheitsfront von Sozialdemokrat:innen und Kommunist:innen einsetzte. Auf zahlreichen Kundgebungen sprach sie über die Lage in China und die Aufgabe des europäischen Proletariats, war jedoch wegen ihrer radikalen Positionen und Zusammenarbeit mit deutschen Organisationen wie der »Liga für Menschenrechte« auch innerhalb der chinesischen Aktivist:innen isoliert.

Im Februar 1927 organisierte der Reichstagsabgeordnete Willi Münzenberg und Leiter der IAH in Brüssel den »Kongress gegen koloniale Unterdrückung und Imperialismus«, an dem über 170 Delegierte aus mehr als zwanzig Ländern teilnahmen.[22] Auf dem Treffen wurde auch die »Liga gegen Imperialismus und nationale Unabhängigkeit« gegründet, die in Berlin in der Kreuzberger Friedrichstraße 24 ihr Büro hatte. Eine wichtige Aufgabe war die Zusammenarbeit der indischen und chinesischen Unabhängigkeitsbewegung. Mitglieder des Exekutivkomitees waren neben Liao, J. Nehru und V. Chattopadhyaya, allgemein Chatto genannt. Auch Xie war als Delegierter der KMT unter seinem Namen Y. S. Hsieh vertreten. Welch enges politisches Netzwerk zwischen den Vertreter:innen der verschiedenen kommunistischen bzw. nationalrevolutionären Organisationen bestand, zeigen die Erinnerungen und Aufzeichnungen von Agnes Smedley, Anna Seghers und Babette Gross. Wichtiges Instrument für die Organisation und Propaganda der verschiedenen politischen Parteizellen bildeten Nachrichten- und Presseorgane. Für die internationale Berichterstattung wurde Münzenbergs Presse (u. a. Arbeiter Illustrierte Zeitung) genutzt. Nach Angaben seiner Witwe Babette Gross hatte die KMT eine eigene Nachrichtenagentur in Friedrichshain, »mit dessen Sekretär, dem jungen und eifrigen Liau, Münzenberg befreundet war.«[23] Die amerikanische Journalistin Agnes Smedley, liiert mit dem indischen Freiheitskämpfer

V. Chattopadhyaya, hatte enge Kontakte zu dem von ihm gegründeten »Indian Revolutionary Committee«, das seit 1915 Presseinformationen über die indische Freiheitsbewegung verbreitete. Es diente dazu, die Unabhängigkeitsbewegung zu stärken, den bewaffneten Kampf gegen die Briten zu organisieren und Freiwillige für den Unabhängigkeitskampf zu rekrutieren. In einer Biographie über Agnes Smedley nennt der Autor als Ziel, Chinesen und Inder als gemeinsame Opfer des britischen Imperialismus zu vereinigen.[24] Die Journalistin und Aktivistin für die Gründung einer »Ehe- und Sexualberatungsstelle« in Berlin verfügte während ihrer Zeit in Berlin über enge Kontakte zu deutschen linken Künstlerinnen wie Tilla Durieux und Käthe Kollwitz als auch zu indischen und chinesischen Kommunisten. Dazu zählte auch der spätere Begründer der Volksarmee Zhu De, über den sie eine Biographie verfasste.

Es gab nur wenige chinesische Studierende, die in Charlottenburg wohnten und mit ihren Landsleuten im Osten der Stadt zusammenarbeiteten. Eine Ausnahme bildete Wang Bingnan, der während seines Aufenthalts in Berlin (1931–1936) das Viertel am Schlesischen Bahnhof entdeckt hatte, welches seine deutsche Lebensgefährtin Anna als »Gorki-haftes Milieu« bezeichnete.[25] Wang, der Mitglied der KPCh war, studierte an der Hochschule für Politik und arbeitete eng mit der KPD in Berlin-Halensee zusammen. Er suchte Kontakt zu »revolutionären« Jugendlichen aus anderen asiatischen Ländern und knüpfte Beziehungen zu den Landsleuten in den Arbeiter:innenvierteln, die er für Kurierdienste und verschiedene Aktionen einsetzte.[26] Mitglieder wie Wang hatten sich in einem »Zirkel für chinesische Sprache« bei der KPD zusammengeschlossen, deren Hauptaufgabe die politische Propagandaarbeit war, um chinesische Studierende im Ausland zu organisieren. Die kleine politische Zelle bestand zeitweise aus 10–15 Mitgliedern, u. a. Li Kang sowie zwei Frauen und dem Sekretär Xie. Nach dem Bruch der Einheitsfront von Nationalpartei und KPCh war angesichts der Bedrohung durch Japan 1931/32 als breites Bündnis eine »Antiimperialistische Liga der Chinesen in Deutschland« gegründet worden.[27]

Den antijapanischen Kampf trugen Wang und einige Genossen ganz direkt in Berlin aus, indem sie im April 1932 die Scheiben von zwei japanischen Restaurants in Wilmersdorf einwarfen. Um die hierfür benötigten Pflastersteine hatten die Aktivisten Flugblätter mit antijapanischen Parolen gewickelt: »Das japanische Räubergesindel wird sich an der Kampfbereitschaft des internationalen Proletariats die Zähne ausbeißen!« Mehrere chinesische Studierende wurden von der Staatsanwaltschaft zum Verhör geladen, darunter Wang, Li Kang und Xie. Alle drei behaupteten, Veranstaltungen von IAH und KPD nur aus nationalem Interesse besucht zu haben und ansonsten über den Vorfall nichts zu wissen. Da die Chinesen – »wie vertraulich mitgeteilt wurde« – sich sofort nach Erhalt der Vorladung mit der Chinesischen Gesandtschaft in Verbindung gesetzt hatten, wurde der Fall nicht weiterverfolgt.[28]

1933 musste ein Teil der chinesischen Kommunist:innen Deutschland verlassen. So suchte Han Sen mit seinem Vater (mit neuer Identität) Zuflucht in der Schweiz. Wang Bingnan konnte 1936, kurz vor der drohenden Verhaftung durch die Gestapo gewarnt, gerade noch mit seiner deutschen Frau ausreisen.[29] Auch Li kehrte über Moskau nach China zurück. Hu Lanqi wurde festgenommen und veröffentlichte ihr Schicksal nach der Inhaftierung »In einem deutschen Frauengefängnis« zuerst in Paris. Cheng Qiying wurde nach ihrem Gefängnisaufenthalt aus Deutschland ausgewiesen. Und Liao Huanxing war bereits 1927 nach Moskau abberufen und 1938 verhaftet worden. Erst 1951 durfte er nach China ausreisen. Chatto starb während der »Säuberungen« in der Sowjetunion.

Anmerkungen

1 Vgl. Felber, Roland / Hübner, Ralf, »Chinesische Demokraten und Revolutionäre in Berlin«, in: »Zur Geschichte der deutsch-chinesischen Beziehungen (1900–1949)«, *Wissenschaftliche Zeitschrift der Humboldt-Universität zu Berlin*, 37(2) (1988), S. 157–172, hier S. 161.
2 Vgl. Han, Sen, *Ein Chinese mit dem Kontrabass*, München 2001.
3 Vgl. Felber/Hübner, »Chinesische Demokraten«, S. 161.
4 Vgl. Kampen, Thomas, *Chinesen in Europa – Europäer in China. Journalisten, Spione, Studenten*, Gossenberg 2010, S. 76.
5 Han, *Ein Chinese mit dem Kontrabass*, S. 12.
6 Ebd., S. 14.
7 Siehe dazu den Beitrag von Mark Terkessidis in der vorliegenden Publikation.
8 Vgl. Schwarcz, Vera, *Time for Telling Truth is Running Out. Conversations with Zhang Shenfu*, New Haven / London 1992, S. 94 ff.
9 Felber/Hübner, »Chinesische Demokraten«, S. 159.
10 Vgl. Liang, Hsi-Huey, *The Sino-German Connection. Alexander von Falkenhausen between China and Germany, 1900–1941*, Assen 1978; Yu-Dembski, Dagmar »China in Berlin, 1918–1933. Vom chinesischen Alltag und deutscher Chinabegeisterung«, in: Kuo, Heng-yü (Hg.), *Berlin und China. Dreihundert Jahre wechselvolle Beziehungen*, Berlin 1987, S. 117–130, hier S. 117.
11 Vgl. ebd., S. 42–43.
12 Vgl. Felber/Hübner, »Chinesische Demokraten«, S. 168.
13 *Heimatkalender 1932 für den Bezirk Friedrichshain*, Berlin 1932.
14 Vgl. *Der Berliner Osten. Auf Anregung des Bezirksamtes Friedrichshain*, Berlin 1930, S. 22; Yu-Dembski, »China in Berlin«, S. 117.
15 Vgl. »Racheakt an einem Chinesen«, in: *Tägliche Rundschau*, 11.04.1925.
16 Vgl. Yu-Dembski, »China in Berlin«, S. 119.
17 »Im Chinesenviertel. Die Chinesenkneipe / Falsche Chinawaren / Würdelose deutsche Weiber«, in: *Tägliche Rundschau*, 23.04.1925.
18 Vgl. *Beiträge, Dokumente, Informationen des Archivs der Hauptstadt der DDR. Schriftenreihe des Stadtarchivs Berlin*, Berlin 1971. Nr. 2., S. 115 ff.
19 Vgl. Kampen, *Chinesen in Europa*, S. 47.
20 Li, Weijia, *China und China-Erfahrung in Leben und Werk von Anna Seghers*, Frankfurt am Main 2010, S. 71.
21 Ebd.
22 Vgl. Kampen, *Chinesen in Europa*, S. 49.
23 Zit. n. ebd., S. 47
24 Vgl. MacKinnon, Janice R. / MacKinnon, Stephen, *Agnes Smedley. The Life and Times of an American Radical*, Berkeley 1988, S. 164.
25 Vgl. Liang, *The Sino-German Connection*, S. 43.
26 Vgl. Hu, Lanqi, *Huiyi Lu 1901–1936. (Erinnerungen 1901–1936)*, Chengdu 1985, S. 227; Liang, *The Sino-German Connection*, S. 37.

27 Vgl. Yu-Dembski, Dagmar, »Lebenskonzepte chinesischer Intellektueller in Deutschland, 1920-1941«, in: Kuo, Hengyü / Leutner, Mechthild (Hg.), *Deutsch-chinesische Beziehungen vom 19. Jahrhundert bis zur Gegenwart. Beiträge des Internationalen Symposiums in Berlin*, München 1991, S. 315-344, hier S. 332.
28 Vgl. Yu-Dembski, *China in Berlin*, S. 129.
29 Vgl. Wang, Anna, *Ich kämpfte für Mao*, Hamburg 1973, S. 22.

Mark Terkessidis

1929 – Die Liga gegen den Imperialismus bekommt ein neues Büro in der Friedrichstraße

Im Büro des Internationalen Sekretariats der Liga gegen den Imperialismus in der Friedrichstr. 24 im heutigen Bezirk Friedrichshain-Kreuzberg dürfte es 1929 teilweise heiß hergegangen sein. In diesem Büro, das in der Nähe von zahlreichen Filmfirmen lag, wurden Transnationalität und Diversität großgeschrieben (jedenfalls in der ethnischen Dimension). Den engeren Kreis des Sekretariats bildeten Willi Münzenberg, Virendranath Chattopadhyaya und Bohmír Šmeral, geboren im deutschen Erfurt, im indischen Hyderabad und im tschechischen Trebitsch. Im gleichen Büro angesiedelt war ab Herbst 1929 zudem die »Liga zur Verteidigung der N****rasse« (LzVN), gegründet als deutscher Arm der französischen Organisation gleichen Namens. Die sieben Gründungsmitglieder waren Joseph Bilé, Louis Brody, Richard Dinn, Thomas Ngambi ul Kuo, Victor Bell, Thomas Manga Akwa and Manfred Kotto Priso.[1] Sie alle waren Duala und stammten aus der ehemaligen deutschen Kolonie Kamerun. Der Liga gehörten nach internen Tätigkeitsberichten zu Beginn noch mehr Personen an, nämlich etwa 20, die teilweise auch aus anderen Regionen des afrikanischen Kontinents nach Deutschland eingewandert waren. Obwohl sich alle Beteiligten im Büro dem gemeinsamen Ziel des weltweiten Kampfes gegen den Imperialismus verschrieben hatten, kam es unentwegt zu Auseinandersetzungen. Insbesondere Chattopadhyaya, genannt »Chatto«, hielt mit seiner Meinung selten hinter dem Berg.

Šmeral wurde im September 1929 auf direkte Anweisung aus Moskau zum Sekretär der LAI. Die »Liga« unterstand seit ihrer Gründung 1927 der »Kommunistischen Internationale« (Komintern, auch »Dritte Internationale« genannt), die Lenin 1919 als Zusammenschluss aller kommunistischer Parteien initiiert hatte. Er sollte das Tagesgeschäft organisieren und zugleich an die Zentrale berichten. Im November äußerte Chatto

Abb. 1: Virendranath Chattopadhyaya (Chatto), veröffentlicht in: Sehanbish, Chinmohan: Rush Biplab O Prabasi Bharatiya Biplabi, Kolkata 1973: Manisha Granthalaya, S. 95.

Abb. 2: von links nach rechts: James W. Ford, Mitglieder »American Negro Labor Congress«, Willi Münzenberg, Generalsektretär der Liga gegen Imperialismus, Tiemoko Garan Kouyaté, Generalsekretär des »Comité de défense de la race nègre«, veröffentlicht in: Arbeiter Illustrierte Zeitung Jg. X, Nr. 26 (Sondernummer), 1931, S. 510, Münzenberg-Forum.

gegenüber den zuständigen Stellen in Moskau eine scharfe Kritik an dieser Personalentscheidung. Šmeral habe überhaupt keine Verbindung zu den kolonialen Ländern, er, Chatto, verstehe nicht, warum ein »oberflächlicher Politiker« nach Berlin komme, anstatt »Kameraden mit echtem Wissen über und Beziehungen in die Kolonien.«[2] Hier war der Konflikt spürbar, der die LAI von Beginn an begleitete und wenige Jahre später zu ihrem Ende führte.

Die Komintern, die »Weltpartei« in Moskau, war gleichzeitig Stützpfeiler des Antikolonialismus und ein Problem für die antikolonialen Bewegungen. Einerseits hatte die Komintern in ihren »Richtlinien« festgelegt, der »internationale proletarische Kommunismus« würde »die ausgebeuteten Kolonialvölker in ihren Kämpfen gegen den Imperialismus unterstützen.«[3] Solch deutliche Aussagen standen 1919 im Gegensatz zum theoretischen und praktischen Herumlavieren der meisten sozialistischen Parteien, die dem Kolonialismus durchaus einen »zivilisatorischen« Charakter zugestanden. Die deutsche SPD etwa hatte fünf Tage vor Verabschiedung der Komintern-Richtlinien im Reichstag einem parteiübergreifenden Antrag (u. a. eingebracht vom SPD-Abgeordneten und späteren Reichstagspräsidenten Paul Löbe) zugestimmt, welche die »Wiedereinsetzung Deutschlands in seine kolonialen Rechte« forderte. Nur die 1916 abgespaltete USPD hatte dagegen gestimmt – mit Verweis auf die Beschlüsse des Sozialistenkongresses in Stuttgart von 1907.[4]

Andererseits hatte die Komintern nach 1927 die Strategie der sogenannten Einheitsfront aufgegeben und die Kontrolle so angezogen, dass Chattos Beschwerde mehr als gerechtfertigt erschien. Mit dem Begriff Einheitsfront wurde eine Strategie bezeichnet, die es kommunistischen Parteien (die nach eigener Auffassung die werktätigen Massen vertraten) erlaubte, auch mit jenen antikolonialen Befreiungsbewegungen zusammenzuarbeiten, die in ihrem Charakter nach nationalistisch und bürgerlich waren. Diese Herangehensweise hatte die Komintern aber 1927 aufgegeben, als die zunächst als links wahrgenommene Kuomintang-Bewegung in China brutal gegen die verbündeten Kommunisten vorging. Die daraus resultierende Enttäuschung sorgte dafür, dass die Komintern darauf bestand, eine antiimperialistische Zusammenarbeit nur mit zuverlässigen Kommunisten stattfinden zu lassen. 1929 war Chatto zweifellos ein solcher Kommunist, aber sein politischer Schwerpunkt lag dennoch weiterhin auf der Befreiung vom Kolonialismus. Nur zwei Jahre zuvor hatte Margarete Buber-Neumann in ihren Memoiren über ihn geschrieben, sie habe den Eindruck gewonnen, »daß Chatto kein Kommunist, sondern ein indischer Nationalist sei«[5].

Tatsächlich zeigt Chattos Geschichte das ganze Spannungsfeld des antikolonialen Widerstandes auf der Ebene der Emigrant:innen. Aus einer wohlhabenden indischen Familie stammend hatte Chatto sich 1914 in Berlin als Studierender eingeschrieben. Als revolutionärer Nationalist setzte er sich auch dort für die Vertreibung der Brit:innen aus Indien ein. Während des Ersten Weltkrieges erschien ihm das Deutsche Reich dabei als potentieller Partner. So begann er für die »Nachrichtenstelle für den Orient« zu arbeiten, in der Max von Oppenheim versuchte, die Muslime weltweit im deutschen Interesse gegen die Kolonialherrschaft der Entente-Mächte zu organisieren. Den indischen Aktivisten in Berlin gelang es 1915, sich von der Nachrichtenstelle und Oppenheims Vermittlung unabhängig zu machen. In einem Charlottenburger Büro residierte das »Indische Unabhängigkeitskomitee«, kurz »Berlin Komitee«, und verhandelte direkt mit dem Auswärtigen Amt – Chatto verstand sich dabei als eine Art Botschafter. Doch die (weltweiten) Bemühungen des Komitees für einen indischen Aufstand gegen die Briten scheiterten aus vielen Gründen, so dass die Wilhelmstraße schon vor Kriegsende zunehmend das Interesse verlor.[6] In Stockholm kam Chatto schließlich in Kontakt mit den Bolschewist:innen, deren ausdrückliches Engagement für die Befreiung Indiens ihm ehrlicher erschien. Mit der Gründung der Sowjetunion war Großbritannien zudem ein neuer Hauptfeind entstanden, mit dem Chatto sich verbünden wollte. So reiste eine Delegation der »Berliner Inder« nach Moskau, um mit der Komintern über Zusammenarbeit zu sprechen, die allerdings erst Jahre später tatsächlich zustande kam.[7] Während seines Aufenthaltes in Moskau wurde er auf Betreiben der britischen Regierung aus Schweden ausgewiesen. Zurück in Berlin, gründete er das »Indian News Service and Information Bureau« (INSIB)[8] mit Räumen in Halensee, das sowohl deutsche als auch indische Medien mit unabhängigen Nachrichten versorgen sollte, aber auch dazu da war, den Inder:innen in Deutschland (Studierenden und Geschäftsleuten) unter die Arme zu greifen. Berlin war damals attraktiv für Studierende aus Übersee, etwa 5000 hielten sich in der Stadt auf – nicht zuletzt, weil das Deutsche Reich seit 1919 keine Kolonien mehr besaß und die Weimarer Republik vergleichsweise offen wirkte. In den kommenden Jahren protestierten die »Berliner Inder« zudem mehrfach gegen die deutsche Politik. Das betraf den zunehmenden Handel mit der britischen Kolonialmacht in Indien wie auch Vorgänge in Deutschland. Schärfste Reaktionen löste 1926 eine »Indienschau« von John Hagenbeck (Carl Hagenbecks Halbbruder) ausgerechnet im Berliner Zoo aus – die indischen Emigranten schrieben empört an das Kanzleramt und die Angelegenheit wurde in den deutschen Medien kontrovers diskutiert.[9] Bald darauf rekrutierte Willi Münzenberg Chatto für die Vorgängerorganisation der LAI.

Chatto hatte allerdings nicht nur Probleme mit dem »oberflächlichen Politiker« Šmeral, mit dessen eher zurückhaltender Art er sich zudem bald arrangieren konnte, sondern auch mit den Mitgliedern der »Liga zur Verteidigung der N****rasse«. Chatto hielt sie nicht für »ausreichend revolutionär«, sondern für unsichere Kantonisten mit überzogenen Erwartungen, zumal in finanzieller Hinsicht. Joseph Bilé, dem leitenden Sekretär der LzVN, der vorschlug, zurück nach Kamerun zu gehen, um dort Studierende für den Kampf zu rekrutieren, konterte Chatto persönlich mit der Bemerkung, er würde eher die Rekrutierung in Indien fördern – und überhaupt wäre die Auflösung der LzVN nicht der geringste Verlust für die LAI.¹⁰ Tatsächlich hatte die LzVN durchaus etwas von einem Pappkameraden – als im engeren Sinne kollektive Aktivität ist eigentlich nur die Aufführung eines offenbar von Louis Brody initiierten »Rassentheaters« mit dem Titel »Sonnenaufgang im Morgenland« überliefert. Zwar ging die Gründung der LzVN auf Kontakte der LAI mit der gleichnamigen und ungleich relevanteren Organisation in Paris zurück, die zunächst von dem zu Unrecht heute weitgehend vergessenen Lamine Senghor geführt wurde¹¹, später dann von Tiemoko Garan Kouyaté. Doch Münzenberg, dessen Talent in dem, was heute als »Organizing« bekannt ist, geradezu phänomenal war, zeigte sich nicht sehr überzeugt vom politischen Bewusstsein der von ihm in Berlin kontaktierten Einwanderer aus Afrika, und wollte diese offenbar in einer Art Vorfeldorganisation erst einmal ausbilden und gewissermaßen auch testen.

Diese Einwanderer hatten allerdings keinen so noblen Familienhintergrund vorzuweisen wie Chatto und lebten in Berlin auch aufgrund der allgegenwärtigen Diskriminierung oftmals eher schlecht als recht. Betrügereien dienten teilweise als Überlebensstrategie, wobei die Täuschung häufig mit einer auf Stereotypen aufbauenden »Performance« von »Schwarz-Sein« einherging. Wilhelm Munumé, der beim Gründungstreffen der LAI-Vorgängerorganisation als »westafrikanischer Delegierter« auftrat, hatte sich nicht gescheut, den Antikolonialismus zu benutzen, um Geld in die eigene Tasche zu wirtschaften.¹² Ab 1921 war er mehrfach in Gaunereien verwickelt (in denen er sich als Vertreter der Regierung von Liberia ausgab oder als ebensolcher eines fiktiven Königs in Accra).

Ab 1925 erhielt er eine regelmäßige Unterstützung von der kolonialrevisionistischen »Deutschen Gesellschaft für Eingeborenenkunde«, deren Aufgaben auch die Betreuung der ins Reich emigrierten Kameruner:innen umfasste. 1927 wurde Munumé verurteilt, da er versucht hatte, Falschgeld zu drucken und in Umlauf zu bringen.¹³ Als seine Abschiebung drohte, traten die unterschiedlichen Interessenslagen zwischen den schwarzen Aktivisten und Chatto unmissverständlich zutage. Für Erstere bot der Fall einen Anlass, um auf den eigenen prekären Aufenthaltsstatus und den zu Unrecht verwehrten Zugang zur Staatsangehörigkeit aufmerksam zu machen. Chatto wiederum, der durchaus Interesse an dem Fall zeigte, sah darin nur eine Möglichkeit, die revisionistischen Forderungen nach Rückgabe der Kolonien zu denunzieren.¹⁴

Bilé wiederum beschwerte sich in Paris und Moskau über Chatto, dessen Arroganz zweifellos über das Ziel hinausschoss. Tatsächlich war Bilé der einzige einigermaßen kohärente Aktivist in der LzVN (und zuvor beim »Afrikanischen Hilfsverein«), obwohl auch er teilweise überzogene Erwartungen an die finanzielle Ausstattung seiner Tätigkeit hatte.[15] Er besuchte Kurse in der MASCH (Marxistische Arbeiterschule) in Berlin, wurde Mitglied der KPD und fuhr im Sommer 1930 nach Moskau. Von Ende 1932 bis Anfang 1934 war Bilé erneut in Moskau und lernte an der von der Komintern gegründeten »Kommunistischen Universität der Werktätigen des Ostens«. Bilé war ein gern gesehener Sprecher auf Veranstaltungen, wenn es um die Kolonien oder die Sache »der Schwarzen« weltweit ging.

So trat er auch auf Protesten gegen die Verurteilung der schwarzen »Scottsboro Boys« auf, die 1931 in den USA wegen einer angeblichen Vergewaltigung von einer rein weißen Jury zum Tode verurteilt wurden – solche Fälle wurden damals auch im Deutschen Reich zur Kenntnis genommen. Dabei trat er stets als Vertreter seiner »Rasse« auf. Zu diesem Zeitpunkt schienen die kommunistischen Vereinigungen zu den jeweiligen »Repräsentanten« sehr häufig nur noch ein taktisches Verhältnis zu haben. Buber-Neumann beschreibt in ihren Erinnerungen eine Person algerischer Herkunft, die im Wedding geboren war, aber bei Versammlungen der KPD als »Vertreter der um ihre Freiheit kämpfenden Rifkabylen« auftrat.[16] Noch ärgere Geschichten hat (der allerdings sicher nicht immer glaubwürdige) Jan Valtin zu bieten[17], der berichtet, auf dem von der Komintern-Frontorganisation »Internationale der Seefahrer und Hafenarbeiter (ISH)« organisierten ersten Weltkongress von 1932 seien chinesische Studierende aus Berlin als Hafenarbeiter aus Kanton aufgetreten. Als klar wurde, dass die Delegation aus Ostindien wegen Passproblemen nicht kommen würde, habe Valtin selber drei »Hindus«, die auf einem Frachter tätig waren, mit absurden Versprechen auf ein kostenloses Revue-Theater zum Kongress gelockt, wo sie dann als stumme Abgesandte firmierten.

Dennoch muss auch bei letzterem Beispiel hinzugefügt werden, dass der Kongress maßgeblich von zwei schwarzen Gewerkschaftern organisiert worden war, dem US-Amerikaner James Ford und George Padmore aus Trinidad. Bis Stalins »Säuberungen« begannen, boten die Strukturen der kommunistischen Organisation viele Chancen. Joseph Bilé allerdings wollte seit dem Ende der 1920er Jahre nach Kamerun zurückkehren – daraus ergab sich der oben bereits erwähnte Vorschlag, dort als Agitator zu fungieren. In der Sowjetunion sah man ihn für diese Rolle nicht mehr gerüstet. 1932 berichtete der sowjetische Afrikanist Alexander Zusmanovich, Bilé sei »deutsch« geworden, sein Zugang zu kolonialen Problemen und den afrikanischen Realitäten nur abstrakt, manchmal sogar mythisch.[18] Bilé fand sich in einer unmöglichen Lage: Je mehr er versuchte, sich in der KPD anzupassen, desto mehr büßte er seine Nützlichkeit als »Repräsentant« ein. Diese Lage hat im übrigen Ralph Ellison eindrucksvoll in seinem Roman »Invisible Man« beschrieben: Dort wird die Hauptfigur in Harlem zu einem begehrten Redner der »Bruderschaft« (unschwer als Communist Party USA identifizierbar).

Zwei Jahre bevor die LAI ihre Räume in der Friedrichstrasse 24 bezog, hatte gleich gegenüber in der Hausnummer 232 eine andere Organisation mit engen Beziehungen zu vielen der erwähnten Personen residiert, die »Chinese National Agency«, die von Hansin Liau geleitet wurde. Liau war Vertreter der Kuomintang in Berlin und sollte als Leiter der »Agency« die antikoloniale Propaganda in Sachen China anfachen (wobei alle Nachrichten aus Moskau kamen). Allerdings wurde Liau, der mit den Kommunisten sympathisierte, im April 1927 kalt erwischt vom brutalen Putsch der Kuomintang gegen ihre kommunistischen Verbündeten in Shanghai. Die Propaganda hatte plötzlich keine klare Linie mehr, das Büro wurde wieder geschlossen. Die Komintern gab wie erwähnt die Devise aus, es dürfe nur noch mit verläßlichen Kommunisten in den jeweiligen Ländern zusammengearbeitet werden.

In der Anfangszeit war dies noch anders geregelt. Die Idee für eine internationale antikoloniale Bewegung – initiativ kommunistisch, aber politisch übergreifend – stammte von Willi Münzenberg. Er hatte in Berlin mit Hilfe aus Moskau die »Internationale Arbeiterhilfe« (IAH) gegründet, im Grunde eine Wohltätigkeitsorganisation, die ihre Spenden jedoch unter dem Aspekt einer »internationalen Solidarität« der Arbeitenden sammelte. Er war als ungelernter Arbeiter in der kommunistischen Nomenklatura aufgestiegen und hatte in Berlin im Dienste der Komintern ein regelrechtes Medienimperium aufgebaut, das dem Hugenberg-Konzern Konkurrenz machte. Münzenberg hielt, was zu diesem Zeitpunkt durchaus ungewöhnlich war, den antikolonialen Kampf für eine der wichtigsten Zukunftsaufgaben, wobei er eine Interessengleichheit zwischen den europäischen Arbeiterklassen und den unterdrückten Kolonialsubjekten sah.

Bereits 1925 hatte er mit der IAH eine Kampagne gegen die imperialen Übergriffe der westlichen Mächte in China orchestriert, die im pazifistisch orientierten Teil der Öffentlichkeit der Weimarer Republik aufmerksam beobachtet wurden: »Hände weg von China«. Geld wurde gesammelt, Chinabriefmarken verkauft und im Berliner »Herrenhaus« (dem ehemaligen preußischen Landtag und damalige Tagungsstätte des preußischen Staatsrates unter Vorsitz von Konrad Adenauer) in der Leipziger Str. 3 fand im August eine international besetzte Konferenz zu China statt.

Münzenberg wollte gemäß der Komintern-Devise von der Einheitsfront ein über die Parteigrenzen hinaus gehendes Bündnis schmieden und nahm daher unermüdlich Kontakte in alle Richtungen auf: Ins Milieu des deutschen Pazifismus, zu den antikolonial orientierten Sozialist:innen, zu den Vertreter:innen der antikolonialen Bewegungen überall auf der Welt. All seine Bemühungen musste er mit Moskau absprechen, wo Münzenbergs Eifer, Unabhängigkeit und Pragmatismus nicht immer auf die entsprechende Gegenliebe stießen. Nach der Gründung einiger Komitees (gegen die Kolonialgräuel in Syrien etwa) führte eine Konferenz in Berlin 1926 zur Gründung der Vorgängerorganisation der LAI, der »Liga gegen koloniale Unterdrückung«, deren Internationales Sekretariat (es gab auch nationale Büros) in den Räumen der IAH in der Wilhelmstr. 48 residierte.[19]

1927 konnte Münzenberg einen erstaunlichen Erfolg erringen, als er in Brüssel vom 10. bis 15. Februar den »Kongress gegen koloniale Unterdrückung und Imperialismus« organisierte. Der Schriftsteller und Politiker Ernst Toller schrieb darüber im März in der von Kurt Tucholsky geleiteten Wochenzeitschrift »Die Weltbühne«: »Überlege ich mir nach meiner Rückkehr vom Kongreß in Brüssel, was er bedeutet, so wage ich, unbeschadet der Abgegriffenheit des Ausdrucks zu sagen: ›Ein welthistorisches Ereignis‹. In Brüssel wurde nicht mehr und nicht weniger geschaffen als die organisatorische Zusammenfassung aller rebellierenden Kräfte des Orients, des Okzidents und Europas gegen die Suprematie der europäisch-amerikanischen herrschenden Schicht.«[20]

174 Delegierte waren in die belgische Hauptstadt gekommen, und es waren nicht nur Intellektuelle, sondern auch Vertreter:innen von Organisationen und Parteien aus Europa, den USA, Lateinamerika und den Kolonien in Afrika und Asien. Das Treffen im Palais Egmot war ein Brückenschlag zwischen europäischen Größen wie dem Labour-Doyen George

Lansbury, der bekannten Pazifistin Helene Stöcker oder dem Schriftsteller Henri Barbusse sowie aktuellen und späteren Größen aus ehemaligen oder damals noch aktuellen Kolonien: Anwesend waren etwa José Vasconcelos, kurz zuvor noch mexikanischer Bildungsminister, Josiah Tshangana Gumede, der bald darauf Präsident des African National Congress werden sollte sowie Jawaharlal Nehru, Nguyễn Ái Quốc (Hồ Chí Minh) und Mohammad Hatta, die nach der Unabhängigkeit ihrer jeweiligen Länder Indien, Vietnam und Indonesien Ministerpräsidenten oder Premierminister wurden.[21] Albert Einstein konnte nicht kommen, sandte aber ein Grußwort.[22]

Die Euphorie, die das Treffen im Palais Egmont entstehen ließ, hielt allerdings nicht lange an: Bald wandten sich die Sozialist:innen ab, es gab Reibereien mit den »bürgerlichen« Bewegungen und Moskau wurde unter Stalin immer autoritärer. Als die LACO umbenannt wurde in Liga gegen Imperialismus, wurde die Organisation zwar eindeutig kommunistisch, doch ihre Tätigkeiten blieben eindrucksvoll. Das Sekretariat in Berlin koordinierte die Protestaktionen einer Reihe von nationalen Gruppen, es organisierte ein weiteres internationales Treffen in Frankfurt (an dem der spätere kenianische Präsident Jomo Kenyatta teilnahm[23]), Jugendkonferenzen in Amsterdam, Frankfurt und Berlin sowie eine Anti-Kriegs-Konferenz in Amsterdam und hielt den Kontakt zwischen der Komintern und Vertretern:innen der Befreiungsbewegungen.[24]

Zweifellos hat die LAI ihr Potential nie ausgeschöpft, da das Spannungsfeld politischer Auffassungen zu groß war. Ab 1932 versank sie in der Bedeutungslosigkeit, obwohl das Sekretariat noch nach Paris umzog. Münzenberg ging 1933 ebenfalls nach Paris, wo er seine Propagandatätigkeit schließlich gegen Stalin wandte. 1940 kam er unter ungeklärten Umständen ums Leben. Joseph Bilé siedelte 1935 tatsächlich nach Kamerun über, zog sich aus der Politik zurück und arbeitete als Architekt.[25] Nach Moskau wandten sich Chatto und Šmeral. Letzterer blieb seinem Funktionärsdasein treu und ließ sich vom Kreml in die Mongolei beordern, wo er als Berater maßgeblich an den postrevolutionären »Säuberungen« beteiligt war. Chatto dagegen wurde ein Opfer dieser »Säuberungen«. Im Juli 1937 holte ihn die Geheimpolizei ohne Vorwarnung ab, am 2. September verurteilte ihn der militärische Arm des Obersten Gerichtshofes zum Tode. Noch am gleichen Tag wurde Chatto dem Erschießungskommando übergeben.

1929 – Die Liga gegen den Imperialismus bekommt ein neues Büro in der Friedrichstraße

Die Büros der antiimperialistischen Ligen in der Friedrichstr. und einen halben Kilometer weiter nördlich in der Wilhelmstr. im heutigen Bezirk Mitte bilden historisch gesehen so etwas wie Zirkulationspunkte von Menschen und von transnationalen Verbindungen. Hier wurde ein Netzwerk geschaffen, das tatsächlich eine »welthistorische« Bedeutung hatte, weil es panafrikanische, panarabische, panasiatische und übergreifende antikoloniale Solidaritäten mitbegründete und vorwegnahm.[26] Jawaharlal Nehru hat Münzenbergs Vorarbeit auf der legendären Konferenz von Bandung 1955 gewürdigt, der Konferenz, auf der die Bewegung der »Blockfreien« und der »Dritten Welt« entstand.

Anmerkungen

1 Vgl. Aitken, Robbie / Rosenhaft, Eve, *Black Germany*. *The Making and Unmaking of a Diaspora Community, 1884–1960*, Cambridge 2013, S. 207.
2 Zit. nach Petersson, Fredrik, »*We Are Neither Visionaries Nor Utopian Dreamers*«. *Willi Münzenberg, the League against Imperialism, and the Comintern, 1925–1933*. Doctoral Thesis, Åbo Akademi University 2013, S. 350. Online abrufbar unter: www.doria.fi/bitstream/handle/10024/90023/petersson_fredrik.pdf [letzter Zugriff: 28.05.2021].
3 »Richtlinien der Kommunistischen Internationale, angenommen vom Kongress der KI in Moskau (02.–06.März 1919)«, in: Hedeler, Wladislaw / Vatlin, Aleksandr (Hg.), *Die Weltpartei aus Moskau: Der Gründungskongress der Kommunistischen Internationale 1919*. *Protokoll und neue Dokumente*, Berlin 2008, S. 207.
4 Vgl. »Nationalversammlung – 18. Sitzung, Sonnabend den 01. März 1919«, in: Reichstag (Hg.): *Verhandlungen des Reichstags 1919*, Bd. 326, Berlin 1920, S. 411.
5 Buber-Neumann, Margarete, *Von Potsdam nach Moskau. Stationen eines Irrwegs*, Frankfurt a. M. 1985, S. 231.
6 Vgl. Barooah, Nirode K., *Chatto. The Life and Times of an Indian Anti-Imperialist in Europe*, Oxford 2004, S. 34 ff.
7 Vgl. ebd., S. 157 ff.
8 Vgl. ebd., S. 178 ff.
9 Vgl. ebd., S. 207 ff.
10 Vgl. Aitken/Rosenhaft, *Black Germany*, S. 215.
11 Vgl. Sarr, Amadou-Lamine, *Lamine Senghor (1889–1927). Das Andere des senegalesischen Nationalismus*, Wien 2011.
12 Vgl. Aitken/Rosenhaft, *Black Germany*, S. 204 f.
13 Vgl. ebd., S. 155 ff.
14 Vgl. ebd., S. 215.
15 Vgl. ebd., S. 298 ff.
16 Vgl. Buber-Neumann, *Von Potsdam nach Moskau*, S. 217.
17 Vgl. Valtin, Jan, *Out of the Night. Memoir of Richard Julius Herman Krebs alias Jan Valtin*, Edinburgh (Oakland), 2004, S. 278 ff.
18 Vgl. ebd., S. 219.
19 Vgl. Petersson, »*We Are Neither Visionaries Nor Utopian Dreamers*«, S. 91 ff.
20 Toller, Ernst, »Der Brüsseler Kolonial-Kongreß«, in: *Die Weltbühne*, Nr. 9, 1. März 1927, 23. Jg, S. 325.
21 Vgl. Liga gegen Imperialismus und für nationale Unabhängigkeit: *Das Flammenzeichen vom Palais Egmont. Offizielles Protokoll des Kongresses gegen koloniale Unterdrückung und Imperialismus, Brüssel, 10.–15. Februar 1927*, Berlin 1927.
22 Vgl. ebd., S. 264.
23 Vgl. Adi, Hakim, *Pan-Africanism and Communism. The Communist International, Africa and the Diaspora 1919–1939*, Trenton 2013, S. 95.
24 Vgl. Petersson, »*We Are Neither Visionaries Nor Utopian Dreamers*«, S. 275 ff.; Dokumente der LAI sind online abrufbar unter: www.archivesportaleurope.net/ead-display/-/ead/pl/aicode/NL-AmISG/type/fa/id/http_COLON__SLASH_

_SLASH_hdl.handle.net_SLASH_10622_SLASH_ARCH00804 [letzter Zugriff: 28.05.2021].
25 Vgl. zu Bilé: Aitken, Robbie, »Berlins Schwarzer Kommunist«, in: *Rosa-Luxemburg-Stiftung*, Juni 2019. Online abrufbar unter: www.rosalux.de/publikation/id/40552#_ftn33 [letzter Zugriff: 28.05.2021].
26 Diese Vorreiterrolle wird u. a. beschrieben in: Schröder, Dieter, *Die Konferenzen der »Dritten Welt«. Solidarität und Kommunikation zwischen nachkolonialen Staaten*, Hamburg 1968; Geiss, Immanuel, *Panafrikanismus. Zur Geschichte der Dekolonisation*, Frankfurt 1968, S. 251 ff; J. Lee, Christopher (Hg.), *Making a World After Empire. The Bandung Movement and its Political Afterlives*, Athens 2010, S. 10.

Michael G. Esch

1930 – Eine Straße wird nach Gustav Stresemann benannt

Gustav Stresemann (* 10.5.1878 Berlin, † 3.10.1929 Berlin) findet sich im deutschen nationalen Gedächtnis vorrangig als erster deutscher Friedensnobelpreisträger und als »Weimars größter Staatsmann«[1]. Bereits kurz nach seinem Tod wurde die Verbindungsstraße zwischen dem Potsdamer Platz und der Kreuzberger Wilhelmstraße nach ihm benannt; nach einer Umbenennung 1935 heißt sie seit 1947 bis heute so. Stresemann war und ist in der Forschung und Populärwissenschaft jedoch nicht unumstritten. Die positive Einschätzung Stresemanns orientiert sich heute vor allem an seiner Tätigkeit als Außenminister und changiert zwischen »erster echter Europäer«, »Wegbereiter« und »potentieller Verhinderer Hitlers«. In der aktuellen historischen Meistererzählung wurde und wird er vor allem als Träger des Friedensnobelpreises von 1926, als Akteur einer friedlichen Revision des Versailler Vertrags und als Gegner des Antisemitismus gesehen. Weniger bekannt ist, dass er vor dem Ersten Weltkrieg ein aktiver Befürworter des deutschen Strebens nach Weltmachtstatus und Verfechter einer aggressiven Außen- und Kolonialpolitik war. 1906/7 schürte er im Wahlkampf während des Aufstands der Herero und Nama im heutigen Namibia prokoloniale Stimmungen, was ihm ein Reichstagsmandat einbrachte. In seiner Tätigkeit als Außenminister der Weimarer Republik suchte er den Ausgleich mit Frankreich und hielt gleichzeitig die Option auf eine Revision der Ostgrenze aufrecht. Insgesamt steht Stresemann heute für die »ökonomische Variante deutscher Machtpolitik«[2] und gilt als Protagonist eines »maßvollen«, d.h. realpolitischen Griffs nach der Weltmacht.[3]

Gustav Stresemann wurde am 10. Mai 1878 in Berlin-Friedrichshain als siebtes von acht Kindern geboren. Die Familie war mittelständisch-kleinbürgerlich: Die Eltern, Emil August und Mathilde geb. Juhre, betrieben eine Bierbudike, den Vorläufer des heutigen Büdchens. Vermutlich wegen besonderer Begabung besuchte Gustav als einziges der Kinder ein Realgymnasium, und zwar die Einrichtung »Am Weißen Turm« (heute Andreas-Gymnasium) in Friedrichshain. Das Schulgebäude lag unweit des Schlesischen Bahnhofs in einem eher proletarisch-migrantischen Viertel; die Schülerschaft war aber sozial gemischter Herkunft. Nach seinem Abitur 1897 studierte er zuerst Geschichte und Literatur, später Nationalökonomie (heute: Wirtschaftswissenschaften) an der Humboldt-Universität und wechselte dann nach Leipzig. Er trat in die Reformburschenschaft »Neogermania« ein, wo er einen von der 1848er-Revolution inspirierten konstitutionell-freisinnigen Nationalismus vertrat und sich sowohl gegen den verbreiteten Antisemitismus als auch gegen aufkommende burschenschaftliche Sympathien für die Sozialdemokratie richtete. In seinem Studium orientierte er sich zunächst am Volks- und Staatswissenschaftler Karl Theodor Reinhold. Reinhold verknüpfte Nationalismus, Liberalismus und eine klassenübergreifende Sozialpartnerschaft als Grundlage für eine leistungsfähige Volkswirtschaft, die er als unverzichtbare Voraussetzung für politische Macht ansah. Auch Stresemann trat insbesondere nach dem Crimmitschauer Textilarbeiterstreik für einen Ausgleich von Unternehmer- und Arbeiterinteressen ein, grenzte sich aber gleichzeitig scharf und eindeutig von der Sozialdemokratie ab.

Letztlich verortete er sich als Protagonist einer sozial austarierten Gesellschaft, deren ökonomische Potenz den immer lauter werdenden Anspruch auf Weltmachtgeltung legitimierte. Diese Haltung kam nach dem Studium sowohl in seiner Tätigkeit als Sekretär des Verbands der deutschen Schokoladenfabrikanten in Dresden als auch in seinen politischen Reden und Schriften zum Ausdruck – ebenso wie seine Fokussierung auf national-ökonomische Autonomie: In einem Streit mit dem 1903 entstehenden Zuckerkartell forderte er zugunsten der Schokoladenindustrie eine von internationalen Preisabsprachen unabhängige deutsche Zuckerproduktion. In der Debatte um neue Handelsverträge um 1904 entwickelte er Strategien, um der Industrie – und damit dem Bürgertum – in einem von adligen Großagrariern dominierten Kaiserreich politischen Einfluss zu verschaffen.

Bereits 1903 hatte er durch die Verehelichung mit der aus einer jüdischen Familie stammenden Käte Kleefeld Zugang ins Großbürgertum gefunden. Wenig später verließ er den eher intellektuellen Nationalsozialen Verein, dem er seit 1901 angehörte, und trat in die von Honoratioren geprägte Nationalliberale Partei (NLP) ein. Die NLP verdankte ihren trotz abnehmender Wählerschaft bleibenden Einfluss vor allem einer engen Verflechtung mit machtvollen Verbänden wie dem Industrieverband und dem imperialistisch-völkischen Alldeutschen Verband. Seit 1900 stützte sie sich auch auf den Deutschen Flottenverein, der eine maßgebliche Rolle beim Ausbau einer Kriegs- und Handelsmarine spielte, die das koloniale Programm des Deutschen Reichs in Afrika und dem Pazifik erst ermöglichte. Stresemann, der sich als Primaner gegen den Kolonialismus ausgesprochen hatte, propagierte den weiteren Ausbau der deutschen Kriegsflotte als Voraussetzung für dessen Fortführung, da er Kolonien sowohl für die angestrebte Weltmachtstellung als auch für die innere Befriedung der Klassengegensätze für unabdingbar hielt. Außerdem sollte diese Flotte dem Schutz der deutschen Handelsmarine, die im Welthandel zu einer ernsten Konkurrenz der Briten geworden war, dienen. Von Friedrich Naumann, dem Übervater der heutigen FDP, mit dem er in Dresden den Nationalsozialen angehört hatte, übernahm er einen gewissen Sozialdarwinismus im Umgang mit zu unterwerfenden Völkern sowie später das Mitteleuropa-Konzept, d. h. den Zusammenschluss Ostmitteleuropas unter deutscher Führung. Diese kontinentale Hegemonie konzipierte Stresemann als Ergänzung bzw. als Ersatz für die überseeischen Kolonien, die die alten Kolonialmächte bereits fast vollständig unter sich aufgeteilt hatten. 1905 erklärte er, so ließe sich gewährleisten, »die Weltstellung des Germanentums inmitten von Europa zu bewahren, die uns diesseits und jenseits der Landesgrenzen geneidet wird«[4].

Der Eintritt in den Reichstag gelang ihm 1907 im sächsischen Wahlkreis Annaberg gegen den bis dahin führenden Sozialdemokraten mit einem Programm aggressiver kolonialer Außenpolitik. Die Wahlen im Januar 1907 wurden als »Hottentottenwahlen« bezeichnet, da die Bekämpfung des Aufstands der Herero und Nama in Namibia, der damaligen deutschen Kolonie »Deutsch-Südwest«, ein zentrales Thema der Wahl war. Das Vorgehen der deutschen Truppen gegen die Herero und Nama hatte sich unter der Führung des Generals Lothar von Trotha sehr rasch zu einem erst 2021 von deutscher Seite als solchem anerkannten Völkermord entwickelt. Nachrichten über von Trothas Befehl, gefangene Aufständische zu töten und Frauen und Kinder verdursten zu lassen, gelangten seit 1905 auch ins Deutsche Reich und führten zu lebhaften Debatten im Parlament und den Zeitungen. Sozialdemokraten und Katholiken protestierten wortreich gegen das deutsche Vorgehen, das wenig zum deutschen Anspruch passen wollte, einen »anderen«, weniger gewalttätigen und mörderischen Kolonialismus zu verfolgen als Spanier, Engländer und Franzosen. Stresemanns Haltung zu diesem Völkermord ist unklar: Seine Wahlkampfreden sind nicht erhalten. Sicher ist lediglich, dass er für die entschlossene Fortführung von Kolonialismus und Flottenbau eintrat.[5]

Nach seiner Wahl präzisierte Stresemann ein Programm, in dem Kolonien und andere Ergänzungsräume wirtschaftlich zu entwickeln seien, um sowohl als Rohstofflieferantinnen als auch als Absatzgebiete nutzbar zu werden. Im gleichen Jahr unterstützte er den Versuch der Firma Mannesmann, sich gegen französischen Widerstand und ohne staatliche Rückendeckung Schürfrechte in Marokko zu sichern. Dabei war Stresemann kein pazifistischer Vertreter eines reinen Handelsimperialismus: In der Agadir-Krise, als das Deutsche Reich als Antwort auf die französische Besetzung von Fez ein Kanonenboot vor der Küste positionierte und sich Großbritannien unerwartet auf die Seite Frankreichs schlug, bemängelte er, dass die Regierung dieser Geste keine diplomatischen und militärischen Taten folgen ließ. 1910 kehrte Stresemann nach Berlin zurück. Er wohnte nun nicht mehr im proletarischen Friedrichshain, sondern in der Nähe des einem aufgestiegenen Kleinbürgers angemesseneren Tauentzien;[6] zwei Jahre später verlor er bis zu Nachwahlen 1914 sein Reichstagsmandat. Ab da übernahm er faktisch die Leitung der NLP-Fraktion.

Wie alle deutschen Parteien einschließlich der SPD folgte Stresemanns NLP dem 1914 ausgerufenen »Burgfrieden« und unterstützte die expansive Kriegszielpolitik des Deutschen Reichs begeistert und offensiv. Dies betraf nicht zuletzt den Plan, weite Teile Polens, der Ukraine und der baltischen Staaten als imperiale Erweiterungsräume zu kolonisieren: Stresemann imaginierte eine Zusammenführung des gesamten »deutschen Volkstums« – dementsprechend auch die Umsiedlung der ethnischen Deutschen aus Russland – in einem »größeren Deutschland«, das bis nach Riga reichen und damit westliche Teile des Zarenreichs enthalten sollte.[7] Seine Begeisterung für die kaiserliche Kriegsflotte setzte er in einer vorbehaltlosen Unterstützung des U-Boot-Krieges – also auch Angriffen auf zivile Schiffe – nahtlos fort. Ebenfalls auf seiner Linie lag der Bau von Eisenbahnlinien in den deutschen Kolonien und kolonialen Ergänzungsräumen wie der Bagdadbahn im Osmanischen Reich. Mit diesem imperialen

Projekt und dessen Verwendung beim Völkermord an den Armeniern war Stresemann seit einem Gespräch mit Enver Paşa im Jahre 1916 vertraut. Entgegen vieler anderer Kolonialpolitiker lehnte er allerdings deutsche Siedlungen zumindest in den exterritorialen Kolonien ab. Deren wirtschaftliche Ausbeutung sollte Auswanderung vorbeugen, indem sie den Arbeitern einen angemessenen Lebensstandard im Lande ermöglichten. Anders verhielt es sich mit den östlichen Provinzen, wo Stresemann ein scharfes wirtschafts-, siedlungs- und kulturpolitisches Vorgehen gegen die polnische Bevölkerung im Sinne einer Stärkung des »Deutschtums« befürwortete.

Anders als die monarchistische und später faschistische Rechte passte Stresemann sich rasch und weitgehend vollständig in die Republik ein. Angesichts seines Bemühens um mehr politischen Einfluss für das Bürgertum war dies auch nicht verwunderlich. Bereits 1917 hatte er eine Erweiterung des Wahlrechts und eine Entwicklung zur parlamentarischen Monarchie befürwortet, um über die Einbeziehung der politisch marginalisierten Klassen den Krieg doch noch gewinnen zu können.[8] Nach der Niederlage war er als quasi undogmatischer Macht- und pragmatischer Außenpolitiker besser als manche seiner rechtskonservativen Parteikollegen in der Lage, mit der neuen europäischen Konstellation – und dem Status Deutschlands als offiziell entmilitarisiertem, zu Reparationen verpflichtetem Verliererstaat – umzugehen. Gleichzeitig konnte an seiner Fokussierung auf ein Deutsches Reich mit wiedergewonnenem globalem politischem und wirtschaftlichem Status kein Zweifel bestehen, was Kritik seitens der extremeren Rechten jedoch nicht verhinderte. Dies galt insbesondere in seinem kurzen Intermezzo als Regierungschef während der französischen Ruhrbesetzung 1923: Stresemann unterstützte zwar den passiven Widerstand, legte sich aber vor allem auf eine Linie der Verständigung mit Frankreich fest. Höhepunkt dieser Strategie waren die Locarno-Verträge, in denen das Deutsche Reich den Verlust des 1871 annektierten Elsass und Lothringens sowie einen Plan zur Zahlung der immens hohen Reparationen akzeptierte. Die Verträge zielten allerdings lediglich auf einen Ausgleich mit den westlichen Großmächten: Während Frankreich, Deutschland und Belgien auf kriegerische Grenzrevisionen verzichteten, lehnte die Stresemann-Regierung mit britischer Unterstützung jegliche Festlegungen hinsichtlich der Grenze zur Republik Polen ab. Die aus preußischer Zeit stammende Orientierung auf imperiale Ergänzungs- und Erweiterungsräume im Osten und die über das gesamte 19. Jahrhundert betriebene »negative Polenpolitik« blieben damit bestehen. Tatsächlich sah Stresemann die Möglichkeit eines erneuten Krieges, wollte mit der Locarno-Politik aber einerseits die wirtschaftliche Potenz des Deutschen Reichs, die nicht zuletzt durch die französische Besetzung des Ruhrgebiets 1923 nachhaltig geschwächt war, wiederherstellen, andererseits einen Zweifrontenkrieg wie 1914–1918 vermeiden. Diesem Ziel diente auch der 1922 abgeschlossene und 1926 erneuerte Freundschaftsvertrag mit der Sowjetunion, die ihrerseits im Bündnis mit dem Deutschen Reich einen Ausweg aus internationaler Isolierung suchte.

Gleichwohl galt die Locarno-Politik als Abschied von kriegerischen Auseinandersetzungen und als Übergang zu einem dauerhaft friedlichen Miteinander der europäischen Mächte insgesamt. Das Deutsche Reich gewann internationales Ansehen, insbesondere die Aufnahme in den Völkerbund. Stresemann erhielt 1926 zusammen mit seinem französischen Amtskollegen Aristide Briand den Friedensnobelpreis – in einer Zeit, in der mit seiner Billigung und Unterstützung die geheime Aufrüstung der Reichswehr mit der Einrichtung von Flug- und Panzerschulen in der Sowjetunion weiter forciert wurde.

Fixpunkt in Stresemanns Überlegungen und Aktivitäten war das Streben nach international anerkannter nationaler Größe, nach einer Weltmachtstellung des Deutschen Reichs – einem »Platz an der Sonne«. Seine vielbeschworene Wandlung vom aggressiven Kolonialpolitiker zum »überzeugten Europäer« tastete diesen Fixpunkt nicht an, beeinflusste aber entsprechend der aktuellen politischen Konfigurationen die Wege, auf denen er zu diesem Ziel gelangen wollte: Mit offensiver Flotten-, Rüstungs- und Kolonialpolitik bis 1918, mit einer friedlichen Verständigung mit den Siegermächten im Westen in seiner Zeit als Außenminister. Der erfolgreiche Versuch, über die europäische Schiene das Deutsche Reich wieder zu einem autonomen Machtfaktor zu machen, bescherte ihm und seinem französischen Gegenüber Briand den Friedensnobelpreis. Dabei hielt sich Stresemann aber die Option auf eine gewaltsame Revision der Ostgrenze über die geheime Aufrüstung der Reichswehr im Rahmen der Locarno-Politik offen. Auf internationaler Ebene war Stresemann in der damaligen Konstellation durchaus erfolgreich, auch hinsichtlich des Endes der Ruhrbesetzung 1930, das er wegen seines frühen Todes am 3. Oktober 1929 nicht mehr erlebte.

Stresemann war vor allem vor dem Ersten Weltkrieg als Befürworter einer aktiven Kolonialpolitik tätig – wenn auch nicht in Berlin, sondern in Sachsen. Kolonien hatten für ihn in erster Linie die Funktion, Deutschlands Stellung in der Weltwirtschaft zu stützen. Nachdem diese 1918 verlorengingen und sich das Deutsche Reich ohnedies in einer äußerst prekären internationalen Lage befand, bemühte er sich in seiner Zeit als Außenminister pragmatisch und erfolgreich um politische Rahmenbedingungen, die eine Wiederherstellung der deutschen Wirtschaftspotenz und damit eine angemessene weltwirtschaftliche Positionierung ermöglichen würden. Erweiterungsräume suchte er in dieser Zeit im Osten Europas.

Anmerkungen

1 Wright, Jonathan, *Gustav Stresemann 1878–1929. Weimars größter Staatsmann*, München 2006.
2 Pohl, Karl Heinrich (Hg.), *Politiker und Bürger. Gustav Stresemann und seine Zeit*, Göttingen 2002, S. 229–242.
3 Hildebrand, Klaus, *Das vergangene Reich. Deutsche Außenpolitik von Bismarck bis Hitler*, München 2008 (zuerst Stuttgart 1995), S. 344.
4 Wagner, Thomas H., *»Krieg oder Frieden. Unser Platz an der Sonne«. Gustav Stresemann und die Außenpolitik des Kaiserreichs bis zum Ausbruch des Ersten Weltkriegs*, Paderborn u. a. 2007, S. 42.
5 Vgl. ebd., S. 50 ff.
6 Vgl. ebd., S. 17; Pohl, Karl Heinrich, *Gustav Stresemann. Biografie eines Grenzgängers*, Göttingen 2015.
7 Vgl. Wagner, *»Krieg oder Frieden«*, S. 128.
8 Vgl. ebd., S. 91.

Sina Knopf

1932 – Das »Rasse- und Siedlungshauptamt« der SS entsteht in der Hedemannstraße

Das Rasse- und Siedlungshauptamt (RuSHA) der SS, das in der Hedemannstraße 23/24 residierte, ist heute viel weniger bekannt und untersucht als andere Einrichtungen der SS. Es wurde von Heinrich Himmler am 1. Januar 1932 im »Rasseamt« gegründet und entwickelte sich bald zu einem Hauptamt.[1] Dabei nahm das Amt eine Schlüsselposition in der Volkstums- und Expansionspolitik des NS-Regimes ein: Seine »Experten« bestimmten den »Rassewert« der lokalen Bevölkerung, der wiederum als Grundlage für die von Adolf Hitler geforderte ethnische Neuordnung der besetzten Ostgebiete fungierte.[2] Zusammen mit dem »Reichskommissariat für die Festigung deutschen Volkstums« und im Rahmen des expansionistischen »Generalplans Ost« bildete das RuSHA die »organisatorische Keimzelle eines künftigen großgermanischen Reiches unter nationalsozialistischer Herrschaft«.[3] Dabei kann die Politik der Aneignung, Umsiedlung und Vernichtung in einem kolonialen Kontext als eine extreme Variante von kontinentaler Germanisierung betrachtet werden.

Das RuSHA, das nach der Gründung zunächst für die rassische Untersuchung und Auslese der SS-Anwärter und ihrer Angehörigen zuständig war, avancierte im weiteren Kriegsverlauf zu einer zentralen »Koordinierungsstelle der SS-Siedlungs- und Rassenpolitik« und die Bedeutung des Amtes stieg äquivalent zu der fortschreitenden Annektierung der östlichen Territorien.[4] Nach Einfall der deutschen Wehrmacht in Polen und der Sowjetunion bewerteten etwa 500 sogenannte »Rasseexperten« des RuSHAs die örtliche Bevölkerung anhand einer eigens hierfür entwickelten »Rasseformel«. Es handelte sich um eine Vier-Stufen-Skala, die zwischen »eindeutschungsfähig« und »asozial« differenzierte,[5] aber auch in vier Wertungsstufen von »nordisch« bis »ostisch« einteilte.[6] Als Grundlage dienten Messungen des Erscheinungsbildes der Personen.

Die körperlichen Merkmale wurden anhand eines Zahlen-Systems evaluiert (neun für Idealgestalt bis eins für Missgestalt), dem wiederum Buchstaben zugeteilt wurden (a für rein nordisch bis e für fremdblütig).[7] Verwaltet wurde dieses Prozedere mit der von Herman Hollerith entwickelten und damals hochmodernen Lochkarten-Technologie. Angelehnt war dieses System an die Lehren von Hans F. K. Günther (»Rasse-Günther«), der mit seiner »Rassenkunde des deutschen Volkes« bereits im Jahre 1922 den Bezugspunkt lieferte. Er publizierte zahlreiche anthropologische Studien über die Merkmale und Charakteristika der nordischen »Herrenrasse«[8], war in der Zwischenkriegszeit ein vielgelesener Autor und wurde 1935 ordentlicher Professor für »Rassenkunde«, Völkerbiologie und ländliche Soziologie an der Universität Berlin.

In Zusammenarbeit mit dem Reichssicherheitshauptamt (RSHA) und dem Reichskommissar für die Festigung deutschen Volkstums (RKF) erarbeitete das RuSHA die im Oktober 1939 offiziell eingeführte »Deutsche Volksliste« (DVL), die neben der Volkszugehörigkeit eben auch den »Rassewert« festlegte.[9] Diese Musterung, die zur »Eindeutschung der Gutrassigen« oder zur »Aussiebung des Völkerbreis« führen sollte[10], wurde offiziell als »Durchschleusung« bezeichnet und hatte die komplette Neuordnung der zu kolonisierenden Ostgebiete zum Ziel.[11] Neben der »Musterung« betrieb das Amt auch die Ansiedlung von SS-Angehörigen in landwirtschaftlichen Betrieben in den annektierten Ostgebieten und die gewaltsame Umsiedlung der Bevölkerung – getreu den durch Richard Walther Darré geprägten symbolischen Begriff von »Blut und Boden«[12]. Der Agrarpolitiker Darré war bis 1938 auch Chef des RuSHAs. Als er zurücktrat, wurde er ersetzt durch den Stabsführer des SS-Oberabschnittes Nordwest und SS-Gruppenführer Günther Pancke.

Die Einstufung in die Kategorie »fremdvölkisch« und »asozial« bedeutete für die betroffenen Personen nach der Besetzung Polens zugleich die Zwangsumsiedlung in das sogenannte Generalgouvernement, das als Reservat für »rassisch« negativ bewertete Polen wie auch als Reservoir für Zwangsarbeiter fungierte. Besonders streng gingen die Experten des RuSHAs bei der »Rassenauslese« gegen Personen jüdischer Herkunft vor, die als Antipoden der »arischen Rasse« und als »rassisch minderwertig« kategorisiert wurden.[13] Nach diesem Schema wurden bereits bis Ende 1940 eine halbe Millionen Menschen zwangsumgesiedelt. Das sollte einen erneuten Verlust der polnischen Kolonialgebiete wie 1919 (Vertrag von Versailles) verhindern und den Plan eines »großgermanischen Reiches« konsolidieren.[14] Das DVL-Verfahren war bis zum Ende des Zweiten Weltkrieges das umfangreichste Germanisierungsprojekt aller Zeiten und kategorisierte etwa 2,9 Millionen Menschen in »Rasse«-Kategorien.[15] Die »Selektion« in den besetzten Gebieten erreichte unter der Führung von Otto Hofmann, der von 1940 bis 1943 das RuSHA leitete und ein überzeugter Antisemit und Rassist war, die extremsten Ausmaße. Für die jüdische Bevölkerung bedeutete die Kategorisierung zumeist das Todesurteil.

Das Denken der Nationalsozialisten in Kategorien von »Rasse« hatte seine Bezüge in der zunehmenden Beschäftigung mit Erbbiologie und »Rassenhygiene« – der sogenannten Eugenik – in der Wissenschaft, Politik und Öffentlichkeit in ganz Europa am Ende des 19. Jahrhunderts. Zugleich wurden zunehmend darwinistische Lehren auf die Gesellschaft übertragen.[16] Diese Konzepte wurden bereits im Kolonialismus aufgegriffen: Die unterdrückten Einheimischen wurden beforscht, um das Konzept der »Rasse« wissenschaftlich zu begründen und das Konzept wiederum diente dazu, die Unterdrückung der Einheimischen zu legitimieren. Zudem wurden solche Denkmuster von der völkischen Bewegung kanalisiert und fanden bei einer völkisch-national orientierten Bevölkerung flächendeckend Zuspruch.[17]

Der Begriff Eugenik wurde maßgeblich geprägt von Francis Galton – Afrikareisender, Intelligenzforscher und maßgeblicher Entwickler von noch heute in der Psychologie verwendeter statistischer Verfahren. Er forderte eine »Verbesserung der Eigenschaften« des Menschen durch die Verhinderung von Erbkrankheiten und durch »Reinhaltung der Rasse«[18]. Zu den deutschen Pionieren der eugenischen »Rassenlehre« im Nationalsozialismus gehörten der Arzt Alfred Ploetz, der den Begriff »Rassenhygiene« prägte, 1905 die Deutsche Gesellschaft für Rassehygiene gründete und neben dem bereits erwähnten Günther ab 1933 im Sachverständigenbeirat für Bevölkerungs- und Rassenpolitik saß, sowie die Mediziner Eugen Fischer und Fritz Lenz, die beide führende Positionen am Kaiser-Wilhelm-Institut für Anthropologie, menschliche Erblehre und Eugenik in Berlin bekleideten. Die beiden Letzteren verfassten bereits 1921 zusammen mit Erwin Bauer ein für die »Rasse«-Vorstellungen der Nationalsozialisten nach 1933 prägendes Werk: »Menschliche Erblehre und Rassenhygiene«[19]. Mit der im Jahre 1933 publizierten Schrift »Rasse als Wertprinzip« bot der jüngere Lenz dem Regime ein scheinbar wissenschaftliches Fundament für die »Ausmerze von lebensunwerten Personen« an und trug dadurch maßgeblich zur Vorbereitung und wissenschaftlichen Legitimierung des Völkermordes bei.[20] Eugen Fischer war zudem mit Forschungen in »Deutsch-Südwestafrika« in Erscheinung getreten; er hatte eine Studie über die sogenannten Baster in »Deutsch-Südwestafrika« publiziert. Die Baster waren aus der Mischung zwischen europäischen Männern und Nama-Frauen in der Kapregion hervorgegangen und stellten eine mit dem Deutschen Reich verbündete ethnische Gruppe dar. Fischer untersuchte die von ihm als »Rehobother Bastards« bezeichnete Gruppe im Rahmen des »Bastardisierungsproblems« und kam zu dem Ergebnis, dass diese »Mischungen« Anzeichen von Degeneration aufwiesen, die er aber auf eher soziale Faktoren zurückführte.[21]

In Hitlers Propagandaschrift »Mein Kampf« wird die »Bastardisierung« zu einer Hauptgefahr für die Menschheit, der Einhalt geboten werden muss. In dem Abschnitt »Völkischer Staat und Rassenhygiene« zeigt sich Hitler direkt inspiriert von den Werken der Eugeniker. Auch das expansionistische Streben wird in diesen Kontext gestellt: Der Staat dürfe die »Besiedlung gewonnener Neuländer« nicht dem Zufall überlassen, »eigens gebildete Rassekommissionen« müssten »Siedlungsatteste« ausstellen: »So können allmählich Randkolonien begründet werden, deren Bewohner ausschließlich Träger höchster Rassenreinheit und damit höchster Rassetüchtigkeit sind.«[22] Hier werden Aufgaben des RuSHAs im Rahmen eines assimilativen Kolonialisierungsprozesses beschrieben. Die wissenschaftliche Tätigkeit, die eine Verbindung zwischen dem überseeischen und dem nationalsozialistischen Kolonisationsprojekt bildete, sorgte für die scheinbar rationale Absicherung der »Rasse«-Ideen von »Aufartung, Auslese, Rassenreinheit und Rassenschande« und damit auch für eine höhere Akzeptanz in der Bevölkerung.[23]

Neben dem »Rasse- und Siedlungshauptamt« der SS befassten sich weitere Ämter der NSDAP mit den ideologischen Kernpunkten der »Rassenreinheit« und den Plänen der kontinentalen Germanisierung. Das »Rassenpolitische Amt« (RPA) der NSDAP veröffentlichte unter dem »Rassenhygieniker« und NS-Politiker Walter Groß verschiedene Schulungsmaterialien zum Diskurs des »Rasse«-Begriffes und entsprechender Ordnungsschemata für die Parteidienststellen. Im Gegensatz zum RuSHA konnte sich das RPA jedoch nicht in die praktischen »Musterungen« der besetzten Gebiete einschalten und die Kernkompetenzen lagen ausschließlich in der parteiischen »Aufklärung«[24].

Zweifellos lassen sich gewisse Verbindungslinien zwischen der überseeischen Kolonialherrschaft und der nationalsozialistischen Herrschaft in den östlichen Gebieten ziehen.[25] Die Gewinnung von neuem »Lebensraum im Osten« durch Zwangsumsiedlung, Vertreibung und Ermordung der Zivilbevölkerung wurde vom NS-Regime allerdings nicht als »Kulturmission« verstanden, sondern als eugenische Aneignung und Absonderung.[26] Obwohl eine enge Verbindung zwischen Herrschaftsanspruch und Gewaltausübung, Expansion und Ausbeutung besteht, markiert diese Vorgehensweise auch einen maßgeblichen Unterschied.[27] Auch wenn in der Forschung der koloniale Charakter der nationalsozialistischen Osterweiterung kontrovers diskutiert wird, lassen sich Kontinuitäten in der »Rassenkunde« und der Eugenik zwischen dem Kolonialismus und der NS-Herrschaft im Osten feststellen.[28] Ob die »Rasseexperten« des RuSHAs allerdings von den ideologischen Konzepten des Kolonialismus in Übersee beeinflusst worden waren und ob sie eugenische Kolonialpolitiken erweiterten und fortführten, lässt sich zur Zeit kaum abschließend beantworten. Das Konzept der »Rasse« war sowohl im Kolonialismus als auch bei den Nationalsozialisten grundlegend für die Legitimierung der gewaltsamen Enteignung und Unterdrückung der einheimischen Bevölkerung.

Anmerkungen

1 Vgl. Benz, Wolfgang (Hg.), *Handbuch des Antisemitismus. Judenfeindschaft in Geschichte und Gegenwart. Bd. 5*, Berlin 2012, S. 506.
2 Vgl. ebd.
3 Michael Wildt, Rezension von Isabel Heinemann: *Rasse, Siedlung, deutsches Blut. Das Rasse- und Siedlungshauptamt der SS und die rassenpolitische Neurodnung Europas*. Deutschlandfunk, 07.07.2003. URL: https://www.deutschlandfunk.de/isabel-heinemann-rasse-siedlung-deutsches-blut-das-rasse-100.html [Abruf: 21.07.2021].
4 Vgl. Heinemann, Isabel, »Otto Hofmann und das Rasse- und Siedlungshauptamt. Die ›Lösung der Judenfrage‹ als Element der rassenpolitischen Neuordnung Europas«, in: Kampe, Norbert / Klein, Peter (Hg.), *Die Wannsee-Konferenz am 20. Januar 1942. Dokumente Forschungsstand Kontroversen*, Köln / Weimar / Wien 2013, S. 323–340, hier S. 327.
5 Benz, *Handbuch des Antisemitismus*, S. 506; Heinemann, »Otto Hofmann und das Rasse- und Siedlungshauptamt«, S. 327 f.
6 Pringle, Heather, *The Masterplan. Himmler's Scholars and the Holocaust*, New York 2006, S. 41; Döring, Stephan, »Die Umsiedlung der Wolhyniendeutschen in den Jahren 1939 bis 1940«, in: Niehuss, Merith (Hg.), *Militärhistorischen Untersuchungen. Bd. 3*, München 2000, S. 215.
7 Vgl. ebd., S. 216.
8 Pringle, *The Masterplan*, S. 41; Rickmann, Anahid S., »*Rassenpflege im völkischen Staat*«. *Vom Verhältnis der Rassenhygiene zur nationalsozialistischen Politik*, Bonn 2002, S. 67 f.
9 Heinemann, »Otto Hofmann und das Rasse- und Siedlungshauptamt«, S. 301.
10 Heinemann, Isabel, »*Rasse, Siedlung, deutsches Blut*«. *Das Rasse- und Siedlungshauptamt der SS und die rassenpolitische Neuordnung Europas*, Göttingen 2003, S. 26 f.
11 Ebd., S. 194.
12 Ebd., S. 12.
13 Pringle, *The Masterplan*, S. 239; Scheffler, Wolfgang, »Faktoren nationalsozialistischen Herrschaftsdenkens«, in: Ritter, Gerhard A. / Zieburab, Gilbert (Hg.), *Faktoren der politischen Entscheidung. Festgabe für Ernst Fraenkel zum 65. Geburtstag*, Berlin 1963, S. 56–72, hier S. 67 f.
14 Terkessidis, Mark, *Wessen Erinnerung zählt? Koloniale Vergangenheit und Rassismus heute*, Hamburg 2019, S. 151 f.
15 Vgl. Benz, *Handbuch des Antisemitismus*, S. 506.
16 Vgl. Lenz, Fritz, *Menschliche Auslese und Rassenhygiene*, München 1923.; Lenz, Fritz, »Über Wege und Irrwege rassenkundlicher Untersuchungen«, in: *Zeitschrift für Morphologie und Anthropologie* 39(3) (1941).
17 Vgl. Heinemann, »Otto Hofmann und das Rasse- und Siedlungshauptamt«, S. 16 f.; Mackensen, Rainer (Hg.), *Bevölkerungslehre und Bevölkerungspolitik im »Dritten Reich«*, Wiesbaden 2004, S. 138 ff.

18 Galton, Francis, »Eugenics, its Definition, Scope and Aims«, in: *American Journal of Sociology* 10(1) (1904), S. 45–50.
19 Bauer, Erwin / Fischer, Eugen / Lenz, Fritz (Hg.), *Menschliche Erblehre und Rassenhygiene (Eugenik)*, München 1936; Bock, Gisela, *Zwangssterilisation im Nationalsozialismus. Studien zur Rassenpolitik und Geschlechterpolitik*, Münster 2010, S. 57.
20 Benz, Wolfgang, *Antisemitismus. Präsenz und Tradition eines Ressentiments*, 3. Auflage, Schwalbach 2015, S. 113.
21 Siehe Fischer, Eugen, *Die Rehobother Bastards und das Bastardierungsproblem beim Menschen*, Jena 1913.
22 Hitler, Adolf, *Mein Kampf*, München 1927, S. 448 f.; Vgl. Bock, *Zwangssterilisation im Nationalsozialismus*, S. 20.
23 Vgl. Harten, Hans-Christian / Neirich, Uwe / Schwerendt, Matthias (Hg.), *Rassenhygiene als Erziehungsideologie des Dritten Reichs. Bio-bibliographisches Handbuch*, Berlin 2006, S. 5 ff.
24 Heinemann, »Otto Hofmann und das Rasse- und Siedlungshauptamt«, S. 14.
25 Vgl. Malinowski, Stefan / Gerwarth, Robert, »Der Holocaust als ›kolonialer Genozid‹? Europäische Kolonialgewalt und nationalsozialistischer Vernichtungskrieg«, in: *Geschichte und Gesellschaft* 33 (2007), S. 439–466, hier S. 453.
26 Vgl. Heinemann, »Otto Hofmann und das Rasse- und Siedlungshauptamt«, S. 29.; Rickmann, »*Rassenpflege im völkischen Staat*«, S. 47.
27 Vgl. Malinowski, »Der Holocaust als ›kolonialer Genozid‹?«, S. 453.
28 Vgl. ebd.

Flavia Cahn

1934 – Theophilus Wonja Michael stirbt in Friedrichshain

Theophilus Wonja Michael wurde am 14. Oktober 1879 in Bimbialand an der Atlantikküste Kameruns geboren. Diese Region wurde fünf Jahre später Teil der deutschen Kolonie Kamerun.[1] Im Jahr 1896 reiste er an Bord eines Dampfschiffes nach Deutschland und ließ sich in Berlin nieder, wo er bis zu seinem Tod 1934 in Berlin Friedrichshain wohnte. Das meiste, was über das Leben von Theophilus Wonja Michael bekannt ist, stammt aus Erinnerungen und Schriften seiner Kinder. Vor allem sein Sohn Theodor Michael hat die Geschichte seines Vaters festgehalten und veröffentlicht, etwa in zahlreichen Interviews sowie in seiner Autobiografie »Deutsch sein und schwarz dazu. Erinnerungen eines Afro-Deutschen«, die ein wichtiges Zeugnis seiner Erfahrungen und Perspektiven sowie die seines Vaters als Afro-Deutscher in Berlin darstellt. Die Geschichte von Theophilus Wonja Michael verdeutlicht die Schwierigkeiten, mit denen kolonialisierte Menschen, die sich ein Leben in Deutschland aufzubauen suchten, zu kämpfen hatten. Das Buch stellt auch ein wichtiges Dokument über die Erfahrungen der afrikanischen Diaspora in Berlin vor der Nazizeit dar. Gleichzeitig erinnert es daran, dass in der Hauptstadt schon viel länger als allgemein bekannt Schwarze Berliner:innen lebten und dass sie untrennbar zur Stadtgeschichte gehören, auch wenn dies oft übersehen wird.

Weil sie in eine aristokratische Familie geboren wurden, standen Theophilus Wonja Michael und seinen Geschwistern Möglichkeiten offen, die die meisten Menschen in Kamerun nicht hatten. Eine Verbindung zu Europa – dem kolonialen »Vaterland« – zu haben, galt unter den wohlhabenden Eliten in den Kolonien oftmals als Statussymbol.[2] Junge Aristokrat:innen in Kamerun wurden von ihren Familien ermutigt, in Europa zu studieren oder eine Ausbildung zu machen, um die dortigen Bildungsmöglichkeiten zu nutzen. Nach Europa zu reisen, galt aber auch als ein

Weg, der Unterdrückung des Kolonialismus vor Ort zu entkommen.³ Theophilus war unweit der Grenze zu Nigeria, das unter britischer Kolonialherrschaft stand, geboren und sprach fließend Englisch. Er erhielt die Erlaubnis, an der Universität Oxford Theologie zu studieren. Dem Wunsch seiner Familie, danach Pastor zu werden, widersetzte sich Theophilus und zog stattdessen von Oxford nach Deutschland.⁴ Seine Ankunft in Berlin wird von seiner Familie auf 1896 datiert, in amtlichen Eintragungen erscheint er erst 1903.⁵

Während der deutschen Kolonialzeit durften kolonialisierte Menschen nur dann aus Afrika nach Deutschland einwandern, wenn ihre Anwesenheit als »vorteilhaft für die Ziele des kolonialen Unterfangens« angesehen wurde.⁶ Mit seinem Status als Bewohner eines deutschen Protektorats durfte Theophilus zwar einreisen, galt jedoch nicht als deutscher Staatsbürger; zudem war ein längerer Aufenthalt in Deutschland nicht vorgesehen. Der legale Status von Menschen wie Theophilus war untergeordnet und unbestimmt.⁷ Zwar hatten sie teilweise etwas mehr Rechte als in den Kolonien, doch ihr Alltag in Deutschland war durch ihren Status stark eingeschränkt.⁸ Ihre Stellung in der deutschen Gesellschaft war prekär. Nach dem Ersten Weltkrieg verloren sie ihren Status als kolonialisierte Subjekte, wurden staatenlos und hatten keinen rechtlichen Schutz.

Die erste Beschäftigung, die Theophilus in Berlin fand, war als Hilfsarbeiter beim U-Bahn-Bau. Daneben trat er auch in sogenannten Völkerschauen bzw. »Menschenzoos« auf. Dabei handelte es sich im Grunde um Schauen, in denen »exotisch« markierte Menschen die Hauptattraktion waren. Oft waren sie Teil von Zirkussen oder Wanderausstellungen.⁹ Menschen aus afrikanischen Regionen wurden dem Publikum wie Tiere zum Angaffen vorgeführt. Diese Form der Unterhaltung beruhte auf der Idee, die *weiße* europäische Zivilisation sei dem Rest der Welt überlegen. Menschen aus Kolonien sollten rassistische, erniedrigende Szenen und Darbietungen aufführen, die das *weiße* Publikum von ihnen imaginierte – nämlich die der »ungebildeten kulturlosen Wilden im Strohrock«¹⁰. Ab den 1920er Jahren arbeitete Theophilus als Komparse in Stummfilmen. Wie anderen Kolleg:innen v. a. aus afrikanischen Ländern bot ihm diese Branche größtenteils Rollen von namenlosen »exotischen Fremden« an.¹¹ Weil für Schwarze Menschen in Deutschland keine regulären Stellen auf dem Arbeitsmarkt vorgesehen waren, gehörten die Völkerschauen und sporadische Filmrollen zu den Haupterwerbsmöglichkeiten. Sie waren somit in einem wichtigen Wirtschaftssektor tätig, traten dabei jedoch oft wie unsichtbare und unterschätzte Objekte auf. Für die afrikanische Diaspora in Berlin wurden die Filmsets zu einem Knotenpunkt, um den sich eine Community bildete. In gewisser Weise bot die Filmindustrie den in Berlin lebenden Afrikaner:innen eine Art sicheren Hafen: Dort fanden sie einen spezifisch zugewiesenen Platz in der Gesellschaft und Zugehörigkeit. Auch wenn diese Arbeit unregelmäßig, unzuverlässig und die Rollen oft entwürdigend waren, konnte Theophilus sich so seinen Lebensunterhalt verdienen und eine Familie gründen.

Theophilus heiratete Martha Wegner, eine *weiße* deutsche Frau. Es existiert ein Foto des Paares mit einer Datierung von 1914, doch gibt es kaum Informationen über ihr Leben und ihren Lebensort in Berlin. Sie hatten vier Kinder: Christiana, James, Juliana und Theodor. Theodor spricht von einem ungeregelten, aber spannenden Leben, das er und seine Geschwister zu Hause führten. Sie arbeiteten oft an der Seite ihres Vaters in den Völkerschauen[12] und wuchsen mit dem Verständnis auf, deutsch zu sein. Durch die Erzählungen des Vaters entstanden jedoch auch Verbindungen zu einer kamerunischen Identität.[13]

Mit der Zeit wurde Theophilus zu einer zentralen Figur der kamerunischen und afrikanischen Diaspora-Gemeinschaft in Berlin. Er fungierte als Vermittler zwischen Kameruner:innen und deutschen Behörden. Für Neuankommende war er oft die erste Anlaufstelle und half vielen von ihnen anzukommen.[14] Im Jahr 1919 war er einer der 17 Mitunterzeichner der so genannten Dibobe-Petition, die nach dem aus Kamerun kommenden Quane a (Martin) Dibobe ihren Namen erhielt. Diese umfasste 32 Forderungen für politische und soziale Reformen in den deutschen Kolonien in Afrika. Theophilus' Teilnahme zeugt von seiner zentralen Stellung in der kamerunischen Diaspora zu dieser Zeit. Sein Sohn Theodor beschrieb ihn später als einen »Beschützer der Kameruner:innen«[15].

Seine Kinder beschreiben Theophilus als einen willensstarken Menschen, für den Würde und Stolz sehr wichtig waren. Sie sahen in ihm einen Mann, der gegen Machthabende und Institutionen in einer Gesellschaft kämpfte, deren Rassismus und Diskriminierung seinen Vorhaben und Hoffnungen ständig Steine in den Weg legten.[16] Er wird ferner als selbstbewusst, willensstark, herrisch, charmant, großzügig und stolz beschrieben.[17] Doch im späteren Lebensabschnitt war Theophilus auch mit gesundheitlichen Problemen konfrontiert, u. a. Alkoholismus, was zum

Sorgerechtsverlust seiner Kinder im Jahr 1929 führte. Seine Frau war drei Jahre zuvor verstorben. Die vier Kinder, Theodor war mit drei Jahren das jüngste, wurden voneinander getrennt und bei verschiedenen Familien in der Zirkusbranche zur Pflege untergebracht, die sie mitunter misshandelten und zum Gelderwerb zwangen.[18] Wie die Recherche von Aitken und Rosenhaft[19] aufzeigt, begann Theophilus seine Rückkehr nach Kamerun vorzubereiten, als er seine stark abbauende Gesundheit begriff. Zusammen mit seiner zweiten Frau Marta Lehmann beantragte er wiederholt über das ganze Jahrzehnt der 1920er Jahre hindurch bei der deutschen Regierung eine Rückführung in sein Heimatland, weil er die Reisekosten selbst nicht aufbringen konnte. Doch seine Anträge blieben ohne Erfolg.

Die Region, in die Theophilus zurückkehren wollte, stand mittlerweile unter britischer Kolonialherrschaft; nach der britischen und deutschen Gesetzeslage durfte das Ehepaar nicht einreisen, weil Theophilus *Schwarz* und Marta *weiß* war.[20] Theophilus konnte sich den Wunsch, seinen Lebensabend in Kamerun zu verbringen, somit nicht erfüllen. 1934 starb er im Alter von 55 Jahren im Krankenhaus in Berlin Friedrichshain.

Der Kitt, der die Familie zusammenhielt, löste sich auf und die Wege der heranwachsenden Geschwister trennten sich. James wurde im Alter von zwölf Jahren in verschiedene Wanderzirkusse geschickt, wo er als Akrobat arbeitete. Auch Juliana und Christiana arbeiteten in unterschiedlichen Wanderzirkussen. Nach dem Machtantritt der Nationalsozialisten in Deutschland fanden sich die Zirkusse und ihre diversen Mitglieder in ihrer Existenz vom Diktat des »Ariertums« bedroht, weswegen viele Zirkusgruppen auf Tour gingen oder nach Frankreich flohen, um den Nazis zu entkommen.[21] Von den Geschwistern blieb nur Theodor in Berlin. Trotz rassistischer Erniedrigungen, mit denen er konfrontiert war, blieb er so lange wie möglich an der Schule, bis er schließlich auf nationalsozialistischen Druck vom Gymnasium verwiesen wurde.[22] Theodor schilderte in seiner Autobiografie, dass der frühe Tod seines Vaters für ihn und seine Geschwister erschütternd war, auch wenn sie schon lange nicht mehr zusammenlebten. Gleichzeitig war ihm als Überlebender des NS-Regimes bewusst, dass seinem Vater durch den frühen Tod ein noch schlimmeres Schicksal erspart geblieben war: »Später wurde mir klar, dass sein früher Tod ihn vor den Auswirkungen des Nationalsozialismus bewahrt hatte. Sein Temperament, sein Jähzorn, seine Ungeduld, vor allem im Umgang mit den Behörden, aber auch sein Gerechtigkeitssinn hätten ihn zweifellos in bedrohliche Situationen gebracht. Er wäre bestimmt im KZ gelandet.«[23] Mittlerweile ist keines der Kinder von Theophilus mehr am Leben. Doch die Zeugnisse und Erinnerungen, die sie hinterlassen haben, ermöglichen Einblicke in das Leben *Schwarzer* Deutscher sowie ihrer Erfahrungen, die in Geschichtsbüchern nicht oder nur sehr flüchtig zu finden sind, obgleich sie auf eine Dimension der deutschen Geschichte verweisen, die viel mehr Aufmerksamkeit verdient.

(Aus dem Englischen von Nine Eglantine Yamamoto-Masson.)

Anmerkungen

1 Vgl. Anyangwe, Carlson, *The Secrets of an Aborted Decolonisation. The Declassified British Secret Files on the Southern Cameroons*, Bamenda 2010, S. 23.
2 Vgl. Aitken, Robbie, »Making Visible the Invisible. Germany's Black Diaspora, 1880s–1945«, in: *Sheffield Hallam University*, 10.10.2019. Online abrufbar unter: www.shu.ac.uk/research/in-action/projects/being-black-in-nazi-germany [letzter Zugriff: 14.02.2021].
3 Vgl. Michael, Theodor, *Deutsch sein und schwarz dazu. Erinnerungen eines Afro-Deutschen*, München 2013.
4 Juliana Michael zitiert in Reed-Anderson, Paulette, *Rewriting the Footnotes. Berlin und die afrikanische Diaspora*, Berlin 2000, S. 74 ff.
5 Vgl. Michael, *Deutsch sein und schwarz dazu*.
6 Aitken, »Making Visible the Invisible«, Übersetzung aus dem Original: »their presence was deemed beneficial to the aims of the colonial project«.
7 Ebd., Übersetzung aus dem Original: »occupied an inferior, ill-defined legal position«.
8 Ebd.
9 Reed-Anderson, *Rewriting the Footnotes*, S. 22.
10 Michael, Theodor, *Black German. An Afro-German Life in the Twentieth Century*, übersetzt von Eve Rosenhaft, Liverpool 2017 (Erstauflage 2013), S. 24, übersetzung aus dem Original: »uneducated savages, without culture and dressed in grass skirt«.
11 Vgl. Aitken, »Making Visible the Invisible«.
12 Vgl. Michael, *Deutsch sein und schwarz dazu*.
13 Vgl. Pareigis, Jana, »Sie sind Deutsch? Ja, klar. Afro-Deutsch«, in: *Deutsche Welle*, 26.02.2009.
14 Vgl. Juliana Michael zit. in Reed-Anderson, *Rewriting the Footnotes*, S. 76.
15 Aitken, Robbie / Rosenhaft, Eve, *Black Germany. The Making and Unmaking of a Diaspora Community, 1884–1960*, Cambridge 2013, S. 131. Übersetzung aus dem Original: »protector of Cameroonians«.
16 Vgl. Juliana Michael zit. in Reed-Anderson, *Rewriting the Footnotes*, S. 76.
17 Vgl. Michael, Theodor, »Ein Interview mit dem vorletzten schwarzen Zeugen der NS-Zeit. Interview von Arne Daniels und Kerstin Hernnkind«, in: *Stern, Panorama*, 23.10.2019.
18 Vgl. Juliana Michael zit. in Reed-Anderson, *Rewriting the Footnotes*, S. 73; Michael, *Black German*, S. 24.
19 Aitken/Rosenhaft, *Black Germany*.
20 Vgl. ebd., S. 109–110.
21 James Michael zit. in Reed-Anderson, *Rewriting the Footnotes*, S. 78.
22 Michael, »Ein Interview mit dem vorletzten schwarzen Zeugen der NS-Zeit«.
23 Michael, *Deutsch sein und schwarz dazu*, S. 35.

Sina Knopf

1939 – In der Prinz-Albrecht-Straße wird das Reichssicherheitshauptamt (RSHA) gegründet

Das Reichssicherheitshauptamt (RSHA) der SS gilt heute als Inbegriff des nationalsozialistischen Terrors. Es befand sich in der Prinz-Albrecht-Straße 8, der heutigen Niederkirchnerstraße, und hatte eine zweite Hauptstelle, das Prinz-Albrecht-Palais, in der Wilhelmstraße 102 – beide Orte liegen im heutigen Kreuzberg. Seit 2004 befindet sich auf dem Gelände der ehemaligen Zentrale des RSHAs das Dokumentationszentrum Topographie des Terrors. Das Prinz-Albrecht-Palais, das seit 1934 der SS gehörte, war auch der Arbeitsort des in diesem Buch erwähnten Sabac El Cher. Das RSHA entstand am 27. September 1939, als Heinrich Himmler den Zusammenschluss von Sicherheitspolizei (Sipo) und Sicherheitsdienst (SD) beschloss. Als »Institution des neuen Typs« war das RSHA das bedeutendste Instrument der nationalsozialistischen Unterdrückungs-, Verfolgungs- und Vernichtungspolitik und bildete das konzeptionelle wie exekutive Zentrum der NS-Weltanschauung.[1]

Der Einmarsch in Polen und die Sowjetunion ab September 1939 lässt sich als Expansionsstreben zur Aneignung von Ostgebieten begreifen. Die Einsatztruppen des RSHAs führten in den annektierten Gebieten einen Vernichtungsfeldzug gegen die lokale Bevölkerung, der nicht nur darauf abzielte, den Kriegsgegner mit militärischen Mitteln niederzuringen, sondern auch die von Hitler geforderte »neue Ordnung der ethnographischen Verhältnisse« zu etablieren.[2] Die Angliederung bestimmter Teile Polens an das Deutsche Reich sowie die Gründung eines sogenannten Generalgouvernements als Reservat für »fremdvölkische« oder »asoziale« Polen weisen gewisse Kontinuitäten zum Überseekolonialismus auf. Die Bestrebungen der territorialen Aneignung einer Nation und die damit einhergehende Machtausübung auf die lokale Bevölkerung ist zweifellos in

Zusammenhang mit dem Kolonialismus zu setzen.³ Die konkreten Politiken unterschieden sich jedoch erheblich.⁴

Als »Institution des neuen Typs« verstand sich das RSHA als eine »kämpfende Verwaltung«, die nicht als reiner Befehlsempfänger der NS-Führungsriege fungierte, sondern Anordnungen und Befehle selbstständig formulierte, vorbereitete und durch ihre Außenstellen in den »Ostkolonien« eigenverantwortlich ausführte.⁵ Die Mitarbeitenden des RSHAs und seiner unterstellten Ämter stammten vornehmlich aus einem bürgerlich-elitären Umfeld und engagierten sich bereits während der akademischen Ausbildung völkisch und militant, was sich später in der Härte ihres Vorgehens gegenüber der zu kolonisierenden Gebiete in Osteuropa zeigte. Während sich die Ämter I und II lediglich der organisatorischen und verwaltungstechnischen Bereiche des RSHAs widmeten, befassten sich die anderen unterstellten Ämter mit der Staatssicherheit sowie der Bearbeitung von sogenannten »weltanschaulichen Belangen«, die durch die Sonderreferate West und Ost für die zu kolonisierenden Gebiete zuständig waren.⁶ Die Ressentiments gegen Polen, die nach dem Ersten Weltkrieg im Deutschen Reich virulent wurden, sorgten dafür, dass das RSHA bereits am 19. April 1941 – noch vor dem offiziellen Beschluss der Wannsee-Konferenz zur »Endlösung der Judenfrage« – die Internierung der polnischen Juden in Ghettos im Generalgouvernement anordnete.⁷

Die zentralen Aufgabengebiete des RSHAs und seiner unterstellten Ämter umfassten neben »sicherheitspolitischen und nachrichtendienstlichen Belangen« auch die »Sicherung der weltanschaulichen Fundamente«⁸. Das RSHA war für die »rassische Reinhaltung des Volkskörpers« im Rahmen der Ostexpansion zur Gewinnung von neuem »Lebensraum« zuständig.⁹ Die »völkische Flurbereinigung« wurde mit Hilfe der sogenannten »Rasseformel« durch die anthropologische Vermessung der lokalen Bevölkerung durch das RuSHA durchgeführt.¹⁰ Als Leiter des Amtes I und Generalleutnant der Sicherheitspolizei und des SD organisierte Bruno Streckenbach zunächst die Ermordung von tausenden polnischen Oppositionellen in den besetzten Gebieten.¹¹ Anschließend verübten die Einsatzgruppen in Polen und der Sowjetunion die in der Berliner Zentrale geplanten »Säuberungsaktionen« an den lokalen Bildungseliten und dem Klerus, an Sinti:zze und Rom:nja sowie an Jüdinnen:Juden.¹² Die »vorbeugende Verbrecherbekämpfung« wurde im Jahre 1942 zunehmend verschärft und hatte die Deportation sogenannter

»Berufsverbrecher« und »Asozialer« in Arbeits- und Konzentrationslager zur Folge; bis Ende 1944 waren etwa 800.000 Menschen aufgrund des Selektionsschemas deportiert worden und über eine halbe Millionen Menschen wurden bei der nationalsozialistischen »völkischen Flurbereinigung« ermordet.[13] Für die Unterbringung der jüdischen Bevölkerung wurden etliche Ghettos in Litzmannstadt, Belzec, Chełmno (Warthegau), Sobibor, Treblinka, und Auschwitz-Birkenau, errichtet.[14] Bedingt auch durch die zunehmend schwierige Versorgung der in die Ghettos umgesiedelten Menschen wurden die Methoden des RSHAs immer radikaler und führten zur Vernichtung von Millionen von Menschen in Konzentrationslagern.[15]

Die Verflechtungen von imperialistischen und kolonialistischen Bestrebungen des Kaiserreichs mit der NS-Außenpolitik, die »Lebensraum im Osten« aneignen wollte, werden teilweise kontrovers diskutiert. Die Expansion nach und die Landnahme im Osten waren in Adolf Hitlers Programmschrift »Mein Kampf« vorgegeben, in der er forderte, sich den »Lebensraum« kulturell und »rassisch minderwertiger« Völker anzueignen und eine »Bodenpolitik« im Rahmen der »Kolonisation der Ostmark« zu etablieren.[16] Die Rückgewinnung der ehemaligen deutschen Kolonien in Übersee hatte für Hitler dagegen keine Priorität – er forderte die vorläufige Beendigung der »Kolonial- und Handelspolitik in Übersee« zu Gunsten der Expansion gen Osten.[17] In diesem Sinne sprach Hans Frank als Leiter der Verwaltung der annektierten Ostgebiete in einer Tagung im November 1939 vom Generalgouvernement als dem »ersten Kolonialgebiet der deutschen Nation«. Erst nach 1942 sollte der Begriff der Kolonie vermieden werden, um der sowjetischen Propaganda nicht zuzuliefern.[18]

Das Streben nach neuem »Lebensraum im Osten« ist durchaus mit der Landnahme vergleichbar, die in den Siedlerkolonien in Afrika vollzogen wurde. Der wesentliche Unterschied liegt allerdings in der extremen Maßnahme der »rassischen« Neuordnung der Ostgebiete.[19] Die von den RSHA-Außenstellen durchgeführten Massenerschießungen der polnischen Intelligenzija dienten dem Ziel einer kolonialen Erschließung in Sachen Arbeitskräfte – das Generalgouvernement sollte als Reservoir des Reiches für Handarbeiter:innen dienen. Die sogenannte »Intelligenzaktion«, Massenerschießungen der polnischen Intelligenzija, begann am 1. September 1939 mit der Stürmung des polnischen Postamtes der Stadt Danzig und wurde im April 1940 abgeschlossen; insgesamt wurden rund 60.000 Intellektuelle von den RSHA-Angestellten ermordet und weitere 50.000 in die schnell errichteten Arbeits- und Konzentrationslager des Generalgouvernements deportiert.[20] Absurderweise neigte sich die polnische Intelligenz gemäß des nationalsozialistischen »Rasse«-Systems eher dem Deutschen zu, stand aber laut den »Experten« des RuSHAs unter falschem Einfluss und musste daher vernichtet oder als Handarbeiter:innen genutzt werden, um die Pläne der kolonialen Aneignung nicht zu gefährden. »Rassisch wertvolle« Minderjährige dagegen wurden entsprechend ins Reich umgesiedelt.[21] Später sollte auch das Generalgouvernement zum Siedlungsgebiet für Deutsche werden.

Die Eroberung und Ausbeutung der Ostgebiete sowie die Neuordnung der Territorien auf »rassischer« Grundlage zeigt Analogien zur Geschichte des überseeischen Kolonialismus auf.[22] Die nationalsozialistische Kriegsführung in den annektierten Ostgebieten orientierte sich möglicherweise direkt am Genozid an den Herero und Nama in »Deutsch-Südwest« zwischen 1904 und 1908. Die damalige Strategie zielte auf die Vernichtung einer ganzen ethnischen Gruppe.[23] Vor allem entlang der Anwendung des Konzeptes der »Rasse« können Parallelen zwischen der kolonialen Machtherrschaft und der nationalsozialistischen Expansionspolitik im Osten gezogen werden[24], doch die konsequente und extreme Orientierung des Nazi-Apparates an »rassischen« und eugenischen Kriterien bringt ohne Zweifel auch ein gänzlich neues Element zum Tragen.[25]

Weitere Parallelen zwischen Übersee-Kolonialismus und Ostexpansion zeigen sich zudem in personeller Hinsicht – teilweise waren es die gleichen Personen, die in beiden Kontexten Funktionen ausübten. So wurde beispielsweise Franz Ritter von Epp, der 1904 bis 1906 als Kompaniechef der Schutztruppe gegen die Herero und Nama kämpfte, später Regierungspräsident im besetzten Posen. Die gleiche Funktion füllte der ehemalige stellvertretende Gouverneur in Kamerun, Viktor Böttcher, aus. Ein anderes Beispiel ist die »Togo-Gesellschaft«, die in den Ostgebieten neu gegründet und unter dem Namen »Togo-Ost« tätig war.[26] Dass der Übersee-Kolonialismus und die Osterweiterungsbestrebungen des nationalsozialistischen Regimes dem gleichen Referenzrahmen entstammen, zeigt David Blackbourn mit der Feststellung, dass erst mit der Abtretung der annektierten Ostgebiete nach dem Zweiten Weltkrieg das offizielle Ende der deutschen Kolonialmacht vollzogen worden sei.[27]

1939 – In der Prinz-Albrecht-Straße wird das Reichssicherheitshauptamt (RSHA) gegründet

Durch die zunehmenden internen Differenzen zwischen den RSHA unterstellten Ämtern, Konflikte mit der Wehrmacht, den anwachsenden polnischen Widerstand und die militärischen Niederlagen wurde das Vorgehen der Behörde immer schwieriger. Dennoch konnte das Amt seine Politik vor allem im Hinblick auf Widerstandsbekämpfung und »Endlösung« sogar noch maßgeblich radikalisieren. Der Leiter, SS-Obergruppenführer Reinhard Heydrich, fungierte seit September 1941 als stellvertretender Reichsprotektor im Protektorat Böhmen und Mähren[28] und erhielt in der Widerstandsbekämpfung den Beinamen »Schlächter von Prag«[29]. Bis zu seinem Tod im Mai 1942 war er mit Plänen für die »Endlösung der Judenfrage« befasst und leitete am 20. Januar 1942 die Wannseekonferenz in Berlin, auf der die Vernichtungspolitik koordiniert wurde.[30]

Der Reichsprotektor Heydrich verkörperte wie kaum ein anderer die für den nationalsozialistischen Terrorapparat charakteristische Kombination aus Effizienz, fanatischer Ideologie und kaltem Verbrechertum.[31] Nachdem Heydrich am 27. Mai 1942 in Prag nach einem Attentat durch tschechoslowakische Widerstandskämpfer im Auftrag der Exilregierung starb, übernahm Heinrich Himmler für ein halbes Jahr selbst die Leitung des RSHAs.[32] Im Januar 1943 wurde der hochrangige SS-Funktionär Ernst Kaltenbrunner zur obersten Leitung der Behörde berufen. Unter seiner Führung wurden bis zum Ende des Krieges durch die Einsatzgruppen rund eine Millionen Menschen ermordet. Er setzte die ideologische Kriegsführung, die Umsiedlung der Bevölkerung in Arbeits- und Konzentrationslager sowie die »Endlösung der Judenfrage« konsequent fort.[33]

Die Shoah kann nicht in einem kolonialen Rahmen analysiert werden. Eine Untersuchung über den »Generalplan Ost« zur Errichtung eines Großgermanischen Reiches kann dies jedoch, in dem u. a. das RSHA die Lebensraumpolitik im Osten entwickelte, zeigt exemplarisch die Verflechtung von Siedlungsplanung, Vertreibung und Neuordnung in Osteuropa auf. Der »Drang nach Osten« wurde schon im Kaiserreich von zahlreichen Akteuren artikuliert – oftmals von den gleichen Gruppen wie etwa dem Alldeutschen Verband, die auch Kolonien in Übersee forderten.

Anmerkungen

1 Vgl. Rürup, Reinhard (Hg.): *Topographie des Terrors. Gestapo, SS und Reichsicherheitshauptamt auf dem »Prinz-Albrecht-Gelände«*. Eine Dokumentation, Berlin 1987, S. 70.
2 Ebd., S. 17.
3 Vgl. Malinowski, Stefan / Gerwarth, Robert, »Der Holocaust als ›kolonialer Genozid‹? Europäische Kolonialgewalt und nationalsozialistischer Vernichtungskrieg«, in: *Geschichte und Gesellschaft* 33 (2007), S. 439–466, hier S. 455.
4 Vgl. Terkessidis, Mark, *Wessen Erinnerung zählt? Koloniale Vergangenheit und Rassismus heute*, Hamburg 2019, S. 149 ff.
5 Wildt, Michael, »Das Reichssicherheitshauptamt. NS-Terror-Zentrale im Zweiten Weltkrieg«, in: Nachama, Andreas (Hg.), *Topographie des Terrors. Notizen*, Bd. 13, Berlin 2019, S. 12.
6 *Akte zur Errichtung und Unterhaltung des Ghettos Litzmannstadt für die jüdische Bevölkerung, 1940–42, Bd. 3* Bundesarchiv Berlin-Lichterfelde, Sig. R58/3518, S. 13 ff.
7 Frank, Hans, »Einleitung«, in: Geiss, Imanuel / Jacobmeyer, Wolfgang (Hg.), *Deutsche Politik in Polen 1939–1945. Aus dem Diensttagebuch von Hans Frank, Generalgouverneur*, Opladen 1980, S. 11–22, hier S. 14 ff.
8 Wildt, *Generation des Unbedingten*, S. 42.
9 Höhne, Heinz, *Der Orden unter dem Totenkopf. Die Geschichte der SS*, Gütersloh 1967, S. 270.
10 Krausnick, Helmut, »Denkschrift Himmlers über die Behandlung der Fremdvölkischen im Osten«, in: Institut für Zeitgeschichte (Hg.), *Vierteljahrshefte für Zeitgeschichte* 5(2) (1957), S. 194–198, hier S. 196.
11 Vgl. Wildt, *Generation des Unbedingten*, S. 17.
12 Vgl. Krausnick, »Denkschrift Himmlers«, S. 197.
13 Vgl. Wildt, *Generation des Unbedingten*, S. 80.
14 Vgl. *Akte zur Errichtung und Unterhaltung des Ghettos Litzmannstadt für die jüdische Bevölkerung, 1940–42*, Bd. 3 Bundesarchiv Berlin-Lichterfelde, Sig. R58/3518, S. 29.
15 Vgl. Müller, Rolf Dieter, *Hitlers Ostkrieg und die deutsche Siedlungspolitik. Die Zusammenarbeit von Wehrmacht, Wirtschaft und SS*, Frankfurt am Main 1991, S. 7.
16 Hitler, Adolf, *Mein Kampf*, München 1927, S. 2.
17 Vgl. Terkessidis, *Wessen Erinnerung zählt?*, S. 124, 150; Wildt, *Generation des Unbedingten*, S. 654.
18 Vgl. ebd., S. 149.
19 Vgl. KZ-Gedenkstätte Neuengamme in Zusammenarbeit mit der Uni Augsburg und Uni Hamburg, »Verflechtungen. Koloniales und rassistisches Denken und Handeln im Nationalismus. Voraussetzungen – Funktionen – Folgen«, in: *Neuengammer Studienhefte* 5 (2019), S. 115; Malinowski/Gerwarth, »Der Holocaust als ›kolonialer Genozid‹?«, S. 460; Kumà Ndumbe III., Alexandre, *Was wollte Hitler in Afrika? NS-Planungen für eine faschistische Neugestaltung Afrikas*, Frankfurt 1993, S. 74.

20 Vgl. Wildt, *Generation des Unbedingten*, S. 31.
21 Vgl. Höhne, *Der Orden unter dem Totenkopf*, S. 270.
22 Zimmerer, Jürgen, »Nationalsozialismus postkolonial. Plädoyer zur Globalisierung der deutschen Gewaltgeschichte«, in: *Zeitschrift für Geschichtswissenschaft* 57(6) (2009), S. 529–548, hier S. 539.
23 Kundrus, Birthe, »Kontinuitäten, Parallelen, Rezeptionen. Überlegungen zur ›Kolonialisierung‹ des Nationalsozialismus«, in: *WerktattGeschichte* 43 (2006), S. 45–62, hier S. 46.
24 Rürup, Reinhard (Hg.), *Topographie des Terrors. Gestapo, SS und Reichssicherheitshauptamt auf dem »Prinz-Albrecht-Gelände«. Eine Dokumentation*, Berlin 1987, S. 124; Metzler, Gabriele, »Die Auflösung der europäischen Imperien und ihre Folgen«, in: Informationen zur politischen Bildung (Hg.), *Europa zwischen Kolonialismus und Dekolonisierung* 338 (2018), S. 34–37, hier S. 35.
25 Vgl. Malinowski/Gerwarth, »Der Holocaust als ›kolonialer Genozid‹?«, S. 442.
26 *Akte zur Entstehung, Entwicklung und Tätigkeit des SD, 1939–45*, Bd. 10, Bundesarchiv Berlin-Lichterfelde, Sig. R58/3569.
27 Vgl. Blackbourn, David, »*Das Kaiserreich transnational. Eine Skizze*«, in: Conrad, Sebastian / Osterhammel, Jürgen (Hg.), *Das Kaiserreich transnational. Deutschland in der Welt 1871–1914*, Göttingen 2004, S. 302–324, hier S. 322 ff.
28 Vgl. Calic, Edouard, *Reinhard Heydrich. Schlüsselfigur des Dritten Reiches*, Paris 1982, S. 235.
29 Wykes, Alan, *Reinhard Heydrich. Der Mann im Schatten der SS*, Rastatt 1982, S. 21.
30 Vgl. ebd., S. 129 ff.
31 Vgl. Gerwarth, Robert, *Reinhard Heydrich. Biographie*, München 2011, S. 9.
32 Vgl. Wykes, *Reinhard Heydrich*, S. 135.
33 Black, Peter, *Ernst Kaltenbrunner. Ideological Soldier of the Third Reich*, New Jersey 1984, S. 139.

Lukas Fuchsgruber

1986 – In der Elefanten Press Galerie eröffnet die Ausstellung »Weiss auf Schwarz. Kolonialismus, Apartheid und afrikanischer Widerstand«

1986 fand in der Elefanten Press Galerie in Kreuzberg (Zossener Str. 32) eine Ausstellung über Kolonialismus und Apartheid statt, deren Schwerpunkte auf der Kontinuität von Kolonialismus und Rassismus einerseits und auf dem Widerstand in Südafrika andererseits lagen. Die Ausstellung knüpfte an eine Reihe von Projekten in Bremen der Universität, des Überseemuseums, des Afrika Vereins und an eine Ausstellung der Neuen Gesellschaft für bildende Kunst (nGbK) in Berlin[1] an. Im Vergleich zu den früheren Projekten basierte die Ausstellung von 1986 jedoch auf der direkten Zusammenarbeit mit dem südafrikanischen African National Congress (ANC). Auch bedienten sich die Macher:innen künstlerisch-aktivistischer Methoden, um sich mit dem Widerstand gegen das Apartheidregime zu solidarisieren.

Schon bei dieser Ausstellung wurden Straßennamen thematisiert – zu sehen waren Beispiele von Straßenschildern aus verschiedenen Städten, die etwa Namen von Akteur:innen des deutschen Kolonialismus trugen, wie Lüderitzstraße oder Karl-Peters-Straße. Diese wurden Schildern aus dem Südafrika der Apartheid gegenübergestellt, vor allem solchen, die bestimmte Orte für Menschen mit weißer Hautfarbe reservierten. Gleich am Eingang des Ausstellungsraums waren zwei Türen aufgebaut, die nach südafrikanischem Vorbild Eingänge für Menschen mit verschiedenen Hautfarben bezeichneten, ein Eingang für weiße Menschen und ein »Entrance Non-Whites Only«. Um den realistischen Charakter des Enactments zu verstärken, gab es bei der Ausstellungseröffnung eine Person in südafrikanischer Polizeiuniform. Ähnliche Hinweise waren auch im Schaufenster der Galerie zu sehen und sollten Passant:innen mit dem Thema konfrontieren.

Abb. 1: Vitrine in der Elefanten Press Galerie 1986, die mit rassistischen Produkten auf Kontinuitäten kolonialer Bilder hinweist, FHXB Friedrichshain-Kreuzberg Museum Archiv.

Die Schilder wurden zusätzlich durch solche aus der Zeit der nationalsozialistischen »Rassen«-Trennung ergänzt. So gab es in der Ausstellung auch eine Bank aus dem Wiener Volkspark mit einer Plakette, auf der »Nur für Arier« stand. Die jüdisch-deutsche Journalistin Ruth Weiss, die zusammen mit Hans Mayer die ausstellungsbegleitende Publikation »Afrika den Europäern« verfasste, hatte sich schon in ihrer politischen Biographie »Ein Lied ohne Musik« 1981 für den Vergleich stark gemacht. Weiss war mit ihrer Familie 1936 vor den Nazis nach Südafrika geflohen und hatte dort die sogenannte Rassentrennung erlebt, die sie wiederum an das Deutschland ihrer Kindheit erinnerte.[2] Dieser Zusammenhang wurde auch durch Fotos einer Hakenkreuzflagge der burisch-rechtsextremen »Afrikaner Weerstandsbeweging« unterstrichen.[3]

Die Wände der Ausstellung waren mit schwarzen Folien verhangen, dazwischen standen Vitrinen mit Alltagsgegenständen, die rassistische und koloniale Motive trugen, u. a. wurden gesundheitsschädigende Produkte zur Hautaufhellung gezeigt.[4] Auf den Fotos an den Wänden waren Gewalttaten und Aufstände in Südafrika gezeigt, etwa vom Massaker in Sharpeville 1960 (Ermordung von 69 Demonstrant:innen) oder dem Beginn der

1986 – In der Elefanten Press Galerie eröffnet die Ausstellung »Weiss auf Schwarz«

Abb. 2: Gegenüberstellung in der Elefanten Press Galerie 1986 von »Whites only«-Schildern aus Südafrika, Symbolen einer südafrikanischen Nazi-Partei, einem »nur für Arier« Schild aus Wien und Straßenschildern mit Kolonialbezügen, FHXB Friedrichshain-Kreuzberg Museum Archiv.

Schüler:innenaufstände in Soweto 1976. Aber auch Zwangsumsiedlungen und Gefangenschaft wurden thematisiert.⁵ Der starke Bezug auf Südafrika war als Solidarisierung mit dem intensiven Widerstand gegen die Apartheid in den 1980er Jahren zu verstehen. Interessanterweise zeigt ein Blick auf das sonstige, grundsätzlich gesellschaftskritische Programm der Galerie und des Verlags, dass die Auseinandersetzung mit Kolonialismus und Rassismus ansonsten kaum eine Rolle spielte. Somit scheinen die Geschehnisse in Südafrika der Hauptgrund für die Konzeption der Ausstellung zu sein.

Die Zusammenarbeit mit dem ANC und mit internationalen Südafrika-Solidaritätsbewegungen zeigt sich auch an den Leihgeber:innen der Ausstellung, unter ihnen die Anti-Apartheid-Bewegungen AAW Berlin/Bonn, der ANC Bonn/London und das International Defence & Aid Fund for Southern Africa (IDAF). Bei der Ausstellungseröffnung war der ANC Aktivist Ben Molathe, der sich als Theologiestudent 1985 bis 1987 mit einem Stipendium der Gossner Stiftung in der DDR aufhielt – nicht nur, um sich über zu Apartheid auszutauschen, sondern auch zur Rolle der Kirche

Abb. 3: Apartheid-Schilder im Fenster des 1. OG der Elefanten Press Galerie 1986, FHXB Friedrichshain-Kreuzberg Museum Archiv.

im Sozialismus.[6] Er traf dort auf Gottfried Kraatz[7], der sich als Pfarrer in Kapstadt gegen die Apartheid engagierte, weshalb er eine Haftstrafe antreten musste.[8] Der Ausstellungskatalog enthält ein Vorwort des SPD-Vorsitzenden Willy Brandt sowie eines von Francis Meli, Mitglied des »Exekutiv Kommitees« des ANC. Meli würdigte die Ausstellung als Sichtbarmachung des Apartheid-Systems und wies auf die »bestehende [...] Zusammenarbeit und Unterstützung des Botha-Regimes durch die Bundesrepublik Deutschland« hin.[9]

Die Ausstellung wäre ohne die bereits existierenden antikolonialen Netzwerke in Bremen – wie den Afrika-Verein – nicht möglich gewesen. Dort lag der Fokus allerdings weniger auf Südafrika. In Bremen gab es zwei erinnerungspolitische Schwerpunkte: Zum einen der einhundertste Jahrestag der »Kongo-Konferenz« von 1884, zum anderen das heute wieder aktuelle Thema des Kunstraubs, etwa aus Nigeria. Bremen hatte für die deutsche Kolonialgeschichte eine große Bedeutung, da der dort geborene Kaufmann Adolf Lüderitz die Gründung der Kolonie »Südwest« einleitete. In den 1970er Jahren hielt sich Ben Amathila, Aktivist der namibischen Befreiungsbewegung SWAPO, an der Universität in Bremen auf.[10] In Absprache

1986 – In der Elefanten Press Galerie eröffnet die Ausstellung »Weiss auf Schwarz«   311

Abb. 4: Ausstellungsdesign mit schwarz verhängten Wänden in der Elefanten Press Galerie 1986. Im Hintergrund links ist das Fenster der Galerie zu sehen, an dem von der Straße sichtbare Apartheid-Schilder montiert wurden (siehe Abb. 3), FHXB Friedrichshain-Kreuzberg Museum Archiv.

mit ihm wurde beschlossen, Bildungsprogramme sowohl in Deutschland als auch für Namibia zu entwerfen.[11]

Daran waren Akteur:innen der Universität wie das Ehepaar Manfred O. Hinz und Helgard Patemann sowie der Direktor des Überseemuseums, Herbert Ganslmayr beteiligt.[12] Ganslmayr war durch seine Forschung und sein museumspolitisches Engagement mit Personen in Nigeria vernetzt und trug mit Gert von Paczensky, ebenfalls ein wichtiger Akteur in den museumspolitischen Debatten der 1970er Jahre, das Thema des Kunstraubs aus Kamerun und Benin in die Ausstellung.[13] Zusammen veröffentlichten sie im gleichen Zeitraum einen wichtigen Band über die Debatte um den »Erwerb« von Kulturgut im kolonialen Kontext.[14] Namibia stand im Fokus des Kreises an der Universität Bremen, zum Beispiel im Projekt »Politische Landeskunde Namibias«[15]. Nach der Unabhängigkeit Namibias waren Hinz und Patemann für 10 Jahre vor Ort in Windhoek, um unter anderem am Aufbau des Rechtssystems mitzuarbeiten.[16]

Im Vorfeld des 100-jährigen Jahrestags der Berliner »Kongo-Konferenz« 1884 luden die Bremer Akteur:innen im Jahre 1983 zu einem Symposium ein.[17] Das Überseemuseum publizierte die Ergebnisse als »Protokolle und

Generalakte der Berliner Afrika-Konferenz 1884–1885«[18]. Eine Ausstellung zur Geschichte und Kontinuität von europäischem Kolonialismus wurde entwickelt, die nicht nur in Bremen, sondern auch 1985 in Schwäbisch Hall anlässlich der »Dritte-Welt Woche« gezeigt wurde.[19] Didaktische Elemente der Ausstellung waren Karten, historische Stiche und Fotografien sowie Gegenstände, die die Fortdauer kolonialer Machtverhältnisse und rassistischer Bildlichkeit belegten.

Teile dieser Ausstellung übernahm die Kreuzberger nGbK Galerie 1984 für eine Ausstellung in den Berliner Festspielen in der Budapester Straße,[20] die ein weiterer wichtiger Vorläufer der Elefanten Press Ausstellung war. Im Projektteam waren Hans Mayer, Brigitte Schreiber und Rolf Brockschmidt.[21] Im ngbK Archiv finden sich Ansichten der Ausstellung von 1984. Durch den Vergleich mit dem Katalog lassen sich die Exponate identifizieren. So war eine »Karte von Central Afrika« von 1885 zu sehen; ein Porträt des für die »Erschließung« des Kongo für Belgien entscheidenden Forschers Henry Morton Stanley; eine zeitgenössische Illustration der Afrikakonferenz, zentral Otto von Bismarck; weitere Illustrationen aus jener Zeit, die etwa die Zerstörung von Dörfern in Kamerun durch deutsche Truppen zeigten, sowie eine Kolonial-Ehrentafel, auf der u. a. Kurfürst Friedrich Wilhelm, Adolf Lüderitz, Carl Peters, Gustav Nachtigal und Otto von Bismarck zu sehen waren.[22]

Im Rahmen der Ausstellung erschien »Afrika den Europäern. Von der Berliner Kongokonferenz 1884 ins Afrika der neuen Kolonisation« von Ruth Weiss und Hans Mayer. Das Buch dokumentiert die Herangehensweise der Ausstellung: Die historische Erzählung geht von kolonialen Bestrebungen Belgiens im frühen 19. Jahrhundert über die »Kongo-Konferenz« der europäischen Kolonialmächte bis hin zu den 1970ern und den neuen Versuchen der Einflussnahme auf die afrikanischen Nationen.[23] Ebenfalls 1984 erschien bei Elefanten Press ein sogenanntes »Bilderlesebuch«[24], das dann für die 1986er Ausstellung überarbeitet und neu herausgegeben wurde.[25] Im Buch, wie auch in der späteren Ausstellung der Elefanten Press Galerie, lag der Fokus auf deutschem Kolonialismus – Texte und Bilder befassten sich mit dessen Geschichte und Kontinuität. Gezeigt wurde auch der Widerstand. Elefanten Press war für diese Bilderlesebücher bekannt, in denen sozialistische, klimapolitische, feministische und autonome Inhalte in zugänglichen Texten und mit vielen Fotos vermittelt wurden.

Die Recherchen zu diesem Text zeigen, dass es durchaus eine kritische Erinnerung an den Kolonialismus gab. Der Anstoß zur Ausstellung in Berlin lässt sich auf Bremer Netzwerke zurückverfolgen. Am Beispiel der Elefanten Press wird deutlich, wie linke Akteur:innen der Berliner Gegenkultur diese kritischen Auseinandersetzungen aufgriffen und weiterentwickelten und mit einem offensiven Ausstellungsdisplay die Widerständigkeit gegen Rassismus und Kolonialismus sichtbar machen wollten.

Anmerkungen

1 Vgl. Hinz, Manfred O./Patemann, Helgard/ Meier, Arnim, *Weiss auf Schwarz. 100 Jahre Einmischung in Afrika*, Berlin 1984.
2 Vgl. Weiss, Ruth, *Ein Lied ohne Musik. Politische Autobiographie*, Ravensburg 1983, S. 9 ff.
3 FHXB Museum Archiv, K03_0496_24-38.
4 FHXB Museum Archiv, K03_0495_31-40a.
5 FHXB Museum, Archiv, K03_0496_24-38.
6 Vgl. Archiv Gossner Mission. Evangelisches Landeskirchliches Archiv in Berlin, Gossner G 1/1576: Stipendiaten Bert Seraja und Ben Mohlathe.
7 FHXB Museum Archiv, K03_0497_01-11.
8 Vgl. dpa-Meldung »Pfarrer Kraatz ist Superintendent«, in: *taz*, 7.10.1986, S. 5.
9 Hinz, Manfred O./Patemann, Helgard / Meier, Arnim, *Weiss auf Schwarz. Kolonialismus, Apartheid und afrikanischer Widerstand*, Berlin 1986, S. 7.
10 Vgl. Henkenberens, Carolin, »Bremen und Windhoek. Wie Freundschaft entsteht«, in: *Weserkurier*, 31.5.2018. Online abrufbar unter: www.weser-kurier.de/bremen/wie-freundschaft-entsteht-doc7e4iwhu0mr7193yy91sf?reloc_action=arti kel&reloc_label=/bremen_artikel,-wie-freundschaft-entsteht-_arid,1735232.html [letzter Zugriff: 09.06.2021].
11 Vgl. ebd.
12 Vgl. ebd.
13 Vgl. Savoy, Bénédicte, *Afrikas Kampf um seine Kunst. Geschichte einer postkolonialen Niederlage*, München 2021, S. 71; Hinz/Patemann/Meier, *Weiss auf Schwarz. 100 Jahre Einmischung in Afrika*, S. 175 ff.; Hinz/Patemann/Meier, *Weiss auf Schwarz. Kolonialismus, Apartheid und afrikanischer Widerstand*, S. 168 ff.
14 Vgl. Paczensky, Gert / Ganslmayer, Herbert, *Nofretete will nach Hause. Europa – Schatzhaus der »Dritten Welt«*, München 1984.
15 Patemann, Helgard, *Lernbuch Namibia, ein Lese- und Arbeitsbuch. Projekt Politische Landeskunde Namibias an der Universität Bremen*, Bremen 1984.
16 Vgl. Henkenberens, »Bremen und Windhoek«.
17 Vgl. Gatter, Thomas, »Internationales Symposium ›Berliner Afrika-Konferenz 1884/85‹. Ein Projekt des Bremer Afrika Archivs«, in: *Africa Spectrum*, 18(1) (1983), S. 107–109.
18 Gatter, Thomas, *Protokolle und Generalakte der Berliner Afrika-Konferenz. 1884–1885*, Bremen 1984.
19 *Plakat im Archiv Zürcher Hochschule der Künste, Museum für Gestaltung Zürich*. Plakatsammlung. Archivnummer: 84-2484
20 Vgl. »Afrika, 100 Jahre Einmischung«, in: *nGbK Archiv*. Online abrufbar unter: archiv.ngbk.de/projekte/afrika-100-jahre-einmischung/ [letzter Zugriff: 10.01.2021].
21 Vgl. ebd.
22 Vgl. Hinz/Patemann/Meier, *Weiss auf Schwarz. Kolonialismus, Apartheid und afrikanischer Widerstand*.
23 Vgl. Mayer, Hans / Weiss, Ruth, *Afrika den Europäern! Von der Berliner Kongokonferenz 1884 ins Afrika der neuen Kolonisation*, Wuppertal 1984.

24 Vgl. Hinz/Patemann/Meier, *Weiss auf Schwarz. 100 Jahre Einmischung in Afrika.*
25 Vgl. Hinz/Patemann/Meier, *Weiss auf Schwarz. Kolonialismus, Apartheid und afrikanischer Widerstand.*

Clemens Wildt

2008 – Rudi Dutschke bekommt eine Straße in Kreuzberg

Als im April 2008 ein Teil der Kreuzberger Kochstraße in Rudi-Dutschke-Straße umbenannt wurde, fand eine lange Auseinandersetzung ihr Ende. Insbesondere der anliegende Axel-Springer-Verlag hatte mit Klagen versucht, die Umbenennung zu verhindern. Weder passte dem Verlag eine Adresse, die nach dem ungeliebten Studierendenführer benannt war, noch hatte die Leitung die schweren Proteste vergessen, die tagelang vor dem Gebäude gegen die Bildzeitung und ihre vermeintliche Mitverantwortung am Attentat auf Rudi Dutschke stattgefunden hatten. Rudi Dutschke war zweifellos das Gesicht und Symbol der Studierendenrevolte von »68« und in einem Bürgerentscheid wurde die Neubenennung beschlossen.

Wenn es um Rudi Dutschke geht, dann steht gewöhnlich seine Kritik des Kapitalismus im Vordergrund, doch gibt es gute Gründe, ihn auch in einem Buch über koloniale Spuren im Bezirk Friedrichshain-Kreuzberg zu erwähnen, denn die zweite maßgebliche Stoßrichtung der damaligen Kämpfe war der Widerstand gegen den Imperialismus. Die Politisierung der Studierendenschaft in Westberlin wurde angestoßen durch die Solidarisierung mit den Freiheitsbewegungen in den ehemaligen kolonialisierten Ländern und den revolutionären Kräften der neuen »3. Welt«. Der antikoloniale Widerstand hatte bereits in den 1950er-Jahren u. a. durch den Kampf Algeriens gegen die französische Kolonialmacht erhebliche Aufmerksamkeit erhalten. Schließlich hatten im Jahre 1960 insgesamt 17 afrikanische Staaten ihre Unabhängigkeit von den europäischen Kolonialmächten erklärt, unterstützt wurden sie von den Vereinten Nationen mit einer »Entkolonisierungsresolution« (Vereinte Nationen 1960).

Im geteilten Deutschland manifestierte sich spätestens mit der »Berlin-Krise« 1958 und dem Bau der Berliner Mauer ab 1961 die unmittelbare Wirkung der Blockkonfrontation des Kalten Krieges. Vor allem die USA schienen an verschiedenen Orten der Welt, insbesondere natürlich in Vietnam, in die Fußstapfen der alten europäischen Kolonialmächte zu treten und einen neuen Imperialismus zu etablieren. Dabei nahmen die politisch interessierten Studierenden auch starken Anteil am Schicksal der Zivilbevölkerung. Die Führungsrolle der USA erschien zunehmend zweifelhaft, sowohl in der Welt als auch in der Bundesrepublik Deutschland.

Der Sozialistische Deutsche Studentenbund (SDS) tat sich in den 1960er-Jahren als ein besonders wichtiger Teil der Bewegung des Internationalismus und der Neuen Linken hervor. Der Verband verstand sich als antiautoritär und setzte sich stark für die Außerparlamentarische Opposition (APO) ein; sein Einfluss auf die Studierendenbewegung in Westdeutschland war zentral. Rudi Dutschke, Soziologie-Student der Freien Universität Berlin, wurde ab Anfang 1965 der »Kopf und der innere Motor« der führenden Fraktion im SDS[1], was nicht zuletzt seinem asketisch wirkenden Aussehen, seinem Charisma sowie seinem außeralltäglichen Protestverhalten zu verdanken war.[2]

Um dem idealisierten, fast schon schwammigen »Ziel einer Welt ohne Hunger und Krieg näherzukommen«, bedurfte es einer Solidarität mit den Unabhängigkeitsbewegungen in den blockfreien Ländern der sogenannten »3. Welt«, die somit zur maßgeblichen Bedingung für den systemrevolutionären Kampf des SDS wurde.[3] Denn Dutschke sah den Kapitalismus unter US-amerikanischer Ägide den Kolonialismus ersetzen, systematisch würden die Sozialrevolutionen verhindert und durch Ressourcenkontrolle und Entwicklungsprogramme neue Abhängigkeiten geschaffen. Der »Zerfall des kapitalistischen Systems« lag also in der »Auflösung der Verbindung der imperialistischen Staaten und ihren zahlreichen Kolonien.«[4]

Im Sinne des Neokolonialismus-Begriffs des ersten ghanaischen Präsidenten Kwame Nkrumah führten für Dutschke die ökonomischen Ungleichheiten und politischen Abhängigkeiten zur Fortführung der Ausbeutung der Entwicklungsländer. Dieses Unrecht werde von den westlichen Medien vertuscht, auch in Deutschland sei Kritik verpönt.[5] Dutschke setzte in seiner solidarischen Arbeit darauf, die Menschen »systematisch« aufzuklären »über das, was geschieht, was uns tagtäglich in den Zeitungen, in den

Abb. 1: Tariq Ali, Dale Smith, Rudi Dutschke und Gaston Salvatore (von links) bei einer Demonstration in Berlin gegen den Vietnam Krieg, 18. Februar 1968. Foto: Landesarchiv Berlin, F Rep. 290 Nr. 0125494, Fotograf: Bert Sass

Rundfunkorganen, auch im Fernsehen, vorenthalten wird«. Denn er sah die revolutionäre Bewegung in einem weltgeschichtlichen Zusammenhang, in dem ein Weltmarkt herrschte, der »die eine Hälfte der Welt ständig mehr verelendet[e]«[6]. Das Thema der ungleichen Berichterstattung und der gezielten Medien- und Meinungskontrolle zwischen Norden und Süden wurde auch auf globaler Ebene relevant und ab Anfang der 1970er-Jahre sogar in der UNESCO intensiv thematisiert.[7]

Dutschke leitete ab 1967 die Projektgruppe »3. Welt / Metropole«, deren Mitglieder sich mit dem imperialistischen Verhältnis analytisch auseinandersetzten. Aufgrund von Dutschkes Begeisterung für den Film »Viva Maria!« wurde die Gruppe ebenso nach dem Film benannt. In der Komödie von Louis Malle aus dem Jahre 1965 wird die gewaltvolle Revolution im mexikanischen Kontext romantisiert; die europäischen Filmstars Brigitte Bardot und Jeanne Moreau schießen hier in den Diensten der antiimperialistischen Revolutionäre auf Regierungssoldaten. Was von den Filmemachern als eine Farce auf gewalttätige Revolution gedacht wurde, stand dann als »Viva-Maria-Gruppe« im Kontext echter revolutionärer Ambitionen.[8] Anhand von Flugblättern und Referaten, die von Studierenden aus den jeweiligen Ländern gehalten wurden, sollte über die realen Situationen vor Ort aufgeklärt werden.[9] Und die Arbeit der Projektgruppe ging darüber hinaus: »Revolutionäre vermehren.«[10] Eine »internationale Arbeitsbrigade« sollte nach Kuba reisen und dort sowohl infrastrukturell aushelfen als auch eine militärische Ausbildung erhalten, um ein internationales Guerillanetzwerk zu schaffen – in Anlehnung an Ernesto »Che« Guevaras Pläne in Lateinamerika und Afrika.[11]

Die ausländischen Studierenden aus Asien, Afrika und Lateinamerika, etwa Neville Alexander und Gastón Salvatore, gehörten allerdings zur privilegierten und politisierten Schicht ihrer Herkunftsländer, wenngleich sie »von der Studentenschaft als Repräsentanten der 3. Welt in ihren Reihen gefeiert wurden«[12]. Sie waren fraglos ein entschlossener Kern der Bewegung. Protestaktionen wie bspw. die Demonstrationen im Februar 1961 gegen die Schließung der Universität Teheran oder gegen den Mord an Patrice Lumumba, die durch iranische bzw. afrikanische Studierende organisiert wurden, können sogar als Initialzündung der folgenden deutschen Studierendenbewegung gelten.[13]

Im Dezember 1964 reiste der kongolesische Ministerpräsident Moïse Tschombé nach West-Berlin, den Dutschke in seinem Tagebuch als »imperialistische[n] Agent[en] und Mörder von [Patrice] Lumumba« bewertete.[14] Die »Subversive Aktion«, der Dutschke angehörte – eine kleine, aber einflussreiche kulturrevolutionäre Gruppe – tat sich mit dem Afrikanischen bzw. Lateinamerikanischen Studentenbund und dem SDS zusammen, um eine Protestdemonstration mit 400 Menschen zu organisieren.[15] Während der SDS ihm zu jener Zeit zu harmlos erschien, lobte er auf der anderen Seite die Studierenden aus dem Ausland: »Unsere Freunde aus der Dritten Welt sprangen sofort ein, die Deutschen hatten zu folgen.«[16] Diese erfolgreiche Aktion wurde in den Medien breit rezipiert und stellte für den inspirierten Dutschke den »Beginn unserer Kulturrevolution« dar.[17] An diesem Tag war »erstmalig in West-Berlin die Dritte Welt lebendig geworden«[18].

Wie seine ausländischen Kommiliton:innen war Dutschke von den Befreiungskämpfen in den Dritte-Welt-Ländern überzeugt. Er sah die Schriften der »bedeutendsten Theoretiker der kolonialen Revolution«, nämlich

Che Guevara und Frantz Fanon, als Schlüsselwerke für das Verständnis der Revolutionen in der Dritten Welt an.[19] In ihrem Sinne erkannte er den »neuen Menschen des 21. Jahrhunderts«, der kommen und die Emanzipation von der Fremdherrschaft durchsetzen würde – im Zweifel mit Gewalt gegen den Staat.[20] Insbesondere Fanons psychologisierte Analyse des politischen Bewusstseins und seine Idealisierung des kolonialen »Aktivisten« als Befreier von Unterdrückung hinterließen einen prägenden Eindruck in Dutschkes Schaffen.[21] Er forderte den Austritt der BRD aus der NATO, in der er ein Unterdrückungsinstrument der sozialrevolutionären Bewegung in Europa und in der Dritten Welt sah. Für West-Berlin bzw. sogar für das wiedervereinte Deutschland wünschte er eine Bewegung nach kubanischem Vorbild und die Etablierung einer Rätedemokratie.[22]

Rudi Dutschkes Einfluss auf die Studierendenbewegung, gar seine Stellvertreterrolle, ist unbestritten. Ein Ehrengrab in Dahlem und die nach ihm benannte Straße in Kreuzberg ehren öffentlich sein Wirken. Dutschkes postkoloniales Erbe kann in zwei Richtungen gelesen werden. Zweifellos war er ein weißer Mann, für den die »Dritte Welt« und seine angeblichen fernen oder auch nahen Akteur:innen als Projektionsfläche für die eigenen Visionen dienten.[23] So schlugen die Proteste teilweise thematisch um: Auch Dutschke nahm an den Kundgebungen gegen den rassistischen italienischen Dokumentarfilm »Africa Addio« teil, doch bei der darauffolgenden juristischen Aufarbeitung ging es nicht mehr um die antirassistische Gerechtigkeit, sondern lediglich um die eigene deutsche Vergangenheit. Andererseits erbrachte Dutschke ebenso große Leistungen – er trug dazu bei, den Imperialismus, globale Abhängigkeiten, Ungleichgewichte und auch Rassismus auf die öffentliche Tagesordnung zu setzen. Sein theoretischer und aktivistischer Austausch mit lateinamerikanischen, afrikanischen und asiatischen Studierenden zeugen von echtem Interesse, Dialogfähigkeit und auch Selbstkritik. Bei der abschließenden Demonstration des Vietnamkongresses im Februar 1968 in Westberlin ging Dutschke u. a. mit dem Pakistani Tariq Ali, dem US-Amerikaner Dale Smith und dem Chilenen Gastón Salvatore durch die Berliner Straßen, was sich als nachhaltiges Symbol für ein ernsthaft internationales Protestbündnis einordnen lässt.[24] Ohne die Entkolonisierung und die antiimperialistischen Kämpfe der »Dritten Welt«, die als Realität, Anknüpfungspunkt und Inspiration funktionierten, hätte es »68« in Deutschland in dieser Form nicht gegeben.

Anmerkungen

1 Vgl. Chaussy, Ulrich, *Die Drei Leben des Rudi Dutschke. Eine Biographie*, Zürich 1999, S. 182.
2 Vgl. Weitbrecht, Dorothee, *Aufbruch in die Dritte Welt*, Göttingen 2012, S. 179, 182.
3 Dutschke, Rudi, »Proletarischer Internationalismus und Imperialismus«, in: Böckelmann, Frank / Nagel, Herbert (Hg.), *Subversive Aktion. Der Sinn der Organisation ist ihr Scheitern*, Frankfurt am Main 1976, S. 258–264, hier S. 259.
4 Dutschke, Rudi, »Über das Verhältnis von Theorie und Praxis«, in: Böckelmann/Nagel (Hg.), *Subversive Aktion*, S. 190–194, hier S. 190.
5 Vgl. ebd., S. 97; Slobodian, Quinn, *Foreign front. Third World politics in sixties West Germany*, Durham 2012, S. 21.
6 Vesper, Bernward (Hg.), *Rudi Dutschke – Zu Protokoll – Ein Fernsehinterview von Günter Gaus*, Berlin 1968, S. 8–9.
7 Vgl. McBride, Sean / International Commission for the study of Communication Problems (Hg.), *Many Voices One World. Towards a new more just and more efficient world information and communication order*, London / Paris / New York 1980.
8 Vgl. Dutschke, Gretchen, *Rudi Dutschke – Wir hatten ein barbarisches, schönes Leben*, Köln 1996, S. 79 f.
9 Vgl. Karl, Michaela, *Rudi Dutschke – Revolutionär ohne Revolution*, Frankfurt am Main 2003, S. 97.
10 Dutschke, Gretchen, *Rudi Dutschke*, S. 76.
11 Vgl. Weitbrecht, *Aufbruch in die Dritte Welt*, S. 279; Slobodian, *Foreign front*, S. 54 f.
12 Weitbrecht, *Aufbruch in die Dritte Welt*, S. 250.
13 Vgl. Slobodian, *Foreign front*, S. 19, 50.
14 Dutschke, Gretchen, *Rudi Dutschke*, S. 60.
15 Vgl. Weitbrecht, *Aufbruch in die Dritte Welt*, S. 152.
16 Dutschke, Gretchen, *Rudi Dutschke*, S. 59.
17 Ebd., S. 61.
18 Dutschke, Rudi, »Widersprüche des Spätkapitalismus«, in: Bergmann, Uwe / Dutschke, Rudi / Léfèvre, Wolfgang / Rabehl, Bernd (Hg.), *Rebellion der Studenten*, Hamburg 1968, S. 33–93, hier S. 64.
19 Dutschke, Rudi, *Bibliographie des revolutionären Sozialismus. Von Marx bis in die Gegenwart*. Heidelberg/Frankfurt a.M./Hannover/Berlin 1969, S. 39.
20 Vgl. Dutschke, »Widersprüche des Spätkapitalismus«, S. 91.
21 Vgl. Slobodian, *Foreign front*, S. 60 f.
22 Hosek, Jennifer Ruth, »Subaltern Nationalism and the West Berlin Anti-Authoritarians«, in: Anderson, Jeffrey J. (Hg.), *German Politics & Society* 26/1(86) (2008), S. 57–81, hier S. 66 f.; Karl, *Rudi Dutschke*, S. 101; Stangel, Matthias, *Die Neue Linke und die nationale Frage*, Baden-Baden 2013, S. 329 und S. 334.
23 Vgl. Slobodian, *Foreign front*, S. 11 f.; Wolf, Thembi, »Eine schwierige Liebe«, *Missy Magazine* 02 (2018).

24 Chin, Rita, »European New Lefts, Global Connections, and the Problem of Difference«, in: Brick, Howard / Parker, Gregory (Hg.), *A New Insurgency. The Port Huron Statement and Its Times*, Ann Arbor 2015. Online abrufbar unter: quod.lib.umich.edu/m/maize/13545967.0001.001/1:9.3/—new-insurgency-the-port-huron-statement-and-its-times?rgn=div2;view=fulltext [letzter Zugriff: 20.12.2020].

Clara Ervedosa

2009 – Die Kreuzberger Bezirksverordnetenversammlung beschließt die Umbennennung des Gröbenufers in May-Ayim-Ufer

»The Empire writes back« – dieser Titel eines zentralen Klassikers postkolonialen Denkens fasst prägnant zusammen, wofür das May-Ayim-Ufer in Berlin Kreuzberg heute steht, nämlich für ein Denkmal gegen Rassismus als Folge des deutschen und europäischen Imperialismus und Kolonialismus. Das Ufer versinnbildlicht die bumerangartige Bewegung postkolonialen Erinnerns: Wurde diese Stelle im nach Weltmacht strebenden Kaiserreich nach Otto von der Groeben[1], einem deutschen Kolonialpionier, benannt, drängten gut hundert Jahre später die Geister der früheren kolonialen Peripherien in die ehemals kolonialen Metropolen wie Berlin, um an erlittenes Unrecht zu erinnern. Seit der offiziellen Umbenennung durch die Bezirksverordnetenversammlung Friedrichshain-Kreuzberg 2010 erinnert die Kaianlage an die Schwarze deutsche Autorin und Feministin May Ayim, die ihre Erfahrungen von Rassismus und Ausgrenzung in Deutschland zum Motor ihres Schreibens und ihres Aktivismus gemacht hatte. Entwicklungspolitische Nicht-Regierungsorganisationen und Interessenverbände von Afrikaner:innen und Afro-Deutschen wie AfricAvenir, die Initiative Schwarze Menschen in Deutschland, die Werkstatt der Kulturen und der Berliner Entwicklungspolitische Ratschlag sowie das Bündnis 90/ Die Grünen stießen dieses Vorhaben an und machten es mit den Stimmen der SPD und der Partei Die Linke zur ersten erfolgreichen, wenn auch noch heute kontrovers diskutierten, postkolonialen Straßenumbenennung im wiedervereinigten Deutschland.

Straßenumbenennungen nahmen in der deutschen Aufarbeitung der lang verdrängten Kolonialvergangenheit von Anfang an eine zentrale Rolle ein.[2] Mittlerweile sind mehrere Straßen in Berlin und anderen deutschen Städten umbenannt oder stehen kurz davor. Der Streit und die Debatte darüber sind nicht abgerissen. Dennoch ist das May-Ayim-Ufer inzwischen ein Erinnerungsort zur Aufarbeitung der kolonialen Geschichte Deutschlands. Gleichzeitig ist diese Straße für die Kraft des Wortes, der Literatur und des Engagements gegen einen jahrhundertelangen Entmenschlichungsprozess, wofür das koloniale Kapitel in der deutschen und europäischen Geschichte steht, von großer Bedeutung.

Alles begann mit einer in der Nähe liegenden hölzernen Brücke, die Friedrichshain und Kreuzberg über die Spree verband, zu Zollzwecken diente und welcher die heutige Oberbaumbrücke den Namen verdankt. Im Jahre 1895, zehn Jahre nach der Aufteilung des afrikanischen Kontinents unter den europäischen Mächten auf der Berliner Konferenz, verlieh Kaiser Wilhelm II. persönlich der Straße den Namen »Gröbenufer« nach Otto Friedrich von der Groeben (1656–1728). Damit entriss er diese Stelle aus ihrem Dämmerzustand und signalisierte zugleich die Wiederbelebung der expansionistischen, überseeischen Seite brandenburgischer Geschichte. Denn der gewaltige Industrialisierungs- und Modernisierungsschub im Kaiserreich hatte den Wunsch geweckt, an jene Tradition anzuknüpfen und, ähnlich wie andere europäische Mächte, Zugang zu Ressourcen und Märkten in eigenen Kolonien zu gewinnen.

Groeben hatte 1682 im Auftrag des Kurfürsten Friedrich Wilhelm von Brandenburg (1620–1688) die Expedition an die afrikanische Guineaküste geleitet, um dort einen Handelsstützpunkt für Brandenburg-Preußen zu errichten. Wie viele Europäer strebten die Brandenburger damals wirtschaftliche Expansion durch Teilhabe am aufstrebenden Überseehandel an, wobei sie hauptsächlich am Erwerb von Gold, Elfenbein, Pfeffer und Sklav:innen interessiert waren. Während seines Aufenthaltes in den Niederlanden hatte Kurfürst Friedrich Wilhelm von Brandenburg die Vorteile des Handels in Übersee beobachten können. Auch sein Onkel und Vorbild, Jakob II., Herzog von Kurland (1610–1681), »besaß« eine Kolonie an der Mündung des Gambia.

Für die geplante Expedition des Kurfürsten brachte der 1656 in Napraten im Ermland geborene Otto von der Groeben, Sohn eines brandenburgischen Offiziers, gute Voraussetzungen mit, hatte er doch schon ab dem Alter von 17 Jahren zahlreiche Reisen in Italien, Malta, Ägypten, Palästina, Zypern, Spanien, Frankreich und England unternommen. Unter seiner Leitung segelten 1682 zwei Fregatten namens Moriaen und Churprinz von

Brandenburg von Glückstadt an der Elbe an die afrikanische Westküste. Dort, in der Nähe des heutigen Princess Town, kommandierte Otto von der Groeben die Errichtung der Station Groß-Friedrichsburg und legte damit den Grundstein für die erste bis 1717 währende »deutsche« Kolonie im heutigen Ghana, für einen regen Tauschhandel sowie für den Einstieg Brandenburg-Preußens in den transatlantischen Versklavungshandel: Mitgebrachte Handfeuerwaffen, Munition, einfache Eisenerzeugnisse und auch Rubinglas wurden gegen Elfenbein, Gold und Versklavte eingetauscht. Auf den beiden Fregatten unter seiner Leitung sollten Versklavte nach Europa und bis nach Amerika verschleppt werden.[3] Als er im Sommer 1683 mit der Moriaen zurückkehrte, ehrte ihn der Kurfürst als den Gründer der ersten brandenburgischen Kolonie und belohnte ihn mit der Anwartschaft auf die Amtshauptmannschaft über Marienwerder und Riesenburg.

Auch wenn sich der Handel in Groß Friedrichsburg letztendlich als nicht so profitabel wie erhofft erwies,[4] war die anfängliche Entwicklung des Handels mit Edelmetallen, anderen Rohstoffen und Versklavten aus brandenburgischer Sicht zunächst positiv. Denn schon 1686 konnte Kurfürst Friedrich Wilhelm seine Wirtschaftspartner mit einer Abfindung zufrieden stellen und allein die Leitung der Brandenburgisch-Afrikanischen Compagnie übernehmen. Um den Versklavungshandel aus Afrika prosperieren zu lassen, sorgten die Brandenburger für eine Niederlassung in der Karibik: der kurbrandenburgische Marine-Generaldirektor Benjamin Raule (1634–1707) einigte sich 1685 mit Vertretern der dänischen Westindien-Kompanie über die Verpachtung eines Teils der karibischen Insel St. Thomas an Brandenburg. Mit solchen Vorstößen war Kurfürst Friedrich Wilhelm nicht nur am transatlantischen Sklav:innenhandel beteiligt, sondern wurde auch zu einem »der geistigen Väter der deutschen Kolonialpolitik von 1884/85 bis 1918/19«[5].

Die kolonialen Ambitionen im Kaiserreich kamen nicht nur durch die Namensgebung der Uferstraße zum Ausdruck, sondern auch durch die in unmittelbarer Nähe stattfindende Gewerbe- und Kolonialausstellung vom 1. Mai bis 15. Oktober 1896 in Berlin Treptow, die wiederum mit dem Gröbenufer in Verbindung stand. Hier waren im Rahmen der Planungen für die Ausstellung zwei Anlegestellen entstanden – vom Doppelkai aus konnten die interessierten Personen direkt per Schiff zur Kolonialausstellung fahren, wobei sie die neugotische, »deutsch« anmutende Oberbaumbrücke passierten, um danach symbolisch in internationale Gewässer zu gelangen. Teile der Anlage (sie wurde im Zweiten Weltkrieg stark beschädigt) sind nach einer Restaurierung zwischen 2009 und 2011 wieder und zugänglich – in den ehemaligen Wartehallen für den Bootsverkehr befindet sich heute ein Restaurant.

Wie kaum ein anderes Ereignis stellten Weltausstellungen im ausgehenden 19. Jahrhundert den Inbegriff absoluter Modernität dar und brachten die Machtansprüche europäischer Staaten zum Ausdruck. So fand die erste Weltausstellung im Jahre 1851 im Londoner Hyde Park unter dem Titel »Great Exhibition of the Works of Industry of All Nations« statt. Auch Frankreich veranstaltete in Paris eine »Exposition Universelle« im Jahre 1867, und die USA 1876 in Philadelphia die »International Exhibition of Arts, Manufactures and Products of the Soil and Mine«. Getrieben von Fortschrittsglauben und nationalistischem Wettbewerbsdenken dienten sie der Präsentation von Erfindungen, von technischen und industriellen Produkten, dem Wissensaustausch sowie nationaler Inszenierung.

Vor allem deutsche Industrielle, Bankiers und Geschäftsleute erhoben seit der Kaiserreichsgründung den Anspruch, eine internationale Ausstellung auf deutschem Boden, vorzugsweise in Berlin, nach dem Vorbild anderer Großmächte zu veranstalten. So hieß es etwa 1880 in der Streitschrift »Eine Weltausstellung in Berlin«: »An Deutschland ist die Reihe, die Völker zu empfangen. [...] Berlin, die jüngste der Reichshauptstädte, muß internationalen Cercle halten. [...] Berlin wird alte Vorurtheile, die gegen das ehemalige wendische Fischerdorf bestehen, zerstreuen, es wird selbst die Reste seiner kleinbürgerlichen Vergangenheit abschütteln und sich als Weltstadt fühlen lernen.«[6]

Bei der Berliner Gewerbe- und Kolonialausstellung – eine der wenigen »Völkerschauen«, die staatlich getragen wurde – präsentierten sich etwa 300 Unternehmer, die erheblich von den deutschen Kolonien profitierten, manche von ihnen wie etwa Bahlsen oder die Deutsche Bank existieren noch heute. Die Ausstellung hinterließ in Berlin zwar keinen 600 Meter langen spektakulären Kristallpalast aus Glas und Eisen wie in London, keine Rotunde wie in Wien, keine Champs de Mars mit Eiffelturm als Gedächtnisort, sondern einen vergleichsweise bescheidenen Neubau der Oberbaumbrücke. Dieser fand zwischen 1894 und 1896 nach den Entwürfen des Architekten Otto Stahn und der Firma Siemens & Halske, dem Vorgänger des heutigen Siemens-Konzerns, statt. Wie es für den Historismus typisch war, interpretierte der neugotische Brückenstil die nationale Geschichte neu und belebte sie zugleich: Die zwei markanten und fast identischen Türme, die den mittleren Brückenbogen flankieren, sollten an deren Vergangenheit als Wasserzollstelle erinnern. Während einer von ihnen rund ist und den Berliner Bären auf der Spitze trägt, ist der andere achteckig und stellt den Brandenburgischen Adler zur Schau. Unterhalb der zwei Stockwerke der Brücke befindet sich für Fußgänger:innen ein Kreuzgang, der mittelalterlichen Klostergängen nachempfunden wurde. Auf der neuen Oberbaumbrücke führten Trambahnlinien und neben der Brücke fuhren Ausflugsschiffe 1896 zur Gewerbe- und Kolonialausstellung.

Wie der Titel bereits verrät, bestand ein Teil der Exhibition aus der sogenannten 260 × 380 Meter großen »Deutschen Colonial-Ausstellung«. Nachdem das Deutsche Reich 1894 mit der Besetzung von Togo, Kamerun, »Deutsch-Ostafrika« und »Deutsch-Südwestafrika« und weiteren Gebieten in Asien eine junge Kolonialmacht geworden war, wollte es sich als solche durch ein Kolonialspektakel inszenieren.

Bis zum Ersten Weltkrieg und der Verbreitung des Films zählten Kolonialausstellungen und sogenannte Völkerschauen zu den beliebtesten Massen- und Unterhaltungsphänomenen: So fanden zwischen 1875 und 1930 etwa 400 Menschenschauen in Deutschland statt.[7] Die Infrastruktur der frühen Globalisierung ermöglichte diese, die kolonialrassistischen Strukturen erleichterten das Veranstalten von Völkerschauen. Vorstellungen wie die auf der Berliner Weltausstellung, aber auch auf Jahrmärkten und Vergnügungsparks sorgten für deren Verbreitung.[8] Sogenannte »Eingeborendörfer« am Karpfenteich im östlichen Teil des Treptower Parks wurden aufgestellt, »bewohnt« von hunderten Afrikaner:innen aus den deutschen Kolonien: Duala aus Kamerun, Ewe aus Togo, Herero und Nama aus dem heutigen Namibia, Massai aus Ostafrika sowie muslimische Ostafrikaner:innen, die als Araber:innen bezeichnet wurden,[9] Menschen aus Burundi, Ruanda und Papua-Neuguinea. Sie alle waren aus den deutschen Kolonien in Afrika und Ozeanien als Darsteller:innen angeworben und nach Deutschland verschifft worden.[10] Der Anthropologe Felix von Luschan fotografierte sie nicht nur, sondern nahm die damals üblichen anthropologischen Schädelmessungen vor und sicherte sich das Recht, die Toten zu obduzieren.[11] Ihre Namen lassen sich auf den Listen im Katalog der Kolonialausstellung neben gestohlener Kunst und Artefakten finden: Sie hießen etwa Petrus Jod, Hazina, Yondra, Friedrich Maharero oder Salim Bin Faraja. Wie die Dauerausstellung »zurückgeschaut I looking back« zur Geschichte von Kolonialismus, Rassismus und Widerstand im Museum Treptow seit 2017 zeigt,[12] waren viele von ihnen wohlhabend, gut ausgebildet und kamen aus einflussreichen Familien. Einige waren nach Deutschland gekommen, um sich über Deutschland zu unterrichten und diplomatische Beziehungen zu knüpfen, wie etwa der 22-jährige Friedrich Maharero, Sohn des Hererochiefs Samuel Maharero, der in Begleitung zweier weiterer Chief-Söhne und eines Dolmetschers angereist war. Während seines Aufenthalts erhielt er zusammen mit Ferdinand Demondja, Petrus Witbooi und dem Dolmetscher Kamatoto eine Audienz beim Kaiser Wilhelm II.[13] Dennoch mussten sie nach den Strapazen und trotz Krankheit aufgrund der wochenlangen, beschwerlichen Schiffsreise, sich in »exotische« Kostüme kleiden und sich über ein halbes Jahr lang von morgens bis abends von faszinierten Augen Schaulustiger anstarren lassen. Ihre Aufgabe bestand hauptsächlich darin, die europäische Vorstellung eines angeblich authentischen und rückständigen Afrikas vorzuspielen.

Die Ausstellungsveranstalter gaben genau vor, was für ein Spektakel von den »kulturlosen Wilden« erwartet wurde: Zum Beispiel musste um 12 Uhr in einem Dorf das Mittagessen vorbereitet, um 18 Uhr in einem anderen ein Tanz aufgeführt werden. Nach Feierabend begaben sie sich in enge Baracken, wo sie ohne jegliche Privatsphäre untergebracht waren.[14] Als hygienisch vorbeugende Maßnahme besuchte sie ein Arzt einmal die Woche, der sie hauptsächlich auf ansteckende Krankheiten untersuchte. Dazu wurden sie ähnlich wie beim Militär in ein Zimmer gebracht und einer öffentlichen gemeinsamen Untersuchung unterzogen. Jedoch stellte man dieses als unwürdig empfundene Verfahren nach Protesten bald ein.[15] Andere Darsteller:innen weigerten sich außerdem, in angeblich typischen afrikanischen Trachten aufzutreten, waren sie doch zuhause daran gewöhnt, in Hemd und Frack zu erscheinen. Der Kameruner Kwelle Ndumbe wählte gar eine stille, aber originelle Protestform: Mit einem Opernglas starrte er sitzend auf die Menschen zurück, die in die Ausstellung strömten, um die Menschen aus den Kolonien zu begaffen.[16] Insgesamt besuchten über 7,4 Millionen Menschen die Ausstellung innerhalb der knapp sieben Monate.[17] Aussagekräftig für die damalige imperiale Denkweise war, dass die Kolonialausstellung nicht Teil der eigentlichen Hauptausstellung, sondern durch eine Straße räumlich abgetrennt war.

Nichtsdestotrotz stellte sie eine der Ausstellungssektionen dar, die das meiste Interesse auf sich zog. Auch wenn die Berliner Gewerbe- und Kolonialausstellung hinsichtlich der internationalen Resonanz mit der Londoner und Pariser nicht konkurrieren konnte und die Weltstadtgefühle im Provinziellen verfangen blieben,[18] nahm sie im lokalen und nationalen Kontext eine große Bedeutung ein. Sie trug dazu bei, den Anschluss an technischen Entwicklungen zu gewinnen, die Minderwertigkeitskomplexe Berlins zu überwinden und den Status der Stadt als preußische und Reichshauptstadt zu behaupten. Außerdem bot sie eine »Demonstration des Fremden«[19], stellte das »Eingeborenendorf« vor und die größte Gruppe kolonialer »Landsleute«, die damals auf einmal ihren Weg nach Deutschland fanden.

Obwohl sie am Rande vor allem als Exotika der Unterhaltung dienten, trugen solche damals in Mode gekommenen Völkerschauen erheblich zu einem menschenverachtenden und negativen Bild Afrikas bei, das als rückständig betrachtet wurde. Der Kontrast zwischen den modern ausstaffierten Ausstellungshallen samt neuester technischer Erfindungen und den einfachen »Eingeborenenhütten« mit ihren archaischen Handwerksformen fiel auf. Er unterstrich das Bild des »primitiven Afrikas« und des »Anderen« und trug so dazu bei, es im kollektiven Gedächtnis zu verfestigen.

Die Ausstellungen beweisen außerdem, dass die vergleichsweise kurze deutsche Kolonialzeit nicht ein unbedeutendes Kapitel deutscher Geschichte darstellt, in welchem nur einige wenige Politiker:innen, Industrielle, Unternehmer:innen und Forscher:innen involviert waren, sondern auch die »breite Masse« erreichte. Diese sollte sich von der Überlegenheit der »eigenen« Kultur und der Sinnhaftigkeit von Deutschland als Kolonialmacht und der »Missionierung« der »Wilden« überzeugen und sich dabei amüsieren.[20] Initiativen wie diese machten es auf Jahrzehnte unmöglich, dass sich Schwarze Deutsche wie May Ayim in Deutschland zu Hause fühlten und ein normales Leben führen konnten.

Mit dem symbolischen Akt der Umbenennung des Gröben- in May-Ayim-Ufer bezweckten die Kommunalpolitiker:innen von Friedrichshain-Kreuzberg einen Paradigmenwechsel im Umgang mit Kolonialismus und Rassismus in Berlin und in Deutschland. Damit brachten die Initiator:innen zum Ausdruck, dass sie Figuren wie Otto von der Groeben auf Grund seiner Rolle beim Einstieg Brandenburg-Preußens in den Versklavungshandel – der zudem im Kaiserreich als Gallionsfigur des deutschen Kolonialismus galt – nicht für vorbildlich hielten. Vielmehr sollte die Straße an die Dichterin, Pädagogin, Aktivistin und Feministin May Ayim erinnern, die noch im 20. Jahrhundert unter den Folgen von Kolonialismus und des damit verbundenen Rassismus litt. Sie lieferte viele Ansätze für eine kritische Auseinandersetzung mit beiden Phänomenen in Deutschland und avancierte zur Vorreiterin der afrodeutschen Frauenbewegung und afrodeutschen Bewegung.

May Ayim, eigentlich Sylvia Brigitte Gertrud Opitz, wurde am 3. Mai 1960 in Hamburg als Tochter der Deutschen Ursula Andler und des Ghanaers Emmanuel Ayim geboren und verübte im Alter von 36 Jahren Suizid in Berlin Kreuzberg. Kurz nach ihrer Geburt kam sie in ein Säuglingsheim, wo sie ihre ersten 18 Lebensmonate verbrachte. Die Pflegefamilie Opitz adoptierte sie kurz danach und erzog sie in Münster zusammen mit ihren biologischen Kindern. An der Universität Regensburg, an der Ayim das Studium der Psychologie und Pädagogik aufnahm, begann sie sich mit der Geschichte von Afrikaner:innen und Schwarzen in Deutschland auseinanderzusetzen und politisch zu engagieren. Ihre Diplomarbeit »Afro-Deutsche. Ihre Kultur- und Sozialgeschichte auf dem Hintergrund gesellschaftlicher Veränderungen« ist das Ergebnis dieser Beschäftigung.

Vor allem in der multikulturellen Umgebung Berlins, wohin sie 1984 zog, entfaltete sich diese Seite Ayims. Hier fühlte sie sich eher zu Hause; hier hatte sie die Möglichkeit, Kontakt zu Afrodeutschen und anderen nationalen und internationalen Figuren der feministisch-antirassistischen Bewegung zu pflegen und sich zu engagieren. 1986 wurde ihre Diplomarbeit als Kapitel im Sammelband »Farbe bekennen – Afro-Deutsche Frauen auf den Spuren ihrer Geschichte« veröffentlicht. Dieser von ihr mit Katharina Oguntoye (*1959) und Dagmar Schultz (*1941) herausgegebene Band gilt als Grundstein der afrodeutschen Bewegung in Deutschland. Außerdem war Ayim Gründungsmitglied der Initiative Schwarze Deutsche und Schwarze in Deutschland (ISD), der westdeutschen Form der heutigen Initiative Schwarzer Menschen in Deutschland, die mit anderen zivilgesellschaftlichen Initiativen erheblich zu Straßenumbenennungen wie dieser und zur Aufarbeitung der kolonialen Geschichte Berlins und Deutschlands beitrug. In Berlin verfasste May Ayim im Rahmen ihrer logopädischen Ausbildung 1990 auch die Arbeit »Ethnozentrismus und Sexismus in der

Sprachtherapie«. Diese belegt ihr tiefes Interesse an den Themen Rassismus im Alltag und den Zusammenhang zwischen Rassismus und Sprache. Durch die Straßenumbenennung von Gröbenufer in May-Ayim-Ufer wurde der koloniale Bezug zwar erhalten, durch den Perspektivwechsel wird er jedoch ganz anders bewertet. So wollten Bündnis 90/Die Grünen, »die Auseinandersetzung mit deutscher Kolonialgeschichte und ihre Auswirkungen in der heutigen Zeit befördern«. Weiterhin sollten, wie Elvira Pichler als kulturpolitische Sprecherin der Fraktion Bündnis 90/Die Grünen in der Bezirksverordnetenversammlung Friedrichshain-Kreuzberg bei der Umbenennungsfeier ausführte, Erinnerungsräume kreiert werden, mit denen sich auch Menschen mit transnationalen Lebensläufen identifizieren könnten.[21]

Dass diese symbolische postkoloniale Geste auch im Jahre 2010 in Berlin noch nicht unumstritten war, zeigt die heftige Kontroverse, die ihr in der Bezirksverordnetenversammlung Friedrichshain-Kreuzberg vorausging und in den Medien folgte. Das erste Problem auf dem Weg zur Umbenennung, das es zu überwinden galt, waren die geäußerten Zweifel, ob das Gröbenufer tatsächlich nach Otto Friedrich von der Groeben benannt worden war. Nachdem diese Frage geklärt war, entzündete sich die eigentliche Polemik an der Frage, ob Otto von der Groeben überhaupt die angemessene Person sei, um ein Exempel gegen Kolonialismus und Rassismus zu statuieren. Dem Historiker Götz Aly zufolge war Otto von der Groeben »nur« ein »Söldner, Abenteurer und Forschungsreisender«, der im Dienst Brandenburgs die »Minikolonie« bzw. das »Koloniechen« Groß Friedrichsburg im heutigen Ghana mitbegründet habe,[22] die schon 1717 durch Friedrich-Wilhelm I. an die Holländer verkauft worden sei. Im Juni 2009 äußerte sich auch der Historiker Ulrich van der Heyden in seinem Artikel »Gröblicher Rufmord an von der Gröben« empört über diese Wahl.[23] Es sei zwar nichts gegen Straßenumbenennungen einzuwenden, argumentierte van der Heyden, aber er sei der Meinung, dass dafür die falsche Straße ausgewählt worden sei, denn Otto von der Groeben sei kein Profiteur des Sklav:innenhandels gewesen: Seiner Meinung nach habe Otto von der Groeben »keine materiellen Voraussetzungen für den menschenverachtenden transatlantischen Sklavenhandel« geschaffen.[24] Diese Einschätzung über Otto von der Groeben wies allerdings der Historiker

Christian Kopp in seiner eigens angefertigten Studie »Otto Friedrich von der Gröben und der brandenburgisch-preußische Sklavenhandel« als beschönigend zurück. Zwar sei Otto von der Groeben kein Sklavenhändler im klassischen Sinne gewesen, »›[f]ür gutes Geld‹ aber und eine Handvoll junger Schwarzer Diener ist er mit zwei zum Sklavenhandel ausgesandten Schiffen an die Goldküste gesegelt, um dort eine Handelskolonie zu begründen, die auch dem Sklavenhandel dienen sollte.«[25] Laut Kopp sei es nicht plausibel, dass sich Otto von der Groeben der Bestimmung der von ihm selbst gegründeten Festung nicht bewusst gewesen sei.[26] Denn laut kurfürstlichem Auftrag vom 17. Mai 1682 sollte die Fregatte Churprinz, das größere Schiff, 500 Sklaven aus Westafrika nach Berbice (Guyana) bringen, und das Schiff Moriaen 100 Sklaven nach St. Thomas (Jungferninseln) transportieren, 60 Sklaven verkaufen und mit den übrigen nach Hamburg zurückkehren.[27]

Für Wirbel in der Umbenennungsdebatte sorgte auch Götz Alys dagegen vorgebrachter Einwand, dass Geschichte kein »Selbstbedienungsladen zum aktuellen Gebrauch« sei: »Die Straßennamen einer Stadt dokumentieren Denkweisen, Erfahrungshorizonte, Irrtümer und Scheingewissheiten der jeweiligen Epoche. Deshalb sind sie lehrreich«[28]. Aus diesem Grund sollten sie beibehalten werden, so Aly. Der bereits erwähnte und als Gutachter fungierende Historiker Christian Kopp, die Anglistin Susanne Arndt und die grüne Politikerin Elvira Pichler erwiderten darauf, dass man dieser Logik folgend auch die Straßennamen, die an nationalsozialistische Vergangenheit erinnerten, nicht hätte antasten dürfen.[29] Die damalige Sklaverei könne auch nicht mit dem Zeitgeist legitimiert werden, so Kopp weiter, denn schon damals hätte es Proteste von deutschen und holländischen Siedler:innen gegen die Versklavung und den Handel mit Menschen gegeben.[30]

Es fällt bei dieser öffentlichen Auseinandersetzung auf, dass der von den Initiator:innen gewünschten Reflexion über Kolonialismus und Rassismus in der deutschen Gesellschaft kaum Platz eingeräumt wurde, dass May Ayims Werk kaum zur Sprache kam und ihre Biobibliographie nur sehr kurz, und manchmal sogar abfällig erwähnt wurde.[31] Stattdessen gab es eine Fokussierung auf die oben genannten Fragen, die vor allem eine nationale Perspektive zum Ausdruck brachten.

Als die Sachlage noch komplizierter machend erwies sich der Umstand, dass das Gröbenufer nicht nur für einen Ort der Erinnerung an Kolonialismus und Rassismus steht, sondern auch für ein dunkles Kapitel deutscher und europäischer Geschichte, genauer gesagt für die tragischen Schicksale von Menschen während des Kalten Krieges und der Teilung Berlins. Denn genau am Gröbenufer verlief die Sektorengrenze während des Kalten Krieges, wobei die Spree zu Ost-Berlin gehörte. In den 1960er und 1970er Jahren fielen an dieser Stelle die Kinder Cengaver Katrancı (9 Jahre alt), Siegfried Kroboth (5), Giuseppe Savocca (6) und Çetin Mert (5) in die Spree und ertranken, da DDR-Grenzsoldaten jedes westliche Eingreifen verboten hatten und selbst nichts unternahmen, um sie zu retten. West-Berliner:innen ihrerseits trauten sich nicht, den Kindern trotzdem zur Hilfe zu kommen. Zusätzlich kamen mehrere Menschen bei ihrem Fluchtversuch über den Fluss in den Westen an dieser Stelle ums Leben.

Während des Kalten Krieges wurde auch die naheliegende Oberbaumbrücke ihrem ursprünglichen Zweck entfremdet: Anstatt als Verbindung zu fungieren, mutierte sie zur gefürchteten Grenze zwischen Ost und West: Zuerst sperrten die DDR-Behörden die Brücke für Autos und Straßenbahnen und 1955 auch für Motorräder und Fahrräder. Während Fußgänger:innen sich noch hin und her über die Brücke bewegen konnten, war nach dem Mauerbau am 13. August 1961 auch damit Schluss, außer wenn freigekaufte politische Gefangene aus der DDR ausreisen durften. Der Kalte Krieg verwandelte somit die Brücke zur befestigten und schwer kontrollierten Mauer. Dass viele ältere Westberliner:innen das Gröbenufer vor allem mit diesen dramatischen Ereignissen verbanden und fürchteten, diesen Erinnerungsort zu verlieren, trug womöglich auch zur heftigen Umbenennungsdebatte bei. Daher wurde die Umbenennung nur unter der Bedingung zugestimmt, dass auch der dort umgekommenen Menschen gedacht werden müsse. Heute erinnern am Ufer angebrachte Gedenksteine an sie.

Auch wenn Otto von der Groeben und May Ayim sehr unterschiedliche Menschen waren, getrennt durch 300 Jahre, ist es genau diese Geschichte und deren Vermächtnis für die Gegenwart, die beide Persönlichkeiten eint. Ihre Lebensläufe verdeutlichen, dass Kolonialismus kein »exotisches« Abenteuer oder nur ein »buntes« Kapitel der deutschen Geschichte war, sondern ein in vielerlei Weise gewaltsames und ausbeuterisches System, das über 500 Jahre währte, fast 85 Prozent der Erdoberfläche betraf und dessen Konsequenzen in heutigen wirtschaftlichen und sozialen Ungleichheiten noch immer zu beobachten sind. Am europäischen Kolonialismus beteiligte sich Deutschland unmittelbar oder mittelbar fast von Beginn an. Zum Vermächtnis des Kolonialismus gehören auch der in der deutschen Gesellschaft vorhandene Rassismus und generelle Vorurteile gegen »Andere«. Die verhältnismäßig geringe Anzahl Schwarzer Menschen in Deutschland und die zumindest oberflächliche Übereinstimmung des deutschen mit anderen europäischen Formen des Rassismus gegen Menschen mit nicht-weißer Hautfarbe weisen darauf hin, dass es sich um lange gewachsene Vorurteile handelt, die sich im deutschen und europäischen Bewusstsein verfestigten und von Generation zu Generation tradiert wurden. Der Kolonialismus ist dabei ein – wenn nicht der – zentrale Faktor. Während Rassismus für die europäische *weiße* Mehrheitsgesellschaft kaum wahrnehmbar ist, stellt er hingegen für die Betroffenen eine traumatisierende Erfahrung dar.

Für diese Erfahrung in Deutschland legt kaum ein Leben und Werk besser Zeugnis ab als das May Ayims. Noch drei Jahrhunderte nach Otto von der Groebens Expedition nach Ghana, als der europäische Rassismus und die damit verbundene »rassische Hierarchisierung« Schwarze Menschen fast auf eine Stufe mit Tieren rückte, und damit deren Ausbeutung begründete, erlebte May Ayim in der zweiten Hälfte des 20. Jahrhunderts die Unmöglichkeit, ein normales Leben in Deutschland zu führen, weil sie Tochter eines Schwarzen Medizinstudenten aus Ghana war. Ihr Werdegang stellt ein Paradebeispiel für das Unvermögen der deutschen Gesellschaft dar, eine Schwarze Frau als deutsch und als Teil der sozialen Normalität zu betrachten. May Ayim erfüllte die von der Mehrheitsgesellschaft und deren Vertreter:innen immer wieder formulierten »Integrationsvoraussetzungen«: Sie trug einen deutschen Namen, kam in Deutschland zur Welt und wurde in einer deutschen Familie sowie in deutschen Erziehungsinstitutionen sozialisiert. Trotzdem wurde sie aufgrund ihrer Hautfarbe als »nicht-deutsch« gesehen. Die Existenz als permanente Projektionsfläche Dritter war so stark, dass es ihr unmöglich wurde, sich völlig mit den Deutschen und Deutschland zu identifizieren. Der Schmerz, der daraus entstand, kam vor allem in ihrer Erfahrung der »Wende«, die sie »Sch-einheit« nannte,[32] zum Ausdruck. Diese historische Zäsur erlebte sie als Albtraum: »Als die Mauer fiel, hatte ich zeitweilig die Befürchtung, erschlagen zu werden. Nicht viel Angst oder keine große Angst, aber mehr als sonst.«[33] Zum einen, weil es ihr die rassistische Gewalt in Deutschland vor Augen führte, zum anderen, weil es ihr auch zeigte, dass die deutsche Identität nicht auf dem Territorialprinzip und einer Sozialisation basierte, sondern vor allem auf dem Abstammungsprinzip. Obwohl »Ostdeutsche« fast ein halbes Jahrhundert in einem ganz anderen System lebten, wurden sie nach der Wende als »deutscher« gesehen als May Ayim und »anders aussehende«, aber in Westdeutschland sozialisierte Menschen: »Ebenso wie andere Schwarze Deutsche und ImmigrantInnen wußte ich, daß selbst ein deutscher Paß keine Einladung zu den Ost-West-Feierlichkeiten [am 09. November 1989] darstellte. Wir spürten, daß mit der bevorstehenden innerdeutschen Vereinigung eine zunehmende Abgrenzung nach außen einhergehen würde – ein Außen, das uns nicht einschließen würde. Unsere Beteiligung am Fest war nicht gefragt.«[34]

Als Folge ihrer schmerzvollen Erfahrungen suchte May Ayim eine außerterritoriale, geistige »Heimat« im Verbund mit anderen Menschen, die Ähnliches erlebt hatten oder dachten. Vor allem die Schwarze US-Frauenbewegung, insbesondere Audre Lorde (1934–1992), Dichterin und Vorbild der US-amerikanischen »Schwarzen Frauenbewegung«, wirkten inspirierend auf sie und befeuerte ihren Aktivismus.

Auch in der Dreieckkonstellation, die in May Ayims Identitätssuche zwischen den Kontinenten Europa – Afrika – Amerika zum Ausdruck kommt, spiegelt sich das Erbe des Kolonialismus und des unmenschlichen atlantischen Dreieckhandels im Deutschland des 20. Jahrhunderts wider. An dieses Erbe erinnert nun das May-Ayim-Ufer, das von der Pfuelstraße im Nordwesten bis zur Oberbaumstraße im Südosten Berlins verläuft und das Ufer zur Spree bildet.[35]

Anmerkungen

1 Wenn keine anderen Quellen zu Otto von der Groeben angegeben sind, stammen die Informationen aus: Ratzel, Friedrich, »Groeben, Otto Friedrich v. d.«, in: Historischen Kommission bei der Bayerischen Akademie der Wissenschaften (Hg.), *Allgemeine Deutsche Biographie*, Bd. 9, München/Leipzig 1879, S. 705–706. Digitale Volltext-Ausgabe in Wikisource. Online abrufbar unter: de.wikisource.org/w/index.php?title=ADB:Groeben,_Carl_Graf_von_der&oldid=1915248 [letzter Zugriff: 20.03.2022]; »Otto Friedrich von der Groeben«, in: http://www.preussen-chronik.de/person_jsp/key=person_otto+friedrich+von+der_groeben.html [letzter Zugriff: 20.03.2022].
2 Hauptsächlich seit der Wiedervereinigung lenkten zivilgesellschaftliche Gruppen, vor allem *Black Communities* und *People of Color* mit ihrem Wissen und Engagement die öffentliche Aufmerksamkeit auf das Thema. Verschiedene Veröffentlichungen und Initiativen wie »Berlin Postkolonial«, das Bündnis »Decolonize Berlin« oder die Forschungsstelle »Hamburgs (post-)koloniale Erbe« trugen zur Aufarbeitung der deutschen Kolonialgeschichte erheblich bei.
3 Vgl. Kopp, Christian, »›Mission Moriae‹ – Otto Friedrich von der Gröben und der brandenburgisch-preußische Sklavenhandel«, in: *afrika-hamburg.de*, 2009, S. 6. Online abrufbar unter: www.afrika-hamburg.de/PDF/kopp_groeben.pdf [letzter Zugriff: 30.03.2013].
4 Vgl. van der Heyden, Ulrich, »Sklavenfestungen an der Küste Ghanas als Erinnerungsorte. Das Beispiel Großfriedrichsburg – ein Denkmal deutsch-afrikanischer Beziehungen«, in: Speitkamp, Winfried (Hg.), *Kommunikationsräume – Erinnerungsräume. Beiträge zur transkulturellen Begegnung in Afrika*, München 2005, S. 101–120, hier S. 105.
5 Ebd., S. 104.
6 Zit. nach Geppert, Alexander C. T., »Weltstadt für einen Sommer. Die Berliner Gewerbeausstellung 1896 im europäischen Kontext«, in: *Mitteilungen des Vereins für die Geschichte Berlins* 103(1) (2007), S. 434–448, hier S. 434.
7 Vgl. Dreesbach, Anne, *»Gezähmte Wilde«. Die Zurschaustellung »exotischer« Menschen in Deutschland 1870–1940*, Frankfurt am Main 2005, S. 3. Zu dem gleichen Phänomen in anderen europäischen Ländern wie etwa Österreich vgl. Schwarz, Werner Michael, *Anthropologische Spektakel. Zur Schaustellung »exotischer« Menschen, Wien 1870–1910*, Wien 2001.
8 Vgl. Herfert, Caroline, »›Geh'n wir mal zu Hagenbeck …‹. Das Hamburger Traditionsunternehmen als Schau-Fenster in die koloniale Welt«, in: Zimmerer, Jürgen / Todzi, Kim (Hg.), *Hamburg: Tor zur kolonialen Welt. Erinnerungsort der (post)kolonialen Globalisierung*, Göttingen 2021.
9 Vgl. van der Heyden, Ulrich »Die Kolonial- und die Transvaal-Ausstellung 1896/97«, in: ders./Zeller, Joachim (Hg.), *Kolonialmetropole Berlin. Eine Spurensuche*, Berlin 2002, S. 135–141, hier S. 136.
10 Vgl. Kurt, Şeyda, »Koloniale Völkerschauen. ›Es war und ist der rassistische Blick auf nicht-weiße Menschen‹«, in: *ze.tt*, 29.09.2019.
11 Vgl. ebd.

12 Seit 2021 ist eine überarbeitete Fassung von »zurückgeschaut | looking back – Die Erste Deutsche Kolonialausstellung von 1896 in Berlin-Treptow« in der Dauerausstellung des Museum Treptow zu sehen.
13 Vgl. Graf von Schweinitz (Hg.), *Deutschland und seine Kolonien im Jahre 1896. Amtlicher Bericht über die erste deutsche Kolonial-Ausstellung*, Berlin 1897, S. 221.
14 Vgl. Kurt, »Koloniale Völkerschauen«.
15 Vgl. Deutsches Historisches Museum, »Treptow – Die Deutsche Colonial-Ausstellung von 1896 im Treptower Park«, in: *Afrika in Berlin – Ein Spaziergang des DHM*. Online abrufbar unter: www.dhm.de [letzter Zugriff: 13.04.2022].
16 Vgl. Kurt, »Koloniale Völkerschauen«.
17 Vgl. Geppert, »Weltstadt für einen Sommer«, S. 439.
18 Vgl. ebd., S. 446.
19 Van der Heyden, »Die Kolonial- und die Transvaal-Ausstellung 1896/97«, S. 135.
20 Vgl. ebd.; Dreesbach, *»Gezähmte Wilde«*; Herfert, »›Geh'n wir mal zu Hagenbeck...‹«.
21 Vgl. Pichler, Elvira, »Rede zur Umbenennung des Gröbenufers«, 27.02.2010. Online abrufbar unter: www.frieke.de/bvv_fraktion/themen_und_ags/ayim_ufer/4111537.html [letzter Zugriff: 25.03.2013].
22 Aly, Götz, »Straßenschänder in Kreuzberg«, in: *Berliner Zeitung*, 02.02.2010. Online abrufbar unter: www.berliner-zeitung.de/archiv/von-goetz-aly—historiker-strassenschaender-in-kreuzberg,10810590,10696192.html [letzter Zugriff: 27.06.2013].
23 Vgl. van der Heyden, Ulrich, »Gröblicher Rufmord an von der Gröben. Wie eine Straßenumbenennung in Berlin politisch, aber nicht historisch korrekt erfolgte«, in: *neues deutschland*, 13.06.2009.
24 Ebd.
25 Kopp, »›Mission Moriae‹«, S. 8.
26 Vgl. ebd.
27 Vgl. »Kurfürstlicher Auftrag für die Kapitäne Voß und Blonck, 17. Mai 1682«, in: Jones, Adam (Hg.), *Brandenburg Sources for West African History*, Wiesbaden 1985, S. 217. Auf Seite 3 seiner Studie zitiert Kopp aus dieser Quelle.
28 Aly, »Straßenschänder in Kreuzberg«.
29 Vgl. Kopp, »›Mission Moriae‹«, S. 9; Pichler, »Rede zur Umbenennung des Gröbenufers«; Arndt, Susan, »Götz Alys Reaktion auf das May Ayim Ufer«. Online abrufbar unter: www.edition-assemblage.de/tag/may-ayim/ [letzter Zugriff: 04.02.2010].
30 Vgl. Kopp, »›Mission Moriae‹«, S. 9; Pichler, »Rede zur Umbenennung des Gröbenufers«, S. 9.
31 Vgl. z. B. Aly, »Straßenschänder in Kreuzberg«.
32 Das Gedicht »grenzenlos und unverschämt« trägt den Untertitel »ein gedicht gegen die deutsche sch-einheit«. Ayim, May, »grenzenlos und unverschämt«, in: dies., *blues in schwarz weiss. gedichte*, 4. Auflage, Berlin 2005, S. 61.
33 Ayim, May, »Das Jahr 1990. Heimat und Einheit aus afro-deutscher Perspektive«, in: dies., *Grenzenlos und unverschämt*, Berlin 2005, S. 88–103, hier S. 89.
34 Ebd., S. 90.

35 Teile dieses Beitrages beruhen auf meinem bereits früher veröffentlichten Beitrag: Ervedosa, Clara, »Das May-Ayim-Ufer in Berlin«, in: Zimmerer, Jürgen (Hg.), *Kein Platz an der Sonne. Erinnerungsorte der deutschen Kolonialgeschichte*, Frankfurt / New York 2013, S. 424–441. Dort finden sich auch weitere Belege.

Über die Autor:innen

NATALIE BAYER leitet das FHXB Friedrichshain-Kreuzberg Museum Berlin und forscht zu den Schwerpunkten Stadt, Migration, Rassismus, Geschichts- und Kulturpolitiken. Sie hat die Universität München in Europäischer Ethnologie, Kunstgeschichte und Ethnologie absolviert und promoviert an der Universität Göttingen über den museumspolitischen Migrationsdiskurs an der Universität Göttingen. Bis Dezember 2017 war sie als Kuratorin des Münchner Stadtmuseums für das Projekt »Migration bewegt die Stadt« zum Entwickeln neuer Ausstellungsformate und Methoden der Kollaboration angestellt. Neben kuratorischen Projekten ist sie als Beirats- und Jurymitglied, in der universitären Lehre und im Publizieren aktiv, u. a.: Natalie Bayer, Belinda Kazeem-Kamiński, Nora Sternfeld (Hg.): *Kuratieren als antirassistische Praxis* (2017).

FLAVIA CAHN ist Kunst- und Kulturvermittlerin und Museumswissenschaftlerin mit Schwerpunkt auf Kultur, Bildsprache, Widerstand und Kolonialismus. Sie absolvierte den Bachelor in Anthropologie und Archäologie in Durham, UK und lebt und arbeitet in Berlin seit 2017. Sie ist Mitgründerin der »Kunst-Dialoge« am HKW und veranstaltet Führungen, Workshops und partizipative Aktionen für Studienprojekte der Staatlichen Museen zu Berlin. Seit 2022 ist sie im Projekt »Erstsichtung der Sammlung des Stadtmuseums Berlin auf koloniale Spuren« involviert. Den Master in Angewandte Kulturwissenschaften und Kultursemiotik hat sie an der Universität Potsdam mit der Masterarbeit *RESIST! The Art of Decolonizing European Ethnological Museums: The Case of the Rautenstrauch-Joest Museum, Cologne* in 2022 abgeschlossen.

CLARA ERVEDOSA studierte Germanistik und Anglistik in Lissabon und Regensburg und promovierte in Kiel und Coimbra. Danach forschte und lehrte sie an den Universitäten Vila Real, Sheffield und Manchester sowie an der Gender Research Group der Universität Kiel. Zu ihren Publikationsschwerpunkten gehören die Interdependenzen zwischen Sprache, Migration/Rassismus und Nation, das Komische als ästhetischer Ausdruck des Schocks und der différance sowie die Literatur immigrierter Autorinnen (v. a. Yōko Tawada und Emine Sevgi Özdamar) und der Schwarzen deutschen Schriftstellerin May Ayim. In jüngerer Zeit beschäftigte sie sich zudem mit diskursiven Ausschließprozessen als Stabilisierungsstrategie fragiler nationaler und europäischer Identitäten, der Alterisierung des Südens und des mediterranen Raumes in deutschen Alltagsdiskursen wie etwa die Kategorie »Südländer« in Polizeiberichten.

MICHAEL G. ESCH ist freiberuflicher Historiker, Übersetzer und Privatdozent für Vergleichende Sozial- und Kulturgeschichte am Institut für Kulturwissenschaften der Universität Leipzig. Er hat an den Universitäten Düsseldorf und Warschau studiert und über deutsche und polnische Bevölkerungspolitik 1939–1945 promoviert. 2007 hat er sich mit einer Studie über osteuropäische Migrant:innen in Paris 1890–1940 habilitiert. Er hat zahlreiche Publikationen zur Geschichte des späten 19. und des 20. Jahrhunderts vorgelegt, insbesondere zur Migrationsgeschichte sowie zur Sozial- und Kulturgeschichte subversiver Musik in den »langen sechziger Jahren«.

LUKAS FUCHSGRUBER ist Kunsthistoriker in Berlin. Seine Forschungsschwerpunkte sind Digitalisierung in Museen, Fotoarchive und die Geschichte des Kunstmarkts. 2021 erschien sein Buch zum Auktionshaus Hôtel Drouot, an dem im 19. Jahrhundert alle Kunstauktionen von Paris stattfanden. Außerdem hat er über den »Verband der Museumsbeamten zur Abwehr von Fälschungen« geforscht. Seit 2020 ist er Teil des Forschungsverbunds »Museum and Society – Mapping the Social«. Hierbei fokussiert seine Fallstudie die Frage von Museen und Datenpolitik, insbesondere bei der Gestaltung von Interfaces sowie bei der Produktion und Verbreitung von Museumsdaten. 2021 war er Teil des Open Source Projekts »cooArchi, community oriented archive interface«, das ein Interface zur gemeinsamen Arbeit an vernetztem Wissen veröffentlichte.

WOLFGANG FUHRMANN ist Filmwissenschaftler mit dem Schwerpunkt Filmgeschichte. Er hat an der Universität Utrecht zur deutschen Kolonialkinematographie promoviert und an verschiedenen Universitäten in Deutschland, Schweiz, Kanada und Kolumbien gelehrt. Seine Forschung umfasst die deutsche koloniale/postkoloniale Filmgeschichte, den frühen ethnographischen Film, transnationale Filmgeschichte der deutschsprachigen Länder und Lateinamerika, Geschichte der Ufa in Lateinamerika sowie die Ästhetik des Postkonflikts im kolumbianischen Film. Veröffentlichungen: *Imperial. Projections: Screening the German Colonies* (2015); »German films in Brazil: Immigration, Associations and National Film Culture«, in: J. Terrill / K. Egan / M. Smith (Hg.): *Researching Past Cinema Audiences,* S. 86–101 (2022).

LISA HACKMANN studierte Kunstgeschichte und Neuere deutsche Philologie in Leipzig, Berlin und Paris. 2020 schloss sie ihre Dissertation zur transnationalen Berühmtheit des französischen Historienmalers Paul Delaroche im 19. Jahrhundert unter der Leitung von Bénédicte Savoy ab. Von 2010 bis 2015 arbeitete sie als wissenschaftliche Mitarbeiterin im deutsch-französischen Forschungsprojekt ArtTransForm an der TU Berlin zur Mobilität junger Maler:innen zwischen Frankreich und Deutschland (1793–1870). Aktuell ist sie Projektmitarbeiterin am Deutschen Zentrum Kulturgutverluste (Magdeburg/Berlin). In ihrer kulturhistorisch ausgerichteten wissenschaftlichen Arbeit interessiert sie sich besonders für die Mechanismen des Kunstmarkts, die Rekonstruktion von Objektgeschichten und die transnationalen Verflechtungen von Akteur:innen.

SINA KNOPF studierte Kunst- und Kulturgeschichte an den Universitäten Augsburg, Stockholm und Berlin und promoviert derzeit an der Universität Zürich über den internationalen Kunstmarkt unter nationalsozialistischem Einfluss und die Translokation von Kulturgütern im Zweiten Weltkrieg. Sie ist Doktorandin in einem Forschungsprojekt über den schweizerischen Kunsthandel am Schweizerischen Institut für Kunstwissenschaften (SIK-ISEA) und Wissenschaftlerin zu den Schwerpunkten Provenienzforschung und Restitution, NS-Kunstpolitik, Kulturgutschutz und internationaler Kunstmarkt. Bis Dezember 2021 arbeitete sie als freiberufliche Kunsthistorikerin und Provenienzforscherin bei verschiedenen Berliner Kunst- und Kulturprojekten.

KATHARINA KÖNIG ist gelernte Erzieher:in und studiert als Stipendiat:in der Rosa-Luxemburg-Stiftung Soziologie und Erziehungswissenschaften (B.A.) an der Universität Potsdam. Zeitweise arbeitete sie als Honorarkraft in der politischen Jugendbildungsarbeit. Sie ist politisch in verschiedenen

Projekten, u. a. bei der Gruppe Cottbus Postkolonial und Postsozialistisch sowie in der Initiative Cottbus '92 aktiv. Beide Gruppen setzen sich kritisch mit dem kolonialen Erbe der Stadt vor dem Hintergrund der DDR-Vergangenheit auseinander; zudem beschäftigen sie sich mit einer erinnerungspolitischen Aufarbeitung der rassistischen Pogrome, die im August 1992 gegen die Bewohner:innen einer Geflüchtetenunterkunft im Cottbuser Stadtteil Sachsendorf verübt wurden.

PAULA LANGE studierte Geschichte, Osteuropastudien und Public History in Hamburg und Berlin. Von 2019 bis 2021 absolvierte sie ein wissenschaftliches Volontariat im FHXB Friedrichshain-Kreuzberg Museum. Seit Januar 2022 promoviert sie bei Prof. Dr. Claudia Kraft an der Universität Wien zu transnationalen Wechselbeziehungen zwischen deutschen, jüdischen und polnischen Frauenbewegungen in den preußischen Ostprovinzen.

YANN LEGALL ist wissenschaftlicher Mitarbeiter am Institut für Kunstwissenschaft der Technischen Universität Berlin sowie Mitglied von Berlin Postkolonial e.V. und der Initiative Potsdam Postkolonial. Er promovierte zum Thema Rückgabe menschlicher Überreste aus der Kolonialzeit und transnationale Erinnerungskultur. Zusammen mit Anna von Rath entwickelte er einen Audio-Guide zu Spuren der Kolonialgeschichte in Potsdam, wo er auch kritische Stadtrundgänge führt. In seinem aktuellen Forschungsprojekt »The Restitution of Knowledge« untersucht er Kriegsbeute aus sogenannten »Strafexpeditionen«, die sich noch heute in deutschen Museen befinden.

MIRJA MEMMEN ist Historikerin und als freiberufliche Wissenschaftlerin in Berlin tätig, derzeit vor allem in unterschiedlichen Projekten zu kolonialen Spuren im Stadtraum. Sie hat in Göttingen im Bachelor Geschichte und Ethnologie studiert. Nach Erfahrungen in unterschiedlichen Museen und Ausstellungsprojekten hat sie in Berlin den Masterstudiengang Public History absolviert. Ihre Forschungsschwerpunkte sind die deutsche Kolonialgeschichte und deren Erinnerungs- und Aufarbeitungsprozesse sowie die Geschichte der Frauenbewegung im deutschen Kontext. Derzeit arbeitet sie an einem Masterarbeitsprojekt über die erste Welle der Bewegung und Kämpfe gegen den Paragrafen 218.

Über die Autor:innen

ANNA VON RATH hat an der Universität Potsdam, der English and Foreign Languages University in Hyderabad und der University of Westminster in London studiert. 2019 hat sie im Rahmen der Research Training Group minor cosmopolitanisms ihre Promotion abgeschlossen. Ihre Veröffentlichungen befassen sich mit Ecocriticism, Reiseliteratur und deutscher Kolonialgeschichte. 2022 ist ihr Buch *Afropolitan Encounters. Literature and Activism in London and Berlin* erschienen. Nach vielen Jahren als wissenschaftliche Mitarbeiterin an der Universität Potsdam arbeitet sie nun als freiberufliche Übersetzerin, Lektorin und Social Justice und Diversity Trainerin. 2020 hat sie die Plattform poco.lit. für postkoloniale Literatur ins Leben gerufen.

MARK TERKESSIDIS ist freier Autor und Migrationsforscher, er lebt in Berlin und Köln. Er hat Psychologie in Köln studiert und in Pädagogik an der Universität Mainz zum Thema Rassismus promoviert, publiziert als: *Die Banalität des Rassismus. Migranten zweiter Generation entwickeln eine neue Perspektive* (2004). Er war Redakteur der Zeitschrift Spex (1992–1994), Moderator für »Funkhaus Europa« im WDR (2003–2011) und an der Universität St. Gallen Lehrbeauftragter (2012–2018). Neben eigenen Büchern hat er Beiträge u. a. in Texte zur Kunst, Süddeutsche Zeitung, taz, Tagesspiegel, Zeit, Literaturen und Freitag sowie beim WDR und Deutschlandfunk veröffentlicht. Mit Jochen Kühling hat er 2012 »Heimatlieder aus Deutschland« gegründet. Neue Bücher: *Wessen Erinnerung zählt? Koloniale Vergangenheit und Rassismus heute* (2019); *Nach der Flucht. Neue Ideen für die Einwanderungsgesellschaft* (2017); *Kollaboration* (2015).

MIRIAM FRIZ TRZECIAK ist Soziolog:in und wissenschaftliche:r Mitarbeiter:in am Fachgebiet Interkulturalität an der BTU Cottbus-Senftenberg. Seine:ihre Lehr- und Forschungsinteressen liegen in den Bereichen kritische Migrations- und Grenzregimeforschung, Queer Theory, de- und postkoloniale Studien, postsozialistische Studien, qualitative Forschung und aktivistische/dialogische Forschungspraxis. Er:sie ist bei der Gruppe Cottbus Postkolonial und Postsozialistisch sowie in der Initiative Cottbus '92 aktiv. Beide Gruppen setzen sich kritisch mit dem kolonialen Erbe der Stadt vor dem Hintergrund der DDR-Vergangenheit auseinander; zudem beschäftigen sie sich mit einer erinnerungspolitischen Aufarbeitung der rassistischen

Pogrome, die im August 1992 gegen die Bewohner:innen einer Geflüchtetenunterkunft im Cottbuser Stadtteil Sachsendorf verübt wurden.

CLEMENS WILDT ist seit 2021 Volontär der Kunstabteilung am ifa (Institut für Auslandsbeziehungen) in Stuttgart und Berlin. Zuvor absolvierte er an den Universitäten in Halle, Paris, Neapel und Berlin die Fächer Frankoromanistik sowie Rechts- und Kunstwissenschaften. Für sein Masterprojekt über die außenpolitische Kulturstrategie Frankreichs reiste er 2018 u. a. zum Louvre Abu Dhabi. Seine Forschungsschwerpunkte sind (Post)Kolonialität, Kulturpolitik und Institutionskritik. Des Weiteren war er als Bildungsreferent am Jüdischen Museum Berlin tätig und wirkte mehrfach als Autor mit, zuletzt bei: Isabelle Dolezalek, Bénédicte Savoy, Robert Skwirblies (Hg.): *Beute. Eine Anthologie zu Kunstraub und Kulturerbe* (2021).

LUDGER WIMMELBÜCKER forscht zur globalen Geschichte des Arzneimittels Thalidomid am Institut für Medizin der Geschichte und Ethik, Berlin. Seine Promotion in moderner afrikanischer Geschichte an der Universität Hamburg befasste sich mit der Sozial- und Wirtschaftsgeschichte der Kilimanjaro-Region (ca. 1800–1920). Daran anschließend arbeitete er unter anderem über die Geschichte der Revolution in Sansibar von 1964 im Rahmen eines Sonderforschungsbereichs. Eine überarbeitete Auflage seines in Tansania erschienenen Buchs *Mtoro bin Mwinyi Bakari (c. 1869–1927). Swahili lecturer and author in Germany* (2009) ist in Vorbereitung, um weitere Rechercheergebnisse einzufügen, die zum Teil schon in seinem Beitrag zu diesem Band eingeflossen sind.

NINE EGLANTINE YAMAMOTO-MASSON ist eine japanisch-französische interdisziplinäre Künstlerin, Forscherin und Übersetzerin. Sie hat an den Universitäten Sorbonne (Paris), Humboldt (Berlin), NYU (New York), Goldsmiths (London), Waseda (Tokyo) Kulturwissenschaften, Anglistik-Amerikanistik, Kunstgeschichte, Japanologie und Filmwissenschaften studiert und promoviert an der Universität Amsterdam über künstlerische Praktiken der inter-asiatisch-diasporischen »Trostfrauen«-Bewegung. Schwerpunkte ihrer künstlerischen Praxis, akademischen Forschung und Community-Arbeit sind Wissensregime und gegenderte Nekropolitiken der japanischen, europäischen und US-amerikanischen (Neo-)Imperialismen, sowie Formen vernetzten Widerstandes, insbesondere die Rolle der Kunst in internationalistisch-antiimperialistischen Allianzen gegen den Geschichtsrevisionismus hegemonialer Narrative.

DAGMAR YU-DEMBSKI ist Publizistin und Kulturwissenschaftlerin. Sie hat Publizistik, Kunstgeschichte und Chinawissenschaften an der Freien Universität Berlin (FUB) studiert und abgeschlossen. Ihre Tätigkeit als wissenschaftliche Mitarbeiterin im Fach Information und Kommunikation an der FUB umfasste Seminare zu Frauen und Öffentlichkeit, medialen Chinabildern und Frauenmedien. Von 2006–2019 war sie geschäftsführende Direktorin am Konfuzius-Institut Berlin und konzipierte Ausstellungen, Lesungen und Workshops. Von ihr liegen zahlreiche journalistische und wissenschaftliche Veröffentlichungen zu deutsch-chinesischen Beziehungen, zu Migration und Verfolgung in der NS-Zeit sowie zur Geschichte chinesischer Communities in Deutschland vor, u. a.: *Chinesen in Berlin* (2007); *West-östliche Spiegelungen. Kulturbegegnungen in der Zwischenkriegszeit. Klabund – Lin Fengmian – Li Jinfa* (2017).

STEFAN ZOLLHAUSER ist als Historiker u. a. für Berliner Bezirksmuseen und Erinnerungsorte tätig. Außerdem führt er thematische Stadtspaziergänge zur Alltagsgeschichte der Metropole von der Industrialisierung bis heute durch: www.berliner-spurensuche.de

VERBRECHER VERLAG

Julian Warner (Hg.)

AFTER EUROPE

*Beiträge zur
dekolonialen Kritik*

Broschur
104 Seiten
12 €

ISBN 9783957324795

Die Dekolonisierung ist in aller Munde. In Kunst, Wissenschaft und Gesellschaft werden derzeit die eigenen kolonialen Verstrickungen nicht als ein zeitlich abgeschlossener oder räumlich ferner Zusammenhang, sondern als grundsätzliche Tiefenstruktur der modernen Welt reflektiert. Doch inwiefern müssen zentrale Annahmen und Begriffe der dekolonialen Kritik erweitert und neu gedacht werden, damit eine kritische Praxis im deutschsprachigen Raum heute nicht zur Phrasendrescherei verkommt?

In diesem Band problematisieren die Kunstvermittlerin Nora Sternfeld, die Protestforscherin Olga Reznikova und der Kulturanthropologe Rohit Jain zentrale Begriffe, streiten über den Universalismus und erörtern einen nicht-westlichen Imperialismus. Der Band dokumentiert das gleichnamige Symposium an den Sophiensælen Berlin, auf dem offen diskutiert und nicht gleich festgestellt wurde.

Verbrecher Verlag | Gneisenaustraße 2a | 10961 Berlin | info@verbrecherei.de
www.verbrecherei.de

VERBRECHER VERLAG

NSU-Watch
AUFKLÄREN UND EINMISCHEN
Der NSU-Komplex und der Münchener Prozess

Broschur
232 Seiten
18 €

ISBN 978-3-95732-422-1

Im November 2011 kam eine rechtsterroristische Mord- und Anschlagsserie des sogenannten Nationalsozialistischen Untergrunds (NSU) ans Licht, die in ihrer Dimension neu war. In den folgenden Untersuchungen formte sich ein erstes Bild des NSU-Komplexes. Dabei wurde deutlich, dass eine noch umfassendere juristische und gesellschaftliche Aufarbeitung anstand. So beschlossen antifaschistische Initiativen und Einzelpersonen, die Arbeit am NSU-Komplex zu verstetigen, und gründeten »NSU-Watch«.

Neun Jahre später ist die Aufarbeitung des NSU-Komplexes noch lange nicht abgeschlossen, die Gefahr des rechten Terrors bleibt schrecklich aktuell. NSU-Watch hat den NSU-Prozess beobachtet, jeden Tag protokolliert und der Öffentlichkeit zur Verfügung gestellt.

Darüber hinaus haben sich Landesprojekte gegründet, die die parlamentarischen Aufklärungsbemühungen begleiten. Das zentrale Anliegen des Buches von NSU-Watch ist, die rassistischen Strukturen, die den NSU hervorbrachten, ihn wissentlich oder unwissentlich unterstützten und so zehn Morde, drei Sprengstoffanschläge und 15 Raubüberfälle zwischen 1998 und 2011 möglich machten, entlang der Geschehnisse und Akteur*innen des NSU-Prozesses in München aufzuzeigen. Trotz der vielen offen gebliebenen Fragen soll das Buch eine Zwischenbilanz bieten, die antifaschistischer Demokratieförderung zugrunde gelegt werden kann.

Verbrecher Verlag | Gneisenaustraße 2a | 10961 Berlin | info@verbrecherei.de
www.verbrecherei.de

VERBRECHER VERLAG

Friedrich Burschel (Hg.)
DAS FASCHISTISCHE JAHRHUNDERT

Neurechte Diskurse zu Abendland, Identität, Europa und Neoliberalismus

Broschur
264 Seiten
19 €

ISBN 978-3-95732-454-2

Mussolinis Vorhersage eines Jahrhunderts des Faschismus von 1920 reicht bis heute, da weltweit völkische, nationalistische und in vielfacher Hinsicht faschistische Bewegungen auf dem Vormarsch sind, autoritäre Regime an der Macht oder an Regierungen beteiligt sind. Rechtes Denken und faschistische Ideologie sind heute wieder salonfähig und nennen sich »neu«, auch wenn die Ideen dahinter steinalt sind und ihre Wurzeln tief ins 20. Jahrhundert hinunterreichen. In ihren Beiträgen klopfen die Autor*innen dieses Bandes, Julian Bruns, Felix Korsch, Felix Schilk, Natascha Strobl und Volkmar Wölk, die aufgeladenen Begriffe »Abendland«, »Europa«, »Liberalismus« und »Identität« auf ihre Herkunft und Entwicklung und daraufhin ab, welche Bedeutung sie heute für eine Neue Rechte haben, die sich unter anderem auf die sogenannte Konservative Revolution und den Faschismus der 1920er Jahre beruft. Zu hören ist dabei der Widerhall von Krieg, Gewalt und Terrorismus. Das titelgebende Mussolini-Zitat ist Gegenstand des Beitrages des großen britischen Faschismusforschers Roger Griffin in diesem Buch.

Verbrecher Verlag | Gneisenaustraße 2a | 10961 Berlin | info@verbrecherei.de
www.verbrecherei.de